MOZAMBIQUE
NATOLIA
Candia
Cyprus
MEDITERRANEUM
AFRICÆ
nova descriptio.
Auct. Guiljelmo Blaeuw.
ARABIA
OCEANI
ORIEN
TALIS
SINUS
BARBARICUS
PARS
Barca desertum
NUBIA REGN.
Mozambique
MADAGASCAR, quę et
S. LAURENTII INsula dicitur

Edith Broszinsky-Schwabe Kultur in Schwarzafrika

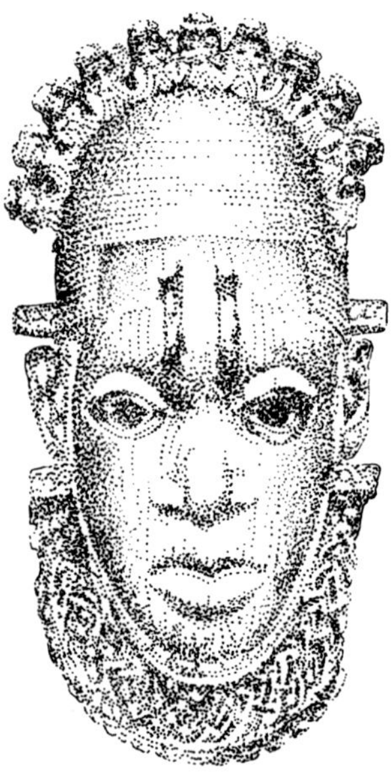

Edith Broszinsky-Schwabe

KULTUR IN SCHWARZAFRIKA

Geschichte – Tradition – Umbruch – Identität

Urania-Verlag Leipzig · Jena · Berlin

Broszinsky-Schwabe, Edith:
Kultur in Schwarzafrika : Geschichte, Tradition, Umbruch, Identität / Edith Broszinsky-Schwabe.
Zeichn.: Sonja Wunderlich.
– 1. Aufl. – Leipzig; Jena; Berlin:
Urania-Verlag, 1988. – 356 S. : 255 Ill.
(z. T. farb.) ISBN 3-332-00198-1

ISBN 3-332-00198-1

1. Auflage 1988

Verlag für populärwissenschaftliche Literatur, Leipzig 1988
VLN 212-475/10/88 · LSV 0239
Lektor: Lutz Heydick
Buchgestaltung und Zeichnungen: Sonja Wunderlich
Gesetzt aus Garamond und Maxima
Printed in the German Democratic Republic
Lichtsatz: INTERDRUCK Graphischer Großbetrieb Leipzig – III/18/97
Druck und buchbinderische Weiterverarbeitung:
Sachsendruck Plauen
Best.-Nr.: 654 191 0
02800

Inhalt

Vorwort

Afrikanische Kulturen, wie ich sie erlebt habe, blieben mir in Bildern im Gedächtnis haften: Auf dem Lehmboden am Rande eines westafrikanischen Dorfes sitzen Männer vor ihrem traditionellen Webstuhl; die Kettfäden aus farbiger Baumwolle überspannen einen großen Platz. – In der ostafrikanischen Steppe lassen sich junge Massai-Krieger in buntem Schmuck, mit Schild und Speer, von Touristen fotografieren. – In einem Dorf schnitzen Männer Figuren aus Holz, je nach Käuferwunsch, alte mythologische Motive oder kleine stilisierte Elefanten. – Am Nationalfeiertag werden in der Hauptstadt überlieferte Maskentänze aufgeführt, vor der Glasfabrik tritt eine Kulturgruppe der Arbeiter mit Liedern aus dem Befreiungskampf und einem Schlangentanz auf, der die nationale Einheit symbolisiert. – In der Schule sitzen nachmittags Frauen, den Säugling auf dem Rücken, und lernen schreiben und lesen. – In der Nationalgalerie wird eine Ausstellung eröffnet, junge Künstler diskutieren über ästhetische Normen moderner afrikanischer Malerei. – Das Abendprogramm des Fernsehens strahlt die Aufzeichnung einer alten Ballade aus, die ein Griot zur Kora vorträgt. – Im schmucklosen Saal eines Vorstadtlokals treffen sich Sonnabend abend junge Leute zum Tanz nach den Hits beliebter Popgruppen. – Aus dem Transistorradio vor einer Lehmhütte in einem abgelegenen Dorf tönt die Rede des Präsidenten.

Es versteht sich, daß sich all diese Erinnerungen nicht widerspruchslos zu einem geschlossenen Bild »authentisch afrikanischer Kultur« zusammenfügen lassen, sie zeigen eher an, daß es ewig gleiche afrikanische Kulturen nicht gibt, daß sich heute, mit dem Aufbruch zu neuen Gesellschaften, auch ein kultureller Umbruch vollzieht. Das Bild ewigen Gleichmaßes, da der Bauer in endloser Folge der Generationen sein Land auf überlieferte Weise bestellt, wo dörfliche Zeremonien ebenso unvergänglich scheinen wie die Normen des Zusammenlebens in der Großfamilie, es täuscht – Afrika ist ein Kontinent in Bewegung ...

Mit der Befreiung von kolonialer Abhängigkeit, dem Aufbrechen selbstgenügsamer Gemeinwesen, vorkapitalistischer Gemeinschaften zu Gesellschaften höherer Produktivität bis hin zur Orientierung auf den Sozialismus, mit Stadtentwicklung und Industrieprojekten verbinden sich gravierende kulturelle Veränderungen. Neue Verkehrsmittel und moderne Massenmedien erweitern den Horizont, beenden lokale Isoliertheit. Durch veränderte Lebensbedingungen für Millionen von Menschen wandeln sich die Formen und Normen des Zusammenlebens. Neue kulturelle Bedürfnisse und Angebote führen zu einer Neubewertung der überlieferten Kultur, Traditionen werden in ein neues Beziehungsgefüge gestellt.

Nationale Unabhängigkeit

Der Aufbruch der afrikanischen Gesellschaften ist noch in vollem Gange, setzte er doch erst nach Erringung nationaler Unabhängigkeit vom Kolonialismus ein. Im Jahre 1964 hatten 35 Länder südlich der Sahara das koloniale Joch abgeschüttelt. In den siebziger Jahren errangen nach jahrzehntelangem Befreiungskampf die portugiesischen Kolonien ihre nationalstaatliche Unabhängigkeit, 1980 wurde in Südrhodesien, dem heutigen Simbabwe, die Herrschaft der rassistischen weißen Minderheitsregierung beendet. Der antikoloniale Befreiungskampf und die Erringung nationaler Selbständigkeit haben »geschichtliche Energien« der Volksmassen freigesetzt, deren Forderungen, deren Hoffnungen auf menschenwürdiges Leben in große politische und soziale Bewegungen mündeten.

Aber noch ist Afrika, obwohl reich an Bodenschätzen und Agrarpotential, ein Kontinent der Armut, des Hungers, der bedrohten Existenz. Die große Hungerkatastrophe von 1984, als nach Schätzungen der UNO-Wirtschaftskommission für Afrika (ECA) 150 Millionen Menschen von Hunger und Unterernährung betroffen waren, hat mit ihren erschütternden Bildern die Weltöffentlichkeit erstmals aufgerüttelt.

Das Ausmaß der Unterentwicklung, für die die ehemaligen Kolonialmächte letztlich verantwortlich zeichnen, ist erschreckend: Die mittlere Lebenserwartung der Afrikaner beträgt 55, in einigen zentralafrikanischen Gebieten sogar nur 42 Jahre – Europäer werden im Schnitt 72 Jahre alt –, von 1000 Säuglingen sterben 100 bis 200, jedes dritte Kind erliegt dem Hunger oder dessen Folgen, jährlich 1 Million Kinder rafft die Malaria dahin, 4 von 5 afrikanischen Kindern kennen kein sauberes Trinkwasser, keine Kanalisation ... Dürreperioden, Unterernährung, verunreinigtes Wasser, nicht vorhandene oder unzureichende sanitäre Einrichtungen führen zu Seuchen und damit zu hohen Sterblichkeitsraten. Dieses gravierende Problem betrifft nicht nur die Menschen in den Dörfern, wo Wasser – in vielen Fällen durch Krankheitsherde verunreinigt – häufig kilometerweit von den Frauen und Mädchen herangetragen werden muß, auch in den Städten verfügen nicht alle Bewohner ständig über Wasser. Die meisten von ihnen sind auf öffentliche Brunnen, auf Tankwagen oder Wasserverkäufer angewiesen. Da die medizinische Versorgung heute bei weitem noch nicht ausreicht (in den ärmsten Ländern kommt 1 Arzt auf 17000 Menschen!), ist die Lebenserwartung entsprechend niedrig. Und die Staaten Afrikas gehören zu den ärmsten der Erde.

1981 stufte die UNO 31 Staaten als ärmste Länder der Welt ein, darunter allein 21 afrikanische: Äthiopien, Benin, Botswana, Burkina Faso, Burundi, Gambia, Guinea, Guinea-Bissau, Kapverdische Inseln, Komoren, Lesotho, Malawi, Mali,

Niger, Ruanda, Somalia, Sudan, Tansania, Tschad, Uganda, Zentralafrikanische Republik. Kriterien für diese Einstufung sind niedriges Pro-Kopf-Einkommen (1979 betrug es in Industrieländern durchschnittlich 8 000 Dollar, in Entwicklungsländern 700 Dollar, in diesen ärmsten Ländern jedoch kaum 200 Dollar), geringer Industrieanteil am Bruttosozialprodukt (max. 10 %) und mindestens 80 % Analphabeten in der Bevölkerung. Die Subsistenzwirtschaft in der Landwirtschaft überwiegt, d. h., 60 bis 80 % der Menschen sind Bauern und produzieren nicht viel mehr als für den Eigenbedarf nötig, das Industriepotential ist gering, dementsprechend begrenzt sind die Exportmöglichkeiten, und an qualifizierten Kadern fehlt es auch.

Das Hauptproblem der meisten afrikanischen Länder ist der Hunger als Massenerscheinung. Seit 1960 ist die Nahrungsmittelproduktion pro Kopf der Bevölkerung zurückgegangen: von 1960 an pro Jahr um 1 %. Importe sind nötig, aber die Hälfte der afrikanischen Staaten kann zur Zeit die Mittel dafür nicht aufbringen. Nach UNO-Statistiken ist in den ärmsten Ländern die Nahrungsgüterproduktion zwar um 2,4 % gestiegen, dafür nahm aber im gleichen Zeitraum die Bevölkerung um 4 % zu, so daß sich die Ernährungssituation dennoch weiter verschlechterte. In fast allen Staaten hat sich die Bevölkerung von 1960 bis 1980 nahezu verdoppelt. Die Gründe dafür liegen in den besseren Lebensbedingungen im Vergleich zur Kolonialzeit, aber auch in traditionellen Wertvorstellungen, nach denen eine große Kinderzahl viele Arbeitskräfte und Sicherheit im Alter bedeutet. Die Ernährungssituation wurde noch dadurch verschärft, daß Umweltschäden keine kontinuierliche Folge der Ernten zuließen. Die gefährlichste Naturkatastrophe der vergangenen Jahre war die Dürre. Durch Ausdehnung der Wüsten gehen jährlich etwa 5 Millionen Hektar Land für die Bearbeitung verloren. Das Ausbleiben der Regenzeit in vielen Ländern hat in den vergangenen Jahren zu extremen Situationen geführt. Besonders davon betroffen sind die Länder der Sahelzone (arab. sahel = Rand) am Südrand der Sahara (Senegal, Tschad, Burkina Faso). Dort begann die Dürre 1968. Erst 1974/75 kam der Regen, zum Teil aber so heftig, daß alle Versuche des Feldbaus wegen Überschwemmungen fehlschlugen. Danach setzte wieder eine Periode der Dürre ein, die teilweise erst 1985/86 durch Regen beendet wurde. Zu den von der Dürre am meisten betroffenen Ländern gehörten Burkina Faso, Moçambique, Äthiopien, Simbabwe, Ghana, Niger, Tschad, Mali, Senegal und Angola – Gebiete weit über die Sahelzone hinaus.

Sahelzone

Was sind die eigentlichen Ursachen dieser Situation, von der Dürre abgesehen? Im wesentlichen gibt es zwei: Da ist einmal das Erbe der vorkapitalistischen Gesellschaften mit dem niedrigen Niveau der Produktivkräfte. Die traditionellen Arbeitsgeräte und Anbaumethoden ermöglichen kaum eine Steigerung der Agrarproduktion, ohne Umweltbelastungen, z.B. durch Überweiden oder Abholzen der Wälder zur Brennstoffgewinnung, hervorzurufen. Überdies reicht der derzeitige allgemeine Kenntnisstand vielfach nicht aus, um die Landwirtschaft weiterzuentwickeln, zu intensivieren. Zum anderen unterliegen die afrikanischen Staaten dem Diktat des kapitalistischen Weltmarktes und auch weiterhin neokapitalistischer Ausbeutung. Bereits in der Kolonialzeit durch Monokulturen (Kakao, Kaffee, Sisal, Erdnüsse usw.) zur Deformierung ihrer Agrarproduktion zugunsten europäischer Interessen gezwungen, sind sie heute beim Export dieser Produkte dem Preisdiktat ausländischer Monopole ausgeliefert, die diese Erzeugnisse überwiegend auch vermarkten. Brachte 1 t Kakao 1976 noch den Gegenwert von 16 t Weizen, so bringt er heute nur noch 9 t.

Viele afrikanische Länder sind zwar reich an Rohstoffen, können sie aber aufgrund ihrer geringen Industrialisierung nicht selbst verarbeiten; in vielen Fällen sind imperialistische Monopole Mitbesitzer der Vorkommen. Da die Rohstoffpreise auf dem Weltmarkt ständig sinken, die Preise für Industriewaren und dringend benötigte Nahrungsmittel aber stark steigen, gestaltet sich dieser »Handel« auf Kosten der armen

Die Preisschere

Länder. Diese Preisschere zwingt sie, Kredite aufzunehmen, die wiederum mit hohen Zinssätzen verbunden sind. Nach Angaben der UNO-Wirtschaftskommission für Afrika (ECA) ist die Gesamtverschuldung des Kontinents von 13,2 Milliarden Dollar im Jahre 1970 auf rund 200 Milliarden Dollar 1987 angewachsen. Infolge der stark gesunkenen Rohstoffpreise auf dem Weltmarkt sind die Exporterlöse für die afrikanischen Länder zurückgegangen (von 64 Milliarden Dollar 1985 auf 45,6 Milliarden Dollar 1986), während die Ausgaben für Importe von Industriegütern um rund 20 Prozent stiegen. Aber die Ausbeutung umfaßt noch mehr: Imperialistische Konzerne verlagern unrentable Handarbeits- und Endmontageprozesse in Entwicklungsländer, nutzen die billigen Arbeitskräfte und werben die dringend benötigten ausgebildeten Kader ab (»brain-drain«). Hinzu kommen Belastungen aus der Krise des internationalen Währungssystems, ja, erhöhte Militärausgaben verschlingen zusätzlich Mittel.

Können die afrikanischen Staaten diesen Teufelskreis durchbrechen, gibt es eine Lösung für ihre sozialen Probleme? Ein wichtiger Schritt zur Verbesserung der Nahrungsmittelsituation ist das Programm der FAO (Nahrungs- und Landwirtschaftsorganisation der UNO) zur Steigerung der Produktivität der Landwirtschaft durch moderne Anbaumethoden und durch Einsatz von Landtechnik zur Steigerung der Erträge sowie Pläne zur Vertiefung der Zusammenarbeit der afrikanischen Länder untereinander. Klar ist, daß sich die wirtschaftliche Situation langfristig nur im Rahmen einer neuen internationalen Weltwirtschaftsordnung grundlegend verbessern kann, in der die afrikanischen Staaten – wie die Entwicklungsländer insgesamt – als gleichberechtigte Partner auftreten und die Bedingungen der Vermarktung ihrer Produkte mitbestimmen. Wesentliche Voraussetzung ist ebenso eine Produktivitätssteigerung durch den Aufbau eigener Industrien. Die jungen afrikanischen Staaten stehen folglich vor einer Fülle von politischen und wirtschaftlichen Aufgaben, potenziert durch die starke Abhängigkeit vom kapitalistischen Weltmarkt und beeinflußt von imperialistischen Monopolen. Ist es angesichts dieser gewaltigen gesellschaftlichen Probleme überhaupt sinnvoll, über Kultur in Afrika zu reden?

Ich meine, ja! Versteht man unter Kultur mehr als Holzplastik und Nationalballett, nämlich die schöpferische Weiterentwicklung überkommener Leistungen in allen Bereichen des gesellschaftlichen Lebens, soziales Erbe und gegenwärtige Kreativität, die Gestaltung der Lebensqualität, so wird offenkundig, daß es einen Zusammenhang von Kultur und Unterentwicklung gibt: Einerseits sind die sozialen Probleme Teil der Entwicklungsbedingungen von Kultur in Afrika, das heute mögliche Maß an Produktivität und Kreativität von unzähligen Menschen beschneidend. Andererseits erwerben heute in Afrika Millionen von Menschen neues Wissen, erlernen neue Fertigkeiten, eignen sich neue Verhaltensnormen an, engagieren sich in Entwicklungsprogrammen des politischen und wirtschaftlichen Aufbaus gerade mit dem Ziel, die allgemeinen Lebensbedingungen zu verbessern, Armut und Hunger zu besiegen. Kulturentwicklung ist so Teil des Kampfes gegen Unterentwicklung.

Kultur und Unterentwicklung

Für die afrikanischen Staaten erhält Kultur heute auch in einem anderen Sinne Gewicht: als einigendes Band kultureller Gemeinsamkeiten, auf das sich die Bevölkerung trotz aller ethnischen Vielfalt bezieht. Es entstehen Nationalkulturen, die Nationalbewußtsein und Stolz auf kulturgeschichtliche Leistungen und eine jeweils spezifische Kultur einschließen. Dieser Prozeß der Herausbildung von kulturellen Gemeinsamkeiten hat für die nationale Entwicklung ganz praktische Bedeutung. Am deutlichsten tritt dies zutage, wenn es gilt, Nationalsprachen oder gesamtstaatliche Verkehrssprachen zu entwickeln, die überhaupt erst eine Verständigung der Angehörigen ethnisch unterschiedlicher Bevölkerungsgruppen ermöglichen. Wenn heute ein afrikanischer Präsident durchs

Land reist, braucht er in der Regel mehrere Dolmetscher, um mit seinen Landsleuten in den verschiedenen Provinzen sprechen zu können. Auch wenn ein Bauer einmal sein Dorf verläßt und die Hauptstadt besucht, ist er dort nur allzuhäufig auf fremde Hilfe angewiesen, um sich verständlich zu machen.

Bei dem Versuch, Tradition und Wandel afrikanischer Kulturen zu verfolgen und darzustellen, bin ich zu der Erkenntnis gelangt, daß der Umbruchprozeß weit vielschichtiger ist, als er auf den ersten Blick erscheint. Er erschöpft sich ganz sicher nicht in künstlerischen Spitzenleistungen, die internationalen Standards genügen, sondern er gewinnt seine Konturen durch die Veränderung des alltäglichen Lebens von Millionen. Eine Gegenüberstellung des Lebens in den selbstgenügsamen traditionellen Dörfern mit ihrem Ebenmaß und der Wiederholbarkeit kultureller Erscheinungsformen und des Lebens in den Städten mit Hochhausappartements und Slumsiedlungen, mit modernen Freizeit- und Kulturangeboten macht zwar den kulturellen Umbruch sichtbar, erfaßt ihn aber nur zum Teil. Weitere Aspekte sind die neuen Arbeitstätigkeiten sowie neue soziale Organisationsformen. Dies alles wirkt sich auf den Alltag aus: Soziale Gewohnheiten ändern sich, das Familienverhalten erfährt einen Wandel, neue Leitbilder finden Eingang, in der Weltsicht verstärkt sich allmählich das Rationale, was mit der Abkehr von mythologischer Deutung einhergeht. Es gibt heute kaum eine Gemeinschaft in Afrika, deren alltägliches soziales Leben nicht von weitreichenden Veränderungen auf kulturellem Gebiet berührt wird.

Umbruch des Alltags

Eine zweite wichtige Erfahrung war für mich der große kulturelle Reichtum, der sich bei den unterschiedlichen ethnischen Gemeinschaften in den verschiedenen Teilen Afrikas entwickelt hat und bis in die Gegenwart hinein erhalten geblieben ist. Er stellt einen Teil des Weltkulturerbes dar, auch wenn über ihn noch viel zu wenig bei uns bekannt ist. In den vergangenen zehn Jahren wurde in Afrika und auch in internationalen Organisationen wie der UNESCO immer stärker die Forderung erhoben, die Spezifik der afrikanischen Kulturen zu erhalten und zu fördern. Dieser Ruf nach Bewahrung der kulturellen Identität, seit der UNESCO-Konferenz zur Kulturpolitik in Afrika 1975 in Accra mit wachsendem Nachdruck vertreten, drückt das Verlangen afrikanischer Völker nach Souveränität auf kulturellem Gebiet aus: Koloniale Überfremdung ist zu überwinden, auf eigene Geschichte und eigene kulturelle Leistungen gegründete Kulturen sind zu entwickeln, neuen Überfremdungen mit imperialistischer Kultur ist zu wehren. Die Völker Afrikas sind heute auf der Suche nach ihrer kulturellen Identität, nach einer neuen Kultur, die ihrer spezifischen Geschichte und ihren gegenwärtigen gesellschaftlichen Entwicklungsprozessen entspricht. Dieses Buch will auch diese Identität im kulturellen Umbruch hinterfragen und Verständnis für den komplizierten, kulturpolitisch bedeutsamen Prozeß wecken.

Es wurde bewußt eine Eingrenzung auf das subsaharische Afrika vorgenommen, da die dort lebenden Völker ähnliche historische Entwicklungsbedingungen haben. Zudem erscheint eine Konzentration auf die Länder südlich der Sahara dadurch gerechtfertigt, daß gerade diese Völker im Interesse kolonialer Ausbeutung als »kulturlos« abgestempelt wurden. Das Einmalige, den Reichtum dieser Kulturen, den Beitrag des subsaharischen Afrika zum kulturellen Erbe der Menschheit überhaupt – seien es die historischen Leistungen der vorkolonialen Reiche oder das lebendige Erbe der Dorfgemeinschaften und Viehzüchternomaden – will dieses Buch zu würdigen versuchen. Dabei würde es zu weit führen, den breiten, im gesellschaftlichen Leben vielfach verästelten kulturellen Umbruchprozeß allseitig darstellen zu wollen. Statt dessen soll eine Art Momentaufnahme die Entwicklungslinien und Probleme sichtbar und auf mögliche künftige Tendenzen aufmerksam machen. Auf so manches Detail mußte im Interesse der Klarheit des Bildes verzichtet werden. Die Schwerpunkte der Darstellung wurden so gewählt, daß sich wissenschaftlicher Erkenntnisstand mit subjektiver Erfahrung weitgehend decken.

Schwarzafrikanisches Erbe

Bleibt mir abschließend noch, an dieser Stelle allen zu danken, die mich zu diesem Buch ermutigt haben, vor allem meinem Lektor Lutz Heydick, und durch ihre Unterstützung voranbrachten, insbesondere dem Ethnologen Dr. sc. Walter Rusch für seine gutachterliche Hilfe. Mein Dank geht an alle meine afrikanischen Freunde und Partner, die ich in der DDR und in afrikanischen Ländern traf, deren Antworten und Fragen meinen eigenen Prozeß des tieferen Nachdenkens über Kulturen in Schwarzafrika beeinflußten. Nicht zuletzt danke ich den Institutionen und wissenschaftlichen Einrichtungen in der DDR und in Afrika, die mir mit Literatur und Fotografien für dieses Buch behilflich waren.

Berlin, Anfang 1987 — Edith Broszinsky-Schwabe

Ahnenfigur aus dem Kongo

Afrikas kulturelle Vielfalt

Billig müssen wir, wenn wir zum Lande der Schwarzen übergehen, unsere stolzen Vorurteile verleugnen und die Organisation ihres Erdstriches so unparteiisch betrachten, als ob sie die einzige in der Welt wäre ...

Aber wie arm sind wir überhaupt an geltenden Nachrichten aus diesem Striche der Erde! Kaum die Küsten des Landes kennen wir, und auch diese oft nicht weiter, als die europäischen Kanonen reichen ... Zudem scheint auch bei den Nationen, die wir schon kennen könnten, das Auge des Europäers viel zu tyrannisch-sorglos zu sein, um bei schwarzen elenden Sklaven Unterschiede der Nationenbildung ausforschen zu wollen.

... Wie manche glückliche und ruhige Nation aber mag am Fuße der Mondgebirge wohnen! Europa ist nicht wert, ihr Glück zu sehen, da es sich an diesem Weltteil unverzeihlich versündigt hat und noch immer versündigt.

Johann Gottfried Herder
(Ideen zur Philosophie der Geschichte der Menschheit, 1785)

Auf den ersten Blick mag es scheinen, als sei Kultur in Afrika etwas Einheitliches, durch typische Merkmale von anderer Kultur unterscheidbar: durch rhythmische Gesänge, ekstatische Tänze, den Klang der Trommeln, bilderreiche Gedichte, kunstvolle Schnitzereien aus Holz und Elfenbein. Schaut man genauer hin, wird sichtbar, daß dieses »Einheitliche« eine Verallgemeinerung ist, die die ungeheure Vielfalt der Ausdrucksformen von Kultur auch nicht annähernd erfaßt. Zwischen den einzelnen afrikanischen Staaten bestehen hinsichtlich kultureller Traditionen und überkommener Lebensweise beträchtliche Unterschiede. So gehören zur Kultur der Volksrepublik Moçambique die weltbekannte Holzschnitzkunst der Makonde, aber auch die im Befreiungskampf entstandene Lyrik und die A-capella-Gesänge. In Äthiopien hat sich unter dem jahrhundertelangen Einfluß der koptischen Kirche eine sakrale Kunst entwickelt, die sich in Ikonenmalerei, liturgischen Gesängen und Silberarbeiten mit dem Motiv des christlichen Kreuzes äußert. Guinea ist bekannt für die Kunst seiner Goldschmiede, Senegal für die Balladen der Griots. Nigerias Kultur und die berühmten Benin-Bronzeplastiken gehören ebenso zusammen wie Ghana und die lebensvollen figürlichen Goldgewichte der Ashanti. Für die Volksrepublik Kongo stehen die Holzschnitzarbeiten der Bakuba. So verschieden die künstlerischen Stärken der Völker ausgeprägt sind, so auffällig unterscheiden sich deren Lebensweisen. Dies zeigt sich bereits in der Art des Wohnens: Während in Äthiopien die Familie im Tukul, der Rundhütte mit Kegeldach, lebt, bevorzugt man in Moçambique die Rechteckhäuser; die südafrikanischen Kraale bestehen aus Bienenkorbhütten, für den Norden Nigerias und die Gebiete der Sudanländer sind verzierte Lehmbauten typisch. Oder in der Art sich zu kleiden: Frauen tragen in Äthiopien die Schama, ein Gewand aus weißer Baumwolle mit reichgestickter Borte, in Moçambique die Capulana, ein Baumwoll-Wickelkleid, die dem Islam anhängenden Frauen an der ostafrikanischen Küste verhüllen in der Öffentlichkeit ihren Körper traditionell mit dem schwarzen Bui-Bui, die Frauen in Guinea tragen zum Rock aus buntem Stoff ein Jäckchen mit kurzen Ärmeln und turbanartig ein Kopftuch, die Pygmäenfrauen im kongolesischen Regenwald bekleiden sich mit einem Gürtel aus Fell oder Rindenstoff, während die Nomadenmädchen der ostafrikanischen Steppe verzierte Lederkleidung tragen – um nur ein paar Beispiele herauszugreifen. Unterschiedlich sind auch die Tänze und Lieder sowie die traditionellen Musikinstrumente Schwarzafrikas: die Krar in Äthiopien, ein leierähnliches Instrument mit fünf oder sechs Saiten, und die Masenk'o, ein einsaitiges Bogeninstrument des Azmari, die Mbira in Simbabwe (eine

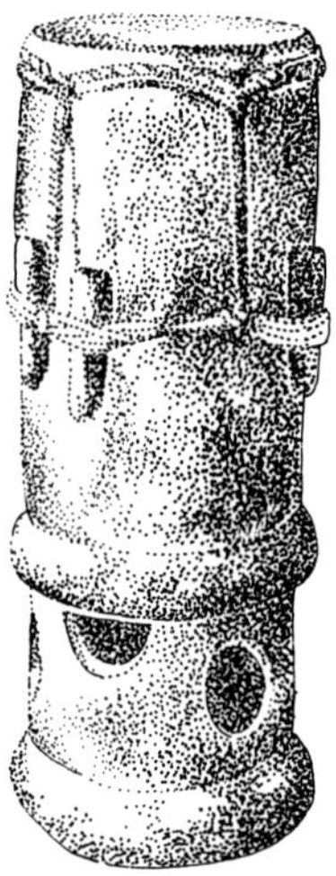

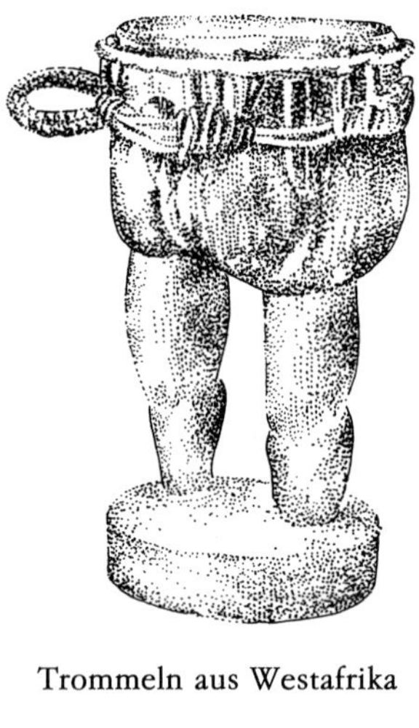

Trommeln aus Westafrika

Art Handklavier mit Resonanzkörper) oder die Kora des Griots in Senegal ...

Diese Aufzählung kultureller Unterschiede ließe sich beliebig erweitern, auf alle Bereiche. Kultur in Afrika ist nicht homogen; sie zerfällt in einzelne konkrete Kulturen, die ihre jeweilige Spezifik haben. Genaugenommen unterscheiden sich heute kulturell nicht nur die Staaten, sondern vor allem in ihnen auch die verschiedenen Völkerschaften und ethnischen Gruppen.

Die Vielfalt kultureller Ausdrucksformen und die Eigenheiten dieser Kulturen haben Ursachen, die auf dem historischen Entwicklungsstand, auf Besonderheiten der vorkolonialen Geschichte, den ethnischen Strukturen in Afrika, den verschiedenartigen Lebensräumen in der natürlichen Umwelt, denen menschliche Gemeinschaften ihr soziales Leben anpaßten, auf differenzierten weltanschaulichen und religiösen Orientierungen, aber auch auf mannigfachen Einflüssen afrikanischer Kulturen untereinander sowie von nichtafrikanischen Kulturen gründen.

Das breite Spektrum afrikanischer Kulturentwicklung bestimmen vor allem die vielen ethnischen Gemeinschaften – etwa 700 bis 1000 an der Zahl –, die ihre kulturellen Traditionen, oft noch auf der Basis vorkapitalistischer Gesellschaftsentwicklung, bis in die Gegenwart hinein erhalten haben. Da ein Kriterium für die Zuordnung zu einer ethnischen Gemeinschaft mit spezifischer Kultur dieselbe Sprache bildet, ist es oft schwierig zu entscheiden, wann eine eigenständige Sprache oder nur ein Dialekt vorliegt, so daß die Zahlenangaben über ethnische Gruppen schwanken. Jede dieser ethnischen Gemeinschaften hat im Verlauf ihrer Entwicklung eine spezifische Kultur ausgeprägt, die sie von anderen unterscheidet und deren sich in der Regel die Angehörigen dieser Gemeinschaft auch bewußt sind. In vielen afrikanischen Staaten ist die Anzahl der dort lebenden ethnischen Gemeinschaften oder Ethnien sehr groß. In Äthiopien z. B. sind rund hundert verschiedene Völkerschaften beheimatet: Amharen, Oromo, Tigrai, Somali, Argobba, Gurage, Sidamo, Koso, Darassa, Nuer, Anuak, Danakil, Issa, Saho – um nur einige zu nennen. Jede dieser Gruppen kleidet sich auf charakteristische Art, hat eine spezifische Wohnweise, verfügt über herausragende Traditionen in Musik und Handwerk sowie über ein bestimmtes System sozialer Institutionen, Verhaltensnormen und Feste.

Trommel der Bakundu

Diese ethnische Vielfalt entstand in vorkolonialer Zeit; sie hat sich bis in die Gegenwart hinein dadurch bewahrt, daß in Afrika bis zur Erringung der nationalen Unabhängigkeit vorkapitalistische Gesellschaftsformen bestanden haben. Die kleineren und größeren Gemeinschaften wiesen unterschiedliche

Entwicklungsniveaus auf: Neben kleinen blutsverwandten Gruppen, gentilgesellschaftlichen Stämmen und Stammesverbänden bestanden größere Völkerschaften, die sich durch Integration herausgebildet hatten und mit der Entstehung von Gewerbe und Handel, mit Handelszentren, Stadtstaaten und frühen Reichen verbunden waren, z. B. die Hausa und Yoruba in Westafrika – lange bevor der Kontinent von den Europäern »entdeckt« wurde.

Ohne Privateigentum an Boden

Die Herausbildung menschlicher Gemeinschaften in Afrika reicht in prähistorische Zeit zurück. Archäologische Funde belegen steinzeitliche Siedlungen und den Übergang zur Eisenzeit. In den Jahrhunderten vor der Kolonisierung hatten die verschiedenen Gemeinschaften unterschiedliche Stadien vorkapitalistischer Entwicklung erreicht, die überwiegend auf Agrarproduktion basierten. Eine afrikanische Besonderheit besteht darin, daß es fast nirgendwo zur Herausbildung von Privateigentum an Boden kam – einfach, weil genügend frei verfügbares Land vorhanden war. So konnten sich auch Gemeinschaften, die zu groß wurden, problemlos teilen. Die vorherrschende Form des sozialen Lebens waren Dorfgemeinschaften. Sie beruhten auf dem gemeinsamen Besitz des gemeinschaftlich genutzten Bodens; dadurch hielten sich länger als anderswo gentilgesellschaftliche Überreste im Zusammenleben. Die Dorfgemeinschaften wurden in der Regel von mehreren Großfamilien gebildet, die ihre Herkunft auf einen gemeinsamen Ahnen zurückführten. An ihrer Spitze stand der Rat der Ältesten. Zwar kam es zu sozialen Differenzierungen (Fischer, Bauern, Jäger, Medizinmann, Häuptling usw.), aber nicht zwangsläufig zu Klassengegensätzen. Dennoch konnten sich auf dieser Grundlage in zahlreichen Gemeinschaften ein Mehrprodukt und ein gewisser Reichtum herausbilden. Die Dorfgemeinschaft gab jedem einzelnen den Halt und die Sicherheit, die er brauchte, verstanden sich doch alle in einer Sprache, durch festgefügte Altershierarchien, religiöse und mythologische Vorstellungen und Kulthandlungen, durch Verhaltenskodex und Normen für den Ablauf des gemeinsamen Lebens miteinander verbunden. In einigen Gebieten Afrikas kam es in vorkolonialer Zeit zur Herausbildung von Zentralgewalten, die sich über die Dorfgemeinschaften und Stämme erhoben: zu Föderationen, größeren Herrschaftsgebieten, frühen Reichen mit Anfängen der Klassengesellschaft. Dort bildete sich eine wohlhabende Oberschicht (Herrscher, Priester, Gefolgsleute) heraus, die sich einen Teil des Mehrprodukts individuell aneignete. Anders als im Feudalismus in Europa waren nicht die einzelnen Bauern, sondern war jede Dorfgemeinschaft als Ganzes den Zentralgewalten tributpflichtig, sei es durch Abgaben, Kriegsdienste, Arbeitsleistungen beim Bau von Bewässerungsanlagen, Straßen usw. Die sozialen Beziehungen in den Dorfgemeinschaften blieben daher weitgehend unberührt.

Altafrikanische Reiche

Die ersten frühen Reiche in Afrika trugen den Charakter altorientalischer Klassengesellschaften, so das Reich Kusch (im heutigen Ostsudan) und das Reich Aksum (im Norden des heutigen Äthiopien), die beide bis zum 8. Jahrhundert entstanden waren. Zwischen dem 8. und 16. Jahrhundert differenzierte sich die historische Entwicklung Afrikas südlich der Sahara dahingehend, daß es, neben der Existenz von Sippengemeinschaften, Stämmen und Stammesverbänden, in einigen Gebieten zum Erstarken entwickelter Staaten kam. Dazu zählen die westafrikanischen Reiche Ghana, Mali, Songhai, Benin und die Yoruba-Staaten, das Reich Kanem-Bornu im Zentralsudan, das alte Kongoreich, das Reich Monomotapa in Simbabwe und die mit Handwerk und Handel verbundenen Stadtstaaten der Hausa sowie die der afrikanischen Ostküste. Auch in diesen frühen Reichen blieben die Dorfgemeinschaften weitgehend als wirtschaftliche und kulturelle Einheiten bestehen. An den Herrschersitzen hingegen schritt die gesellschaftliche Arbeitsteilung fort; dort wirkten spezialisierte Handwerker und Künstler, wie Goldschmiede, Bronzegießer, Holzschnitzer, und in den entstehenden Handelszentren bildete sich eine Schicht der Händler heraus.

In diesen politischen und wirtschaftlichen Zentren – den Städten und Herrschersitzen – vollzog sich auch die Integration ethnischer Gemeinschaften zu größeren Einheiten, zu Völkerschaften am raschesten. Beispiele dafür sind die Yoruba und Hausa in Westafrika, deren ethnische Geschichte mit den Hausa-Stadtstaaten und den Yoruba-Reichen, wie Ife und Benin, verknüpft ist. Dieser Verschmelzungsprozeß führte jedoch nicht bis hin zur Herausbildung von Nationen, da die Stufe vorkapitalistischer Entwicklung nicht überwunden wurde. Anders verlief die europäische Kulturgeschichte; hier verstärkte sich die Integration kleinerer Gemeinschaften zu größeren ethnischen Einheiten, zu Völkerschaften und Nationen, und zwar im Verlauf des Übergangs zum Kapitalismus, als ein nationaler Markt, gemeinsame Wirtschaftsbeziehungen und neue soziale Klassen – Bürgertum und Arbeiterklasse – entstanden. Mit dem Wachsen industrieller Produktion und Verstädterung wurde ethnische Isolation aufgebrochen, wurden Kultur und Lebensweise in nationalem Rahmen und Interesse vereinheitlicht, so durch gemeinsame nationale Sprache, einheitliche Maße und Gewichte, Normen und Bräuche. Dies schloß natürlich nicht aus, daß regional ethnische Kulturtraditionen weiterbestanden und gepflegt wurden.

In Afrika wurde der organische historische Entwicklungsprozeß im 16. Jahrhundert durch die europäische Kolonisation unterbrochen; von da an verlief er modifiziert und deformiert, stagnierte in vielen Gebieten. Zwar kam es auch danach noch zu Staatenbildungen, so im 18. und 19. Jahrhundert mit den Fulbe- und Tukulör-Staaten in Westafrika, in Ostafrika in Buganda, Rwanda und Burundi und zu starken Stammesverbänden im Süden, wie denen der Zulu und Matabele, aber sie alle litten unter dem hemmenden Einfluß der Kolonisation auf die afrikanische Entwicklung insgesamt. Durch die Spezifik kolonialer Herrschaft, Kolonialverwaltung und koloniale Ausbeutungsformen wurde hier das Stadium vorkapitalistischer Gesellschaftsentwicklung konserviert, beschränkte man damit doch die Rolle Afrikas auf die des Rohstofflieferanten und Absatzmarktes für den aufstrebenden Kapitalismus in Europa und schloß eigene Industrialisierung weitgehend aus. Die koloniale Wirtschaft unterdrückte die Herausbildung eines nationalen Marktes, indem willkürlich Wirtschaftszentren entstanden, wie Plantagen für Monokulturen, Bergbaugebiete, Hafenstädte, die auf die Interessen der Kolonialländer ausgerichtet waren. Gleiches gilt für die Infrastruktur, die den Transport der in Europa begehrten Güter zu sichern hatte, nicht aber den Bedürfnissen der dort lebenden Menschen diente. Auch deshalb konnten Nationen als politische und wirtschaftliche Einheiten während der Kolonialzeit nicht entstehen. So blieb die ethnische Vielfalt der vorkapitalistischen Gesellschaften Afrikas weitgehend erhalten, ebenso das Nebeneinander von Gemeinschaften unterschiedlichen Entwicklungsniveaus. Auch aus politischen Gründen waren die Kolonialmächte an der Aufrechterhaltung ethnischer Zersplitterung sehr wohl interessiert, konnten doch so ethnische Gruppen gegeneinander ausgespielt werden. Zwar setzte punktuell ein ethnischer Verschmelzungsprozeß dort ein, wo durch Plantagenwirtschaft, Zwangs- und Wanderarbeit Angehörige unterschiedlicher Bevölkerungsgruppen zusammenkamen, führte aber nicht bis zur nationalen Konsolidierung.

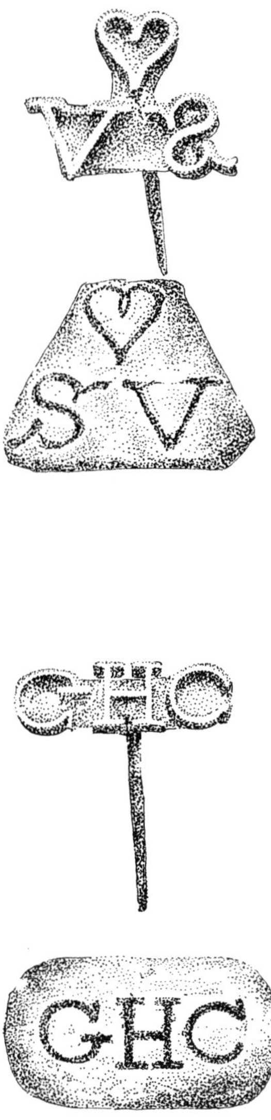

Sklavenmarken

Eine politische und in gewissem Sinne auch kulturelle Integration unterschiedlicher ethnischer Gemeinschaften in den Kolonialgebieten fand dort statt, wo gemeinsame Interessen am antikolonialen Widerstandskampf in Aktionen – über ethnische Grenzen hinweg – einmündeten. Die nationale Befreiungsbewegung mußte sich einer gemeinsamen Sprache bedienen, ein Nationalbewußtsein fördern, gemeinsame Ideale und Orientierungen über alle kulturellen Unterschiede hinweg verbreiten. Das Bewußtsein gemeinsamer Unterdrückung wandelte sich zum Bewußtsein der Zusammengehörigkeit. Mit der Gründung nationaler unabhängiger Staaten in

Afrika – die meisten entstanden im Jahre 1960 – war eine wichtige politische Grundlage für die Entwicklung von Nationen gelegt, deren wirtschaftliche Basis durch Erhöhung der Produktivität jedoch erst in einem längeren Prozeß geschaffen werden mußte. Nationale Gemeinschaften entstehen nicht automatisch mit der Erringung staatlicher Unabhängigkeit, die ethnische Zersplitterung innerhalb der jungen Staaten ist damit noch längst nicht überwunden, zumal sie nicht das Produkt organischer Geschichte Afrikas ist. Sie ist ein Ergebnis der willkürlichen Grenzziehung, die die imperialistischen Kolonialmächte auf der Berliner Konferenz 1884/85 für die einzelnen Kolonialgebiete vornahmen. Diese wie auf dem Reißbrett gezogenen Grenzen haben keinerlei Rücksicht auf Siedlungsgebiete ethnischer Gemeinschaften genommen, so daß viele ethnische Gruppen zerrissen und auf mehrere Kolonialgebiete aufgeteilt oder historisch entstandene Strukturen alter Reiche zerstört wurden. Die in den Grenzen der ehemaligen Kolonialgebiete gebildeten jungen Staaten standen deshalb und stehen heute noch vor dem Problem, daß hier ethnische Gemeinschaften völlig unterschiedlicher Lebensweise und Weltanschauung leben, die zu einer durch nationale Interessen verbundenen Bevölkerung zusammenwachsen sollen – ein Problem für die ethnischen Gemeinschaften wie für die jungen Staaten gleichermaßen. So leben heute Bevölkerungsgruppen mit gemeinsamen kulturellen Traditionen und Wertvorstellungen in verschiedenen Staaten, z. B. die Makonde in Tansania und Moçambique, die Ewe in Ghana und Togo, die Maschona in Simbabwe und Moçambique, die Edo in Nigeria und Benin, die Somali in Äthiopien und Somalia, und anderer-

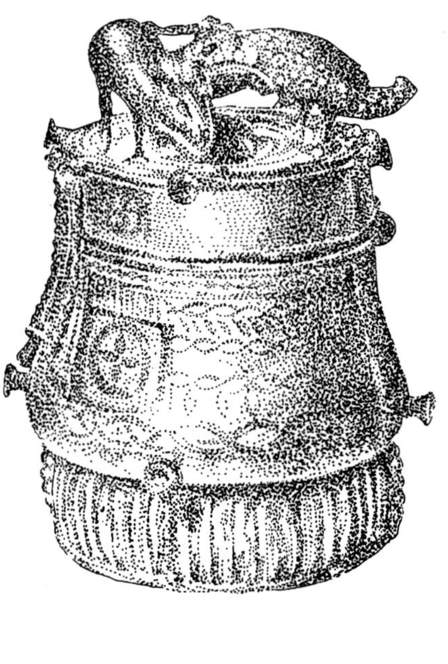

Seelenbehälter der Ashanti

seits solche mit unterschiedlichen oder gar gegensätzlichen kulturellen Wertsystemen in einem Staat.

Die Formierung nationaler Kultur im Zuge der Entstehung von Nationen ist daher ein langwieriger und sicher komplizierter Prozeß. Schon heute ist abzusehen, daß die nationale Konsolidierung je nach ethnischer Situation nicht in allen afrikanischen Staaten einheitlich verlaufen wird. Neben Nationalstaaten, wo also der Staat eine Nation repräsentiert, werden sich auch Nationalitätenstaaten entwickeln, die mehrere nationale Zentren besitzen. So zeichnet sich z. B. die Entwicklung in Nigeria ab, wo solche Nationalitäten wie die Yoruba, Ibo und Hausa nicht nur zahlenmäßig die stärksten Bevölkerungsgruppen bilden (jeweils 15 bis 17 Millionen Menschen), sondern auch mögliche kulturelle Zentren eigener nationaler Entwicklung darstellen; ihre Sprachen werden auch von anderen Bevölkerungsgruppen gesprochen, deren Beziehungen zu ihnen tief in die Geschichte zurückreichen. Nigeria spiegelt die Kompliziertheit der kulturellen Situation eines Vielvölkerstaates wider. In dem afrikanischen Staat mit der zahlenmäßig stärksten Bevölkerung (1985 waren es 84,5 Millionen Einwohner) leben rund 250 ethnische Gruppen zusammen, von denen einige nur bis zu 10 000 Menschen umfassen, andere mehrere Millionen zählen; sie pflegen unterschiedliche Wirtschaftsformen, gehören unterschiedlichen Religionen an.

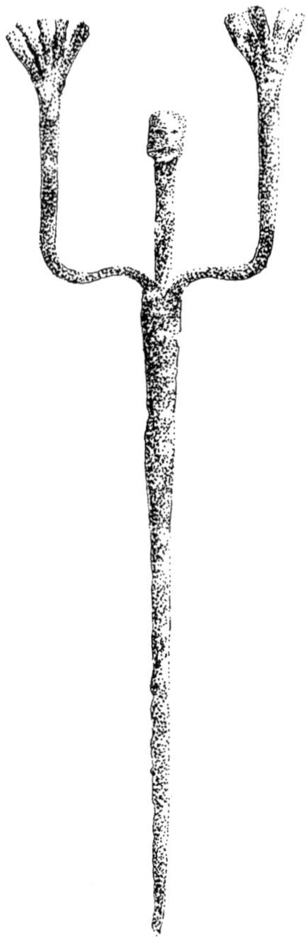

Regengeister der Dogon

Ethnische und kulturelle Vielfalt können alle afrikanischen Staaten vorweisen, auch wenn die Anzahl der ethnischen Gruppen unterschiedlich ist, z. B. sind es in Kamerun rund 300, in Elfenbeinküste 60, der Volksrepublik Kongo 74, in Moçambique rund 80, während in Simbabwe im wesentlichen nur 3 Völkerschaften vertreten sind (Maschona, Matabele, Tsonga) oder in Botswana der für Afrika seltene Fall von nur 2 Bevölkerungsgruppen zutrifft.

Die ethnische Differenziertheit in den einzelnen Staaten bildet für die jeweilige kulturelle Situation, die kulturellen Entwicklungsmöglichkeiten spezifische Bedingungen, die sehr widersprüchlich sind: Einerseits besteht großer kultureller Reichtum durch die Vielfalt an kulturellen Traditionen, andererseits verzögert diese die nationale Entwicklung. Das Sprachenproblem soll dies verdeutlichen: Eine Vielzahl von Sprachen, die mit der kulturellen Entwicklung der einzelnen Gemeinschaften verbunden sind, in denen gesungen, gedichtet, geträumt wird, steht der Notwendigkeit der Kommunikation aller Staatsbürger auf der Grundlage einer gemeinsamen Sprache gegenüber. Sicher geht es hier, wie in der kulturellen Entwicklung insgesamt, nicht um die Alternative: das eine *oder* das andere, sondern: das eine *und* das andere. Der Prozeß, der beides zu verbinden sucht, hat in Afrika begonnen.

Grundlage der einzelnen Kulturen ethnischer Gemeinschaften war und ist die materielle Produktion, eine den natürlichen Lebensbedingungen angepaßte Wirtschaftsform. Die natürliche Umwelt als Entwicklungsrahmen einer konkreten Kultur spielt gerade in vorkapitalistischen Gesellschaftsstadien – in Afrika wie in anderen Teilen der Erde – eine wichtige Rolle. Oberflächengestalt, Vergetationszonen, Klima, Bodenschätze, trennende Gebirge oder verbindende Flüsse haben Wachstum und konkrete Ausdrucksformen kultureller Entwicklung unterschiedlich beeinflußt. Je nach Entwicklungsniveau gelang es den einzelnen Gruppen, sich die Natur mehr oder weniger effektiv nutzbar zu machen.

Die natürlichen Lebensräume in Afrika sind sehr vielfältig: tiefliegende Küstengebiete, Anstieg in Randstufen bis zu den Hochlandgebieten. Bis auf das Kamerungebirge mit dem Großen Kamerunberg (4070 m) im Westen konzentrieren sich die Gebirgsmassive auf Ost- und Südafrika, so das Kilimandscharomassiv, das Hochland von Äthiopien und die Drakensberge. Der Osten des Kontinents wird zudem von den großen Grabenbrüchen geprägt. Schwellen trennen die Becken, Senken und Hochflächen voneinander.

Für die Kontakte und die kulturelle Kommunikation der einzelnen Völker und ethnischen Gruppen blieb dies nicht ohne Folgen: Viele Regionen waren durch natürliche Hindernisse isoliert, andere wurden ihrer Abgeschiedenheit wegen zu Rückzugsgebieten für verfolgte oder abgedrängte Gemeinschaften. Die Sperriegel der Wüsten im Norden und im Süden setzen ebenfalls dem Aktionsradius der Menschen natürliche Grenzen.

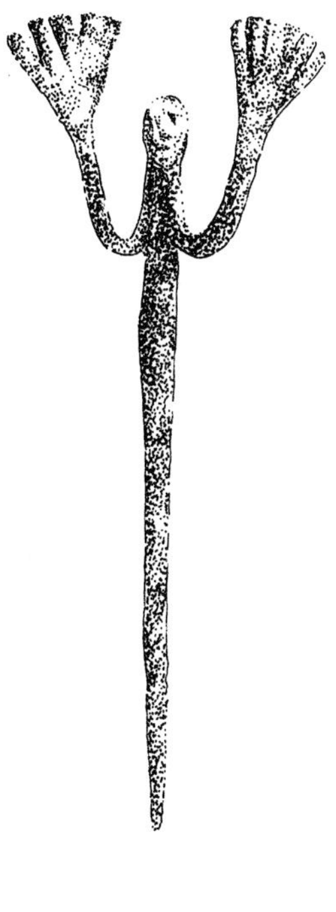

Die relativ ungegliederte Küste des Kontinents und die meist nicht durchgängig schiffbaren Flüsse haben dazu beigetragen, daß der Zugang ins Landesinnere über lange Zeit erschwert war. Stromschnellen und Gefälle der Wasserläufe trennten die dort lebenden Gemeinschaften eher voneinander, als daß sie sie verbanden. Allein der Sambesi hielt 72 Wasserfälle bereit! Das heißt aber nicht, daß an den großen Flüssen wie Niger, Nil, Kongo, Limpopo und Sambesi nicht zahlreiche ethnische Gruppen siedelten und den Fischreichtum nutzten. Auch die, außer dem Tschadsee, auf den Osten des Kontinents konzentrierten Seen des Zentralafrikanischen Grabens (Victoriasee, Tanganjikasee, Malawisee) begünstigten in vorkolonialer Zeit nur bedingt Kontakte und Kommunikation, in jedem Falle aber luden sie zur Ansiedlung ein.

Für die jeweilige Wirtschaftsform der einzelnen Gruppen spielten Klima und Vegetationszone eine nicht unwichtige Rolle. Zwischen den subtropischen Küstengebieten im äußersten Norden bzw. Süden variiert das an sich tropische Klima

Klima und Vegetation

je nach Äquatornähe und Höhenlage. Das immerfeuchte Äquatorialklima kennt keine Jahreszeiten; es ist gleichmäßig heiß. Das tropische Wechselklima in den daran angrenzenden Räumen – im Norden bis zur Sahelzone, im Osten bis Somalia und zu den Grabenbrüchen, im Süden bis zur Luandaschwelle – ist durch mehr oder weniger regelmäßig eintretende Trocken- und Regenzeiten (normal in halbjährlichem Rhythmus) gekennzeichnet. Die Zonen des Trockenklimas schließlich reichen bis zu den subtropischen Küstengebieten. Von Luftströmungen, den Passatwinden, hängen die jeweiligen Niederschlagsmengen in einzelnen Gebieten ab. Aus diesem durchaus nicht einheitlichen Klima resultieren unterschiedliche Vegetationszonen, denen sich die Wirtschaftsformen der dort lebenden Gruppen oder Völker anpassen mußten. In der Äquatorialzone dominiert in den Becken tropischer Regenwald, in Hochlagen Nebelwald bzw. Hochgebirgsvegetation. Im Regenwald fallen fast das ganze Jahr hindurch Niederschläge, die in Verbindung mit Temperatur und Sonneneinstrahlung den stockwerkartigen Aufbau des Urwaldes zur Folge haben. Dort ist der Anbau von Maniok und Reis sowie Bananen und Ölpalmen möglich.

Der Regenwald lockert sich zur Feuchtsavanne auf, die durch immergrüne Galeriewälder an den Flußläufen und üppige Elefantengrasfluren gekennzeichnet ist. Kulturen von Mais, Hirse, Maniok, Bataten und Yams kann man hier zweimal jährlich ernten.

Sie geht in die Trockensavanne über, in der brusthohes Gras, lichte Trockenwälder, imposante Affenbrotbäume und Schirmakazien vorherrschen. Sie gestattet nur eine Ernte jährlich, und zwar bei Hirse, Mais, Erdnüssen, Baumwolle. Dafür ist hier Viehhaltung möglich – Rinder, Schafe, Ziegen. Je nach Entfernung vom Äquator hält die Trockenperiode vier bis sieben Monate an.

In den Gebieten mit Trockenzeiten, die länger als sieben Monate andauern, wachsen nur noch Grasbüschel und Dornsträucher. Deshalb nennt man diese Region auch Dornsavanne. Sie ist die Heimat der Viehzüchternomaden für Schafe und Ziegen sowie Kamele. Wo der Regen für sehr lange Zeit ausbleibt, bildeten und bilden sich Halbwüsten und Wüsten, so die Sahara, die größte Sandwüste der Erde, in Nordafrika, die Kalahari mit ihren Salzpfannen im Süden und die Wüste Namib im südwestlichen Küstenbereich. Hier gibt es nur wenige Vegetationsgebiete, Oasen, in denen dank dem Bau von Brunnen und künstlicher Bewässerung Dattelpalmen, Gemüse und Getreide angebaut werden können.

In den äußersten nördlichen und südlichen Gebieten schließlich erstreckt sich die Zone der Hartlaubgewächse, in der Weizenanbau möglich ist und Korkeichen sowie Zypressen gedeihen.

Zu diesen Angeboten der natürlichen Umwelt kommen die Bodenschätze hinzu. Bereits in den frühen Stadien der Menschheitsgeschichte begünstigten sie die weitere gesellschaftliche Entwicklung: Die reichen Vorkommen an Raseneisenerz beförderten den Übergang zu Eisengewinnung und -verarbeitung, der Goldreichtum Westafrikas das Entstehen mächtiger Reiche, Salzlagerstätten sorgten für regelmäßigen Handel usw. Mit der Ausbeutung der Metallvorkommen ging die Spezialisierung in der Verarbeitung einher.

Die auf Agrarproduktion basierenden Gemeinwesen Afrikas sind selbstverständlich von Klima und Vegetation abhängig, vor allem aber vom Wasser. Die bäuerliche Produktion und Lebensweise der traditionellen Dorfgemeinschaften sind dem natürlichen Rhythmus angepaßt: Die Bauern in den Savannen organisieren ihr Leben nach Regen- und Trockenzeit, die nomadisierenden Viehzüchter der Trockengebiete nutzen die Weideplätze an den Wasserlöchern. Die materielle Kultur der einzelnen Gemeinschaften beruht auf den Rohstoffen, die die natürliche Umwelt bereithält: Palmen, Lehm und Holz, Stroh und Gras liefern das Material für Hausbau, Kleidung und Gerät; die nomadisierenden Viehzüchter fertigen ihre Bekleidung aus den Häuten der Herdentiere, der Regenwald schenkt das Holz zum Schnitzen von Werkzeugen, Gerätschaften für den Haushalt, für rituelle Masken usw. Das Leben in der Wüste zwang vielfach zu entbehrungsreichem Leben. Aber in allen Vegetationszonen Afrikas haben menschliche Gemeinschaften spezifische Antworten auf die vorgefundenen natürlichen Lebensbedingungen gefunden, haben Formen der Produktion, des sozialen Lebens, der Anpassung überhaupt entwickelt, die es ermöglichten, den Urzustand menschlicher Existenz zu überwinden.

Prägende Lebensräume

Im tropischen Regenwald haben über die Jahrhunderte hinweg die Pygmäen, jene kleinwüchsigen Jäger und Sammler, dank ihrer großen Naturverbundenheit und Anpassungsfähigkeit das Überleben gesichert. Der Regenwald bietet ihnen Nahrung und Schutz. Sie können Fährten lesen, wissen, wo sie eßbare Wurzeln und Früchte sowie Nester wilder Bienen finden. Selbst in kargen Wüstenstreifen, in denen man kaum menschliches Leben für möglich hält, haben Gruppen verschiedener ethnischer Herkunft ihre Lebensformen entwikkelt, so die Viehzüchternomaden in den Salzsteppen und Trockengebieten Ostafrikas, wo oft Dornengewächse die einzige Vegetation darstellen und die Wasserlöcher metertief in die Erde gegraben werden müssen. Die natürliche Umwelt gab auch dem sozialen Leben der einzelnen Gemeinschaften

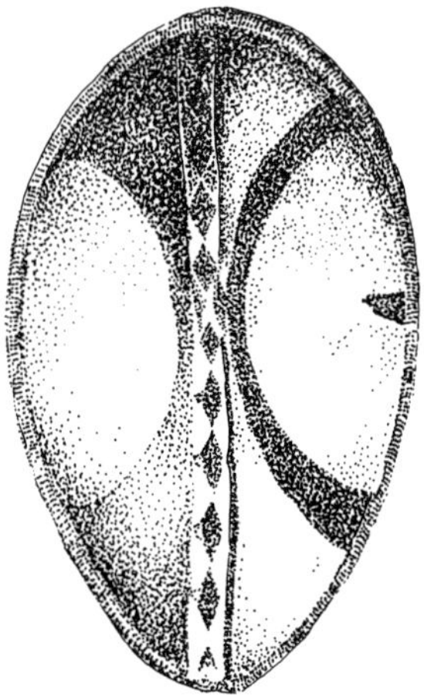

Schild
eines Massai-Kriegers

ihr besonderes Gepräge: Am angesehensten war der gute Fischer, der erfolgreiche Jäger, der Yamsbauer, der Hirte usw. – ob Wirtschaftsform oder die Art der Feste und Feiern, alles trug dem natürlichen Milieu Rechnung. Die starke Abhängigkeit von der Natur fand ihren Niederschlag in magischen Ritualen und mythischen Weltvorstellungen der Gemeinschaft, schuf Regen- oder Flußgottheiten und Waldgeister, brachte Jagdmagie und Fruchtbarkeitskult hervor. Dieser starke Einfluß der Natur auf die Kulturentwicklung charakterisiert alle Gesellschaften mit niedriger Produktivität. Erst mit zunehmender Beherrschung der Natur, der Erhöhung und Sicherung der Agrarerträge, mit Industrialisierung, Marktbeziehungen und Zusammenleben in einem gemeinsamen Staat wird die mythische Beziehung zur Natur mehr und mehr durch eine sachliche, rationale ersetzt. Das soll aber nicht heißen, daß das geographische Milieu völlig bedeutungslos wird: Auch moderne Technologien basieren auf einheimischen Rohstoffvorkommen, die Bauten müssen klimafreundlich sein, die Landschaften finden in der Kunst ihren Ausdruck usw.

In Anpassung an die natürlichen Lebensbedingungen haben sich in Afrika – wie historisch auch anderswo auf der Erde – verschiedene Wirtschaftsformen entwickelt, die wiederum differenzierte Formen von Kultur hervorbrachten. Je nach dem Charakter der materiellen Produktion lassen sich verschiedene Typen von Kultur unterscheiden. Jacques Maquet führt für Afrika fünf Kulturtypen an: die Pfeil- und Bogenkulturen, die Brandrodungskulturen, die auf Vorratswirtschaft basierenden Agrarkulturen, die Speerkulturen und die Stadtkulturen mit Handel und Handwerk. Jocelyn Murray nimmt eine kulturelle Klassifikation afrikanischer Gemeinschaften nach ihrer Zugehörigkeit zu den Sprachgruppen vor.

Die in der marxistischen Ethnographie übliche Zuordnung menschlicher Gemeinschaften, die in der Vorklassengesellschaft leb(t)en, nach wirtschaftlich-kulturellen Typen erfaßt Unterschiede wie Gemeinsamkeiten der Lebensformen, ob in Afrika oder in anderen Teilen der Erde. Kriterien für die Zugehörigkeit zu einem wirtschaftlich-kulturellen Typ sind die Haupttätigkeit der Bevölkerungsmehrheit, das Niveau der Produktionsgeräte, die Wohnweise sowie Weltbild und Wertorientierungen. So lassen sich als die drei Haupttypen die Entwicklungsniveaus der Wildbeuter, der Bodenbauer und Viehzüchter sowie der Ackerbauer abgrenzen.

Zum ersten Typ gehören Gemeinschaften, in denen Jagd, Sammelwirtschaft und Fischfang vorherrschen, d. h. Wildbeuterei betrieben wird, sich die Menschen mit ihren selbstgefertigten Arbeitsgeräten (Pfeil und Bogen, Grabstock) das zum

Leben Nötige in der umgebenden Natur anzueignen suchen. Diese Wirtschaftsform ermöglicht kaum die Gewinnung eines Mehrprodukts; sie bedeutet vielmehr recht ungewisse Lebensweise zwischen Hunger und Überfluß. Die Beziehungen der Menschen tragen gentilgesellschaftlichen Charakter, ohne nennenswerte soziale Differenzierung. Wildbeuterei in diesem Sinne betreiben bis in unsere Tage z. B. Pygmäengruppen im kongolesischen Regenwald. Sie pflegen allerdings seit Jahrhunderten Tauschbeziehungen mit den Bantu-Bauern am Rande des Urwaldes (Wildfleisch gegen Bananen, Knollenfrüchte und eiserne Klingen, heute auch gegen Getreide). Ihre Lebensgrundlage ist die Jagd als Arbeit der Männer, während die Frauen Pilze, Wurzeln und Honig sammeln. Für sie – wie für alle Gemeinschaften auf dieser wirtschaftlichen Entwicklungsstufe – ist charakteristisch, daß sie sehr stark aufeinander angewiesen sind, die Jagd sich nur durch Zusammenschluß mehrerer Familien erfolgreich gestalten läßt. Innerhalb der Gemeinschaft besteht nahezu eine Gleichstellung von Mann und Frau und von Familie zu Familie. Es gibt kein »Stammesoberhaupt«; bei Streitigkeiten und gemeinsamen Vorhaben entscheidet die Gemeinschaft kollektiv, wobei das Alter besondere Achtung genießt. Zur materiellen Kultur gehören Laubhütten und Windschirme, Kleidung aus Fellstreifen und Rindenstoff, selbstgefertigte Grabstöcke für Wurzeln und Pilze, Pfeil und Bogen für die Jagd. Die in Blätter gehüllte Nahrung wird in heißer Asche gegart. Lebensweise und wirtschaftliche Tätigkeit bedingen einander: Häufig ziehen die Gruppen weiter in andere Jagd- und Sammelgebiete und errichten dort neue Hütten. Zu ihrem sozialen Leben gehören gemeinsame Feiern und Kulturhandlungen, die, ihren naturreligiösen Vorstellungen entsprechend, mit dem Urwald verbunden sind und zugleich den Gemeinschaftssinn festigen. In ihren Liedern, Tänzen und Geschichten widerspiegelt sich die enge Bindung zur Natur und zueinander.

Wildbeuter

Zum Typ der Wildbeuter zählen auch Khoisan-Lokalgruppen (die sogenannten Buschmänner) der Kalahari in Südwestafrika, deren kulturelles Leben trotz ebenfalls aneignender Wirtschaftsform Unterschiede zu dem der Pygmäen aufweist – sei es in der Art der Bekleidung, in den Ritualen, Tänzen oder Jagdzeremonien. Das kann auch gar nicht anders sein, denn Urwald und Salzsteppe bzw. Halbwüste fordern jeweils eigene Anpassungsformen ... Heute leben diese Gemeinschaften vereinzelt noch in Angola, Namibia und Botswana in ariden Rückzugsgebieten, und ihre urgemeinschaftliche Lebensweise wird, vor allem unter dem Einfluß Südafrikas, zunehmend zerstört. Sowohl die Pygmäen als auch die Khoisan-Gruppen sind für das heutige Afrika nur noch

Restgruppen, sie repräsentieren keinesfalls typische Lebensformen.

Bodenbauer

Zum zweiten wirtschaftlich-kulturellen Typ gehören die Bodenbauer und Viehzüchter. Das Züchten von Haustieren (vor allem Rindern) und der Anbau von Nutzpflanzen mit Grabstock und Hacke verbesserten die Lebensgrundlage gegenüber den Jäger- und Sammlergruppen in starkem Maße. Diese Wirtschaftsform ermöglichte ein Mehrprodukt und das Anlegen von Nahrungsvorräten. Vieh stellt eine wichtige Form des Reichtums dar. Innerhalb der Gemeinschaften der Bodenbauer und Viehzüchter kann es zu sozialen Differenzierungen und zu Spezialisierungen, zur Herausbildung von Handwerken, kommen.

Für die Mehrheit der in Afrika lebenden ethnischen Gemeinschaften war bis in die Gegenwart hinein die Wirtschaftsform der Bodenbauer bzw. der Viehzüchter kennzeichnend. Die Viehzucht konnte dabei Teil der bäuerlichen Produktion sein, ebenso – und dies ist für weite Gebiete Afrikas eher typisch – von den Viehzüchternomaden in den Trockengebieten betrieben werden. Die Zugehörigkeit einer Gemeinschaft zur Wirtschaftsform der Bodenbauer oder der Hirtennomaden bringt gravierende kulturelle Unterschiede mit sich, die sich in der materiellen und geistigen Kultur, bis hin zu den Wertvorstellungen, äußern.

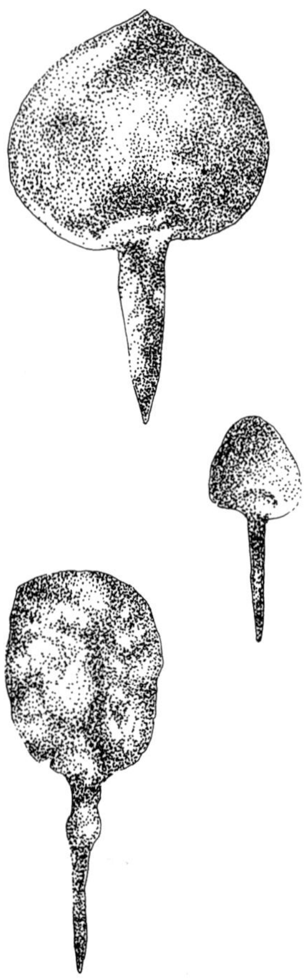

Hackenformen der Makua, Baganda, Galla und der Rwanda

Zur Wirtschaftstätigkeit der Bodenbauer in den verschiedenen Teilen Afrikas gehört der Anbau von Knollen- (Yams, Taro, Maniok) und Körnerfrüchten (Hirse, Reis und später auch Mais) sowie Erdnüssen oder Bananen. Die Kultivierung des Landes erfolgt weitgehend durch Brandrodung. In den Dorfgemeinschaften leben Familienverbände, die das Land gemeinsam bzw. mit gegenseitiger Unterstützung bebauen. Das soziale Leben ist dem Rhythmus von Saat und Ernte, von Regen- und Trockenzeit angepaßt: seßhafte Wohnweise in selbstgefertigten Hütten, im Dorf produzierte Haushaltsgegenstände und Arbeitsgeräte. In der Regel sind die Dorfgemeinschaften vom Markt unabhängig, produzieren alles Notwendige selbst. Die gemeinsamen Kulthandlungen und Feste basieren auf dem Weltbild, das Regen, Fruchtbarkeit und das Gedeihen der Kulturpflanzen in den Mittelpunkt stellt. Durch magische Riten sucht man all das günstig zu beeinflussen. So verehren die Yoruba in Westafrika den »heiligen Yams«. Töpferei, Metallbearbeitung, Spinnen und Weben bei Baumwollanbau erzeugen im Dorf eine gegenseitige Abhängigkeit und Zusammengehörigkeit. Tänze und Gesänge begleiten Aussaat, Ernte, Arbeit und Mußestunden. Haushaltsgegenstände bestehen aus Materialien, die im Dorf oder dessen Umgebung vorhanden sind, wie Ton, Holz, Gras, Stroh, Palmfasern und

Fruchtschalen (Kalebassen). Diese wirtschaftliche Geschlossenheit – oder auch Abgeschlossenheit – zahlreicher Gemeinschaften von Bodenbauern führte im kulturellen Bereich zur Ausprägung und Festigung von Besonderheiten.

Nomaden

Ganz anders ist die Lebensweise der nomadisierenden Viehzüchter. Ihr Jahreszyklus hängt von den Weidemöglichkeiten für ihr Vieh ab. Ihre Wanderungen führen von einer Wasserstelle zur anderen; sie folgen dem Regen während der Regenzeit und bleiben während der Trockenzeit an einem günstigen Weideplatz. Die Herdentiere – Rinder, Pferde, Kamele oder Schafe und Ziegen – sind wertvollster Besitz der Nomaden, dabei über die Nahrungsgrundlage hinaus auch Quelle von Sozialprestige und Ansehen. In der Regel sind mehrere Großfamilien zu einer Lagergemeinschaft zusammengeschlossen, da für die Wanderungen das Zusammensein einer größeren sozialen Gruppe günstiger ist. Auf ihren Wegen tauschen die nomadisierenden Viehzüchter Leder, Milch und Butter gegen Vegetabilien bei Bodenbauergemeinschaften ein. Ihnen selbst dienen Blut und Milch der Tiere als Nahrung, nur zu besonderen Gelegenheiten auch Fleisch. Aus den Häuten werden Lederbekleidung, Zeltplanen und Haushaltsgegenstände gefertigt, und das mit großem Geschick. Die materielle Kultur ist der Lebensweise angepaßt: Zelte und Hausrat müssen transportabel sein, also zweckmäßig und leicht.

Die nomadisierende Lebensweise hat sich in den Wertvorstellungen der Viehzüchtergemeinschaften niedergeschlagen: Ungebundenheit und Freizügigkeit des Weiterziehens sind gepriesene Ideale, während die Tätigkeit der seßhaften Bodenbauer als minderwertig angesehen wird.

Ackerbauer

Den dritten wirtschaftlich-kulturellen Typ repräsentieren die Gemeinschaften der Ackerbauer. Hier liegt die Produktivität der Gemeinwesen in der Nutzung der Zugkraft von Haustieren und dem Gebrauch des Pflugs. Diese Verbindung von Ackerbau und Viehzucht und der Pflug als Produktionsinstrument ermöglichen eine Steigerung der Produktion, die zu ständigen Austausch- und Verkaufsbeziehungen mit anderen Gemeinschaften führt. Höhere Produktivität zieht stärkere soziale Differenzierung in der Gemeinschaft nach sich; die Lebensweise ist differenzierter, die Bedürfnisse steigen. Dieser Typ der wirtschaftlichen und kulturellen Organisation führt bis hin zur Entwicklung von Manufaktur und Industrie und zu Gesellschaften, in denen nicht mehr die Mehrheit der Bevölkerung von der Agrarproduktion abhängt. Den meisten der afrikanischen Gesellschaften war diese Form des Ackerbaus jedoch bis in die Mitte unseres Jahrhunderts hinein fremd. Es gab Ackerbauergemeinschaften vorwiegend in Äthiopien,

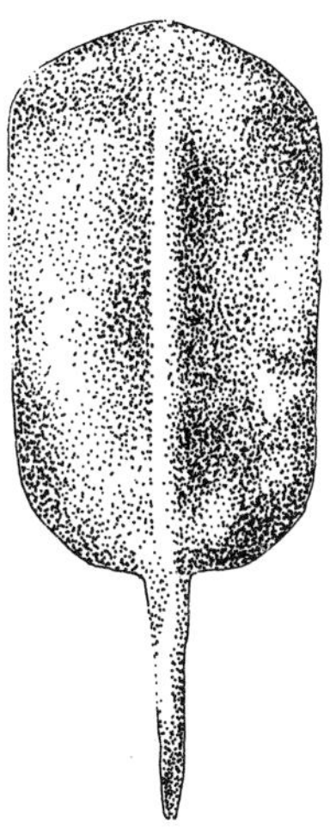

während in den anderen Gebieten die Kulturen der Bodenbauer und Viehzüchter überwogen.

Das Zuordnen der einzelnen afrikanischen Gemeinschaften zu diesen wirtschaftlich-kulturellen Typen, die sich überall in der Welt als kulturgeschichtliche Entwicklungsstadien nachweisen lassen, geht jedoch zugleich mit einer starken Verallgemeinerung einher, nehmen sie doch unter den konkreten Bedingungen der jeweiligen Gemeinschaften, der speziellen natürlichen Umwelt ganz spezifische Züge an. Man muß also differenzieren zwischen den Bodenbauern der Feuchtsavanne und denen der Trockensavanne, den Hirtennomaden Ostafrikas und den nomadisierenden Viehzüchtern Südwestafrikas usw. sowie verschiedenen Mischformen. So entwickelten sich beispielsweise feste Austauschbeziehungen zwischen Viehzüchter- und Bodenbauergemeinschaften, wobei die Bodenbauer von den Viehzüchtern teilweise unterworfen wurden. Auch gab es – und gibt es noch – Viehzüchternomaden, die Getreidekulturen anlegen, bevor sie mit ihren Herden die Wanderung antreten, und bei ihrer Rückkehr ernten. Bei anderen Viehzüchtergruppen wie den Mesakin-Qusar im Sudan bleiben Frauen, Kinder und die alten Männer am festen Rastplatz zurück, während nur die jungen Männer mit den Herden weiterziehen.

Die Zugehörigkeit zu einer bestimmten Wirtschaftsform unter jeweils spezifischen Bedingungen der natürlichen Umwelt und der ethnischen Geschichte hat schließlich dazu geführt, daß die materiellen Kulturen in Afrika außerordentlich vielgestaltig sind. Sie unterscheiden sich jedoch nicht nur darin, was und wie man produziert, wie man wohnt, was man ißt, wie man sich kleidet, sondern ebenso in bezug auf das soziale Leben. Zwar gibt es handfeste wirtschaftliche Gründe für das Zusammenleben in Großfamilien und Dorfgemeinschaften, in

Zwei Formen der Pflüge in Äthiopien

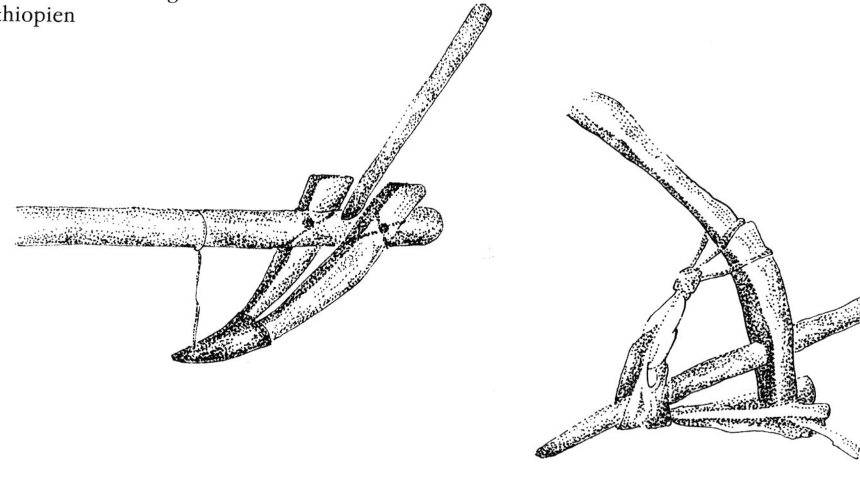

Nomaden-Clans oder Jägergruppen, das eigentliche Band aber für gemeinsame Orientierungen, individuelles Verhalten und soziale Norm, das den Charakter der Feste, Feiern und der Kunst bestimmt, besteht in fast allen Gemeinschaften in einem gemeinsamen spezifischen Weltbild, durch das die Stellung des einzelnen in der Gesellschaft und in der Welt definiert ist.

Weltbild und Daseinsvorstellungen afrikanischer Gemeinschaften sind bis in die Gegenwart hinein stark von ihrer Zugehörigkeit zu Religionsgemeinschaften geprägt. Historisch verwurzeltes religiöses Denken oder übernommene bzw. aufgezwungene Religionen spielen im Leben der Afrikaner eine wichtige Rolle, auch wenn zunehmend rationale Weltsicht Eingang findet. Man schätzt, daß 30 % der Afrikaner dem Islam anhängen, 30 % Natur- und Volksreligionen, 30 % dem Christentum, 10 % gehören kleineren religiösen Gemeinschaften an oder sind Atheisten. Alle diese Religionen beeinflussen das soziale und kulturelle Leben nachhaltig.

Islamisierung

Die Religion mit der wahrscheinlich stärksten und noch zunehmenden Anhängerschaft ist der Islam. Nach Angaben aus den sechziger Jahren waren 70 bis 100 Millionen Afrikaner Moslems. Im 7. Jahrhundert breitete er sich in Nordafrika und in den folgenden Jahrhunderten zunächst an der ostafrikanischen Küste und in den westafrikanischen Reichen aus. Heute ist er eine vorwiegend in Nord-, West- und Ostafrika fest verankerte Religion. Die Mehrheit der Afrikaner bekennt sich zum sunnitischen Islam. Die Annahme dieses Glaubens war stets mit der Übernahme typischer kultureller Elemente verbunden: der Arabisierung der Namen, dem Einfließen arabischer Architektur (Moscheen, Minarette), der Verbannung des Menschen aus bildkünstlerischen Werken, der Verbreitung spezifischer handwerklicher Traditionen, wie Bekleidung und Schmuckherstellung, der Übernahme der islamischen Gerichtsbarkeit (sharia) und der islamischen Gebote und Verbote für die Lebensweise (Speisetabus, Stellung der Frau). Der Übernahme des Islams kam entgegen, daß traditionelle naturreligiöse Vorstellungen der afrikanischen Gemeinschaften einbezogen wurden, z. B. der Regenzauber, Wahrsagerei, Glaube an Teufel und Geister. Zudem wurden zentrale Normen ihres sozialen Lebens, wie die Ahnenverehrung, beibehalten. Die Islamisierung führte zur kulturellen Annäherung weit voneinander entfernt lebender Gemeinschaften und Völker, sei es durch den Gebrauch der arabischen Sprache zumindest im religiösen Leben, sei es durch die Ähnlichkeit ethischer Normen oder die Anerkennung gleicher Wertvorstellungen. Mit dem Islam als neuer Religion hielt somit auch eine neue Lebensweise Einzug, die man mit anderen islamisierten Gruppen teilte. Dies zeigt sich schon äußerlich in der ähnlichen Bekleidung und den Speisetabus, und es erklärt die vielen kulturellen Gemeinsamkeiten der ethnisch doch so differenzierten großen Bevölkerungsgruppen in Ländern wie Senegal, Mali, Niger, Tschad, Gambia, Mauretanien, Nordnigeria, Somalia, Tansania und Sudan. Daß dennoch diverse Unterschiede blieben, ist der Integration der ursprünglichen Glaubens- und Wertvorstellungen, der Rituale und Zeremonien der einzelnen Gemeinschaften in den Islam zu danken, der eine jeweils spezifische Synthese möglich machte. Auch in islamisierten Gemeinschaften südlich der Sahara wurden eigene kulturelle Traditionen niemals ganz aufgegeben, sondern eher mit islamischem Kulturgut angereichert. Dieser Prozeß hat die weitere kulturelle Differenzierung der afrikanischen Völker nicht aufgehoben. Im 19. und 20. Jahrhundert erfolgte die Übernahme des Islams dann vorwiegend aus politischen Gründen: als Abwehrreaktion gegen die christliche Religion der Kolonialherren, als Grundlage von Einheitsbestrebungen im antikolonialen Kampf, als Bekenntnis zu einer »nichtweißen« Weltreligion.

Christianisierung

Die Ausbreitung des Christentums in Afrika ist an die Kolonisation durch die Europäer gebunden, mit Ausnahme Äthiopiens. Frühzeitig, im 15. Jahrhundert, kamen die afrikanischen Völker an den Küsten mit dem Christentum in Berührung. Der Schwerpunkt lag dabei auf den portugiesischen Kolonialgebieten, wo Sklavenhandel und Handelsniederlassungen für »christlichen« Kontakt mit der Religion der Europäer sorgten. Die Christianisierung erfolgte hier jedoch nicht allgemein, sondern sie erfaßte bestimmte soziale Gruppen, so daß naturreligiöse Vorstellungen weiterbestehen konnten. Konzentriert verbreitete sich die christliche Religion durch die Missionsschulen und drang so in die europäisch gebildete Elite vor. Der Einzug christlicher Wertvorstellungen und Moralnormen, Kirchenbauten und Verteufelung »heidnischen Brauchtums« gingen damit einher. Die Annahme der christlichen Religion war oft die einzige Möglichkeit, Zugang zu Bildung zu finden und sich so einen sozialen Aufstieg zu ermöglichen. Ein Ausweg: zwar äußerlich Christ, aber in der Praxis des Alltags den religiösen Zeremonien, den alten naturreligiösen Vorstellungen verbunden.

Die Übernahme des Christentums hinterließ in den afrikanischen Gemeinschaften kein einheitliches Bild. Das hatte verschiedene Gründe. Der offensichtlichste war wohl, daß das Christentum jeweils in Gestalt der von den einzelnen europäischen Kolonialmächten vertretenen Form den afrikanischen Gemeinschaften entgegentrat. Das zeigt sich noch heute in den einzelnen afrikanischen Staaten: So ist die Römisch-Katholische Kirche besonders in den ehemaligen portugiesischen Kolonialgebieten vertreten, aber auch in den ehemaligen belgischen Kolonien (Zaïre, Ruanda, Burundi), die Anglikanische Kirche in ehemals britischen Kolonialgebieten, die Presbyterianische Kirche in Malawi, Kenia und Ghana, die Lutherische Kirche in den ehemaligen deutschen Kolonien usw. Daneben wirkte in Afrika eine Vielzahl christlicher Sekten, wie die Methodisten, Baptisten, Adventisten u. a.

Ein weiterer Grund für die Verschiedenartigkeit christlicher Gemeinschaften in Afrika war, daß der antikoloniale Widerstandskampf häufig in Gestalt einer »Gegenkirche«, einer nicht weißen Kirche mit schwarzen Heiligen und Propheten, auftrat und so »unabhängige Kirchen« entstanden, die sich von der in Europa institutionalisierten Kirche lossagten. Solche Kirchenbewegungen gab bzw. gibt es in Ghana, Nigeria, Zaïre, Kenia, Simbabwe, Namibia und Südafrika. Hinzu kamen zahlreiche als »nachchristliche Formen« bezeichnete Mischformen, die in weit stärkerem Maße Rituale und Kultobjekte afrikanischer Naturreligionen einbeziehen.

Die kulturellen Einflüsse des Christentums, von der Übernahme der Heilslehre bis zu Chorgesang und Kirchenbau, drangen zunächst weniger tief als die des Islams, weil Lehre und Praktiken nur schwer mit den Traditionen der afrikanischen Gesellschaften zu verbinden waren. Dort aber, wo das Christentum voll übernommen wurde, zerstörte es das traditionelle Wertsystem radikal.

Eine eigenständige Form afrikanischen Christentums hat sich in Äthiopien über die Jahrhunderte hinweg erhalten. Hier erfolgte bereits im 4. Jahrhundert im Reich Aksum ein Übertritt zur koptischen Kirche. Seither hat sich dort eine spezifische Form des Christentums entwickelt: mit frühchristlichen religiösen Bräuchen, mit den der bäuerlichen Bauweise angepaßten Rundhütten-Kirchen, mit typischen Elementen wie Amuletten in Form kleiner Schriftrollen und dem ornamentalen Kreuz-Motiv in Schmuck und Kleidung. Dieser historisch lange Zeitraum für die Festigung einer eigenen Religion hat das kulturelle Erbe Äthiopiens bis in die Gegenwart hinein geformt.

Formenvielfalt des christlichen Kreuzes in Äthiopien

Weit verbreitet bis in unsere Tage und sicher beherrschend in vorkolonialer Zeit waren naturreligiöse Vorstellungen der afrikanischen Völkerschaften und Gruppen. Sie äußern sich außerordentlich vielgestaltig und werden weitgehend durch den Charakter der Produktion, durch natürliche Umweltbedingungen und soziale Abläufe bestimmt. Die meisten dieser Naturreligionen entstanden im Laufe der historischen Entwicklung der einzelnen Gemeinschaften als Ausdruck ihrer

Naturreligiöse Weltbilder

Abhängigkeit von der Natur, von Regen, Fruchtbarkeit, Jagderfolg, Fischreichtum usw. Magische Kulthandlungen, Gebete an Götter und vermittelnde Ahnen, Opfer- und Dankzeremonien bestimmten das soziale und individuelle Leben. Materiellen Ausdruck fanden die jeweiligen religiösen Vorstellungen in den Kultobjekten, wie Masken und Ahnenfiguren, und die sozialen in gemeinsamen Festen und Feiern, die zu einem festen Bestandteil der kulturellen Traditionen der einzelnen Gruppen wurden. Naturreligiöse Glaubensvorstellungen und Praktiken erhielten sich als eigenständige Kulte oder gingen in eine übernommene Hochreligion ein. Wenn auch in der Gegenwart vorwiegend mit dem dörflichen Leben verbunden, so ist doch ein Weiterbestehen bzw. Wiederaufleben naturreligiöser Praxis ebenfalls in den Großstädten zu beobachten, wo sie als Schutz vor den Gefahren der modernen Welt eingesetzt wird. Sicher hat sich ihre Funktion im Laufe der Entwicklung auch in den dörflichen Gemeinschaften verändert: War anfangs die Abhängigkeit von der Natur durch das niedrige Entwicklungsniveau der Produktivkräfte Ausgangspunkt für den Glauben an Götter und Geister, so wurde doch allmählich aus der spezifischen Religion für die jeweilige Gemeinschaft eine verbindliche und verbindende kulturelle Tradition, die Gemeinsamkeiten und Unterschiede zu anderen Gruppen besonders betonte. Der sozialisierende »Identitätscharakter« der Naturreligionen im allgemeinen ist sicher ein gewichtiger Grund dafür, daß sie sich bis in die Gegenwart hinein halten konnten, was in großem Maße auch für afrikanische Volksreligionen gilt, die sich bei einigen größeren Völkerschaften herausgebildet haben. Man denke hier nur an die Yoruba-Religion in Westafrika, der die Yoruba, Edo u.a. angehören. Sie ist eng mit der historischen Entwicklung der Yoruba-Reiche in vorkolonialer Zeit verknüpft, da der Herrscher weltliches und religiöses Oberhaupt zugleich war. In ihrem Kern enthält die Yoruba-Religion eine komplizierte Kosmologie, die an das griechische Pantheon erinnert, worüber an anderer Stelle noch zu reden sein wird. Auch heute spielen die Priester der Yoruba eine zentrale Rolle im kulturellen Leben der vorwiegend städtischen Yoruba-Gemeinschaften.

Die Zugehörigkeit zu bestimmten Religionen wurzelt in den einzelnen Gemeinschaften tief, sie prägt kulturelles Leben und alltägliche Lebensweise ihrer Anhänger. Dies erschwert heute die Situation in den afrikanischen Staaten, in denen meist auch religiös unterschiedlich orientierte ethnische Gemeinschaften zusammenleben. So leben z. B. im Norden Nigerias die islamisierten Fulbe und Hausa, im Südwesten die Yoruba-Völker, aber auch Angehörige verschiedener christlicher Sekten und Konfessionen. In Äthiopien leben ne-

Symbol für die Allmacht Gottes in der Religion der Ashanti

ben der christlichen Mehrheit die dem Islam anhängenden Harari und naturreligiöse Bevölkerungsgruppen. In Moçambique schätzt man, daß etwa 11 % der Bevölkerung dem Islam und 15 % dem Katholizismus angehören, fast 3 % sind Protestanten, rund 1 % hängt afrikanischen Kirchen an, die Mehrheit jedoch, etwa 70 %, ist verschiedenen Naturreligionen verhaftet. Auch diese Vielfalt religiösen Lebens wird die entstehenden Nationalkulturen mit formen.

Kulturelle Oasen oder Kontakte der Kulturen?

Haben sich nun alle diese vielgestaltigen Kulturen, ethnischen Gemeinschaften mit jeweils unterschiedlicher Geschichte, Wirtschaftsform, natürlicher Umwelt und weltanschaulich-religiöser Tradition isoliert voneinander gefestigt, oder gab es zwischen ihnen Kontakte, welche die Übernahme kultureller Elemente begünstigt haben? Diese Frage kann sicher nur durch einen Blick in die afrikanische Geschichte beantwortet werden, die diese Ethnien prägte. Für die ethnische Entwicklung in Afrika ist charakteristisch, daß es über die Jahrhunderte hinweg stets große Wanderbewegungen von Bevölkerungsgruppen gab. Ursachen waren verschiedenartig gegeben: Umweltveränderungen, politische Machtkämpfe, wirtschaftliche Zwänge zur Teilung zu groß gewordener Gruppen, Kriege und Eroberungen. Eine erste große Wanderbewegung setzte ein, als im 1. Jahrhundert v. u. Z. die Sahara auszutrocknen begann und die dort lebenden Gruppen entweder nach Norden oder nach Süden abwandern mußten. In den folgenden Jahrhunderten gab es zahlreiche Wanderbewegungen von Gruppen, die sich auf die Suche nach geeignetem Lebensraum durch den ganzen Kontinent bewegten. Besondere Ausmaße gewannen Fluchtbewegungen in der Zeit des transatlantischen Sklavenhandels, als viele Gruppen in unzugänglichen, isolierten Gegenden Schutz vor den Sklavenjägern suchten. Auch während der Zeit des Kolonialismus gab es Migrationsbewegungen in fast allen Kolonien: Zwangsarbeiter wurden in andere Landesteile gebracht, Wander- und Kontraktarbeiter wurden getrennt von ihren Familien und gingen für eine gewisse Zeit in Bergwerke oder auf Plantagen, um dann mit neuen Bedürfnissen und Erfahrungen zurückzukehren – es begann die Abwanderung aus den Dörfern in die Städte.

So hat der lange Prozeß innerafrikanischen Kulturkontakts dazu geführt, daß Elemente anderer Kulturen aufgesogen wurden. Zugleich verlief aber auch eine entgegengesetzte Entwicklung: Der Kontakt mit anderen führte zum stärkeren Bewußtwerden der eigenen Kultur – der Sprache, Religion, Lebensweise. Ethnische und kulturelle Verschmelzungsprozesse finden in den afrikanischen Staaten heute vor allem durch Stadtentwicklung und gemeinsame Wirtschaftsinteressen wie

Industrialisierung statt. Das gemeinsame Arbeiten, das Zusammenleben fördern zunehmend kulturelle Annäherungsprozesse.

Kulturelle Kontakte mit Völkern außerhalb des subsaharischen Afrika – mit Nordafrika, Asien und Europa – hat es nachweisbar über viele Jahrhunderte hinweg gegeben, vor allem in den Küstenregionen. Weitreichend und nachhaltig kulturell beeinflußt haben die Islamisierung, das Eindringen des Christentums und die mit der europäischen Kolonisierung verbundene kulturelle Überfremdung die Gemeinschaften Afrikas. In der Zeit des Kolonialismus war der kulturelle Kontakt zwischen Afrika und Europa einseitig. Vom kulturellen Reichtum und von der Vielfalt afrikanischer Kulturen war in Europa wenig bekannt, die Legende vom »kulturlosen Afrika« ließ keinen Raum für einen Dialog. Um so stärker setzte deshalb nach der Erringung der Unabhängigkeit vom Kolonialismus das Bemühen in afrikanischen Ländern ein, sich der eigenen großen kulturellen Leistungen voll bewußt zu werden.

Maske der Dan

Das koloniale Erbe

Die Erziehung war außerordentlich fremd. Sie fiel unsere moçambiquische Persönlichkeit an mit dem Ziel, sie zu zerstören. In den Schulen lernten wir den Katechismus, die Flüsse und Gebirge von Portugal und die Geschichte der portugiesischen Könige. Unsere Kultur und unsere Gesellschaft wurden negiert; die Geographie, die Fauna und die Flora Moçambiques waren unbekannt.

(Aus dem Rechenschaftsbericht des IV. Parteitages der FRELIMO)

AFRIKA

Afrika, mein Afrika.
Afrika stolzer Krieger in Ur-Savannen.
Afrika, von dem meine Großmutter singt,
am Ufer des fernen Stromes
hab ich dich erkannt,
aber mein Blick ist voll von deinem Blut,
dein schönes schwarzes Blut, über die Felder verströmt,
Blut deines Schweißes,
Schweiß deiner Arbeit,
Arbeit der Sklaverei, Sklaverei deiner Kinder,
Afrika, sag mir Afrika,
bist du es also, dieser gekrümmte Rücken,
der zusammenbricht unter der Last der Erniedrigung,
dieser zitternde Rücken mit roten Striemen,
der ja sagt zur Peitsche auf den Straßen des Mittags?
Und eine ernste Stimme gibt mir Antwort:
Du ungebärdiger Sohn, dieser kräftige junge Baum,
dieser Baum dort,
einzig leuchtend inmitten von weißen und welken Blüten,
das ist Afrika, dein Afrika, üppig treibend,
üppig treibend, geduldig, unwiderstehlich,
und seine Früchte bekommen allmählich
den herben Geschmack der Freiheit.

David Diop, Senegal

Die geistig-kulturelle Überfremdung der Kolonien in Afrika mit aus den Kolonialländern importierten und ihnen aufgezwungenen Bildungsinhalten – so wie hier am Beispiel Moçambiques im Vorspruch verdeutlicht – gründete auf einem kulturellen Überlegenheitsgefühl, das im bürgerlichen Europa bis in unser Jahrhundert verbreitet und verfestigt wurde. Wie sehr diese Haltung gegenüber den Kulturen Afrikas einen Bezug zu den ökonomischen und politischen Machtinteressen europäischer Nationen in Afrika hat, läßt die Geschichte dieser Beziehungen seit dem 16. Jahrhundert erkennen – Jahrhunderte, die von der Kolonisierung Afrikas durch Europa geprägt sind. Die verschiedenen Etappen dieser Kolonisierung waren jeweils mit bestimmten kulturellen Folgen für die afrikanischen Gesellschaften verbunden.

Vom Handelspartner zum »kulturlosen« Sklaven

Mitte des 15. Jahrhunderts landeten die Portugiesen auf der Suche nach neuen Handelswegen an der afrikanischen Küste. Wo sie afrikanischen Boden betraten, versuchten sie zunächst günstige Möglichkeiten für den Handel zu erkunden. So berichtete der portugiesische Seefahrer Diego Gomes über die Landung seiner Mannschaft an der Senegalküste und schildert diese Begegnung:

»Wir fuhren den Fluß hinauf, und ich schickte einen Kapitän mit seiner Karavelle zu einem Hafen namens Ulimaüs, während ein anderer in Animaüs zurückblieb. Ich selber fuhr, soweit ich konnte, den Fluß hinauf und kam nach Kantor, einer großen Siedlung nahe an diesem Fluß. Ich hieß einen Schwarzen, den wir bei uns hatten, von Bord gehen, damit er uns mit Land und Leuten bekannt mache. Er sollte den Leuten sagen, ich sei gekommen, um mit ihnen Handel zu treiben. Es kamen wirklich aus allen Teilen des Landes Leute herbei, aus Tambuchutu (Timbuktu) und Männer, die im Süden gegen Serra Geley (Futa Djalon) wohnten. Ebenso kamen Leute aus Quioquium (Kukia), einer großer Stadt, die mit einer Mauer aus gebrannten Ziegeln umgeben ist. Ich hörte von ihnen, daß es in der Stadt Gold die Hülle und Fülle gäbe. Es kämen hier Kamel- und Dromedarkarawanen durch, die Tauschgüter aus Tunis, Fez und Kairo brächten ... und Gold zurücktrügen, das hier in großen Mengen aus den Minen des Mont Gelu gewonnen würde.«

Die Portugiesen waren erstaunt, hier an der westafrikanischen Küste Städte mit regem Handel und emsigem Leben vorzufinden. Sie empfanden vieles als seltsam und ungewöhnlich (was in den Berichten zu Hause noch aufgebauscht wurde), begegneten aber den Afrikanern zunächst unvoreingenommen auf der Grundlage einer Handelspartnerschaft.

Doch es dauerte nur wenige Jahrzehnte, bis die Handelsobjekte nicht mehr Gold, Gewürze und Elfenbein waren, sondern die Afrikaner selbst. Damit nahmen die Beziehungen Europa–Afrika einen völlig anderen Charakter an.

Den kurzzeitigen Wandel dieser Beziehungen führt uns das Schicksal des Manikongo, des Herrschers des alten Kongoreiches vor Augen: Auf seinem Weg an der afrikanischen Westküste nach Süden entdeckte der portugiesische Seemann Diego Cão 1484 das Mündungsgebiet eines breiten Flusses und hörte von einem »Königreich« im Hinterland. Auf einer zweiten Fahrt nahm er einige Afrikaner als Geiseln nach Portugal mit, die dort gut aufgenommen wurden und ihn auf seiner dritten Fahrt als Dolmetscher begleiteten. Diesmal besuchten die Portugiesen den Hof des Manikongo, des Herrschers Nzinga A Nkuwu, in seiner Residenz zu Mbanza. Zwischen Portugal und dem Kongoreich entwickelten sich seit

Portugiesischer Soldat. Bronzeplatte vom Hof in Benin

1489 lebhafte diplomatische Beziehungen. Söhne des Herrschers und der Vasallenhäuptlinge fuhren nach Lissabon zur Ausbildung, es gab zahlreiche Mischehen, der Handel zwischen beiden Ländern blühte. Gegen ihre Feuerwaffen tauschten die Portugiesen auch schwarze Kriegsgefangene ein. Die gesellschaftlichen Strukturen und Entwicklungen, die die Portugiesen antrafen, schienen den eigenen sehr ähnlich zu sein. Das Reich des Manikongo war ein früher Staat der Klassengesellschaft, in dem die tributpflichtigen Stämme und Völkerschaften der Oberhoheit des zentralen Herrschers unterstanden, deren Häuptlinge waren seine Vasallen. Das Handwerk stand in hoher Blüte und war in Zünften organisiert, denen Töpfer, Weber, Schmiede, Zimmerleute und Gerber angehörten. Eisen wurde in kugelförmigen Hochöfen erschmolzen. Der Herrscher genoß göttliche Verehrung und hielt auf einem großen Elfenbeinstuhl Hof. Nachdem er dank den portugiesischen Feuerwaffen seine Nachbarn besiegt hatte, ließ er sich taufen und nahm den Namen »Don João da Silva« an. Im Kongoreich wurden Kirchen, Missionsstationen und Handelshäuser errichtet, die Hauptstadt Mbanza erhielt den Namen São Salvadore. Zwischen beiden Ländern bestanden friedliche Beziehungen. Von dem Manikongo Nzinga Mbemba, der nach

Das alte Afrika

seiner Taufe den Namen Don Alfonso I. annahm, ist ein lebhafter Briefwechsel mit König Manuel von Portugal überliefert. In der Kathedrale von São Salvadore predigte bald ein einheimischer Bischof, ein Sohn des Mani, der nach dem Besuch des Priesterseminars in Portugal vom Papst in Rom die Bischofsweihe erhalten hatte.

Einflüsse Portugals

Der Staat wurde weitgehend nach portugiesischem Vorbild umgestaltet: Portugiesische Verwaltung, Rechtsprechung und Kriegführung sollten den Staat stark machen. Am Hof des Mani wurde die portugiesische Hofetikette eingeführt; aus den Häuptlingen und Würdenträgern wurden Herzöge, Barone, Grafen und Marquis. Der Preis dafür: Kupfer, Elfenbein und Sklaven. Den Missionaren aus Portugal waren schon bald die Sklavenhändler gefolgt, die das Geschäft witterten. Nachdem 1490 die Portugiesen in São Thomé einen Handelsstützpunkt errichtet hatten, nahm der Sklavenhandel einen enormen Aufschwung. Der Kongoherrscher Alfonso I. wandte sich in einem Brief an König Johannes III. von Portugal mit der Bitte um Abschaffung des Sklavenhandels – aber ohne Erfolg, der Sklavenhandel stellte inzwischen ein zu einträgliches Geschäft dar. In den ersten hundert Jahren nach Aufnahme des Kontaktes zwischen dem Kongoreich und Portugal mußte bereits eine Million Menschen als Sklaven ihre Heimat verlassen. Der Handel wurde zunehmend durchorganisiert: In Luanda und Benguela errichteten die Portugiesen neue Forts, und ihre Beauftragten drangen immer tiefer ins Hinterland vor, um für Nachschub zu sorgen.

Die Bevölkerung nahm die Fremdherrschaft nicht widerspruchslos hin; seit 1570 fanden im Kongoreich Aufstände unter Bula Mutadi statt. Die Portugiesen zogen nach Angola weiter, unterwarfen 1624 den Ngola von Ndongo, aber auch hier brach offener Widerstand aus. Unter der legendären Anna Nzinga wehrten sich die Unterworfenen gegen die Kolonisation.

Die Gesamtzahl der aus Angola und den alten Kongostaaten abtransportierten Sklaven betrug etwa fünf Millionen Menschen. Was hatte diesen Aufschwung des Sklavenhandels bewirkt?

Die Entwicklung des Sklavenhandels war eng mit dem Aufstieg des europäischen Handelsbürgertums verbunden. Im 15. Jahrhundert waren es zunächst Spanien und Portugal, die das Monopol der Araber im Handel mit Asien durchbrechen wollten. Da ihnen der Landweg versperrt war, suchten sie einen Seeweg nach Indien, um auf direktem Wege an die begehrten Handelsgüter, wie Gewürze, Seide, Indigo und Edelsteine, zu gelangen. Unter Heinrich dem Seefahrer wurde diese Suche verstärkt. Technische Verbesserungen in der

Schiffahrt durch Kompaß, Steuerruder und Navigation ermöglichten es, die Schiffe auf unbekannten Kurs zu schicken. Die Portugiesen umsegelten Afrika, um den Seeweg nach Indien zu finden, und sie errichteten auf ihrem Weg Handelsstationen entlang der afrikanischen Küste. Sie wollten die Versorgung ihrer Schiffsbesatzungen sichern und zugleich neue Handelsmöglichkeiten erschließen. So gelangten sie 1444 an die Mündung des Senegalflusses und errichteten dort erste Handelsniederlassungen, 1481 ihr erstes Fort an der westafrikanischen »Goldküste«, El Mina. Mit ihren Handelsgütern brachten sie auch Afrikaner nach Portugal, die dort als Haussklaven verkauft wurden.

Sklaven waren zu dieser Zeit in vielen afrikanischen Gemeinschaften bekannt. Es handelte sich dabei meist um Kriegsgefangene, deren Status aber mehr dem der Hörigen glich. Solche »Sklaven« arbeiteten auf den Feldern der Herrscher, in speziellen Sklavensiedlungen, in Werkstätten oder in den Dorfgemeinschaften, jedoch war dies keine Massenerscheinung. Am Hofe des Herrschers dienten Sklaven; er konnte sie nach Belieben verschenken oder weitergeben. Bevor der Sklavenhandel florierte, gab es auch an den europäischen Höfen Sklaven als Bedienstete, nur daß diese eben Europäer waren. Im Jahre 1447 brachten bereits mehr als fünfzig portugiesische Schiffe afrikanische Sklaven nach Portugal. Der

Luanda,
nach Livingstone 1868

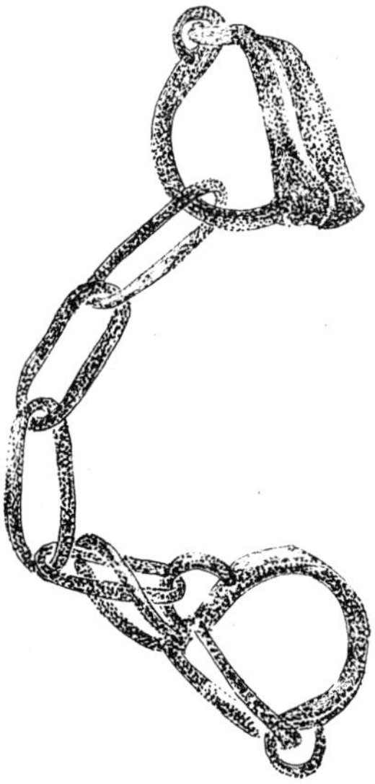

Handketten aus der Zeit des Sklavenhandels

Sklavenhandel war Teil des Gesamthandels, die Sklaven wurden gegen europäische Waren eingetauscht (in Songhai z. B. 1 Pferd gegen 15 Sklaven). Er nahm erst Massencharakter an, als die Nachfrage nach Sklaven durch die Besiedlung neuer Gebiete infolge der europäischen Entdeckungen sprunghaft anstieg.

Im Jahre 1492 gelangte Christoph Kolumbus zu den Westindischen Inseln, 1500 entdeckte Pedro Alvarez Cabral Brasilien, 1498 umsegelte Vasco da Gama das Kap der Guten Hoffnung und erreichte Indien. Dabei landete er in Moçambique und gelangte zu den ostafrikanischen Handelsstädten. Mit der Entdeckung Amerikas aber war bald nur noch ein Handelsobjekt wichtig: Sklaven aus Afrika, die als Arbeitskräfte auf den Plantagen benötigt wurden, nachdem die Indianer massenhaft unter der unmenschlichen Ausbeutung und durch Epidemien dahingerafft worden waren. Seit 1510 exportierte Portugal schwarze Sklaven nach Amerika, zwischen 1580 und 1680 allein eine Million nach Brasilien. Der Hauptverdienst fiel dabei der Krone zu. Auch der spanische Königshof unterstützte massiv den Sklavenhandel, vor allem zu den Westindischen Inseln. Mit der Ausdehnung der Plantagenwirtschaft stieg der Bedarf an Sklaven weiter an. Kuba wurde zu einem Umschlagplatz. Es entwickelte sich ein gewinnträchtiger Dreieckshandel: Für Textilien, für Schnaps und Feuerwaffen »kauften« europäische Sklavenhändler von ihren einheimischen Partnern Sklaven für den schier unersättlichen Markt Amerika, verkauften sie dort und brachten Kaffee, Tee, Baumwolle, Tabak, Rum und Zukker sowie Mineralien nach Europa. Seit 1650 waren die afrikanischen Exporte ausschließlich auf Sklaven konzentriert.

Bald drängten andere europäische Nationen in dieses Geschäft, den Wettlauf mit Spanien und Portugal nahmen vor allem England, Frankreich und die Niederlande auf. War in Portugal und Spanien der Sklavenhandel vorwiegend ein lukratives Geschäft für Königshaus und Adel, so forderte in anderen europäischen Ländern das Bürgertum, an diesem einträglichen Geschäft teilzuhaben. Ende des 16. Jahrhunderts lösten England, Frankreich und die Niederlande Portugal und Spanien in dieser führenden Position ab. England erwarb Westindien-Anteile; in den englischen Häfen landeten die Schiffe mit den begehrten westindischen Agrarprodukten, um dann nach Afrika weiterzusegeln, damit sie an den Küsten die Sklavenfracht für Amerika aufnehmen konnten. Zwischen 1795 und 1804 kamen in den Häfen Liverpool, London und Bristol mehr als tausendmal Schiffe an, die in den schmutzigen Handel einbezogen waren. Nach 1713 transportierten englische Schiffe jährlich 15000 Sklaven, die Einnahmen waren enorm. Sie sicherten das Aufblühen der englischen Handelsstädte. Im

18. Jahrhundert fertigten die Büchsenmacher in Birmingham jährlich bis zu 15 000 Musketen als Tauschobjekte für den Afrikahandel, wobei eine Waffe gegen einen Sklaven gehandelt wurde. In der Zeit von 1680 bis 1786 beförderten britische Schiffe 2,1 Millionen Sklaven nach Amerika, wo sie an die Farmer verkauft wurden und das glühende Zeichen ihrer Sklaverei eingebrannt bekamen. Der Holländer James Barbot schrieb im Jahre 1700: »Man kann mit einiger Sicherheit darauf rechnen, daß man mit einem Sortiment verschiedener Waren im Gesamtwert von etwa 1400 Pfund Sterling ungefähr 300 Sklaven und vielleicht sogar mehr erhält, das entspricht einem ungefähren Pro-Kopf-Wert von fünf Pfund.«

Europas Sklavenhandel

Sklavenhandel bedeutete für das europäische Handelsbürgertum Profit und Aufschwung. Karl Marx faßte dies in seiner Analyse des Kapitalismus in Europa in die Worte: »Die Entdeckung der Gold- und Silberländer in Amerika, die Ausrottung, Versklavung und Vergrabung der eingeborenen Bevölkerung in die Bergwerke, die beginnende Eroberung und Ausplünderung von Ostindien, die Verwandlung von Afrika in ein Gehege zur Handelsjagd auf Schwarzhäute, bezeichnen die Morgenröte der kapitalistischen Produktionsära.«

Für Afrika hieß Sklavenhandel: Menschenjagd, Überfall auf friedliche Dörfer, mühevoller Hungermarsch zur Küste, Verfrachten in überladene Sklavenschiffe, grauenvolle Überfahrt, für viele Sklaven Tod. Besonders betroffen waren die Küsten und die küstennahen Gebiete, so die Westküste Oberguineas, die Reiche Kongo, Loango, Angola, Benguela (vom heutigen Senegal bis Angola), aber auch die Völker an der Ostküste. Aus Moçambique wurden zeitweise jährlich 15 000 Sklaven nach Brasilien transportiert. Neben den Portugiesen waren hier die Franzosen im Geschäft, die Sklaven zu den Besitzungen Mauritius Île de Bourbon (seit 1793 Réunion) brachten. Aus Sansibar, das seit 1811 dem Sultan von Maskat unterstand, wurden pro Jahr bis zu 10 000 Sklaven in die französischen Kolonien gebracht. Zuvor mußten sie in Felsenhöhlen am Meer, wie Tiere eingesperrt, auf den Abtransport warten.

Sklaven wurden auch auf langen, qualvollen Märschen quer durch den Kontinent vom Kongo bis nach Moçambique getrieben. Die Methoden der Sklavenhändler änderten sich im Laufe der Zeit: Sie arbeiteten zunehmend im Einverständnis und in fester Partnerschaft mit lokalen Häuptlingen und Herrscherhäusern, die sich vom Handel mit den Europäern die Sicherung ihrer eigenen Macht und Privilegien versprachen. Die Feuerwaffen, die sie gegen Sklaven eintauschten, verschafften ihnen gegenüber ihren Nachbarn Überlegenheit, und zunehmend organisierten sie selbst die Sklavenjagden ins Hinterland. Seit dem 17. Jahrhundert gab es feste Speicherhäuser an der Küste, wo die Sklaven bis zu ihrem Abtransport gefangengehalten wurden. Auf der Insel Gorée (vor der Küste Senegals) z. B. hatte der Sklavenhändler den »Speicher« unterirdisch, in den Kellergewölben seines Wohnsitzes, eingerichtet.

Mit dem Sklavenhandel erstarkten konservative Herrscherhäuser an der Westküste. Es entstanden Stadtstaaten, deren Macht auf der Zusammenarbeit mit den Europäern beruhte. Afrikanische Staaten, wie Oyo, Benin, Dahome und Ashanti, profitierten vom Sklavenhandel. Barbot berichtete 1680, daß vom Hafen Ouidah (Dahome) aus monatlich etwa tausend Sklaven verkauft wurden. In diesen Staaten festigten sich autoritäre Herrscherhäuser, die auf militärischer Organisation und

Sklavenjagd, nach Nachtigal 1879

religiös untermauertem Gott-Königtum beruhten. Durch die religiöse Bindung der Einwohner an ihre Oberschicht betrachteten diese ihre Teilnahme an den Sklavenraubzügen in die Nachbargebiete als berechtigt. An den Höfen, wie in Benin und Dahome, wuchs mit dem Machtanspruch ein Zur-Schau-Stellen von Prunk und Reichtum, kam es zu pompösen Festen und Hofzeremonien mit kostbaren sakralen Kultobjekten zur Verehrung des Herrschers.

Der atlantische Sklavenhandel brachte millionenfaches Leid für die Völker Afrikas. Der afrikanische Historiker Du Bois schätzt, daß der transatlantische Menschenhandel 100 Millionen Afrikanern Freiheit oder Leben kostete, da zu den etwa 20 Millionen Sklaven, die das Bestimmungsziel erreichten, das Vierfache an Opfern gezählt werden muß – Opfer durch Hunger, Krankheit und Gewalt.

Um die Mitte des 19. Jahrhunderts wurde der atlantische Sklavenhandel verboten. Nicht zufällig war es gerade England, das als erstes Land den Sklavenhandel untersagte, denn mit der industriellen Revolution hatten sich dort zuerst die kapitalistischen Verhältnisse entwickelt, die nicht mehr nur auf Handel, sondern auf Ausbeutung der Ware Arbeitskraft beruhten. Afrika begann jetzt als Rohstofflieferant für die europäische Industrie und als Absatzmarkt europäischer Industrieerzeugnisse interessant zu werden. Dazu benötigte man jedoch die Arbeitskräfte und potentielle Abnehmer in Afrika selbst.

Arabische Geschäfte

Die formelle Aufhebung der Sklaverei beendete die Periode des Sklavenhandels in Afrika allerdings nicht völlig. Im 19. Jahrhundert stiegen die Araber verstärkt in das gewinnträchtige Geschäft ein. Wenn auch seit Jahrhunderten »Nubier« und andere schwarze Sklaven Handelswaren für die arabischen Reiche und Emirate darstellten, so nahm der Handel jetzt eine neue Dimension an. Allein für das Jahr 1839 schätzt man die Zahl der von arabischen Händlern verkauften Sklaven auf 45000. Auch aus den portugiesischen Kolonien wurden weiterhin, bis in das 20. Jahrhundert hinein, Tausende von Afrikanern als Sklaven verschleppt.

Als europäische Forscher Ende des 19. Jahrhunderts Afrika erkundeten, war der Sklavenhandel noch in vollem Gange. Heinrich Barth schrieb 1857 über Kano: »Die Zahl der Haussklaven ist allerdings sehr bedeutend, jedoch glaube ich nicht, daß sie derjenigen der Freien gleichkommt, noch weniger sie übersteigt. Denn während die Vermögenden eine große Menge von Sklaven haben, hat die viel zahlreichere arme Klasse wenige oder gar keine.« Und er stellte fest: »Ein höchst wichtiger Zweig des einheimischen Handels von Kano ist unzweifelhaft der Sklavenhandel; es ist aber sehr schwierig, anzugeben, wie viele solcher Opfer weggeschleppt werden, da eine größere Anzahl mit kleinen Karawanen nach Bornu ausgeführt wird.« Barth schätzte die Ausfuhr auf 5000 Sklaven jährlich. Nachtigal, der den Sklavenverkauf auf dem Markt in Kuka, im Lande Bornu, im Jahre 1879 beschrieb, vermerkte, daß der Preis eines kräftigen Sklaven mit 20 bis 23 Mariatheresientalern weniger als der eines guten Reitpferdes beträgt, das 40 Taler kostete.

Der Kampf gegen den arabischen Sklavenhandel, der von den Kirchen und Missionaren im 19. Jahrhundert als heilige Pflicht verkündet wurde, war zugleich ein Argument für die politische Machtübernahme der Europäer in Afrika, die sich der »zur Befreiung unfähigen Afrikaner« annehmen sollten. In Wahrheit ging es um die Neuaufteilung Afrikas entsprechend den neuen Wirtschaftsinteressen der kapitalistischen Staaten Europas. Die merkantile Periode der Kolonisierung wurde durch eine neue Form des Kolonialismus abgelöst.

Der Sklavenhandel hatte in Afrika weitreichende Folgen, die noch über lange Zeit spürbar sein sollten. Durch den Sklavenhandel brachen viele ethnische Gemeinschaften auseinander – ganz zu schweigen von den für immer zerrissenen oder ausgelöschten Familien und dem damit verbundenen unsagbaren Leid. Es kam zu einem drastischen Rückgang der Bevölkerung in vielen Gebieten, einige Gemeinschaften wurden völlig aufgerieben, andere flüchteten in unwirtliche Rückzugsgebiete. Dem Raub waren die produktivsten Menschen, die Handwerker, Spezialisten, die kräftigsten jungen Männer und

Sklaventransport, nach Speke 1864

Frauen, zum Opfer gefallen. Aber auch Zerrissenheit, innere Machtkämpfe um vorteilhafte Positionen in diesem Handel mit den Europäern sowie die Tatsache, daß dieser Export nicht auf produzierte Waren, sondern auf Export von Menschen ausgerichtet war, führten vielerorts zu einem Rückgang der Produktivität, zur Stagnation. Blühende Städte und Gemeinwesen zerfielen, Angst, Gewalt und Unsicherheit vergifteten die Atmosphäre, gaben wenig Anstoß für Kreativität. Auf die kulturelle Entwicklung wirkte sich das äußerst negativ aus. In den Gebieten, in denen die Sklavenjagden stattfanden, wurden zahlreiche Zeugnisse der Kultur vernichtet, mit ihren Trägern gingen ganze Traditionslinien zugrunde. Der Sklavenhandel brachte keine Neuerungen ein, denn was eingetauscht wurde, war unproduktiver »Reichtum« (Schnaps, Feuerwaffen, billige Konsumgüter). Nach 400 Jahren Sklavenhandel war Afrika in der Gesamtentwicklung zurückgeworfen.

Auch auf das Afrika-Bild in Europa war diese Periode nicht ohne Wirkung geblieben. Als hätte es nie Berichte über blühende Städte und kulturelle Leistungen in Afrika gegeben, sprach man nun von den »kulturlosen Heiden«, den »Wilden«, denn ein Sklave konnte doch kein gleichberechtigtes kulturvolles menschliches Wesen sein! Die »wilden Heiden« waren Europas Motivation für Sklaverei und Vorherrschaft, Kultur sprach man den afrikanischen Völkern ab. Von nun an standen sich »Kulturvölker« und »Naturvölker« gegenüber. Die Kulturbeziehungen Europa – Afrika hatten den Charakter der Bevormundung angenommen.

Für die Ausbreitung afrikanischer Kultur hatte der Sklavenhandel eine besondere Wirkung: die Fortführung von Kulturtraditionen in Gebieten außerhalb Afrikas, die vom transatlantischen Sklavenhandel berührt worden waren. Die Sklaven nahmen ihre Kultur mit in die neue Heimat – oft das einzige, was sie mit der alten Heimat verband. In Amerika, auf den Westindischen Inseln, Kuba, Jamaika, Trinidad, in Brasilien, wo immer sie angesiedelt wurden, bewahrten sie ihre Sprache, ihre Bräuche, ihre Religion, ihre Lieder und Tänze, mischten sie später mit neuen Erfahrungen, vergaßen sie aber niemals völlig. So nutzten die Sklaven aus Afrika ihre Arbeitserfahrungen auch weiterhin, z. B. in Minas Gerais in Brasilien, wo sie ihre traditionellen Schmelzöfen nachbauten. Sie brachten ihre Erfahrungen beim Anbau afrikanischer Nutzpflanzen mit, wie Hirse, Kaffee oder Bananen. Sklaven führten als geistigen Bezug ihre religiösen Kulte weiter, wandten sich an die alten Götter mit der Bitte um Rettung. Das war besonders in den Gebieten ausgeprägt, in denen bestimmte ethnische Elemente vorherrschten, wie auf Kuba, Haïti und in Brasilien. Auf Kuba überwog der Anteil der Yoruba-Sklaven, so daß sie hier die

Afroamerikanische Kultur

I Tukuls oder Rundhütten im äthiopischen Hochland

Aus dem Vegetationsbild Afrikas:

2 Am Kilimandscharo

3 Brandrodung in Westafrika

4 Kaffernbüffel im Galeriewald des Manyara-Nationalparkes, Tansania

5 Architektur der Dogon in Westafrika: traditionelle Ahnenhöhlen und Getreidespeicher

6 Krieger der Massai, Ostafrika

7 Dorfleben in Westafrika

8 Massai-Frauen

9 Massai-Hirt

10/11 Voodoo-Zauber der Ewe, Westafrika

12 Maskentanz der Dogon

13 Markt in Djenne, Westafrika

14 Tuareg-Reiter, Mali

15 Alphabetisierung in Simbabwe

16 Nationales Kunstinstitut in Bamako, Mali

17 Äthiopische Rundkirche, Sinnbild der frühen Christianisierung in Afrika

18 Soweto, schwarze Vorstadt von Johannesburg

19/20 Die Dürre und ihre Opfer in Nordäthiopien

Folgende Seite:

21 Straßensänger in Ostafrika

Götter ihres Glaubens – trotz christlicher Vorherrschaft – weiter verehrten. Aus den Orisha wurden christliche Heilige, in ihren Liedern flehten sie: »Ogun, rette mich!« In Brasilien sind die Spuren der Yoruba-Kultur ebenfalls in den Kulten erhalten. Olorun, Xango (der Gott Shango in Afrika), Ogun, Oschala (von Obatala) und andere Götternamen weisen auf diese Tradition hin. In den Besessenheitskulten Candomblé, Macumba und Catimbó verschmolzen afrikanische Elemente zu neuen Formen, dienten als Fluchtweg aus dem Elend und dem ausweglosen Dasein. Vielfach wurde formal das Christentum über die alten Glaubensvorstellungen gestülpt, übernahmen die neuen Heiligen die Funktion altafrikanischer Götter (wurden zu St. Georg, zu St. Barbara, zum heiligen Franziskus). Auf Haïti haben sich Kulturelemente aus Dahome lange Zeit erhalten. Im Voudou-Kult wurden Traditionen der Ewe fortgeführt, aber auch Yoruba-Götter spielten im kultischen Leben der schwarzen Bevölkerung eine Rolle. Der Bezugspunkt zur afrikanischen Religion war für die Sklaven ein Stück Gemeinsamkeit, Verbundenheit. In den Sklavenaufständen, z. B. auf Haïti, spornte der Glaube an die Macht der alten Götter und an deren Fähigkeit, Gefallene in Afrika auferstehen zu lassen, Mut und Entschlossenheit der Rechtlosen an. Kulturen mit afrikanischen Elementen haben sich bis heute in Lateinamerika und auf den kanarischen Inseln erhalten. Ebenso weisen Lieder und Tänze auf ihren afrikanischen Ursprung hin. In Brasilien singt man noch heute Lieder, die ursprünglich aus Angola kamen, in Kuba stammen Musikelemente aus Westafrika und dem Kongo usw. Sklaven bauten in der neuen Heimat ihre traditionellen Musikinstrumente nach und pflegten ihre alte Musik. So nahmen in Brasilien z. B. Sklaven aus dem Sambesibecken den Bau von Xylophonen wieder auf. Diese ursprünglich moçambiquische Musik beeinflußte ihrerseits, verbunden mit der portugiesischen Gitarre, das Entstehen der Rumba-, Conga- und Sambamusik. Vielerorts verschmolzen die verschiedenen afrikanischen Elemente unterschiedlicher Völkerschaften mit europäischen und amerikanischen Kulturelementen. Von herausragender Bedeutung für die Musikentwicklung in Nordamerika waren die afrikanischen Elemente bei der Entstehung des Jazz, des Blues, der Spirituals, Gospels. Bis in die Gegenwart hinein haben sich die Lieder und Tänze erhalten. Auf den Westindischen Inseln wie Jamaika hat sich der Limbo-Tanz erhalten, bei dem der Tänzer unter einer möglichst niedrig aufgelegten Latte hindurchtanzen muß, ohne sie zu berühren – eine Leistung, die ihm früher die Freiheit einbringen konnte! Die Lieder und Tänze lebten jedoch nicht nur in Rhythmus oder Melodie weiter, sondern ebenso in Texten afrikanischer Sprachen. Manche wurden

Ufer des Tschad,
nach Barth 1851

Sambesi-Fälle,
nach Livingstone 1868

über viele Generationen hin weitergegeben, selbst dann noch, als die Nachkommen die alten Sprachen längst verlernt hatten. In brasilianischen Liedern z. B. sind noch heute Texte von Völkerschaften aus Angola zu finden. Viele Beispiele lieferten die afrikanischen Kulturfestivals in Dakar (1966) und Lagos (FESTAC 77), wo die Spuren afrikanischer Kulturtraditionen in der Neuen Welt im Ergebnis des Sklavenhandels deutlich zutage traten.

Von der europäischen Kultur wurde in der Zeit des Sklavenhandels vor allem die christliche Religion nach Afrika gebracht, und dies vorwiegend gewaltsam. Auch Missionare erhielten in Form des sogenannten Taufgeldes für jeden Sklaven einen Anteil am Sklavenhandel. Tiefgreifenden inneren Einfluß auf die afrikanischen Kulturen hatte diese Christianisierung jedoch nicht. Die zu dieser Zeit erstarkten Reiche und Stadtstaaten (Oyo, Benin, Dahomey u. a.) festigten ihre Macht nach innen mit eigenständigen Kulturelementen, vor allem mit traditionellen Religionen. In den Gebieten im Inneren des Kontinents, die durch Sklavenhandel und Kontakte mit den Europäern nicht oder kaum berührt wurden, konnten sich in dieser Zeit die Kulturen der dort lebenden ethnischen Gemeinschaften noch weitgehend erhalten.

Die Erkundung und Kolonisierung Afrikas

In der Zeit des merkantilen Kolonialismus erstreckte sich die Beherrschung durch die Europäer vorwiegend auf die Küstengebiete und die küstennahen Teile des Kontinents, wo militärische Befestigungen und Handelsstützpunkte errichtet worden waren. Als mit der industriellen Revolution in Europa die kapitalistischen Nationen nach Rohstoffquellen und Absatzmärkten für ihre Industrieprodukte zu suchen begannen, wurde Afrika für sie unter diesem Aspekt interessant. Für die an einer kolonialen Eroberung interessierten Kreise in den kapitalistischen Ländern Europas barg Afrika noch zu viele Geheimnisse und Rätsel, die vor einem weiteren Vordringen in das Innere des Kontinents erst gelöst werden mußten. Über diese zentralen Gebiete waren in Europa vorerst nur Spekulationen und widersprüchliche Berichte bekannt. Die großen Handelsgesellschaften finanzierten von nun an verstärkt Expeditionen, die das Landesinnere erkunden sollten. Solche Auftraggeber waren die bereits 1788 gegründete britische »African Association for the Discovery of the Interior of Africa«, die 1821 gegründete französische »Société de Géographie« und seit 1878 die deutsche »Afrikanische Gesellschaft«. Die Expeditionen hatten das Ziel, das Wissen über geographische Besonderheiten, über klimatische Bedingungen und gesellschaftliche Strukturen der einheimischen Bevölkerung zu erweitern und das Vorhandensein von Rohstoffen zu erkunden. Diese Entdeckungen bisher unbekannter Gebiete Afrikas wurden eingeleitet mit der Erkundung des oberen und mittleren Nigerlaufes durch Mungo Park (zwei Reisen bis 1806) und bis zur Nigermündung fortgesetzt durch die Gebrüder Lander.

Erkundung der großen Flüsse

Oudney, Denham und Clapperton gelangten in die islamischen Gebiete der Reiche von Bornu und Sokoto; René Caillié erreichte 1828 als erster das geheimnisumwobene Timbuktu. Im Jahre 1849 unternahm eine britische Expedition mit Heinrich Barth, Privatdozent an der Berliner Universität, einen Vorstoß nach Nordnigeria und Niger. In weiteren Reisen in das Gebiet der Sudanreiche sammelte Barth reichhaltiges Material über Landschaft und Völkerschaften. Nach umfangreichen geographischen Expeditionen von David Livingstone, Henry M. Stanley, Richard I. Burton, John H. Speke und James A. Grant waren bis 1890 die Flüsse Sambesi, Nil und Kongo und weite Gebiete Zentralafrikas und Ostafrikas erkundet. Forscher wie Gerhard Rohlfs, Gustav Nachtigal und Graf Savorgnan de Brazza sammelten nicht nur wissenschaftliches Material, sondern waren auch bevollmächtigt, mit einheimischen Häuptlingen Verträge zur Anlage von Militärstationen und Handelsniederlassungen abzuschließen. Auf diese Weise

Koloniale Aufteilung vor 1914

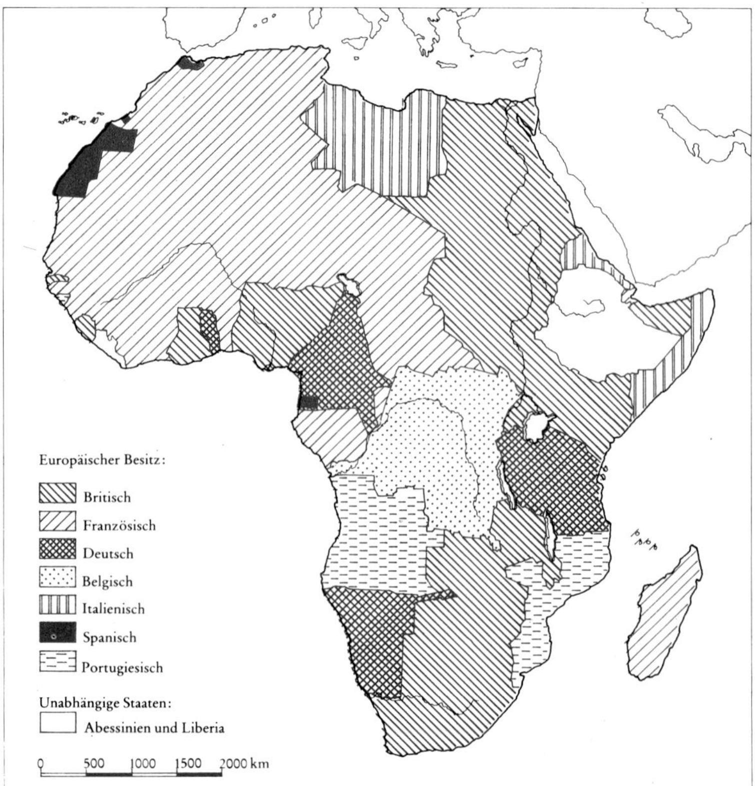

bereiteten sie die kommenden kolonialen Eroberungen mit vor. Von 1871 bis 1890 durchquerten 131 Expeditionen afrikanische Gebiete, während es seit Beginn des Jahrhunderts nur 60 bis dahin gewesen sind. In ihren Berichten trugen die Forscher viele Informationen über Geographie, Fauna, Flora, Bevölkerungsgruppen und deren Sitten, Gebräuche und materielle Kultur zusammen, aber auch Hinweise auf mögliche Handelsniederlassungen und Exportprodukte. Natürlich gab es viele Forscher, die selbst nie an koloniale Eroberung dachten, sondern mit echtem Forscherdrang, oft unter großen Strapazen, neues Wissen über bisher in Europa unbekannte Gebiete mitbringen wollten, aber ihre Berichte wurden unter dem Aspekt der ökonomischen Nutzbarkeit ausgewertet. Was sie Interessantes über Kulturen der Völker berichteten, denen sie begegnet sind, wurde in Europa nur wenig verbreitet. Die Boulevardpresse griff eher die aufgebauschten Reiseabenteuer solcher Forscher wie Stanley gierig auf, da sie das Bild des »wilden Heiden« bestätigten. So trug denn das in dieser Phase der Entdeckung gewonnene Wissen über die ethnische und kulturelle Vielfalt Afrikas kaum zum besseren Verständnis in Europa bei, sondern diente primär den profitsüchtigen Handelsgesellschaften und ihren Plänen. Auch die seit Ende des 18. und verstärkt seit Mitte des 19. Jahrhunderts in Afrika tätigen Missionsgesellschaften förderten letztlich – so aufopferungsvoll und engagiert einzelne Missionare auch tätig sein mochten – die Interessen der Handelsgesellschaften, die fieberhaft nach Wegen suchten, die Bevölkerung Afrikas ihren ökonomischen Zielen zu unterwerfen.

Koloniale Machtergreifung

In den achtziger Jahren des 19. Jahrhunderts begann die koloniale Expansion in großem Stil. Während sich 1876 nur etwa ein Zehntel Afrikas im Besitz der kapitalistischen Staaten Europas befand, war es zu Beginn des 20. Jahrhunderts südlich der Sahara – mit Ausnahme von Äthiopien und Liberia – unter die Kolonialmächte England, Frankreich, Portugal, Belgien und Deutschland aufgeteilt. Wichtige Etappen dieser Eroberung waren, um die größten Kolonialgebiete zu benennen, die Besetzung der deutschen Kolonialgebiete Togo, Kamerun und Südwest (1884) sowie Ostafrika (1890); die Unterwerfung Madagaskars (1896), Guineas (1892), Dahomes (1892), der Elfenbeinküste (1893), Obervoltas (1897) und Äquatorialafrikas unter die Herrschaft Frankreichs; die Erklärung von Kenia, Uganda (1895), Goldküste (1874) und Nigeria (1900) zu Interessengebieten des britischen Kolonialismus sowie die Unterwerfung des reichen Maschona- und Matabele-Landes im Süden Afrikas durch die British South African Company und die Gründung der Kolonie Südrhodesien. 1908 wurde die Kolonie Belgisch-Kongo proklamiert. Auf der Berliner Konferenz 1884/85 (der sogenannten Kongo-Konferenz) hatten die europäischen Kolonialmächte Afrika unter sich aufgeteilt. Hier waren die – mit dem Lineal auf der Landkarte gezogenen – Territorien und Grenzen der Kolonialgebiete entstanden, die auf die historisch gewachsenen Gemeinschaften und deren Territorien keinerlei Rücksicht nahmen.

Die Kolonisierung war auf verschiedene Weise erfolgt: durch Einsatz militärischer Gewalt, durch Verträge mit einheimischen Häuptlingen (die teilweise betrogen oder unter Alkohol gefügig gemacht wurden, teilweise mit den Kolonialgesandten paktierten, weil sie sich davon eine Stärkung ihrer eigenen Macht erhofften) und durch etappenweise Ausdehnung der Kolonialgebiete und Machtbefugnisse. In vielen Teilen Afrikas setzte die Bevölkerung der kolonialen Eroberung offenen Widerstand entgegen, der blutig gebrochen wurde. Im Süden Afrikas z. B. wehrten sich die Maschona- und Matabele-Völker gegen die britische Besetzung, nachdem 1889 die British South African Company unter Cecil Rhodes ihre Schürfrechte auf die Gold- und Diamantenfelder dieser Gebiete ausgedehnt hatte. Das Land wurde militärisch »befriedet« und die Kolonie Südrhodesien etabliert. In der deutschen Kolonie Südwestafrika erhoben sich 1904 die Nama und Herero; auch ihr Aufstand wurde auf das grausamste niedergeschlagen. Zu Aufständen gegen koloniale Ausbeutungsmethoden kam es zwischen 1904 und 1908 in mehreren Gebieten, z. B. in Angola, Madagaskar, Deutsch-Ostafrika (Maji-Maji-Aufstand, 1905/06), in Britisch Somaliland, Französisch Äquatorialafrika, Kamerun (Anyang-Aufstand, 1904), Nigeria, Togo, Französisch Westafrika, Mauretanien u. a.

In den Kolonialgebieten wurden Verwaltungsorgane eingesetzt, die den reibungslosen Ablauf der kolonialen Ausplünderung absicherten. In dieser Etappe übten die europäischen Mächte also auch die politische Macht aus. Die englischen Kolonialisten bedienten sich dabei eines Systems der »indirect rule« (indirekten Herrschaft), indem sie bestehende Herrscher- und Häuptlingsautoritäten als Mittler benutzten. Die französische und die portugiesische Kolonialverwaltung setzte eigene Beamte ein. Diese unterschiedlichen Strategien hatten langfristig Auswirkungen auf Erhalt oder Zerstörung der eigenen kulturellen Wertsysteme.

Kolonialwirtschaft

Die koloniale Ausbeutung erfolgte auf zwei Wegen: In jenen Kolonialgebieten, in denen das Klima für Europäer günstig war, wurden die Bauern von ihrem Land vertrieben und Plantagen bzw. Farmen der imperialistischen Handelsgesellschaften oder der europäischen Siedler angelegt. In den anderen Gebieten suchte man die Bauern in den Dorfgemeinschaften zum Anbau bestimmter Produkte zu verpflichten, an

Plantagenarbeiter in der
Kolonie Congo

Delegation beim Scheich
von Bornu mit Geschenken
Kaiser Wilhelms I.,
nach Nachtigal 1879

Elfenbeinschnitzerei aus Angola

denen die europäischen Handelsgesellschaften besonders interessiert waren (z. B. Erdnüsse, Kakao). Unter Androhung von Strafen mußte eine festgelegte Menge dieser Produkte der Monokulturen abgeliefert werden. Die Einführung von Steuern, wie Kopf- und Hüttensteuern, die in Geld entrichtet werden mußten, unterstützte zusätzlich den Zwang zum Anbau der vorgeschriebenen Produkte, die die Bauern an die Handelszentralen verkaufen mußten. Dadurch wurden die bislang subsistenzwirtschaftlichen (sich selbst erhaltenden) Dorfgemeinschaften in die Ware-Geld-Wirtschaft einbezogen, was ihren inneren Auflösungsprozeß einleitete.

Die Handelsniederlassungen wickelten auch den Import und Absatz der Produkte aus den »Mutterländern« ab – billige Fertigwaren, Textilien und Waffen. An der Spitze der deutschen Exporte in die Kolonien standen beispielsweise Kartoffelschnaps und Waffen, die für die einheimischen »Partner« gedacht waren.

Die Kolonialgesellschaften benötigten für die Plantagen und Bergwerke billige Arbeitskräfte. Diese Arbeiter rekrutierten sich aus den von ihrem Land vertriebenen Bauern, aber auch aus Bauern, die zeitweise ihre Dorfgemeinschaften verließen und Lohnarbeit aufnahmen, um das Geld für die Steuern aufbringen zu können. Die Lage der einheimischen Arbeiter wurde darüber hinaus durch andere außerökonomische Zwangsmaßnahmen erschwert, wie Zwangsarbeit, Strafarbeit und erzwungene Arbeitskontrakte, die viele Afrikaner aus ihren Dörfern und Familien rissen. Viele Dörfer mußten zusätzlich Arbeitskräfte für den Straßen- und Eisenbahnbau stellen. Als eine typische Form der Lohnarbeit entwickelte sich in vielen Teilen Afrikas, vor allem aber im Süden, die Wanderarbeit auf der Grundlage von Arbeitskontrakten für mehrere Monate bis zu drei Jahren. Um das Jahr 1899 arbeiteten etwa 100 000 afrikanische Arbeiter in den Minen Südafrikas. Die Arbeitsbedingungen waren denkbar hart, die Bezahlung erfolgte oft willkürlich; erst ab 1897 gab es erste Festlegungen für Löhne. Ein großer Teil der in Südafrika verpflichteten Arbeiter kam aus anderen Kolonialgebieten und war von den dortigen Behörden auf Zeit vermietet worden. So erhielt z. B. die deutsche Kolonialverwaltung 410 Mark für jeden aus Südwest nach Südafrika vermieteten Arbeiter.

Die Lebens- und Arbeitsbedingungen der Arbeiter können nur als unmenschlich bezeichnet werden: 10 Stunden und länger die Arbeitszeit für einen Hungerlohn, der Brutalität und Willkür der Aufseher und Kolonialsoldaten ausgeliefert, über Jahre hinweg, häufig für immer von den Familien getrennt.

In der deutschen Kolonie Kamerun lebten Plantagenarbeiter, Eisenbahnarbeiter und Träger unter elenden Bedingungen. 1905 erhielten Kontraktarbeiter, die sich für ein halbes Jahr verpflichtet hatten, einen Monatslohn von 6 Mark. Im allgemeinen erfolgte die Entlohnung jedoch nicht in Geld, sondern sie wurde mit Unterkunft und täglicher Nahrung verrechnet, den Rest bildeten ein paar billige Waren. Die Hütten oder Behelfsbaracken als Unterkünfte boten wenig Schutz vor Wind und Regengüssen, die Nahrung war knapp bemessen und oft ungewohnt. Aus Berichten geht hervor, daß z. B. in der Zollstation Rio del Rey im Jahre 1896 an die Arbeiter täglich zwei Glas Reis und wöchentlich ein halbes Kilogramm Fleisch, ein Stück Tabak, ein Löffel Zucker, ein Löffel Tee, zwei Stück Hartbrot, ein Stück Seife, ein Glas Salz und eine Flasche Rum ausgegeben wurden. In der »Kamerun-Land- und Plantagengesellschaft« erhielten 100 Arbeiter soviel Lohn wie ein europäischer Angestellter. Harte Arbeitsbedingungen, Unterernährung und überfüllte Behausungen erhöhten die Anfälligkeit für Krankheiten, wie Tuberkulose, Ruhr, Beriberi und Malaria; es gab kaum einen Arbeiter, der älter als 40 Jahre wurde. Auf den Plantagen schätzte man die durchschnittliche Sterberate auf 10 %. Zusätzlich wurde das Los durch harte Strafen erschwert, die bei oft geringfügigen Anlässen auferlegt wurden; Prügelstrafe und Anketten waren an der Tagesordnung. Besonders schwer hatten es auch die Tausende von Trägern, die weite Strecken vom Landesinneren bis zur Küste mit Lasten von 30 bis 35 Kilogramm zurücklegen mußten. Der deutsche Gouverneur Seitz berichtete: »Auf dem Wege von Kribi nach Jaunde laufen Tausende von Trägern, darunter

Elfenbeinträger

über ein Drittel Weiber und Kinder. Die Dörfer sind infolgedessen zum größten Teil entvölkert ...«

Der im Interesse der Kolonialwirtschaft betriebene Eisenbahnbau in Westafrika erfolgte in unmenschlicher Zwangsarbeit. Die Todesrate war hoch; sie betrug beim Bau der Nordbahn in Kamerun z. B. bis zu 50 %, beim Bau der Eisenbahnlinie Matindi – Leopoldville 1890 entsprach eine Schwelle einem Toten.

Man muß von diesen Tatsachen, dieser Art kolonialer Ausbeutung ausgehen, will man die Folgen für die Gemeinschaften Afrikas verstehen. Die kolonialen »Mutterländer« waren entwickelte kapitalistische Nationen, also bereits Gesellschaften mit höherer Produktivität und zentralisierten Staatsstrukturen. Durch die Kolonisierung bezogen sie die afrikanischen Gemeinschaften in den kapitalistischen Weltmarkt ein, und in diesem Sog beschleunigte sich der Auflösungsprozeß der vorkapitalistischen Gemeinwesen. Marx hat diese treibende Kraft des Kolonialismus bei der Überwindung selbstgenügsamer Gemeinwesen am Beispiel des britischen Einflusses auf die indische Dorfgemeinschaft untersucht.

Diese Einbeziehung in den wirtschaftlichen Kreislauf des Kapitalismus war einseitig: Die traditionellen Gemeinwesen Afrikas konnten sich nicht zugunsten von Gesellschaften mit höherer Produktivität auflösen, da es ja keine Alternative zur Dorfgemeinschaft – keine eigene Industrie – im Land gab. Der Abbau der Rohstoffe, nicht aber ihre Verarbeitung in den Kolonien, trieb die industrielle Entwicklung in Europa voran, während die gesellschaftliche Entwicklung in Afrika im Stadium des Übergangs von der Urgesellschaft zu frühen Klassengesellschaften verharrte. Nicht einmal die Produktionsin-

Holländische Faktorei Kisanga, nach Thonner 1898

Bronzefigur aus Benin

strumente entwickelten sich im Rahmen der kolonialen Wirtschaft weiter. Der Feldbau wurde nach wie vor mit Hacke und Buschmesser betrieben, der Eisenbahnbau beruhte auf dem Einsatz Tausender Afrikaner, die mit bloßen Händen oder einfachsten Geräten arbeiteten, nicht aber auf dem Einsatz der Technik, die zu diesem Zeitpunkt in Europa ja bereits entwickelt war. Der Bau der Straßen, Brücken und Eisenbahnen schuf kein nationales Verkehrsnetz, sondern verband lediglich die Knotenpunkte der Kolonialwirtschaft mit den Häfen und Verwaltungszentren. Die Bevölkerung der Kolonien erlebte nur die negativen Folgen der Kapitalisierung. Der Kolonialismus brachte zwar zivilisatorische Neuerungen mit sich – sei es durch den Bau von Straßen und Eisenbahnen oder durch punktuelle Einführung von Technik –, deren Nutzung aber konnten die afrikanischen Völker erst nach Erringung ihrer nationalen Unabhängigkeit für sich umsetzen. Für die innere Entfaltung der afrikanischen Gemeinschaften hieß Kolonialismus zunächst einmal Abbruch oder Stagnation bisheriger Entwicklung, z. B. für die im 19. Jahrhundert bestehenden Staaten. Das soziale System der vorkapitalistischen Dorfgemeinschaft wurde durch die Einbeziehung in die Geldwirtschaft deformiert, zugleich aber auch konserviert, weil sich das koloniale Ausbeutungssystem auf diese Strukturen stützte. Die widersprüchliche Wirkung des Kolonialismus auf Afrika besteht wie die des Kapitalismus allgemein darin, daß er langfristig zur Auflösung vorkapitalistischer Isolation und Selbstgenügsamkeit beitrug und in diesem Prozeß jene Kräfte hervorbrachte, die ihm Widerstand entgegensetzten und den Aufbau neuer Gesellschaften in Angriff nahmen.

Die Einwirkung des Kolonialismus auf die gesellschaftliche Entwicklung der afrikanischen Gesellschaften insgesamt schloß Einflüsse verschiedener Art auf die kulturelle Entwicklung ein. Grundsätzlich waren die Voraussetzungen für kulturelle Fortschritte in dieser Zeit denkbar schlecht, da häufig das einfache Überleben im Vordergrund stand. Zudem war durch koloniale Eroberungskriege vieles an Zeugnissen der materiellen Kultur zerstört worden (z. B. bei der Eroberung von Benin im Jahre 1897 oder beim Brand von Kumasi, der Hauptstadt des Ashanti-Reiches, im Jahre 1874). Politische, militärische und ökonomische Unterdrückung schränkten das Maß an Entwicklungsmöglichkeiten und Kreativität für Afrikaner drastisch ein. Vor allem drei Faktoren wirkten sich – bis in die Gegenwart hinein – auf die Kulturentwicklung Afrikas aus: das Fortbestehen vorkapitalistischer Strukturen, die ethnische Zersplitterung und die Überfremdung mit europäischer Kultur. Vorkapitalistische Agrarstrukturen in Form der Dorfgemeinschaften und Viehzüchter-Clans überdauerten die Zeit des Kolonialismus, und die mit diesen Gemeinschaften verbundenen Kulturen und verfestigten Traditionslinien haben sich auch weitgehend bis in die Gegenwart hinein erhalten. Dies betrifft sowohl soziale Institutionen, Organisationsformen des kollektiven Lebens als auch handwerkliche und künstlerische Fertigkeiten, Feste und Feiern.

Auf die nationalkulturelle Entwicklung wirkte sich die Kolonialzeit negativ aus, denn es kam nicht zur Herausbildung von Nationen, die ethnische Zersplitterung wurde (teils bewußt!) nicht überwunden.

Einen nachhaltigen Einfluß auf kulturelle Prozesse hatten die Haltung der europäischen Kolonialisten zur afrikanischen Kultur und die damit verbundenen Aktivitäten in den Kolonien. Die Kolonialpolitik auf kulturellem Gebiet sollte die These von der Kultur- und Geschichtslosigkeit der afrikanischen Völker rechtfertigen. Sie bedeutete Abwertung und Mißachtung kultureller Leistungen afrikanischer Gemeinschaften, Unverständnis und Intoleranz gegenüber andersartiger Lebensweise, Aufruf zur Missionierung der »Heiden«, deren eigene Religionen und Wertorientierungen verteufelt wurden, Überfremdung mit europäischer Kultur, die als Modell und Maßstab für universelle Kultur gesetzt wurde.

Diese kulturelle Einflußnahme wirkte unterschiedlich: Während das Kulturniveau der vorkapitalistischen Gemeinwesen im wesentlichen konserviert wurde (der mit dem Kapita-

Tanzvorführung vor Stanley 1890

lismus in Europa verbundene Aufbau eines allgemeinen Bildungswesens in Form der Volksschulen fand hier nicht statt!), korrumpierte man einen kleinen Teil der afrikanischen Bevölkerung – als Mittlerschicht im kolonialen Funktionssystem – mit der Kultur der europäischen Kolonialländer. Diese kulturelle Integration erfolgte vor allem über das Bildungswesen; Schwerpunkt war das Erlernen der Sprache des jeweiligen »Mutterlandes«. Ziel dieser Politik war, willfährige Untertanen heranzuziehen, mit denen man – bildlich und real – die gleiche Sprache sprechen konnte.

Kolonisierung der Kultur

Der Schriftsteller Ngugi wa Thiong'o aus Kenia beschrieb diesen Vorgang der kulturellen Entfremdung so: »Die Folge der kolonialen Anwesenheit war die Entstehung einer Elite, die die Sprache der Eroberer und auch deren Stil übernahm. Sie war es, die auf die Stimme des Gottes der Missionare hörte, Halleluja rief und ihre Augen gen Himmel erhob. Sie verspottete die alten Götter und schrak mit künstlichem oder echtem Abscheu vor den primitiven Riten ihres Volkes zurück.

Die übrigen – denn das Kolonialsystem hatte naturgemäß nur für wenige Platz – wurden oft ihres Grund und Bodens beraubt und in Bauernhöfen der Siedler oder Stadtzentren zusammengepfercht, um Holzhauer und Holzträger zu werden.

Die erste Gruppe verlor jede traditionelle Bindung. Die Leute verachteten alles, was nach der primitiven Vergangenheit roch ... Die andere Gruppe blieb ihren Wurzeln treu. Irgendwie konnte sich die afrikanische Kultur den ständigen Angriffen und der Propaganda widersetzen.«

Die Motive der kolonialen Erziehung waren offenkundig: Sie sollte bewundernde Anhänger des »Mutterlandes« heranbilden, die sich so weit von ihrer eigenen Kultur entfremdet haben, daß sie als »schwarze Europäer« die Interessen der europäischen Kolonialpolitik gegen ihr Volk durchzusetzen bereit sein würden.

Diese Assimilationspolitik war in den französischen und portugiesischen Kolonien besonders ausgeprägt. Der afrikanische Historiker Djibril Tamsir Niane kennzeichnet in seinem »Afrikanischen Geschichtsbuch« die Kulturpolitik der Assimilation in Westafrika durch die französischen Kolonialbehörden mit den Worten: »In Wirklichkeit wirkte sich diese Assimilation einzig in der Verachtung und Zerstörung jeglichen afrikanischen Kulturelementes zugunsten einer verflachten und nachgeahmten französischen Kultur aus. Dabei war jedoch nie daran gedacht worden, in Afrika die sozialen Gesetze oder die demokratischen Freiheiten, die es in Frankreich gab, einzuführen.« Das Ziel, über das Bildungswesen eine Identifikation mit der Kultur Europas zu erreichen, wurde über die Einführung der Sprache der jeweiligen Kolonialmacht als Unterrichtssprache (wie als Verkehrssprache allgemein) gefördert und durch die inhaltliche Orientierung auf Europa im Unterrichtsstoff verfolgt. Das zeigte sich besonders in den Fächern Geschichte und Geographie. Die Schüler, die in den Schulen der französischen Kolonien in ihren Geschichtsbüchern »Unsere Vorfahren, die Gallier ...« lasen und im Geographieunterricht Quelle und Mündung von Rhône, Seine und Loire beherrschen mußten, aber nichts davon erfuhren, welche Reiche es auf dem Boden Westafrikas in vorkolonialer Zeit gegeben hat oder wie lang Kongo und Nil sind, distanzierten sich allmählich von ihrer eigenen Kultur – von den Sitten und Gebräuchen, künstlerischen Traditionen und Wertorientierungen. Sie lernten die Holzmasken ihrer Religion als Zeugnisse des Aberglaubens durch das christliche Kreuz zu ersetzen. Das war keine organische Verbindung zweier Kulturen, sondern ein abrupter Bruch mit den kulturellen Wurzeln. Unterstützt wurde dieser Prozeß dadurch, daß die Kolonialbehörden und ein Teil eifriger Missionare gegen »heidnische Sitten« (traditionelle Bräuche) und »Götzenbildwerk« (traditionelle Masken und Skulpturen) vorgingen. Bei vielen Schülern wurde so ein Gefühl der Minderwertigkeit gegenüber der eigenen Kultur erzeugt.

Koloniale Schulbildung

Die Bildung erfolgte zum größten Teil über die Missionsschulen. Sie erfaßte in der Regel nur einen geringen Teil der Jugend. Im Jahre 1949/50 besuchten z. B. in der Kolonie Goldküste 8 % der Kinder eine Schule, in Nordnigeria waren es 3,5 %, in Senegal 12,4 % und in Guinea 1,3 % der Kinder im schulpflichtigen Alter.

In den portugiesischen Kolonien gab es zwei Schulsysteme: die römisch-katholischen Missionsschulen zur Erziehung der Afrikaner auf Grundschulebene und die für Weiße, Asiaten und Assimilados bestimmten staatlichen Schulen. In den Schulen für Afrikaner ging der Unterricht meist nur bis zur vierten Klasse, so daß ein Übergang zur Mittelschule dann gar nicht möglich war. Der Unterricht beschränkte sich auf portugiesische Sprache, Geographie (unter besonderer Berücksichtigung der portugiesischen Entdeckungen), christliche Moral, handwerkliche Fähigkeiten und Landwirtschaft. Auf diese Weise wurde das Niveau der Bevölkerung so niedriggehalten, »daß sie Gefangene des Bodens werden und vor den Verlokkungen der Städte geschützt sind«, wie es Kardinal Cerejeias in einem Hirtenbrief 1960 formulierte. Ein Ergebnis dieser »Bildungs«politik Portugals war, daß Moçambique im Jahre 1974 93 % Analphabeten hatte. Wie Eduardo Mondlane in seiner Untersuchung des portugiesischen Kolonialismus hervorhebt, »bestand das portugiesische Ideal darin, durch eine sorgfältig gelenkte Bildung eines Tages ein afrikanisches Volk zu schaffen, das nur Portugiesisch spricht, christianisiert ist und sich genauso portugiesisch fühlt wie die Staatsbürger des Mutterlandes«. Wer in die portugiesische Gesellschaft Eingang gefunden hatte, wurde als Assimilado bezeichnet. Um diesen Status zu erreichen, hatte ein Afrikaner folgende Bedingungen zu erfüllen:

- Er mußte fließend Portugiesisch lesen, schreiben und sprechen können;
- über ausreichende Mittel verfügen, um den Unterhalt seiner Familie zu sichern;
- sein Verhalten mußte einwandfrei sein;
- er mußte gebildet sein und die individuellen und gesellschaftlichen Gewohnheiten angenommen haben, die es gestatten, das öffentliche und das Zivilrecht Portugals auf ihn anzuwenden.

Erfüllte er alle diese Punkte, konnte er ein Gesuch an die Verwaltungsbehörde seines Gebietes richten, das dem Provinzgouverneur zur Genehmigung vorgelegt werden mußte.

Die Realität widersprach den formellen »Aufstiegsmöglichkeiten« jedoch, denn der Afrikaner war bereits durch seine Lebensbedingungen, durch Art und Qualität der erhaltenen Bildung und durch die Rassenpolitik gegenüber den weißen Europäern benachteiligt. Das kulturelle Erbe des Kolonialismus bestand also im wesentlichen darin, daß es in dieser Zeit keine nennenswerte Entwicklung der Produktivkräfte gab (kaum Industrialisierung, nur punktuell Weiterentwicklung der Produktivkräfte in der Landwirtschaft, kein Anheben des Bildungsniveaus in nationalem Maßstab), die Bevölkerung der Kolonien somit nicht an die historisch mögliche Entwick-

Missionsschule

lungsstufe (die der Kapitalismus in Europa mit seinen technischen, wissenschaftlichen, bildungsmäßigen und sozialen Leistungen verkörperte) herangeführt worden ist. Dort, wo das Kolonialsystem Bildung zuließ, war sie geknüpft an Entfremdung von der eigenen Kultur.

Dennoch zeitigte der Kolonialismus auch positive Nebenwirkungen für die Kulturen Afrikas. Die Missionsschulen waren immerhin ein erster Schritt in Richtung auf moderne Bildungsvermittlung, der Bau von Krankenhäusern (wenn auch zu weniger) ermöglichte, den Kampf gegen traditionell verbreitete Krankheiten aufzunehmen, der Eisenbahnbau verband bislang isolierte Gemeinschaften, erste Universitäten (wie die nach britischem Vorbild 1945 gegründeten Universitäten in Accra und Ibadan) öffneten – wenn auch nur wenigen – Afrikanern den Weg zur Aneignung moderner Wissenschaft. Auch viele Missionare haben mit großem persönlichen Einsatz Sozialarbeit geleistet, einige haben sich um die Transkription afrikanischer Sprachen verdient gemacht. Schließlich wuchs als (nicht so beabsichtigte) Folge der kulturellen Kolonisierung eine junge, kritische Intelligenz heran. Eben aus dem Kreis derer, die man zu schwarzen Vertretern europäischer Kultur hatte machen wollen, gingen jene Kräfte hervor, die sich gegen diese Vorherrschaft auflehnten und die Rehabilitierung ihrer eigenen Kulturen betrieben.

Négritude oder die Rückkehr zu den Wurzeln

Im Prozeß der kulturellen Kolonisierung war es gerade die kulturell entwurzelte Elite, die die Integration in die europäische Kultur zunehmend ablehnte und das Recht auf eigene Kultur zum Bestandteil des antikolonialen Befreiungskampfes machte. In den dreißiger und vierziger Jahren unseres Jahrhunderts entstanden kulturelle Bewegungen junger afrikanischer Intellektueller, die die Rückbesinnung auf die eigenen Kulturen und deren Rehabilitation forderten. Besonders bekannt wurden die Bewegungen der »African Personality« und der »Négritude«. Die African Personality verbreitete sich insbesondere unter der jungen Intelligenz der englischsprachigen Länder Westafrikas unter Leitung von Kwame Nkrumah, dem späteren ersten Präsidenten Ghanas. Der Strömung der »Négritude« schlossen sich viele Afrikaner aus den französischsprachigen Ländern Westafrikas und der Antillen an, die sich in Paris zusammenfanden. Beide Bewegungen beruhten auf der Annahme, daß Menschen schwarzer Hautfarbe über eine besondere psychisch-physische Konstitution, über ein besonderes Wesen, eine durch die Rasse geprägte Persönlichkeitsstruktur verfügen. Daraus leiteten sie die Spezifik »schwarzer Kultur« ab und stellten sie der europäischen Kul-

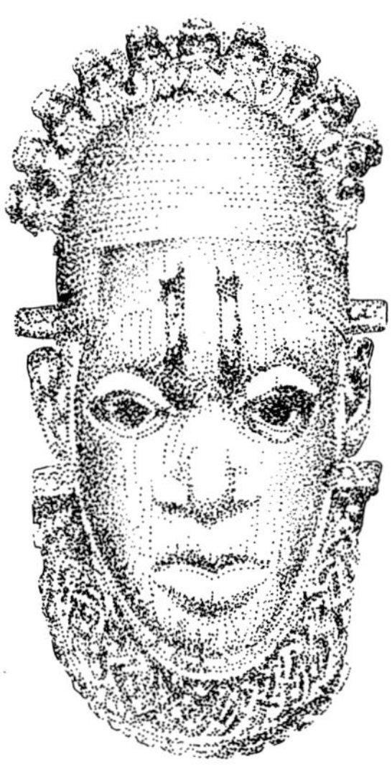

tur gegenüber. Sie forderten die Gleichberechtigung der afrikanischen Kultur und protestierten gegen kulturelle Überfremdung. Beide Bewegungen rangen um die kulturelle Befreiung vom Kolonialismus; sie bekannten sich später aber auch zu politischen Zielen des nationalen Befreiungskampfes.

Für die geistige Auseinandersetzung um Wesen und Perspektive der Kultur in Afrika spielte die Bewegung der Négritude eine bedeutende Rolle. Zu ihr gehörten Schriftsteller und Künstler, wie Alioune Diop, David Diop und Birago Diop aus Senegal, Aimé Césaire aus Martinique, konzeptionell geleitet wurde sie von Léopold Sédar Senghor, einem senegalesischen Dichter, dem späteren ersten Präsidenten der Republik Senegal. Er entwickelte eine philosophisch-ästhetische Konzeption, die von einer besonderen negro-afrikanischen Kultur ausging. Er definierte Négritude mit den Worten: »Objektiv gesehen, ist sie die Gesamtheit der Werte nicht nur der Völker des Schwarzen Afrika, sondern auch der schwarzen Minderheiten Amerikas, Asiens und der Länder und Inseln des Stillen Ozeans ... Subjektiv gesehen, ist die ›Négritude‹ der Wille, die Kulturwerte der schwarzen Welt zu vertreten, mit ihnen zu leben, nachdem man sie befruchtet und modernisiert hat, aber auch sie anderen zugänglich zu machen.« Die Anhänger der Négritude setzten der Assimilationspolitik des französischen Kolonialismus die Forderung nach Anerkennung der Besonderheit der Kultur der schwarzen Rasse entgegen, einen (wie Sartre diese Bewegung bezeichnete) antirassistischen Rassismus. Diese Besonderheit afrikanischer Kultur wird aus dem spezifischen Wesen des Afrikaners abgeleitet, das stärker auf Emotionen als auf Vernunft, stärker auf Intuition als auf Erkenntnis – im Gegensatz zum Europäer – gegründet sei. Senghor kennzeichnete die negro-afrikanische Kultur in ihrem Bezug zur afrikanischen Gesellschaft – in Form der traditionellen Dorfgemeinschaft – als geprägt durch Animismus, Ahnenkult und Agrarreligion, wobei er die Rolle des Weltbildes für das soziale und kulturelle Leben noch hervorhob. Auf dieser Grundlage begann die Rückbesinnung der Anhänger der Négritude auf die kulturellen Traditionen Afrikas. In den Zeitschriften der Bewegung (»Tropiques« und »Légitime Défence«) wurden Geschichte und Kultur Afrikas wichtigster Gegenstand. Die Künstler der Négritude griffen jene Wurzeln wieder auf, von denen sie getrennt worden waren: die im Volk noch immer lebendige Kultur der afrikanischen Gemeinschaften, ihre Gesänge, Epen, Märchen und Gedichte. Der Rückgriff auf die afrikanische Geschichte, auf die Wiederentdeckung legendärer Heldengestalten wie des Zulu-Häuptlings Chaka, dem Senghor ein Gedicht gewidmet hat, war ein notwendiger Schritt zur Selbstfindung.

Die Lyrik der Négritude gab den neu erwachten Stolz auf Afrika weiter: die Landschaften, die Schönheit schwarzer Körper, die Lebensweise in den traditionellen Gemeinschaften mit ihrer Solidarität für den einzelnen. Der vorkoloniale Zustand wurde dabei allerdings sehr idealisiert, um die Zerstörung der Werte durch den Kolonialismus deutlich zu machen. Für die Herausbildung eines Kultur- und Nationalbewußtseins hatte die Négritude große Bedeutung, wenn auch vor allem für die zuvor entfremdeten Intellektuellen. Ihre Lyrik – in französischer Sprache – wirkte vorwiegend im inneren Verständigungsprozeß.

Kulturelle Dekolonisierung

In der Zeit des nationalen Befreiungskampfes halfen diese kulturellen Bewegungen, sich über den Charakter der künftigen Kulturentwicklung zu verständigen. Afrikanische Intellektuelle, unterstützt von Afroamerikanern, begannen die Diskussion über die Rolle des Künstlers im nationalen Befreiungskampf und die kulturelle Dekolonisierung. Auf den Kongressen afrikanischer Künstler und Schriftsteller in Paris (1956) und Rom (1959) forderten sie die Rückbesinnung auf die »kulturellen Werte der schwarzen Welt« und die Anerkennung der afrikanischen Kulturen als Teil der Menschheitskultur. Aber bereits zu dieser Zeit wurde offensichtlich, daß es unter den Beteiligten unterschiedliche Positionen dazu gab, welchen Stellenwert die kulturelle Befreiung im historischen Prozeß zu spielen vermag. Während die Anhänger der Négritude unter Senghor das Primat der kulturellen Befreiung vom Kolonialismus betonten, hoben andere, wie der algerische Arzt und Revolutionstheoretiker Franz Fanon, den Zusammenhang von politischer Befreiung und Nationalkultur hervor. Sie setzten der Négritude das Primat des politischen Befreiungskampfes entgegen, der erst die Voraussetzungen für eine eigenständige Kulturentwicklung eröffnet.

Im Mittelpunkt all dieser Diskussionen zur Zeit des nationalen Befreiungskampfes stand der Anspruch auf eigenständige Entwicklung. Die Forderung nach der »kulturellen Identität«, die bis in die Gegenwart hinein von den afrikanischen Künstlern und Politikern erhoben wird, hat hier ihre Wurzeln, auch wenn dieser Begriff erst in den sechziger und siebziger Jahren auf diese Prozesse angewendet wurde. Rückkehr zu den Wurzeln hieß: Beseitigung der Überfremdung mit kolonialer Kultur, Rückbesinnung auf eigene Geschichte und die von den afrikanischen Völkern hervorgebrachten spezifischen Ausdrucksformen von Kultur.

In diesem Prozeß der Besinnung auf das Eigene in der Kultur, der nach Erringung der nationalen Unabhängigkeit in der staatlichen Kulturpolitik jeweils seine Fortsetzung fand, wurden zwei Traditionslinien gegenwärtiger afrikanischer Kultur sichtbar. Sie galt es zunächst noch genauer zu erforschen und nach der langen Periode des Verschweigens auch allgemein zu verbreiten. Als diese beiden Bereiche kulturgeschichtlicher Traditionen mit Gewicht für gegenwärtige Kulturentwicklung und Kulturbewußtsein kristallisierten sich heraus:

- die kulturgeschichtlichen Leistungen in den vorkolonialen Reichen und
- die kulturellen Traditionen der Dorf- und Hirtengemeinschaften, die bis in die Gegenwart hinein lebendig geblieben sind.

Der Prozeß, sich von der kolonialen Überfremdung zu befreien, begann damit, daß man sich der eigenen Kulturgeschichte und der überlieferten kulturellen Werte bewußt wurde. Andererseits haben die Diskussionen in Afrika um das Recht auf eigene Kultur, auf »kulturelle Identität«, von Anfang an gezeigt, daß dort, wo Fremdherrschaft und Unterdrückung noch fortbestehen, der Boden für eine eigenständige Kulturentwicklung fehlt.

Bronze-Plastik aus Benin,
Darstellung eines königlichen Ahnen

Kultur im Ghetto: Entwicklung unter der Apartheid

STOP

Ich bitte dich zu denken, einen Augenblick
zu denken an Leid
an Hunger
zu denken an Menschen, die nicht frei,
zu denken an Tod.
Stop.
Jetzt.
Stop dem Denken an andre Dinge.
Denk nur daran
an Menschen, sterbend,
sterbend durch Schüsse,
durch Stiefel,
Fäuste.
Denk an sie,
die Menschen, die nicht frei sind,
die ihr Leben geben wollen, um frei zu sein.
Stop.
Jetzt.
Denke
jetzt.
Dann steh
und hebe deine Faust
schrei deinen Zorn
und deinen Entschluß.
Schrei Afrika
dreimal:
Afrika
Afrika
Afrika!

Dennis Brutus, Südafrika

Während sich in den befreiten Staaten des subsaharischen Afrika mit dem nationalen Aufbau die Bedingungen für kulturelle Entwicklung veränderten und sich schrittweise neue Möglichkeiten für Millionen von Afrikanern eröffneten, sind in Südafrika und dem von ihm widerrechtlich okkupierten Namibia der kulturellen Entfaltung von Afrikanern bis heute starre Grenzen gesetzt. In den Forderungen von afrikanischen Regierungen und internationalen Organisationen wie der UNESCO nach Achtung der kulturellen Identität wird stets betont, daß der Rassismus und die damit unlöslich verbundene Abwertung der Kulturen diskriminierter Bevölkerungsgruppen im System der Apartheid eine eigenständige kulturelle Entwicklung der Afrikaner stark behindert, ja auf ein Mindestmaß reduziert.

Im 2. Mittelfristigen Plan der UNESCO für die Jahre 1984 bis 1989, hier speziell im Unterprogramm XII »Die Beseitigung der Vorurteile, der Intoleranz, des Rassismus und der Apartheid«, werden das politische und ökonomische System der Apartheid einschließlich ihrer kulturellen Folgen, die Auswirkungen der Politik der »getrennten Entwicklung« auf die Bildungsmöglichkeiten für die schwarze Bevölkerung in Südafrika und in Namibia analysiert; die »Traditionspflege« der verschiedenen ethnischen Gruppen durch die offizielle Kulturpolitik der südafrikanischen Regierung wird als Mittel zur Unterdrückung der Kulturentwicklung der schwarzen Afrikaner gekennzeichnet.

Soweto 1976

Am 16. Juni 1976 demonstrierten in Soweto, der »schwarzen« Vorstadt von Johannisburg, Schüler und Lehrer gegen die Einführung des Afrikaans als obligatorische Unterrichtssprache, jener Sprache, die für sie die Sprache der weißen Unterdrükker ist. Die Polizei der südafrikanischen Regierung begegnete dieser friedlichen Demonstration mit brutaler Gewalt: Sie eröffnete das Feuer! Unter den Toten und Verwundeten waren zahlreiche Kinder.

Dieses Massaker von Soweto wurde in der ganzen Welt zum Symbol der Brutalität weißer Herrschaft in Südafrika, aber auch zum Symbol des Widerstandes der schwarzen Bevölkerung. Gewalt und Terror sind bisher die einzige Antwort der weißen Regierung auf die Forderungen der schwarzen Bevölkerung nach Gleichberechtigung im politischen und wirtschaftlichen Leben, nach Beseitigung der unwürdigen Rassendiskriminierung. Bei den Demonstrationen in den »schwarzen« Stadtteilen der großen Städte Südafrikas, den Streikaktionen der schwarzen Minenarbeiter und den Protesten von Künstlern, Kirchenvertretern und politischen Vertretern der schwarzen Bevölkerung, zu denen mittlerweile auch Weiße gefunden haben, geht es stets um das gleiche Grundproblem:

um die Beseitigung der ungleichen Entwicklungsbedingungen für Menschen verschiedener Hautfarbe in Südafrika. »Apartheid« ist das Afrikaans-Wort für Absonderung, getrennte Existenz und bedeutet somit nach Rassen getrennte Entwicklung in allen Bereichen des gesellschaftlichen und persönlichen Lebens.

Jahrhunderte weißer Vorherrschaft

Das System der Vorherrschaft einer weißen Minderheit über eine schwarze Bevölkerungsmehrheit kennzeichnet die Entwicklung in Südafrika, seit im 17. Jahrhundert die ersten holländischen Siedler das Kap (ursprünglich als Versorgungsstützpunkt für holländische Schiffe nach Asien genutzt) besiedelten. Die Farmwirtschaft der holländischen Einwanderer wie auch die der ihnen folgenden Siedler aus anderen europäischen Ländern beruhte auf Sklavenarbeit der von ihnen unterdrückten afrikanischen Bevölkerung. Der Charakter dieser Ausbeutung änderte sich, als zu Beginn des 19. Jahrhunderts die Engländer die Kapkolonie eroberten und der Sklavenwirtschaft die Interessen des Industriekapitalismus entgegenstellten. Die Buren gründeten 1854 den Oranjefreistaat und 1856 die Südafrikanische Republik Transvaal. (Als Buren bezeichnete man die Nachfahren der holländischen Siedler, ihre Sprache als Afrikaans.) In den sechziger Jahren des 19. Jahrhunderts wurden Diamanten gefunden (Kimberley u. a.), und in den achtziger Jahren wurde Gold (Witwatersrand) entdeckt, das sich die britischen Kolonialisten (an der Spitze Cecil Rhodes) aneigneten. Jetzt wurden vor allem schwarze Arbeiter für die Bergwerke benötigt, und ein ausgeklügeltes Ausbeutungssystem sorgte dafür, daß ein ständiges Reservoire von ihnen vorhanden war. Nach inneren Kämpfen der weißen Kolonialisten – Engländer gegen Buren – um die Jahrhundertwende erfolgte im Jahre 1910 die Vereinigung der Burengebiete Transvaal und Oranjefreistaat mit den englischen Gebieten Natal und Kapprovinz zur Union von Südafrika, einem Staat, der von Anfang an eine Politik der Apartheid zur Sicherung der Machtinteressen der weißen Minderheit betrieb.

Südafrika wurde im 19. Jahrhundert mit brutaler Gewalt erobert, obwohl sich die dort lebenden afrikanischen Völker erbittert gegen die Unterwerfung wehrten. Der heldenhafte Widerstand der Zulu (z. B. unter den Häuptlingen Dingiswayo, Chaka und Dingaan), der Xhosa, Ndebele, Sotho und anderer Völker ist in den Epen, Liedern und Gedichten der afrikanischen Völker überliefert, bildet heute eine Quelle ihres Geschichtsbewußtseins im Kampf gegen die Apartheid.

Das ökonomische System der Apartheid, das auf der Ausbeutung billiger Arbeitskraft schwarzer Afrikaner beruht, wird gestützt durch eine Ideologie des Rassismus, nach der das Recht auf Herrschaft ein von Gott gegebenes angeborenes

Recht der weißen Bevölkerung sei. In Politik, Wirtschaft, Kultur, im Alltag wirkt die Unterteilung der Bevölkerung in vier Gruppen, die durch Rassenschranken voneinander getrennt sind: in Weiße, Afrikaner (Bantu), Farbige (Mischlinge) und Asiaten. Ein Netz von Verordnungen und Gesetzen sichert, daß die weiße Bevölkerungsgruppe die besten Entwicklungsmöglichkeiten hat, obwohl (nach Statistiken der UNO) 70,4 % der erwerbstätigen Bevölkerung Afrikaner sind und nur 18,4 % der weißen Bevölkerung den wirtschaftlichen Reichtum Südafrikas mit erarbeiten. Die schwarze Bevölkerung hat den größten Anteil an den Arbeiten im Bergbau (etwa 90 %), in der Landwirtschaft (etwa 93 %), in der Industrie (76 %) und im Bauwesen (85 %). Dennoch fließt der Reichtum Südafrikas vorwiegend den 4,5 Millionen Weißen zu, während die 19 Millionen Afrikaner unter menschenunwürdigen Bedingungen leben müssen. Von dem Land, das einst Besitz ihrer Vorfahren war, gehören ihnen nur 13 %, während sich die weiße Bevölkerungsschicht 87 % des Landes angeeignet hat. In diesen 13 % des Landes liegen die sogenannten homelands (»Heimatländer«) oder Bantustans, karge, unfruchtbare Gebiete, die der schwarzen Bevölkerung als Wohn- und Lebensraum zugewiesen wurden. Wer sich außerhalb dieser Reservate aufhält, befindet sich praktisch im Ausland, darf sich dort nur aufhalten, wenn er eine Arbeit gefunden hat. Jedes Jahr verlassen Tausende die »homelands«, die ihnen und ihren Familien kein gesichertes

Kapstadt,
nach Livingstone 1868

Leben bieten, ziehen auf die Farmen der weißen Siedler, in die Bergwerke, in die Städte, wo sie im Handel, Bauwesen oder in den Häusern der Weißen Arbeit suchen. Viele gehen als Wanderarbeiter einen Kontrakt für einen begrenzten Zeitraum ein (6 Monate bis 3 Jahre). Die Arbeiter wohnen in Wohnheimen oder »compounds«, elenden, eintönigen Barakkensiedlungen, die bei den Minenarbeitern häufig 1000 bis 5000 Arbeiter unter ghettoähnlichen Bedingungen erfassen; häufig fehlt elektrisches Licht, und das Wasser reicht nicht für alle. In den Ghettos der Vorstädte sind die in den Städten arbeitenden Afrikaner elenden Lebensbedingungen ausgeliefert – und zugleich auch der Willkür der Apartheid-Polizei. Strenge Verordnungen regeln, wer in den Stadtteilen überhaupt wohnen darf. Das Paßgesetz verpflichtet jeden Afrikaner, jederzeit anhand seiner Identitätskarte nachweisen zu können, wo er wohnt und arbeitet, andernfalls droht ihm Ausweisung oder Gefängnis. Wer aus den Bantustans weggeht, um nach Arbeit zu suchen, darf seine Familie nicht mitnehmen. Tausende Familien schwarzer Südafrikaner kennen praktisch kein gemeinsames Leben. Auch jene schwarzen Südafrikanerinnen, die in den Städten arbeiten, z. B. als Kindermädchen oder Haushaltshilfen in den Häusern der Weißen, dürften ihre Kinder nicht mitbringen, sondern müssen sie in den Bantustans bei Verwandten zurücklassen.

Die durch die Apartheid gesetzten Schranken engen einen schwarzen Südafrikaner sein ganzes Leben ein. Er wächst unter Lebensbedingungen heran, die oft noch unter dem Existenzminimum liegen. Die Kindersterblichkeit ist in der schwarzen Bevölkerungsgruppe am größten (jedes 5., in einigen Landgebieten sogar jedes 3. Kind), die medizinische Betreuung katastrophal: Auf 44000 schwarze Afrikaner kommt 1 Arzt – im Gegensatz dazu 1 Arzt auf nur 400 weiße Südafrikaner!

Getrennte Kultur

Apartheid schließt auch die kulturelle Entwicklung Südafrikas ein. In der Praxis bedeutet das: unterschiedliche Schulen und Schulsysteme, Universitäten, Sportstätten und Freizeitangebote für die verschiedenen Rassen. Die Diskrepanz zwischen den kulturellen Entwicklungsmöglichkeiten für die schwarze und für die weiße Bevölkerung Südafrikas ist groß, und mit dem Maß an zugebilligter Bildung ist bereits auch der Platz in der südafrikanischen Gesellschaft festgeschrieben. Während es für die weißen Kinder Schulpflicht und kostenlosen Schulbesuch gibt, unterliegen die schwarzen Kinder nicht der Schulpflicht, auch müssen sie Schulgeld, Bücher und Schulkleidung bezahlen. Während auf 20 weiße Kinder 1 Lehrer kommt, steht 1 Lehrer 54 afrikanischen Kindern zur Verfügung. Die Mehrheit der afrikanischen Kinder verläßt nach den ersten Jahren, vorwiegend aus sozialen Gründen, die Schule, nur 5,5 % können einen mittleren Bildungsweg einschlagen. Die Bildungsausgaben des Landes für Weiße und für Afrikaner stehen im Verhältnis 15:1. Mit 15 Jahren muß sich jeder männliche Afrikaner im Arbeitsamt erfassen lassen. Es gibt keine freie Wahl des Arbeitsplatzes. Staatliche Verordnungen legen fest, welche Berufe einem Afrikaner offenstehen. Das Gesetz über die Arbeitsvermittlung in der Industrie verbietet den Einsatz schwarzer Arbeitskräfte in bestimmten Berufen. Ein Verbot untersagt Afrikanern leitende Stellungen, von Verkaufsleitern angefangen. Die geringen Aussichten für eine qualifizierte und gutbezahlte Arbeit sind zudem durch die unzureichenden Bildungs- und Ausbildungsmöglichkeiten für schwarze Afrikaner programmiert. Bei gleicher Arbeit ist die Entlohnung der schwarzen Arbeiter niedriger als die ihrer weißen Kollegen. Im Durchschnitt verdient ein weißer Südafrikaner 14mal mehr als ein Afrikaner.

»Getrennte Entwicklung« heißt auch unterschiedliche Möglichkeiten, sich Kunst, Erholung und Unterhaltung hinzugeben. In den Townships der großen Städte gibt es für die Afrikaner nur billigste Formen der Unterhaltung: in primitiven Vorstadtkinos mit schlechten Filmen (selbst sie noch zensiert!), Tanzsälen, Kneipen, in denen Drogen, Alkohol und Prostitution einen kurzzeitigen Ausweg aus der Misere des Alltags versprechen, hin und wieder ein Sportwettkampf (natürlich nur mit schwarzen Mannschaften), lokale Musikgruppen als afrikanische Kultur.

In der »Freedom Charta« von 1969 der Befreiungsbewegung der Afrikaner, dem 1912 gegründeten African National Congress (ANC), wird die kulturelle Situation der schwarzen Bevölkerung Südafrikas wie folgt beschrieben: »80 % der Bevölkerung von Südafrika sind im großen und ganzen auf die wenigen Kinos angewiesen, deren Kost von der minderwertigsten Sorte der amerikanischen Filmkunst ist. Es besteht ein wachsames Zensursystem, daß diese nach Rassen getrennten Kinos nicht irgend etwas zeigen, das von den Behörden als nicht gut für sie eingeschätzt wird. Nicht nur, daß Nichtweiße von den kulturellen Leistungen der Menschheit im wesentlichen ausgeschlossen werden, sondern darüber hinaus wurde alles getan, um sie daran zu hindern, ihre eigene nationale Kultur zu entwickeln. Veröffentlichungen werden streng kontrolliert. Von den banalsten Musikformen abgesehen, werden die Menschen nicht ermutigt oder es wird ihnen nicht gestattet, solche Musik zu schaffen, die ihr geistiges Niveau erhöht. Musik, die Protest gegen die Lebensbedingungen enthält, wird verfolgt und verboten.« Ein Rat von mehr als 200 Zensoren entscheidet, welche Bücher, Zeitschriften, Filme, Schallplatten und Bildkunstwerke aus dem In- und Ausland für die Öffentlichkeit zugelassen werden. Auf dem Index stehen nicht nur bekannte Werke der Weltliteratur, sondern auch die der besten südafrikanischen Schriftsteller, wie Alex La Guma, Ezekiel Mphalele, Bloke Modisane und Peter Abrahams. Dennoch konnten alle Restriktionen nicht verhindern, daß sich südafrikanische Künstler mit ihrer Kunst für die Rassengleichheit engagierten, teilweise aktiv in Protestaktionen oder in den Aktivitäten des ANC ihrer Ablehnung der Apartheid-Politik Ausdruck verliehen und dafür sogar in den Tod gingen. In diesem Kampf engagieren sich auch weiße Südafrikaner, wie der Dramatiker Athol Fugard, die Schriftstellerin Nadine Gordimer oder der Dichter Breyten Breytenbach. In dem Maße, wie eine Kunst in Südafrika wuchs, die sich gegen die Erniedrigungen und gegen die Rechtlosigkeit schwarzer Menschen in Südafrika richtet, wuchs auch der Unterdrückungsmechanismus der weißen Regierung gegen die Künstler. Viele von ihnen wurden in den letzten Jahren verhaftet, gefoltert, vor Gericht gestellt. So wurden die Stücke »Die Insel« und »Sizwe Bansi ist tot« von Athol Fugard verboten, weil er in ihnen den Terror in den Kerkern von Robben Island und die Erniedrigungen schwarzer Bürger durch die Paßgesetze des Landes anprangert. Alex La Guma und Dennis Brutus leben nach jahrelanger Haft heute im Exil, wie auch Ezekiel Mphalele, Alfred Hutcheson, Bloke Modisane u. a. Der Dichter Breyten Breytenbach wurde des Terrorismus beschuldigt und zu langjähriger Zuchthausstrafe verurteilt – um nur einige Beispiele für die Willkür gegen Künstler herauszugreifen.

Politisch engagierte Kunst

Trotz der Unterdrückungsmaßnahmen ist seit den sechziger Jahren in wachsendem Maße eine politisch engagierte Kunst gewachsen, die eng mit dem Widerstand gegen das Apartheid-Regime verknüpft ist. Trotz aller Verbote und Beschränkungen gab es Bemühungen, eigene Filme zu drehen (Kurzfilme, aber auch den Spielfilm »How long« über den Kampf um Bildung in Soweto, der sofort verboten wurde), gibt es Ansätze eines afrikanischen Theaters, obwohl weder schwarze professionelle Theater noch Schauspielschulen zugelassen sind, Musicals schwarzer Komponisten nur in Shows »für Schwarze« gestattet sind. Theatergruppen wie Tecon (Theatre Council of Natal), Pet (Experimentelles Volkstheater), Mdali (Institut für Musik, Kunst, Literatur und Schauspiel) u. a. sind ständig Repressalien ausgesetzt. Dennoch bilden sich immer wieder kleine, operative Gruppen, die das Theater als Mittel zur Darstellung der durch die Apartheid geschaffenen unmenschlichen Lebensbedingungen nutzen. Besonders in den siebziger Jahren entstand ein politisch engagiertes Township-Theatre, zu dem die »Serpent Players« (unter Athol Fugard), die »Phoenix Players« und »Workshop 71« gehörten. Inhaltlich ist die »Protestkunst« des Theaters wie auch der Lyrik teilweise von der Black-Consciousness-Bewegung beeinflußt. Die Rückbesinnung auf die Werte der schwarzen Gemeinschaften wirkt als »kulturelle Identität« gegen die fremde kapitalistische Wolfsmoral in den Großstädten. Der kulturellen Abwertung durch die Apartheid-Politik werden der Stolz und das Bekenntnis zur »schwarzafrikanischen Kultur« entgegengesetzt.

Als eng mit dem Befreiungskampf verbundene Kunstform hat sich in Südafrika die Lyrik entwickelt. Zu ihren Vertretern gehören Dichter, wie Oswald Mtshali, Wally Serote, James Matthews, Don Matera, Arthur Nortje, Mazisis Kunene und zahlreiche unbekannte Poeten, die oft spontan auf Ereignisse in Südafrika reagieren. Viele ihrer Gedichte werden in der »Sechaba«, dem Publikationsorgan des ANC, veröffentlicht. Diese revolutionäre Dichtkunst, die kaum an materielle Voraussetzungen gebunden ist, spielt im Bewußtsein der schwarzen Bevölkerung Südafrikas eine wichtige Rolle. Oliver Tambo, der Präsident der Befreiungsbewegung ANC, betonte die Funktion dieser Lyrik: »Wir haben eine große kulturelle Tradition. Der ›imbongi‹ – der traditionelle Poet – versammelte unser Volk in der Vergangenheit, wie unsere Künstler und Dichter heute unser Volk versammeln, in unseren revolutionären Liedern und Gedichten. Natürlich wählen unsere Künstler ihre eigenen Methoden und Stile. In der Tat gibt es eine Synthese von Alt und Neu, von Tradition und Moderne. Aber welche Technik auch immer, welcher Stil auch immer gewählt wird – in den Ideen, die ausgedrückt werden, in den Inhalten der Kunstwerke, stellen wir die mächtige Botschaft der Freiheit fest. ... Die Herrscher, die Rassisten, die Imperialisten zittern vor Furcht vor der kraftvollen Kunst des Volkes, weil diese Kunst ihren unausweichlichen Niedergang signalisiert; diese Kunst ist voll des lebendigen Blutes und auf klare Weise humanistisch. Sie erhebt den Geist des Volkes, sie eint und bringt die Menschen zusammen; sie blüht nicht entlang der Linie der Trennung, der ›getrennten Entwicklung‹, sie bringt zusammen, vereinigt das Volk zu einem Ganzen, schafft eine Nation, statt sie zu zersplittern und zu spalten.«

Heute noch können namhafte, hervorragende Künstler Südafrikas nur im Exil arbeiten, aber von dort setzen sie ihr ganzes Schaffen dazu ein, über die Lage der schwarzen Bevölkerung in Südafrika zu informieren, ihre Kultur zu verbreiten und weiterzuentwickeln, so Miriam Makeba, die »Stimme Afrikas«, die heute in vielen Ländern diese Botschaft aus Südafrika überbringt.

International ist die Solidarität mit den Künstlern Südafrikas ein wichtiger Teil der Unterstützung des Kampfes gegen die Apartheid mit Mitteln der Kunst. So wurde der Spielfilm »Amok« des nordafrikanischen Regisseurs Soubeil Ben Barka (unter Mitwirkung von Miriam Makeba) zu einem aufrüttelnden Dokument über die tägliche Konfrontation mit der Willkür und den Beschränkungen durch die Apartheid-Gesetzgebung für die schwarze Bevölkerung, wurden Inszenierungen der Stücke von Athol Fugard und anderen südafrikanischen Dramatikern oder der Jazz-Oper »Kalahari« von Abdullah Ibrahim an internationalen Theatern zugleich künstlerisch gestaltete Informationsträger über die Entwicklung in Südafrika.

In Südafrika stehen sich heute auch zwei gegensätzliche Konzeptionen dessen gegenüber, was die kulturelle Identität der Afrikaner sei. Die weiße Regierung will die Kultur der schwarzen Bevölkerung auf die Traditionen der in den Reservaten angesiedelten Völkerschaften reduzieren, konservieren und von jeder Weiterentwicklung abtrennen. Für die Künstler und Politiker der Befreiungsbewegung jedoch ist ihre Kultur mit dem gegenwärtigen Leben und ihrem Kampf verbunden, ist auch nicht als »schwarze Kultur« weiterzuentwickeln, sondern als humanistische Kultur aller in Südafrika lebenden Bevölkerungsgruppen. Wie bereits der Schriftsteller Ezekiel Mphalele in seiner Auseinandersetzung mit den Vertretern der Négritude betonte, gibt es in Südafrika keine »rein afrikanische« Kultur, da durch die gemeinsame Geschichte auch kulturelle Einflüsse der Kulturen der anderen Bevölkerungsgruppen (der Europäer, aber auch der Inder) in die afrikanische Kultur eingegangen sind. Die Gemeinsamkeiten liegen nicht innerhalb der »colour-bar« (»Rassenschranke«), sondern in gleichen Lebensbedingungen, verbindenden Hoffnungen und Idealen. Heute gibt es neben der bürgerlichen Kultur, die von den Vertretern der Apartheid verbreitet wird, eine zweite Kultur, eine Kultur der Unterdrückten, eine Kultur des Widerstandes. Eine wirklich nationale Kultur kann sich erst nach dem Fall der Apartheid, der Rassenschranken, entwickeln.

Nationale Befreiung als Voraussetzung für die Entwicklung der eigenen kulturellen Identität, als Voraussetzung für glei-

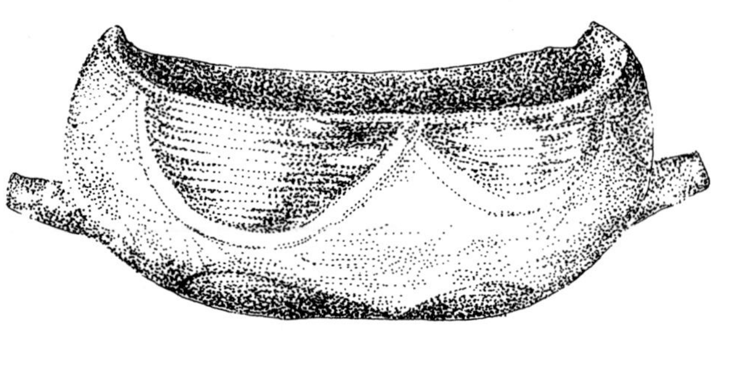

Trog der Herero

che kulturelle Entwicklungsbedingungen für alle Bevölkerungsgruppen – unabhängig von Rasse und Hautfarbe – gilt auch für Namibia, in dem durch Südafrika die gleiche Politik der Apartheid praktiziert wird. Auch dort gehört der Reich-*Namibia* tum des Landes einer weißen Minderheit, die ungefähr 90 000 Bürger deutscher und südafrikanischer Abstammung umfaßt, gegenüber 900 000 schwarzen Bürgern. Auch hier hat die Unterdrückung der einheimischen Bevölkerung bereits mit der Kolonisation begonnen: Auf der Berliner Konferenz 1884/85 zur deutschen Kolonie erklärt (Deutsch-Südwestafrika), wurde das Land vom deutschen Kaiserreich skrupellos erobert, wobei ganze Bevölkerungsgruppen ausgerottet wurden. Die Geschichte der deutschen Kolonialherrschaft in Südwestafrika ist zugleich eine Geschichte des heldenhaften Widerstandes der Völker der Herero und Nama. In den großen Aufständen von 1904 bis 1907 leisteten sie der technisch überlegenen deutschen Kolonialmacht heldenhaften Widerstand, wurden schließlich besiegt, wobei 80 % der Herero und 50 % der Nama den Tod fanden. Nach dem ersten Weltkrieg wurde Südwestafrika Mandatsgebiet des Völkerbundes, nachdem es während des Krieges von britischen und südafrikanischen Truppen besetzt worden war. 1966 wurde das Mandat Südafrikas aufgehoben und das Gebiet unter direkte UN-Verantwortung gestellt, zum UNO-Treuhandgebiet erklärt, aber Südafrika weigert sich bis heute, die (de facto koloniale) Herrschaft über das Land aufzugeben. Bis zum heutigen Tag hat sich Südafrika allen UNO-Resolutionen zur Freigabe widersetzt und hält seine Apartheid-Politik in Namibia – wie das Gebiet heute genannt wird – weiterhin widerrechtlich aufrecht. Das System der Reservate, der Abdrängung der Afrikaner in unfruchtbare Gebiete, ihre Ausbeutung als Wanderarbeiter ähnelt dem in Südafrika, das Leben der Afrikaner ist von der gleichen Rechtlosigkeit geprägt. Auch die Kulturentwicklung der hier lebenden Bevölkerungsgruppen (vorwiegend Ovambo, Nama und Herero) ist durch das koloniale Unterdrückungssystem weitgehend behindert, durch Mangel an Bildung und damit Zugang zu qualifizierter Arbeit gekennzeichnet. Ebenso wie im Staat Südafrika existieren in Namibia zwei Bildungssysteme, die sich gravierend unterscheiden. Die jährlichen Ausgaben für einen weißen Schüler sind mit 1 500 US-Dollar siebenmal so hoch wie für einen afrikanischen. 1983 besuchten nur 40 % der afrikanischen Kinder im entsprechenden Alter die Grundschule bis zur 6. Klasse, über diese hinaus nur 12 %.

Gleiche Entwicklungsmöglichkeiten und damit auch gleiche Bedingungen für kulturelle Entfaltung für alle können hier nur durch gesellschaftliche Veränderungen erreicht werden.

In ihrem Programm der nationalen Befreiung und Demokratisierung fordert die Befreiungsfront von Namibia, SWAPO, auch die Verbesserung der Möglichkeiten für kulturelle Entwicklung, fordert, »das Bildungssystem umzustrukturieren und das Analphabetentum zu beseitigen, den materiellen und kulturellen Lebensstandard der Bevölkerung zu erhöhen und das öffentliche Leben zu demokratisieren«.

Mit den Forderungen der Befreiungsbewegungen im Süden Afrikas geht heute die Betonung der eigenen kulturellen Identität als schwarze Afrikaner mit eigener Kultur und Geschichte einher. Die Rolle, die dieser Faktor im Kampf gegen die Apartheid spielt, unterstrich Winnie Mandela mit den Worten: »Wenn man die eigene Kultur bewahrt und seine Traditionen in Ehren hält – und wir tun das –, dann bedeutet das nicht, daß wir eine Kultur für höher halten als eine andere oder einen Menschen für besser als den anderen. Für uns ist ein Mensch so wertvoll wie der andere und eine Kultur so respekterheischend wie die andere. Deshalb konnte ja die Regierung zu Anfang auch die Bewegung Black Consciousness nicht dulden, weil Black Consciousness gerade das betont hat: die Wichtigkeit der Bewahrung, Rückgewinnung der schwarzen Kultur unter Aufrechterhaltung der Verschiedenheit der Identität, die aber trotzdem transzendiert und aufgehoben werden sollte in dem Bewußtsein einer alle Schwarzen umfassenden schwarzen Kultur! Der Grund, weshalb die Regierung fast Erfolg mit der Spaltung der Schwarzen gehabt hätte, war die Überbetonung der ethnischen und kulturellen Unterschiede unter den Schwarzen. Die Absicht, die hinter dem Homeland-Konzept steht, ist ja gerade, die Einheit unter den

Homeland-Konzept

Schwarzen zu zerstören; deshalb will uns die Regierung in verschiedene Enklaven stecken, die auf ethnischen Unterschieden beruhen. Wir sollen glauben, die eine ethnische Gruppe stünde über der anderen, und dabei nutzen sie natürlich bestehende alte Stammesrivalitäten aus. Keiner leugnet, daß es zwischen uns diese ethnischen Unterschiede gibt, unterschiedliche Traditionen und Bräuche, wenn aber die Regierung das zu unserer Spaltung benutzt, dann ist das nichts anderes als die alte Technik des ›teile und herrsche‹. Heute gibt es für uns nur eine Kultur der Schwarzen. Wenn heute junge Schwarze nun ihrerseits gegen die ›Kultur der Weißen‹ rebellieren, nichts mehr wissen wollen von ihr, dann ist das ganz einfach zu verstehen: Sie setzen sich nur zur Wehr gegen die maßlose Arroganz der Weißen, die sich zur Durchsetzung der eigenen Kultur der Zerstörung der schwarzen Kultur bedient hat.

Was die christlichen Missionare in diesem Zusammenhang bewirkt haben, ist verhängnisvoll und unverzeihlich. Sie haben uns gepredigt, daß der Respekt und die Verehrung unserer Vorfahren und der eigenen Kultur Gott beleidige – und das war der Punkt, an dem die Dinge falsch gelaufen sind. Denn sie, die doch eigentlich aufgerufen waren, mich – ein Geschöpf Gottes – als Menschen zu verteidigen, in meiner Ganzheit als Mensch mit meiner eigenen Würde, meinem Stolz und meiner Identität als schwarzer Mensch, haben genau das Gegenteil getan: Sie haben mich in meiner Identität antasten wollen; denn um mich zu zerstören, mußten sie meine Identität zerstören, das Herz meiner Identität: meine Kultur. Indem sie mir sagten, daß das, was ich am meisten verehrte, daß das primitiv, zurückgeblieben und barbarisch sei, haben sie mich getroffen in meinem innersten Kern.«

Mit dieser Identifikation mit der »schwarzen Kultur« in den Ländern der Apartheid geht eine starke Rückbesinnung auf die ethnischen Traditionen der einzelnen Gemeinschaften und auf die Größe und Macht südafrikanischer Reiche einher, wie auf das des legendären Zuluherrschers Chaka, der den weißen Kolonisatoren so heldenhaften Widerstand entgegengesetzt hat.

Geschichte zu befragen, ist ein allgemeiner Zug im heutigen Schwarzafrika, sei es wie in Südafrika zum geistigen Widerstand gegen die Apartheid, sei es in den afrikanischen Nationalstaaten zur Abwehr kultureller Überfremdung, zur Findung und Festigung kultureller Identität.

Afrika – Kontinent mit reicher Kulturgeschichte

Afrika bedeutet uns nach neuzeitlicher Ansicht, soweit es von Negern bewohnt wird, keinerlei geschichtliche Rätsel, denn nach allem, was wir von den Forschungsreisenden und Ethnographen aus diesem Erdteil gehört haben, fängt für dessen Bevölkerung die Geschichte der eigentlichen Kultur erst mit der Invasion des Mohammedanismus (Islam – d. A.) an. Vor den Arabern, die diese Religion und höhere Kultur den Eingeborenen zutrugen, gab es weder eine organisierte Staatenbildung, noch eine eigentliche Religion, noch ein entwickeltes Gewerbe. Wir müssen uns bei der Betrachtung der eigentlichen Neger und ihrer vormohammedanischen Zustände also auf die Schilderung ihres rohen Fetischismus, ihrer brutalen, oft kannibalischen Sitten, ihrer geschmacklosen und abstoßenden Bildwerke und ihrer recht elenden Wohnstätten beschränken. Die natürlichsten Instinkte leiteten das Handeln und Treiben der Neger, die noch von keinerlei ethischen Regungen beseelt wurden. Der poetische Reiz, der märchenhafte Zauber, den für alle anderen Erdteile eine sagen- und sangesreiche Vergangenheit bietet, also das Anziehende jedes geschichtlichen Jenseits, die Aussicht, in nebelhafter Ferne ein wesentliches oder unwesentliches Zauberland aufsteigen zu sehen, die Hoffnung, der Erde hier und da Altertümer abgewinnen zu können, auf alles das muß jeder Betrachter und Beurteiler der sogenannten afrikanischen Kultur von vornherein verzichten. Wenn wir Kolonisierenden heute mit unseren Pflügen die afrikanische Erde aufreißen, so wird aus der Furche keine alte Waffe auftauchen. Wenn wir Kanäle durch die neue Erde ziehen, wird unser Grabscheit nirgends auf alte Gräber stoßen; und wenn wir den Urwald lichten, wird die Hacke nirgends auf die Fundamente eines alten Palastes stoßen.

Afrika ist geschichtlich ärmer, als irgendeine Phantasie sich vorstellen kann. »Neger-Afrika« ist ein rätselloser, geschichtsloser Erdteil!

(Aus einer Ausgabe der »Berliner Zeitung« des Jahrganges 1891, zitiert nach Leo Frobenius)

Die Legende des Kolonialismus vom »geschichtslosen Afrika«, das erst den Europäern »Kultur« verdanke, weil die afrikanischen Völker selbst unfähig zu kulturellen Leistungen seien, hat bis in die Mitte unseres Jahrhunderts hinein das Wissen über Afrikas kulturelle Vergangenheit in Europa stark eingeschränkt – koloniale Ausbeutung ließ sich mit der These von der kulturellen Minderwertigkeit der Afrikaner jederzeit rechtfertigen. Auch haben in vielen Fällen die Forscher selbst, die auf bewundernswerte Zeugnisse altafrikanischer Kulturen stießen, deren Herkunft nichtafrikanischen Völkern zugeschrieben. So glaubte der deutsche Afrika-Forscher Leo Frobenius, als er zu Beginn unseres Jahrhunderts im alten Ife (im heutigen Nigeria) auf kunstvolle Terrakottafiguren und Bronzeplastiken stieß, hier die Nachfahren von Atlantis gefunden zu haben. Andere Forscher sahen die Kunst von Ife als Werk von Griechen, Etruskern oder Portugiesen an. Die Steinmauern und Ruinen ellipsenförmiger Paläste und Wohnhäuser in Simbabwe schließlich, die Überreste eines machtvollen Reiches sind, werden noch heute von weißen Rassenfanatikern auf nichtnegroide Erbauer zurückgeführt.

Eigene Geschichtsforschung

Auch wenn die afrikanische Herkunft dieser kulturellen Leistungen wissenschaftlich zweifelsfrei nachgewiesen ist, stehen dem Wissen um die afrikanische Kulturgeschichte heute doch noch oft Vorurteile, Ignoranz und Unkenntnis gegenüber. Erschwerend kommt hinzu, daß die afrikanischen Völker selbst ja erst seit kurzer Zeit mit der Erforschung ihrer Kulturgeschichte beginnen konnten. Heute gehört die Beschäftigung mit Geschichte und Kulturgeschichte in vielen afrikanischen Staaten zu den wichtigen Aufgaben ihrer Kulturpolitik. Mit Unterstützung von Wissenschaftlern aus aller Welt wird diese Geschichte Afrikas heute zunehmend von Afrikanern selbst geschrieben. Bisher unbekannte Fakten, viele Zusammenhänge kultureller und gesellschaftlicher Entwicklung in Afrika haben sich in den vergangenen Jahrzehnten allmählich zu einem Bild, zur Kulturgeschichte der afrikanischen Völker zusammengefügt, auch wenn es noch viele ungelöste Rätsel, zahlreiche Lücken in einer kontinuierlichen Darstellung, viele offene Fragen gibt. Die Schwierigkeiten liegen vor allem darin, daß von den Zeugnissen alter Kulturen Afrikas weit weniger erhalten geblieben ist als vergleichsweise von der Vergangenheit europäischer Völker. Dafür gibt es mehrere Gründe: Im Verlauf einer wechselvollen Geschichte des Entstehens und Vergehens afrikanischer Staaten und innerer Machtkämpfe wurden teilweise Zentren politischer und wirtschaftlicher Macht, die zugleich kulturelle Zentren darstellten, durch kriegerische Übergriffe und Eroberungen zerstört. Zu bewußten Zerstörungen in großem Ausmaß kam es vor allem in der Zeit des Sklavenhandels und der Kolonisierung. Materielle Zeugnisse »heidnischer Kulturen« wurden während der Kolonialzeit vernichtet oder nach Europa verschleppt (künstlerische Objekte aus Afrika erfreuten schon vor 200 Jahren europäische Sammler). Wir müssen aber auch bedenken, daß das feuchtwarme Klima einiger Gebiete in Afrika zum natürlichen Verfall all dessen beitrug, was nicht aus Stein oder Metall bestand. So sind sicher unzählige Holzschnitzereien, Siedlungen aus Holz und Lehm, kostbare Stoffe, Malereien auf Tierhäuten und vieles andere schon deshalb der Nachwelt verlorengegangen. Auf die offenen Fragen muß in den nächsten Jahrzehnten in allen möglichen anderen Quellen Antwort gesucht werden: in archäologischen Ausgrabungen, prähistorischen Funden, mündlichen Überlieferungen afrikanischer Geschichte, wie den Epen und Gesängen der afrikanischen Barden, in schriftlichen Berichten arabischer Reisender und Gelehrter, erhalten gebliebenen Briefen und Aufzeichnungen portugiesischer Seefahrer und Händler, Berichten der Historiker und Geographen des alten Griechenland und des Römischen Reiches, in Forschungsberichten europäischer Wissenschaftler des 19. Jahrhunderts. Aber all dies ist für die jungen afrikanischen Staaten sehr aufwendig, es erfordert erhebliche finanzielle Mittel sowie Kader für archäologische Ausgrabungen und wissenschaftliche Forschung, für den Aufbau nationaler Museen und Restaurationswerkstätten. Ohne die Unterstützung anderer Staaten und internationaler Organisationen wie der UNESCO, die Afrikas kulturelle Vergangenheit als Teil der Kulturgeschichte der Menschheit begreifen, ist diese Aufgabe nur schwer lösbar.

Funde der Urzeit

Heute steht fest, daß die Entwicklung des Menschen in Afrika bis in die Urzeit zurückreicht, ja, Afrika eine der Wiegen der Menschheit gewesen ist. Paläontologische Entdeckungen der letzten zwei Jahrzehnte belegten den Tier-Mensch-Übergang, die Herausbildung des Urmenschen in Afrika, mit zahlreichen Funden, vor allem in Tansania, Kenia, Äthiopien und Südafrika. Als 1979 in Hadar (Provinz Afar) in Äthiopien Skelettreste eines »Affenmenschen« ausgegraben wurden, dessen Alter auf 3,5 Millionen Jahre (±0,5) geschätzt wird (Wissenschaftler gaben ihm den Namen »Lucy«), war dies ein neuer Stein in der langen Kette von Beweisstücken über die Evolution des Menschen in Afrika. Bereits 1924 hatte R. A. Darts in Tauung, Südafrika, den versteinerten Schädel eines Kindes gefunden, der auf 1 Million Jahre geschätzt wurde. Auch andere archäologische Beweisstücke in den Steinbrüchen von Transvaal ließen auf Horden von Jägern schließen. Vor allem aber in Ostafrika stieß der in Afrika geborene englische Anthropologe Louis Leakey und später sein Sohn Richard Leakey auf mehrere Zwischenglieder der menschlichen Stammesgeschichte, die den Übergang vom Australopithecus africanus über den Homo habilis bis zum Homo erectus belegten. Zu

Oldoway

den bedeutenden Funden zählt der 1959 in der Oldowayschlucht in Tansania entdeckte Schädelrest, der 1,75 Millionen Jahre alt ist. Leakey gab ihm den Namen Zinjanthropus, die Tansanier nennen ihn »Olduvai Gorge«. 1960 konnte man in derselben Schlucht Überreste eines »Urmenschen«, dessen Alter auf 600 000 Jahre geschätzt wird, nachweisen. 1972 waren es ein 2,6 Millionen Jahre alter Hirnschädel in Koobi Fora (der heute allerdings als wesentlich jünger eingestuft wird) und der Schädel eines 2,5 Millionen Jahre alten »Vormenschen« am Rudolfsee in Nordkenia. Besonders die Savannen der ostafrikanischen Hochebene scheinen den Übergang zum aufrechten Gang, zur stärkeren Benutzung der Hand und zu neuen Formen der kollektiven Nahrungssuche herausgefordert zu haben. Ebenso überraschend wie die Knochenfunde war auch die Entdeckung von Steinwerkzeugen in deren Nähe und die zertrümmerten Knochen von Vögeln, Reptilien und Großsäugern. Die Funde lassen den Schluß zu, daß vor 0,5 bis 2 Millionen Jahren hier eine neue Stufe der Menschheitsentwicklung erklommen wurde: durch den Australopithecus africanus (afrikanischer Südaffe), von dem wir heute wissen, daß er in Horden jagte, bereits roh behauene Steine (Quarzit) benutzte und in Höhlen lebte. Die Oldoway-Geröllkultur, eine Gerätekultur auf der Basis von roh behauenen Geröllsteinen, und die Knochenreste sind im Schlamm eines später dort befindlichen Sees und auch danach durch Vulkanasche konserviert worden. Die Suche geht weiter, und in den nächsten Jahren kann noch einiges Neue ans Tageslicht kommen, ebenso in Kenia, Tansania und im Omotal in Äthiopien, wo auch paläontologische Grabungsarbeiten im Gange sind. All dies bezeugt die Herausbildung von »kulturfähigen« Menschengruppen, die zunehmend in der Lage waren, Geräte und Werkzeuge herzustellen. Sie erleichterten ihnen die Auseinandersetzung mit der natürlichen Umwelt, die Jagd und das Sammeln von Nahrung. Daß dieser Übergang zu neuen Formen kollektiver Tätigkeit tat-

Steinzeitsiedlungen

sächlich stattgefunden hat, beweisen zahlreiche Steinzeitsiedlungen in verschiedenen Teilen Afrikas. In der Sahara, in Ostafrika, Südafrika und am Kongo (Zaïre) konnten bearbeitete Faustkeile, gestielte Steinwerkzeuge und andere Steingeräte in altsteinzeitlichen Siedlungen nachgewiesen werden, die bis zu 50 000 Jahre alt sind. Die Existenz urgeschichtlicher, mesolithischer Kulturen (der mittleren Steinzeit), die sich um 10 000 v. u. Z. herausgebildet haben, dokumentieren Steinwerkzeuge und Felszeichnungen. Siedlungen im Kongobecken, in Nordangola, Uganda, Zaïre, Simbabwe und am Golf von Guinea enthielten verbesserte Steingeräte und Steingefäße; die Schneidklingentechnik wurde entwickelt. Tongefäße aus Elmenzeita in Kenia belegen die Entwicklung der Töpferei vor fast 7000 Jahren. Keramikfunde in Simbabwe und Südafrika lassen dort auf ähnliche Entwicklungen schließen. Töpferei setzt Seßhaftigkeit, Ansiedlungen voraus. Dieser in der mittleren und Jungsteinzeit erfolgte allmähliche Übergang von schweifender zu seßhafter Lebensweise, zu Bodenbau und Viehzucht ist durch zahlreiche archäologische Funde nachgewiesen. Sie zeigen, daß die Entwicklung der materiellen Kultur beim Übergang von Wildbeutern zu Bauern und Viehzüchtern ähnlich wie in Europa verlief, in einigen Gebieten sogar früher als dort. Er führte in Afrika wie in Europa zur Weiterentwicklung der Werkzeuge, Geräte und Waffen der Menschen. Die Töpferei verfeinerte sich, die Kunst des Steinschleifens entstand, Pfeil und Bogen wurden vervollkommnet. Ähnlich wie in Europa vollzog sich nun auch der Übergang zur Metallverarbeitung. In jungsteinzeitlichen Siedlungen in Air (Tenere, Republik Niger) und Nubien (Sudan) aus dem 4. Jahrtausend v. u. Z. ist neben Steinäxten und Werkzeugen aus Knochen bereits Schmuck aus Kupfer und Bronze gefunden worden.

Wollen wir die gesellschaftliche Entwicklung jener Zeit rekonstruieren, müssen wir uns – anders als heute – Afrika als Gesamtkomplex vorstellen, der Nordafrika und die Sahara einschließt. Vor 10 000 Jahren war auch die Sahara eine fruchtbare Savanne, deren Seen, Flüsse und Wälder viele Stämme anzog. Im 4. Jahrtausend v. u. Z. konnten hier Bodenbauersiedlungen entstehen, konnten Hirten ihre Rinderherden weiden lassen. Bessere Bedingungen herrschten im Niltal, wo bereits 5000 v. u. Z. Bodenbau und Viehzucht betrieben wurden. Ausgrabungen in Fayum im Niltal brachten Beweise für eine fortgeschrittene materielle Kultur: Neben der Steinbearbeitung war die Kupfermetallurgie entwickelt, Bewässerungsanlagen sicherten die Ernteerträge. Eine Hieroglyphenschrift hatte sich entwickelt. Mit der Herausbildung einer Aristokratie und der Anbetung eines Gott-Königs entstand hier eine frühe Klassengesellschaft.

Auf dem Gebiet des heutigen subsaharischen Afrika sind Siedlungen aus dem 1. Jahrtausend v. u. Z. bekannt. Neben archäologischen Funden, die die Existenz neolithischer Siedlungen in Nordafrika und der Sahara beweisen (Fundstätten mit polierten Steinäxten, durchbohrten Steinen, Steinkeulen, Kornreiben, Tonscherben), sind es vor allem die zahllosen Felszeichnungen, die uns heute ein Bild davon geben, wie die

Tier- und Pflanzenwelt zu dieser Zeit beschaffen waren, wie die Menschen lebten und wie Wissen um Produktionstechniken und künstlerische Fähigkeiten durch kulturelle Kontakte weitergegeben wurden.

Felsbilder als steinerne Zeugen – Das Museum Sahara

In vielen Teilen der Welt haben die Menschen vor Tausenden von Jahren an Felswänden oder in Höhlen Bilder hinterlassen, die uns Auskunft über ihr Leben geben, denken wir nur an die eiszeitlichen Höhlenmalereien in Frankreich und Spanien. Die Anzahl der in Afrika erhaltenen Felsbilder ist besonders groß: Bis heute wurden etwa 100 000 solcher »steinernen Zeugnisse« entdeckt, die bis zu 10 000 Jahre alt sind. Und noch längst nicht alle sind gefunden; teils liegen sie im Sand der Sahara begraben oder an anderen unzugänglichen Orten. Felsbilder sind in Afrika über einen großen geographischen Raum verbreitet. Besonders viele gibt es in der Sahara und in Südafrika, aber auch im Sudan, in Ägypten, Nigeria, Kamerun, Zaïre, Angola, Tansania, Moçambique und Äthiopien sind derartige steinerne Zeugnisse gefunden worden.

Als ein großes kulturhistorisches Museum kann die Sahara angesehen werden. Im Jahre 1847 stießen französische Soldaten als erste dort auf Felsbilder, 1850 der deutsche Forscher Heinrich Barth auf seinem Weg zum legendären Timbuktu. Sensationell an diesen Felsbildern war nicht nur, daß sie an Stellen gefunden wurden, die heute eine dauerhafte Besiedlung durch Menschen nicht oder nur schwer ermöglichen, sondern auch, daß Tiere dargestellt wurden, die hier längst verschwunden sind: Elefanten, Giraffen, Nashörner, Flußpferde. Anhand der Felszeichnungen konnte das Bild der Sahara, wie es sich vor Tausenden von Jahren bot, rekonstruiert werden: eine durchaus nicht dürre Region, sondern mit fisch-

Felsgruppe im Tibesti-Gebirge, nach Nachtigal 1879

reichen Gewässern, Gebirgen, die zu Beginn des Neolithikums noch bewaldet waren und eine vielfältige Tierwelt beherbergten. Dank zusätzlicher archäologischer Funde wissen wir heute, daß zur Jungsteinzeit in der Sahara ein mildes Klima (ähnlich dem heutigen Mittelmeerklima) herrschte, das das Gedeihen einer üppigen Pflanzenwelt ermöglichte. Dies alles waren hervorragende Bedingungen für die Ansiedlung neolithischer Jägerstämme, deren allmählicher Übergang zu Bodenbau und Viehzucht hier gleichsam dokumentarisch festgehalten wurde. Erst im 3. und 2. Jahrtausend v. u. Z. setzte ein fortschreitender Austrocknungsprozeß der Sahara ein, der zur Zeitenwende so weit fortgeschritten war, daß die Menschen sich gezwungen sahen, nach Norden oder nach Süden abzuwandern. Herodot, der im 5. Jahrhundert v. u. Z. als erster über die Sahara berichtete, erwähnte bereits den Beginn der Dürre und das Vorhandensein unbewohnbarer Landstriche. Der griechische Historiker Strabo schrieb im 1. Jahrhundert u. Z., daß die Sahara unter Schwierigkeiten noch mit Pferden passierbar sei. Plinius der Ältere (23–79 u. Z.) hob die Existenz von Elefanten und Giraffen in der Sahara hervor, aber auch das Knapperwerden der Wasserstellen. Die Folge dieser Wüstenbildung war, daß die bis dahin einheitliche und sich durch wechselseitige Kontakte befruchtende Entwicklung der Völker in diesem Raum in getrennten Entwicklungslinien für Nordafrika und die Gebiete südlich der Sahara weiterlief. Durch den toten Wüstengürtel der Sahara getrennt, entstanden unterschiedliche Kulturen, die nur noch zum Teil in engen und kontinuierlichen Kontakt miteinander kamen. Wenn auch durch die Karawanen des Transsaharahandels und durch die im 11. Jahrhundert einsetzenden islamischen Pilgerfahrten Waren und Kenntnisse ausgetauscht wurden, so hatten die politischen und ökonomischen Strukturen nördlich und südlich der Sahara von nun an doch einen eigenständigen Charakter. Beide Entwicklungslinien haben jedoch in der Sahara der Steinzeit eine gemeinsame Quelle.

Fruchtbare Sahara

Besonders seit den dreißiger Jahren unseres Jahrhunderts haben sich unsere Kenntnisse über die Steinzeitmenschen in der Sahara wesentlich erweitert. Der italienische Forscher Paolo Graziosi, der deutsche Afrikaforscher Leo Frobenius, der französische Archäologe Abbé Breuil, vor allem aber die umfangreichen Arbeiten Henri Lhotes in den Tassilibergen der algerischen Sahara und jene von Moris im libyschen Fezzan trugen dazu bei. Bildwerke von hoher künstlerischer Meisterschaft aus diesen frühen Perioden wurden erschlossen. Die Felsbilder sind in unterschiedlichen Techniken ausgeführt: als Malereien, Reliefs oder Ritzzeichnungen. Die Wände der Sandstein- oder Quarzitfelsen tragen die Umrisse von Figuren, die U- oder V-förmig eingehämmert und ausgeschliffen wurden, wobei ihre Schöpfer die Innenflächen glattpoliert und ausgemalt oder als Ritzzeichnung belassen haben. Die Schwierigkeit, vor der die Forscher standen, war vor allem die der Datierung der Bildwerke. An manchen Felsen befinden sich mehre Bildschichten übereinander (Lhote zählte in Tassili bis zu 16 Schichten). Es wurden Periodisierungen der Bilder nach Maltechnik, Stil, Patina des Gesteins, aber auch nach Veränderungen der Darstellungen vorgenommen, die auf klimatischen Wandel der Sahara und auf veränderte Produktion und Lebensweise der Bewohner schließen lassen. Demnach teilt man die Felsbilder in vier Perioden ein.

Datierung der Bildwerke

1. Periode des Büffels, 9. bis 5. Jahrtausend v. u. Z.: Tierdarstellungen der Jäger mit Bumerang und Keule, ohne Wurfspeer überwiegen; zu den dargestellten Tieren gehört noch der Babalus (Kaphirsch), der in späteren Perioden bereits ausgestorben war und uns nur aus Funden bekannt ist.
2. Periode der Rinderhirten, ab 4. Jahrtausend v. u. Z.: Übergang zur Viehzucht, aber auch weiterhin Jagd, jetzt mit Pfeil und Bogen
3. Periode des Pferdes, seit 1000 v. u. Z.: Abbildungen von Streitwagen und Pferdereitern sowie von Menschen mit Messern und Wurfspieß
4. Periode des Kamels, etwa 2. Jahrhundert u. Z.: Der Zeitpunkt für die Übernahme des Kamels aus Asien ließ sich nach historischen Überlieferungen rekonstruieren.

In den Felsbildern der frühen Jäger finden wir monumentale, großflächige Tierdarstellungen. Menschen wurden, im Gegensatz zur (naturalistischen) Detailtreue bei Tierbildern, häufig

Jäger
in den Felszeichnungen
der Sahara

nur schemenhaft skizziert. Aus völkerkundlichen Beobachtungen des Lebens urgesellschaftlicher Jäger kann man schließen, daß Darstellung und Funktion dieser Bilder eng miteinander in Beziehung standen: Im Analogiezauber der Jäger wurde der Jagderfolg magisch vorweggenommen. Leo Frobenius beispielsweise berichtete über derartige Jagdmagie bei Pygmäen im Kongo-Urwald 1905; sie haben allerdings die Tierzeichnungen nach erfolgreicher Jagd vernichtet.

Die (älteren) Bilder der Jäger stellen Babalus, Elefant, Nashorn und Flußpferd dar, später auch Strauß und Löwe, und sind bisher aus dem Fezzan, aus Oran, Tassili, Djydo und Tibesti bekannt (Libyen, Atlas, algerisch-marokkanische Grenze).

Die Hirten und Bauern haben dann nicht nur die Tiere, sondern auch die Menschen realistisch dargestellt: Menschen beim Tanz, auf der Jagd, im Alltag, Liebesszenen, Porträts. Zu den Darstellungen eines Tieres kamen jetzt ganze Herden, Jagdszenen, kam Bewegung als neue Ausdrucksform. Von besonderer Aussagekraft sind die von Henri Lhote in der algerischen Sahara bei Tassili-n-Ajjer entdeckten Bilder. Über 12000 Malereien und Ritzzeichnungen vermitteln einen monumentalen Eindruck von der Kunst der Menschen vergangener Jahrtausende. Lhote schrieb, völlig überwältigt: »Was wir in dem Felsirrgarten von Tassili sahen, übersteigt jegliche Vorstellung. Wir haben Hunderte und aber Hunderte bemalter Wände mit Tausenden von Tier- und Menschendarstellungen gefunden und aufgenommen, teils die Einzelfiguren, teils in komplizierten Kompositionen, manchmal auch als leicht erkennbare Szenen aus dem alltäglichen, dem geistigen und dem religiösen Leben der verschiedenen Völkerschaften, die in diesem heute praktisch verödeten und verlassenen Gebiet aufeinander folgten. Wir waren tief beeindruckt von der Vielzahl der Stile und der dargestellten Gegenstände, die großenteils in Schichten übereinander gemalt sind.

Neben kleinen Figuren von kaum ein paar Zentimeter Höhe fanden wir wahre Riesengestalten, wie sie sonst nirgendwo anzutreffen sind. Bogenschützen kämpfen um den Besitz einer Herde, Jäger verfolgen Antilopen, Männer jagen vom Einbaum aus Flußpferde, aber es gab auch Tanzszenen und Trinkgelage.«

Vor allem die Alltagsszenen vermitteln eine Vorstellung vom Leben der Rinderhirten: Frauen am Kessel, bei der Feldarbeit, Männer beim Holzschlagen, Familien in den Hütten, schlafende Kinder und viele andere lebendige Gruppendarstellungen. Schon Lhote wies darauf hin, daß diese Bilder nur noch zum Teil mythologischen Charakter tragen, viele spiegeln auch schon die Freude der frühen Maler an der Gestal-

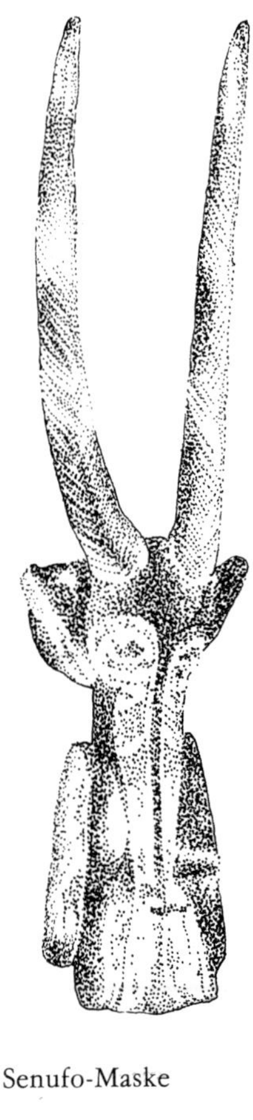

Senufo-Maske

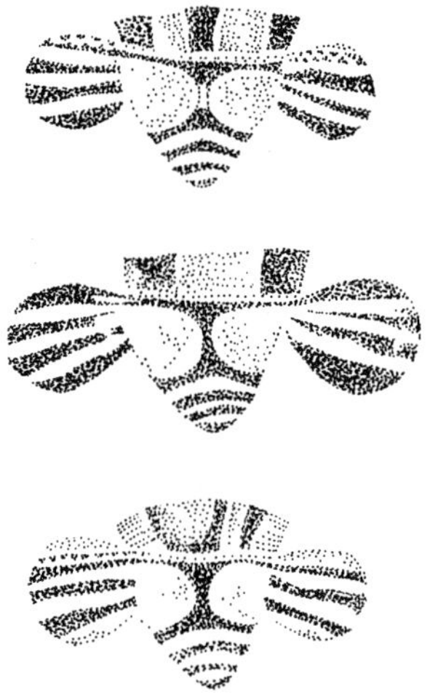

Mögliche Beziehungen zwischen frühen Felszeichnungen von Maskenträgern in der Sahara und späterer Senufo-Maske in Westafrika (linke Seite)

tung ihrer Umwelt wider: den Stolz auf die Herden, das gemeinschaftliche Leben; die Liebesbeziehungen der Menschen werden mit der Meisterschaft einer realistischen Kunst auf die riesigen Felswände gebannt. So war bereits Lhote voller Bewunderung für die künstlerischen Fähigkeiten, die hier offensichtlich schon in »grauer Vorzeit« entwickelt waren. Nach der Entdeckung des Porträts eines Liebespaares (in natürlicher Größe, in roter Farbe) schrieb er: »Es ist ein Werk von seltener Vollkommenheit, in der Darstellung des menschlichen Körpers der der Griechen würdig, würdig aber auch der schönsten Gemälde der Renaissance.« Die ältesten etwa 7000 Jahre alten Bilder aus Tassili faßt man als »Periode der Menschen mit den runden Köpfen« zusammen. Es sind die größten Menschenbilder in der afrikanischen Felskunst. Dazu gehört das 6 m hohe Bild des »Marsgottes« und das in gelber Farbe ausgeführte Porträt der »Weißen Dame von Auanrhet«. Neben den riesigen Gemälden der Rinderhirten findet man auch Darstellungen von Streitwagen in der Sahara und von Kamelen, die offensichtlich später entstanden sind.

Das durch die Entdeckungen Henri Lhotes vermittelte Entwicklungsniveau der Felskunst in der Sahara ergänzen wichtige Funde durch F. Moris in Fezzan, das in der libyschen Wüste liegt. Die Ritzzeichnungen und Malereien umfassen alle vier Perioden, die ältesten, monumentale Tierdarstellungen der Jäger und Fischer, reichen bis in das 8. Jahrtausend v. u. Z. zurück. Wie in Tassili folgen dann Bilder, die über den Übergang zur Viehzucht sowie zur Seßhaftigkeit Auskunft geben. Auch hier fallen die ältesten Menschendarstellungen durch die »runden Köpfe« auf. Ab dem 2. Jahrtausend v. u. Z. datieren Bilder von Streitwagen und Pferden, von Kriegern mit Lanzen und Rundschilden, ihnen folgen Reiterbilder und später das Kamel. Die Bilder aus dem 1. Jahrtausend v. u. Z. berichten über die Rolle der Sahara als Schnittpunkt von Handels- und Kriegszügen bis ins Nigertal. Der künstlerische Stil der Felsbilder entwickelte sich im Laufe der Zeit zum Abstrakten, zu stark stilisierten, ja geometrischen Formen hin; den Körper des Menschen bildeten letztlich zwei übereinanderstehende Dreiecke.

Die Funde von Tassili und Fezzan gaben auch eine Antwort auf die Frage nach dem Zusammenhang zwischen diesen frühen Zeugnissen menschlichen Schöpfertums und der Entwicklung einer Hochkultur im alten Ägypten. Bis in die Mitte unseres Jahrhunderts konnten die Forscher keine klare Auskunft darüber geben, ob es eine Verbindung zwischen der ägyptischen Kultur und der Entwicklung südlich der Sahara gegeben hat, die über einen einseitigen Einfluß Ägyptens hinausging. Henri Lhote entdeckte unter den Felsbildern Darstellungen von Nilbarken und Rindern mit Kultzeichen, wie sie aus dem alten Ägypten bekannt sind; er vermutete eine Ausstrahlung der ägyptischen Kultur auf die Saharagebiete. Spätere Untersuchungen, vor allem die Funde Moris' in Fezzan, lassen jedoch umgekehrt den Schluß zu, daß in den viel früheren Entwicklungen in der Sahara mögliche Vorläufer der altägyptischen Mythologien und Kunst zu suchen sind. Darauf deuten nicht nur die Kultzeichen auf Darstellungen aus dem 4. und frühen 3. Jahrtausend v. u. Z. hin, wie der Widder mit der Kugel zwischen den Hörnern, sondern auch Begräbnisriten und ein Mumienfund in Fezzan. Heute sind Wissenschaftler wie Basil Davidson u. a. der Meinung, daß die alten ägyptischen Dynastien ihre Kultur aus der Felskunst weiterentwickelten. Grab- und Felsbilder vom Beginn des 3. Jahrtausends v. u. Z. im ägyptischen Niltal weisen auf den Übergang von der alten Felskunst zu den Grabreliefs und Malereien der Pharaonenzeit hin, von den Felsbildern der frühen Jäger von Hosch (6000 v. u. Z.), Bildern der Hirten und Rinderzüchter (darunter sog. Keilstilleute) bis zu den Tierfangdarstellungen aus dem 3. Jahrtausend v. u. Z., die in ihrer Kleidung auf die Beziehung zu den südlicheren afrikanischen Völkern hindeuten. Wenn wir an die Kultur des alten Ägypten denken, an die Pyramiden, Felstempel und Steinreliefs, die ohne Zweifel eine hohe Meisterschaft der Steinbearbeitung voraussetzen, so können wir dies nach den wissenschaftlichen Erkenntnissen unseres Jahrhunderts nicht als eine vom übrigen Afrika isolierte Kulturleistung verstehen. Die Felskunst der Jäger und Hirten in Nordafrika und der Sahara wurde hier in einer Hochkultur weitergeführt. Die großartigen Steinreliefs, die im Zusammenhang mit dem Totenkult entstanden, die Felstempel mit ihren Reliefs – denken wir nur an den vor über 3000 Jahren erbauten Felstempel Abu Simbel des Pharao Ramses II. – stellen Höhepunkte der afrikanischen Felskunst dar.

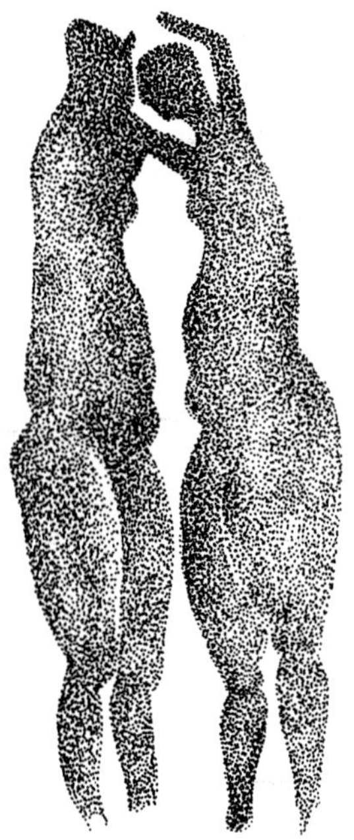

Liebespaar von Tamrit, algerische Sahara

Eine isolierte Betrachtung der kulturellen Entwicklung Nordafrikas und der der heutigen »subsaharischen« Gebiete für den Zeitraum, als die Sahara noch ein fruchtbarer Landstrich und lebhaft besiedelt war, wäre schon deshalb einseitig, weil die uns heute bekannten ethnischen Gruppen zu jener Zeit in anderen Gebieten lebten. Die Felsbilder geben wichtige Auskünfte über die ethnischen Entwicklungen und Völkerwanderungen vor Tausenden von Jahren. Wir wissen heute, daß negroide Völker damals weit nördlicher angesiedelt waren als heute, daß negroide Bodenbauer die Sahara bewohnten, was aus den Felsbildern von Tassili und anderen Funden hervorgeht. Aber auch von anderen anthropologischen Bevölkerungstypen berichten die Bilder, vor allem die von Fezzan: von hellhäutigen Berbern und von Fulbe (die rot mit weißen

Gewändern dargestellt wurden), die heute im westlichen Nordafrika bzw. in Westafrika ansässig sind. Wir wissen daher, daß sich diese Bevölkerungstypen auf afrikanischem Boden bereits im Neolithikum herausgebildet haben und daß sich die Trennung der Völker Nordafrikas und der heute »subsaharischen« erst durch die Abwanderungen in Zusammenhang mit dem Austrocknen der Sahara vollzog. Unter den Felsbildern der Sahara lassen einige Darstellungen eindeutig Bezüge zur »schwarzafrikanischen« Kunstentwicklung erkennen, vor allem zur afrikanischen Maskenschnitzerei. So fällt die verblüffende Ähnlichkeit von Bildern der »Maskenträger« mit den noch heute berühmten Masken der Senufo ins Auge.

Die steinernen Zeugnisse der Sahara untermauern noch einen anderen Fakt, nämlich daß Afrika schon zu Beginn seiner Kulturgeschichte keine »terra incognita« war, sondern in Beziehung und Austausch mit anderen Erdteilen stand. Es gab vielfältige Kontakte der afrikanischen Völker mit asiatischen und europäischen Völkern, Produktionserfahrungen, Nutzpflanzen und Tiere wurden ausgetauscht, künstlerische Ausdrucksformen übernommen und weitergegeben. Die Felsbilder in Südalgerien mit ihren Darstellungen von Segelschiffen und Tänzerinnen zeigen die Verbindung zum Mittelmeer, erinnern an Wandmalereien kretischer Paläste.

Die Malereien an Felswänden und in Höhlen der Sahara sind für uns gleichsam eine Bildergeschichte ihrer Bewohner, von den schweifenden Jägern bis hin zu den ersten Sklaven, deren Leidensweg durch die Sahara führte. Zugleich zeugen sie von der künstlerischen Meisterschaft afrikanischer Menschen, die mit Steinen und Naturfarben, oft in großer Höhe, diese ur- und frühgeschichtlichen »Dokumente« ihres Lebens schufen.

Die Künstler der Kalahari

Nicht nur in der Sahara künden Felsbilder von afrikanischer Geschichte, sondern auch im Süden Afrikas, wo heute etwa 15000 Bilder aus rund 2000 Fundstellen in Simbabwe, Namibia und Südafrika bekannt sind. In den Drakensbergen z. B. wurden Felszeichnungen von Tieren entdeckt, die seit der Eiszeit ausgestorben sind. Jagdbare Tiere, wie Elenantilopen, Flußpferde, Zebras, Gazellen, Nashörner, Affen, Giraffen und Elefanten, sind die Hauptmotive; Haustiere dagegen fehlen. So liegt nahe, daß diese Bilder wahrscheinlich im Jagdkult der Jäger eine Rolle gespielt haben. In Verbindung mit den zahlreichen Menschendarstellungen mit Tierköpfen darf wohl auf eine mythologische Tier-Mensch-Beziehung geschlossen werden. Aber auch Bilder von Massenszenen fanden sich, die offenbar später entstanden sind. Die Datierung der Felsbilder

Südafrikas ist weitaus schwieriger als die der Sahara, weil die Tierwelt der Kalahari seit Jahrhunderten fast unverändert geblieben ist.

Eine zeitliche Abfolge suchte man vor allem aus den Farben und aus der Art der Darstellung zu ergründen. Die Bilder wurden zunächst als Umrißzeichnung begonnen und dann in Farbe ausgeführt. Aus Funden alter Farbstifte konnten auch jene Erdfarben ermittelt werden, die zum »Handwerkszeug« der urzeitlichen Maler gehörten: Rot und Braun gewannen sie aus Hämatit, Gelb aus Eisenocker, Weiß aus Zinnoxid und Schwarz aus Kohle oder Glanzruß. Die mit Tierfett gemischten Farben hielten Regen und Sonne stand. Allerdings befinden sich die Bilder – im Gegensatz zu denen in der Sahara – meist an den Decken und Wänden von Höhlen oder an geschützten Felsüberhängen. Zu den ältesten Bildern zählen Tierdarstellungen in gelbem Ocker, sie sind älter als 4000 Jahre. Danach wandte man sich zweifarbigen Massenszenen zu und seit Mitte des 2. Jahrtausends v. u. Z. der Gestaltung vielfarbiger Alltagsszenen, Jagdszenen, kriegerischer Auseinandersetzungen der Jäger mit eingewanderten Hirtenvölkern. Aus dieser Zeit stammt das bekannte Bild der »Weißen Dame von Brandberg« (Südwestafrika). Farbgebung und Ausdruckskraft der Bilder zeugen von der großen Meisterschaft der Jäger-Maler. Außer den Malereien, die etwa fünf Sechstel der Bilder umfassen, sind Hunderte von Ritzzeichnungen erhalten geblieben, die meist Einzeltiere wiedergeben und wahrscheinlich aus dem Neolithikum stammen. Anders als in der Sahara, wo die Künstler das unebene Gestein glattpoliert haben, wurde hier, offenbar mit Steinwerkzeugen, in das glatte Vulkangestein eine Umrißlinie und reliefartig ein Netz winziger Vertiefungen gemeißelt. Für spätere Darstellungen, die Jäger mit Pfeil und Bogen und auch schon Europäer zeigen, wurden bereits Metallwerkzeuge benutzt. In Punkttechnik »pickte« man den Stein so geschickt, daß durch die dunklere Oberfläche und das hellere Innere des Steines Plastizität der Figuren erreicht wurde, Farbnuancen angedeutet wurden. Nun begann das Rätseln darüber, wer wohl die Schöpfer dieser Bildwerke sein könnten. Aus der meisterlichen Darstellung und der sicheren Steinbearbeitung schlossen europäische und südafrikanische Forscher, daß diese Bildwerke nicht von der schwarzen Bevölkerung Südafrikas stammen könnten; sie schrieben sie längst vergangenen Völkern zu. Nur zögernd wurden die Beweise zur Kenntnis genommen, daß diese Kunst von den Vorgängern jener Khoisan-Gruppen stammt, die unter der Bezeichnung »Buschmänner« in die Kunstgeschichte und Geschichte eingingen und als Jäger und Sammler noch heute die Kalahari durchstreifen. Diese

Schicksal der Buschmann-Kunst

Buschmänner, von denen manche Forscher annehmen, daß sie Nachfahren der alten Boskoprasse sind, haben früher weite Gebiete Südafrikas bewohnt, wurden aber in kriegerischen Auseinandersetzungen mit den Bauern und Hirten der Bantu und Hottentotten immer mehr in die unfruchtbaren Gebiete der Kalahari abgedrängt. Ab 1869 setzte ein Ausrottungsfeldzug der Buren, der weißen Siedler Südafrikas, ein, der ganze Stämme der Buschmänner auslöschte. Als Anfang des 20. Jahrhunderts die Expedition von Laurens van der Post die Suche nach den Buschmännern der Kalahari aufnahm, weil man in ihnen die Nachfahren der Felskünstler vermutete, gab es nur noch kleine Gruppen von ihnen. Dennoch vermitteln auch heute noch ihr Leben als Jäger, ihre Mythen, Lieder und Gesänge eine Vorstellung davon, wie sich ihr Dasein in früheren Jahrhunderten gestaltet haben mag. In welchem Zeitraum die Buschmänner ihre Bilder an Grottenwände und Felsen gemalt haben, wissen wir nicht genau. Wahrscheinlich hörten sie frühestens vor 200 Jahren damit auf. Vielleicht waren diese Traditionen noch lebendig, als man sie zu Tausenden niedermetzelte, denn unter den Opfern soll sich ein Buschmann mit einer Erdfarbenpalette befunden haben. Wie dem auch sei, wir haben es hier mit einer ursprünglichen afrikanischen Kunst zu tun.

Außer den Malereien der Buschmänner sind in weiten Gebieten des südlichen Afrika Felsbilder zu finden (Matabele- und Maschona-Land), die der Zivilisation des Monomotapa-Reiches zugeschrieben werden. Diese Darstellungen sind eng mit den mythologischen Vorstellungen der dort ansässigen Bauern- und Hirtenvölker verknüpft: mit Fruchtbarkeitsriten (Regenzauber, Mondkult) und Totenritualen. In den Sagen und Mythen dieser Völker liegt auch der Schlüssel zum Verständnis eines großen Teiles der Bilder. Leo Frobenius hat zahlreiche Berichte dieser Art aufgeschrieben, als er im damaligen Südrhodesien weilte. Diese Felskunst ist jünger als die ältesten Buschmannbilder. Wir müssen aber bei den südafrikanischen Felszeichnungen davon ausgehen, daß sie bis in die jüngste Zeit hinein entstanden sind, also einen langen historischen Zeitraum »dokumentieren«.

Die Interpretation der »steinernen Zeugnisse« afrikanischer Kulturgeschichte wurde in den letzten Jahren dadurch präzisiert, daß sie stärker in den Zusammenhang der afrikanischen Gesellschaftsentwicklung gestellt wurden, daß Bezüge zu Lebensweise und Weltbild der dort lebenden Völker hergestellt werden konnten. Manches »mysteriöse Bild« erfuhr so eine andere Deutung. So haben z. B. europäische Wissenschaftler lange gerätselt, woher die Bilder der »weißen Dame« stammen, haben nach außerafrikanischen Einflüssen gesucht. Eine

Erklärung fand der afrikanische Historiker Ki-Zerbo, sie liegt möglicherweise in den Bräuchen der afrikanischen Völkerschaften selbst: In den Initiationsriten der jungen Mädchen werden bis heute vielerorts Gesicht und Körper mit weißer Kreide bemalt.

Die »Museen« Sahara und Kalahari enthalten sicher so manche Beweisstücke für alte, über lange Zeit weiterwirkende Kulturelemente afrikanischer Völker.

Auch aus anderen Teilen Afrikas sind Felsbilder als Zeugnisse der kulturellen Vergangenheit erhalten: In der nubischen Wüste wurden Schiffe des Totenkultes dargestellt, die auf Beziehungen zu Ägypten hinweisen, aber auch Frachtschiffe für Holz- und Rindertransporte. Im Reich Meroë zeigen sich die Einflüsse ägyptischer Felskunst in den großen Felsbildern (Scherkarer), im selben Gebiet (heute Sudan) sind im 1. Jahrtausend u. Z. auch koptische Felsmalereien der Nubier (z. B. in Faras) entstanden. In Äthiopien wurden Felszeichnungen mit Tiermotiven in Harrar und in der Höhle von Porc Epic entdeckt. Im Raum Tansania befaßte man sich seit 1923 mit Felszeichnungen; als ein Zentrum hat sich Kondoa erwiesen, wo bereits etwa hundert Fundstellen bekannt sind. Fest steht, daß in den nächsten Jahren noch weitere Felsbilder hinzukommen werden, die detailliert Aufschluß über Arbeit und Lebensweise afrikanischer Jäger-, Hirten- und Bauernvölker geben; erst 1985 kamen Meldungen aus Moçambique über Funde bislang unbekannter Felsmalereien.

Terrakottakunst und Eisenerz

Als 1944 englische Bergbauingenieure bei der Wiederinbetriebnahme der Zinngruben von Jos in Nordnigeria zu graben begannen, stießen sie in 8 m Tiefe auf Überreste eines neolithischen Zentrums. Was in der Folgezeit ans Tageslicht kam, ist von großem Wert für die afrikanische Kulturgeschichte; denn die hier entdeckten Terrakottaköpfe und Tierfiguren sind nicht nur die ältesten bekannten plastischen Werke Westafrikas, sondern sie stellen offensichtlich ein wichtiges kulturelles Bindeglied dar. Einerseits lassen sie Einflüsse der Ritzzeichnungen der Sahara erkennen, zum anderen erinnern die Statuen an westafrikanische Holzschnitzereien. Man hält sie heute für Vorläufer der »klassischen« Kunst von Ife und Benin.

Die Zinngruben bargen aber noch andere wichtige Dinge: polierte Steinäxte und -beile neben Metallwerkzeugen, Arm- und Fußreifen sowie Beweise für die Eisengewinnung – Schlacke und Blasebalgreste. Diese Nok-Kultur (nach dem Dorf Nok in der Nähe der Gruben benannt) konnte auf den Zeitraum von 500 v. u. Z.–200 u. Z. datiert werden. Das erhärtet die Annahme der Historiker, daß in Afrika der Übergang von der Steinzeit zur Eisenzeit im 1. Jahrhundert v. u. Z. erfolgte. Da Afrika reich an leicht zugänglichen Eisenerzvorkommen ist, nimmt man an, daß sich dieser Übergang zur Metallgewinnung und -verarbeitung an mehreren Orten gleichzeitig vollzogen hat. Frühe Zentren der Eisengewinnung wurden im Sambesigebiet, in der Tschadregion und in Nigeria entdeckt. Die Menschen formten Schmelzaggregate aus Ton, wahrscheinlich ähnlich den »Hochöfen«, wie sie bei den Matakam im Kameruner Grasland noch heute üblich sind. Die spätneolithischen Funde im Tschadgebiet bestanden aus Terrakottafiguren und -gefäßen, aber auch Gegenständen aus Bronze, Kupfer und Eisen. Sie zeugen von einer Entwicklung, die mit gesellschaftlichen Veränderungen verbunden gewesen sein muß.

Terrakotta-Plastik der Nok-Kultur

Unter dem Einfluß Ägyptens und der orientalischen Staaten der Arabischen Halbinsel entstanden die frühen Reiche von Meroë und Aksum. Als Richard Lepsius von der Berliner Universität 1844 die Ruinen Meroës (im heutigen Sudan) sah, begann das Rätsel um die Schöpfer dieser offenbar einst mächtigen Stätte: Die Bildwerke und Tempel erinnerten an Ägypten, waren aber nicht von Ägyptern errichtet worden. Gab es im »schwarzen Nubien« etwa eine eigenständige Kultur?

Inzwischen sind nach unermüdlichen Ausgrabungsarbeiten Paläste, Tempel und Stelen des alten Reiches Napata und danach Meroë ans Tageslicht gekommen. Wissenschaftler der Berliner Humboldt-Universität unter Leitung von Professor Hinze haben einen wichtigen Beitrag dazu geleistet, daß das Wissen über dieses Reich so umfangreich ist und prachtvolle Kulturzeugnisse dem Erdboden entrissen wurden (so 1970 der berühmte Löwen-Tempel in Musawwarat el Sufra).

Im Norden des Sudan entstand unter ägyptischem Einfluß im 8. Jahrhundert v. u. Z. der Staat Kusch, dessen Zentrum Napata war. Die Wechselwirkungen mit Ägypten waren vielfältig: Die Könige von Kusch ließen sich wie die Pharaonen Pyramiden errichten, aber zeitweise haben sie auch über Ägypten geherrscht. So stellten sie die 25. Dynastie Ägyptens, die »äthiopische«. Der Staat Kusch dehnte sich in den folgenden Jahrhunderten aus; hier kreuzten sich die Handelswege nach Äthiopien und dem Roten Meer. In der Nähe von Meroë stießen Archäologen auf riesige Schlackeberge, die auf ein frühes Zentrum der Eisengewinnung hinweisen und Meroë den Namen »Birmingham Afrikas« einbrachten. Meroë war seit dem 6. Jahrhundert v. u. Z. Hauptstadt und wahrscheinlich nicht nur politischer, sondern auch wirtschaftlicher Mittelpunkt. Trotz kultureller Impulse aus Ägypten schuf Meroë viel Eigenes: Steinbauten, Bewässerungsanlagen, eine eigene

Kultur Meroës

Schrift von 23 Buchstaben, und es stellte auch bald eigene Götter den ägyptischen zur Seite: Amon, Isis und Osiris mußten ihren Platz mit dem Löwengott Apedemak und dem Schöpfergott Sebinmeker teilen – ein Beweis für die zunehmende Emanzipation von der geistigen und kulturellen Vorherrschaft Ägyptens. Die Ausgrabungen in Meroë und den Städten Naga und Musawwarat el Sufra geben Auskunft darüber, daß sich hier eine herrschende Oberschicht, einschließlich der Priester, herausgebildet hatte, die Viehherden und Land besaß. Die Bauern der Dorfgemeinschaften waren tributpflichtig. Der König hatte die Kontrolle über die Bergwerke,

Der »Löwentempel« von Naga, unweit von Musawwarat

in denen Gold, Silber, Kupfer und Edelsteine gefördert wurden, und über die Eisenverhüttung. In den Werkstätten arbeiteten hochspezialisierte Handwerker. Die Handelsbeziehungen müssen weitreichend gewesen sein, denn unter den Funden war sogar ein chinesisches Gefäß. Die machtvolle Schönheit der Architektur und der Kunstwerke von Meroë lassen hier den Gedanken an ein »Athen Afrikas« zu. Bleibt nur zu hoffen, daß bald die Sprache Meroës entschlüsselt werden kann und dadurch ein noch tieferes Eindringen in diese Kultur möglich wird.

Die Kaiser von Äthiopien führten ihre Abstammung auf Menelik I. zurück, den legendären Sohn des Königs Salomo und der Köngin von Saba. Noch heute wird die »schicksalhafte Begegnung« als pikante Bildgeschichte in Äthiopien angeboten. Wenn auch historische Beweise fehlen, spiegelt diese Legende doch eines sehr richtig wider: die Einflüsse aus Südarabien auf die äthiopische Geschichte. Steinerne Ruinen und Inschriften auf Steinsäulen im Norden Äthiopiens künden vom Reich Aksum, das hier um die Zeitenwende, möglicherweise sogar früher, entstanden ist und im 4. bis 6. Jahrhundert seine Blütezeit erlebte. Unter dem Einfluß des Staates von Saba und der Himyariten in Südarabien, teilweise auch durch Einwandererwellen von dort, die sich mit der kuschitischen Bevölkerung vermischten, entwickelte sich eine eigenständige Kultur, die bis heute das spezifisch Äthiopische prägt. Die Macht von Aksum beruhte auf dem Handel sowie der Eisengewinnung und -verarbeitung. Der Hafen Adulis am Roten Meer, Zentrum des Überseehandels mit Indien, stand unter Zollhoheit der aksumitischen Herrscher, die das Monopol über den Gold- und Elfenbeinhandel hatten. Der Handel reichte bis ins Niltal und in das Innere Afrikas. Aksum war ein machtvolles Reich mit künstlichen Terrassen-Bewässerungssystemen für die Landwirtschaft, mit Monumentalbauten in Steinbauweise ohne Verwendung von Mörtel, die von der Kunst der Baumeister zeugen. Im 4. Jahrhundert hat sich eine eigene Schriftsprache entwickelt, das Ge'ez, das bis in die Gegenwart als Kirchensprache in der Liturgie erhalten blieb. Das Ge'ez, das deutliche Einflüsse aus Saba aufweist, wurde später auch Grundlage der äthiopischen Silbenschrift, des Amharischen, das heute Nationalsprache Äthiopiens ist.

Aksum-Reich

Unter König Ezana, der im 4. Jahrhundert Meroë besiegte, begann die Bindung Äthiopiens zur oströmischen Kirche. Der König ließ sich zum Christentum bekehren und unterhielt enge Beziehungen zu Kaiser Konstantin von Byzanz. Für die weitere Zentralisierung des Reiches und die Entwicklung einer eigenständigen Kultur hatte dies große Bedeutung. Der Staat Aksum erstarkte und dehnte sich aus. Eigene Münzen wurden geprägt. Trugen die ersten noch Mond und Sterne als Zeichen der Naturreligion, so hatten die nachfolgenden das Kreuz als Symbol. Die Reste der Paläste, Wohnhäuser, Grabstätten zeugen von dieser Macht. Das Reich von Aksum büßte in den späteren Jahrhunderten seine Position ein, als von Nordafrika her die Islamisierung afrikanischer Stämme und Völker durch die Araber erfolgte. Die großen Handelswege führten quer durch die Sahara, der Hafen Adulis verlor seine Bedeutung. Trotz rivalisierender Nachbarn und wechselvoller Eroberungskriege blieb in Äthiopien jedoch bis in unser Jahrhundert hinein ein Staat erhalten mit koptisch-christlicher Staatsreligion, umgeben von islamisierten Nachbarn. Diese kulturelle Isolierung hat in der Kulturgeschichte Äthiopiens ihren Niederschlag gefunden, sie führte zur Herausbildung einer durch frühchristliche Einflüsse geprägten Kunst. In Europa war von dieser Entwicklung wenig bekannt, bis im 15. und 16. Jahrhundert portugiesische Gesandte das Reich Gondar (im heutigen Nordäthiopien) besuchten und die Kunde von einem starken christlichen Feudalstaat mitbrachten, dessen steinerne Schlösser an mittelalterliche Burgen in Europa erinnerten. Sie bewunderten Kirchen, die tief in die Felsen der mächtigen Bergmassive gemauert waren, und den Prunk am Hofe des Negus. Und sie sahen die Mauern großer Staudämme, die bereits im 12. Jahrhundert am Tanasee, an den Quellen des Nil, errichtet worden waren und von der Blüte der Wissenschaften in jenem afrikanischen Reich zeugten.

Als Meroë und Aksum ihre Macht durch kriegerische Eroberungen verloren hatten, begannen sich in anderen Gebieten des subsaharischen Afrika frühe Reiche herauszubilden, deren Macht auf dem Handel und der Metallgewinnung beruhte. Die Herstellung von Metallwerkzeugen und -waffen, wie Hakken, Äxten, eisernen Speerspitzen und Waffen, war – wie auch in Europa – für den Übergang zu einer höheren Stufe gesellschaftlicher Entwicklung außerordentlich wichtig: Die landwirtschaftlichen Erträge konnten gesteigert werden und ermöglichten ein Mehrprodukt, auf dessen Grundlage die soziale Differenzierung einsetzen konnte. Die gesellschaftliche Arbeitsteilung zwischen Landwirtschaft und Handwerk wurde vorangetrieben, vor allem der Schmied genoß hohes Ansehen. Die Möglichkeit, mehr zu produzieren als die Gemeinschaft der Bauern oder Hirten benötigte, schuf die Voraussetzung dafür, daß sich einige privilegierte Familien das Mehrprodukt aneigneten, reich wurden und sich dadurch über die anderen erhoben. Die einstige Gleichheit aller Angehörigen der urgemeinschaftlichen Sippen und Stämme wurde so – wenn auch vielfach sehr langsam – unterhöhlt, und soziale Unterschiede prägten nun die Gemeinschaft. Durch die wirtschaftliche

Kraft und den Gebrauch der Waffen aus Eisen gewannen sie die Übermacht über ihre noch steinzeitlich lebenden Nachbarn, so daß sich allmählich größere Staatengebilde herauskristallisierten. Gegen Ende des 1. Jahrtausends hatte sich dieser Übergang so weit vollzogen, daß frühe Reiche in verschiedenen Teilen Afrikas bestanden.

In Westafrika bildeten sich zwischen dem 8. und 16. Jahrhundert die Staaten Ghana, Mali und Songhai, am Nigerbogen waren es im 10. bis 15. Jahrhundert die Mossi-Reiche Wagadugu und Yatenga, im Nordwesten des heutigen Nigeria blühten seit dem 10. Jahrhundert die Hausa-Stadtstaaten, im Tschadgebiet entwickelte sich seit dem 8. Jahrhundert das Reich Kanem-Bornu, wahrscheinlich im 12. Jahrhundert begann der Aufstieg der großen Yoruba-Reiche Benin und Ife. Im 14. Jahrhundert bestand das »Königreich Kongo«, im 13./14. Jahrhundert entfaltete sich in Simbabwe das Reich des Mweni Mutapa (Monomotapa) – um nur die größten und mächtigsten dieser frühen Reiche zu nennen.

Africa – terra incognita?

War von diesen Entwicklungen in Europa nichts bekannt, blieb Afrika dort der rätselhafte, unbekannte Kontinent? Wir wissen heute, daß es seit frühester Zeit Beziehungen zwischen Europa und Afrika gegeben hat und Kenntnisse über das Leben seiner Bewohner bis nach Europa gelangt sind, dies vor allem über Handelswege und militärische Expeditionen. Zunächst trafen Berichte über die Küstenvölker ein, während über die Völker im Inneren Afrikas viele Gerüchte und Spekulationen im Umlauf waren. Aus ägyptischen, griechischen und römischen Aufzeichnungen wissen wir, daß es über die Handelswege hinaus Informationen über die Völker im Inneren Afrikas gab. Inschriften und Reliefs der Ägypter berichteten von Kriegen mit Stämmen in Libyen und Fezzan. Die Bilder im Tempel der Königin Hatschepsut (1501–1480 v. u. Z.) erzählen von der Expedition ins Land »Punt«, einem schwarzen Königreich, aus dem Gold, Elfenbein, seltene Gewürze, Harz und Tiere mitgebracht wurden.

Auf Befehl des Königs Salomo brach 945 v. u. Z. eine Schiffsexpedition nach Afrika auf, um das sagenhafte Goldland »Ophir« zu suchen.

Die Phöniker umsegelten um 595 v. u. Z. vom Roten Meer aus den afrikanischen Kontinent. Das Unternehmen dauerte zwei Jahre, wie wir von dem griechischen Geschichtsschreiber Herodot wissen. Auch die Römer unternahmen zur Zeit ihrer Herrschaft in Nordafrika Expeditionen in Richtung Süden, da sie an den Nilquellen interessiert waren. Von Karthago aus wurde die afrikanische Westküste erkundet. Wie aus einem

Bericht aus dem Tempel von Karthago hervorgeht, hat Hanno im Jahre 525 v. u. Z. von Karthago aus eine Fahrt mit Kolonisten durch die Meerenge von Gibraltar in Richtung Süden angetreten und die westafrikanische Küste am Golf von Guinea erreicht.

Herodot (484–425 v. u. Z.) nannte, wie alle Griechen, die schwarze Bevölkerung Ost- und Westafrikas »Äthiopier«, im Gegensatz zu den hellhäutigen »Berbern« Nordafrikas. Er berichtete, daß die in Fezzan ansässigen Garamanten mit ihren Wagen ins Nigertal kamen und dort auf die »Äthiopier« in Höhlen stießen und von einem Königreich am Niger hörten. Griechische Schiffe gelangten in der zweiten Hälfte des 1. Jahrhunderts an der afrikanischen Ostküste bis nach Moçambique, wie aus erhaltenen Chroniken der Seeleute hervorgeht. Herodot überlieferte einen »stummen Tauschhandel« der Griechen mit den Küstenbewohnern des nördlichen Westafrika, bei dem gegen griechische Luxusgüter Gold eingehandelt wurde.

Alle diese Kontakte führten auch zu kulturellen Einflüssen wechselseitiger Art und nahmen in den folgenden Jahrhunderten, als sich frühe Reiche in Afrika herausgebildet hatten, noch zu. Die Entstehung und Entwicklung dieser Reiche waren mit zwei wichtigen wirtschaftlichen Voraussetzungen verbunden: mit der Gewinnung und Verarbeitung von Metall und mit dem Transsaharahandel, der unterschiedliche Gruppen und Völker zusammenführte. Durch das Austrocknen der Sahara, das Entstehen der Wüste, entstand die bereits erwähnte natürliche Barriere zwischen den Völkern im Norden

Zusammenfluß des Benue und Faro, nach Barth 1851

Afrikas und den Bewohnern der Savannen und des tropischen Regenwaldes. Die Domestizierung des Kamels – jenes anspruchslosen, den Strapazen der Wüste standhaltenden Last- und Reittieres – ermöglichte jedoch einen ständigen Karawanenzug, der den wirtschaftlichen und kulturellen Austausch zwischen Nord und Süd aufrechterhielt. So konnten die Händler mit den hier wie da nötigen Produkten auch weiterhin ihrer Wege ziehen: mit Salzbarren aus der Wüste – den Salinen von Taghazza – gen Süden, mit Gold aus den westafrikanischen Wäldern nach Norden. So wurde auf diese Weise im Mittelalter fast der gesamte Goldbedarf der Mittelmeerländer gedeckt.

Die ersten Berichte über »schwarze Königreiche« heben vor allem den Goldreichtum hervor, der fremde Händler und Seefahrer anlockte. Über die großen Reiche der Sudangebiete Westafrikas sind uns Berichte arabischer Kaufleute, Geographen und Gelehrter überliefert, die eine Vorstellung vom Leben in diesen altafrikanischen Staaten vermitteln. Das ist kein Zufall, denn es waren arabische Händler, die mit den Karawanen aus Nordafrika durch die Sahara zogen und europäische Stoffe und Damaszener Klingen gegen Gold, Sklaven und Elfenbein eintauschten. Seit dem 7. Jahrhundert drangen Araber von Ägypten und Nordafrika aus in den Raum südlich der Sahara vor, zunächst als Händler, später als Pilger oder Eroberer. Nachdem im Jahre 630 der Prophet Mohammed (571–632) die Stadt Mekka erobert und alle arabischen Stämme zum Islam bekehrt hatte, breitete sich die neue Religion auch in Rich-

Salztal Foga, nach Barth 1853

tung Süden aus. Arabische Händler brachten sie mit in die westafrikanischen Reiche, bald folgten Eroberungszüge der Kalifen in West- und Ostafrika. An der Ostküste entstanden arabische Handelsniederlassungen, von denen die neue Religion ausstrahlte. In Westafrika verbreitete sich der Islam zwischen dem 9. und 11. Jahrhundert im Zuge der Handelsbeziehungen mit den alten Reichen Ghana, Mali und Songhai, im Verlauf von Eroberungen auch bald darüber hinaus. Die reichen Stadtstaaten Ostafrikas, deren Blüte auf dem Fernhandel nach Asien im 13. bis 15. Jahrhundert beruhte, wurden durch ihre Zusammenarbeit mit arabischen Einwanderern und Händlern zu islamischen Zentren. Viele Nomadenvölker Afrikas übernahmen den Islam von ihren arabischen Nachbarn im Norden. Dessen freiwillige oder zwangsweise Übernahme blieb auf das kulturelle Leben der afrikanischen Gemeinschaften nicht ohne Einfluß.

Das Goldland Ghana

Seit dem 9. Jahrhundert wird von arabischen Autoren das Reich Ghana erwähnt. Dieses Reich, das sich vom Niger bis zum Atlantik erstreckte (also nicht identisch ist mit dem heutigen westafrikanischen Staat Ghana), war das zu dieser Zeit bereits seit mehreren Jahrhunderten bestehende Reich der Sarakole von Wagaden (wie im »Afrikanischen Geschichtsbuch« von Niane und Suret-Canale zu lesen ist), dessen Herrscher den Titel »Ghana«, d. h. Herr des Krieges, trug. Daneben nannte man ihn »König des Goldes«. Die arabischen Geschichtsschreiber benannten das Reich nach dem Titel des Herrschers, »Ghana«. Die Macht der Herrscher von Ghana beruhte vor allem auf dem Zwischenhandel mit Salz und Kupfer im Saharahandel, der ihrer Zollhoheit unterlag, aber auch auf der Kontrolle über die Goldfelder, die das Reich berühmt machten.

Der Araber al-Bekri berichtete im 11. Jahrhundert über diesen Goldhandel: »Der König erhebt eine Abgabe von einem Golddinar von jedem mit Salz beladenen Esel, der in sein Land kommt, und von zwei Dinar auf jede Last derselben Substanz, die man ausführt. Für jede Last Kupfer bezahlt man ihm fünf Mithkal und für jede Last Ware zehn Mithkal.«

»Das beste Gold des Landes befindet sich in Giaru, einer Stadt, die achtzehn Tagesreisen von der Hauptstadt entfernt ist, in einem Land, in dem Neger wohnen und das mit Dörfern überzogen ist. Alle Stücke gediegenen Goldes, die in den Bergwerken des Reiches gefunden werden, gehören dem Herrscher; er überläßt aber der Öffentlichkeit den Goldstaub, den jeder kennt; ohne diese Vorsichtsmaßnahme wäre das Gold so reichlich vorhanden, daß es fast wertlos würde. Die

Stücke dieses Metalls haben verschiedenes Gewicht, von einer aukiya (Unze) bis zu einem ratl (Pfund). Man sagt, daß der König ein Stück Gold hat, so groß wie ein enormer Stein.«

al-Bekri gibt auch Kunde über die Schönheit der Hauptstadt des Landes mit ihren Steinhäusern. Hier wurden Baumwollgewebe und Sandalen aus einheimischem Handwerk gehandelt. Arabische Kaufleute wohnten in einem besonderen Stadtteil. al-Bekri verdanken wir die Schilderung der prunkvollen Zeremonien am Hofe des Herrschers:

Hofzeremonie

»Wenn er (der König – d. A.) vor dem Volk erscheint, um seine Beschwerden zu hören und dem abzuhelfen, sitzt er in einem Zelt, um das zehn Pferde mit goldbestickten Pferdedekken aufgestellt sind. Hinter ihm stehen zehn Pagen mit Schilden und Speeren mit goldenen Spitzen. Zu seiner Rechten befinden sich die Söhne der Fürsten seines Reiches, in prachtvolle Gewänder gekleidet, mit geflochtenen und goldgeschmückten Haaren. Der Stadtverwalter sitzt vor dem König auf der Erde und um ihn herum die Wesire in derselben Haltung. Den Eingang des Zeltes bewachen Hunde einer ausgezeichneten Rasse, die den König fast nie verlassen. Sie tragen goldene und silberne Halsbänder, geschmückt mit Schellen aus demselben Material.

Der Beginn der königlichen Sitzung wird durch den Schlag einer Art Trommel angekündigt, die sie deba nennen und die aus einem langen Stück ausgehöhlten Holzes gemacht ist. Beim Ton dieses Instruments versammelt sich das Volk. Wenn seine Glaubensgenossen vor dem König erscheinen, werfen sie sich auf die Knie und streuen sich Sand auf den Kopf; das ist ihre Art, den Herrscher zu grüßen. Die Religion dieser Neger ist das Heidentum und der Fetischkult (dekakir).«

Eine Überlieferung aus dem Jahre 1150 schildert die Macht, die das Reich Ghana durch den Gebrauch des Eisens gewonnen hatte: Es besiegte seine Nachbarn, die Eisen nicht kannten! Neben den Einkünften aus dem Zwischenhandel und der Goldgewinnung forderte der Herrscher Tribute von den freien Dorfgemeinschaften.

Die soziale Organisation im Ghana-Reich stützte sich auf die Stämme, die sich in Clans gliederten, d. h., die einzelnen Gemeinschaften führten ihre Abstammung jeweils auf einen gemeinsamen Ahnherrn zurück. Oft waren die Angehörigen eines Clans durch Tabus, ein Totem (Tier oder Pflanze mit mythischer Bedeutung für den Clan) und gemeinsame Kulthandlungen zusätzlich miteinander verbunden.

In den Reichen lebten mehrere Stämme und Clans zusammen. Der Herrscher war ihr Patriarch und oberster Heerführer. Oft bestand zwischen ihnen eine Arbeitsteilung auf ethnischer Grundlage. Im alten Ghana-Reich war die Mehrheit der

Clans Bodenbauer, die in Dorfgemeinschaften siedelten. Es gab aber auch auf Viehzucht, Fischerei oder Weberei spezialisierte Clans und Stämme. Die Koroma und Kante bildeten die Kaste der Schmiede, die wegen der Bedeutung des Eisens große Achtung genossen.

Die Dorfgemeinschaften als Ganzes waren dem Herrscher tributpflichtig und wurden zu bestimmten Arbeiten herangezogen. Sie waren aber keine Hörigen wie im Feudalismus Europas, da es in Afrika kein Privateigentum an Grund und Boden gab. Das Land war Eigentum aller, es war ihnen von den Vorfahren zur Nutzung überlassen worden. Die Dorfgemeinschaften entrichteten eine Getreideabgabe. Kriegsgefangene hatten den Status von Sklaven, denen in den Gemeinschaften jedoch relativ viele Aufstiegsmöglichkeiten, spätestens in der nächsten Generation, offenstanden – es sei denn, sie wurden an arabische Händler verkauft.

Über den genauen Ort der Hauptstadt des Ghana-Reiches gab es lange Zeit Spekulationen. Man nimmt heute an, daß die 1950 entdeckte Ruinenstätte Kumbi-Saleh diese Hauptstadt war. Dort fand man Überreste von Palästen, Eisenstücke und Glasgewichte, die auf das frühe Zentrum schließen lassen.

Im 11. Jahrhundert wurde das Ghana-Reich von den Almoraviden, fanatischen islamischen Kriegern, angegriffen. Nach zehnjähriger Belagerung unter dem Berberführer Abu Bekr fiel Kumbi-Saleh im Jahre 1076, die Bewohner wurden streng islamisiert. So mußten die Sarakole ihrem Schutzgott, dem Schlangengott Wagadu-Bida, abschwören und sich, wie auch andere Stämme des Westsudan, den durch den Islam vorgeschriebenen Normen des individuellen Lebens unterwerfen. Im Zuge dieser Wirren zerfiel das Reich in der Folgezeit rasch.

Die Größe Malis

Zum Programm des Nationalballetts Guineas gehört eine alte Heldengeschichte, die in Westafrika seit Generationen überliefert wird: das Epos von Sundjata, dem Gründer des Mali-Reiches. Über die Jahrhunderte hinweg haben die Griots, die traditionellen Chronisten und Balladensänger Westafrikas, den Aufstieg des Mali-Herrschers in ihrem Gedächtnis bewahrt und weitergegeben. Der guineische Historiker Djubril Tamsir Niane hat die von dem Griot Djeli Mamadou Kouyaté vorgetragene Überlieferung niedergeschrieben:

»Vernehmt nun, Söhne von Mandingo, Kinder des schwarzen Volkes, was ich zu sagen habe von Sundjata, dem Vater des Klaren Landes, des Savannenreiches, Vorfahre derer, die die Bogen spannen, und Herrscher über hundert besiegte Könige. Ich werde euch von Sundjata erzählen, von Manding-

Diara, dem Löwen des Mandingo, von Sogolon Djata, dem Sohn Sogolons, von Naré Maghan Djata, dem Sohn Naré Maghan, von Sogo Simbon Salabam, den Helden mit den vielen Namen. Hört von Sundjata, dessen Taten lange noch die Menschen staunen machen werden. Er war der Erste unter den Königen und unvergleichlich unter den Menschen; er wurde von Gott geliebt, denn er war der letzte der großen Eroberer.«

So beginnt das Heldenepos von dem legendären Herrscher des Mandingovolkes (die Araber machten daraus später »Melle« oder »Mali«), dessen Reich sich vom Atlantischen Ozean bis zum Niger, von der Sahara bis zu den tropischen Regenwäldern Westafrikas erstreckte. Die Sage berichtet von ihm, daß er, ein schwächlicher Knabe, der nicht gehen konnte,

König des 19. Jahrhunderts, nach Schweinfurth 1878

sich eines Tages am Zepter seines Vaters aufrichtete. Als seine Heimat, das Mali-Reich, von dem grausamen Sumaoro erobert wurde, mußte Sundjata fliehen. Die Mandingo sandten eine Abordnung zu ihm, um ihn zum Kampf gegen den Tyrannen zu überreden. In der historischen Schlacht von Kirina im Jahre 1235 gelang es dem jungen Sundjata, den durch böse Zauberkräfte bis dahin unbesiegbaren Sumaoro zu vernichten. Unter seiner Herrschaft erstarkte das Mali-Reich und dehnte sich weiter aus. Sundjata teilte es in Provinzen ein, an deren Spitze er jeweils einen seiner Heerführer als Verwalter mit dem Titel eines Farin stellte. Man berichtet von Sundjata, daß er Landwirtschaft und Gewerbe im Mali-Reich gefördert habe, indem er neue Kulturen und Anbaumethoden einführte und das Handwerk unterstützte. Er regierte von 1230 bis 1255. Seine Geburtsstadt Niani, die auf dem Territorium des heutigen Guinea liegt, wurde Hauptstadt des Reiches und vielbesuchte Handelsstadt durch die arabischen Karawanen.

Im 14. Jahrhundert erlebte das Mali-Reich unter Mansa (König) Kanku Musa (1307–1322) seinen politischen und kulturellen Höhepunkt. Der Besitz der Goldminen des alten Ghana-Reiches und der Handel mit Nordafrika und Ägypten hatten es zu einem reichen Land werden lassen. Mansa Musa, ein gläubiger Moslem, trat im Jahre 1325 eine Pilgerfahrt nach Mekka an. Auf seiner Reise, die ihn über Kairo führte, warf er großzügig mit Gold um sich. Der Sage nach soll er mit 60 000 Trägern in Mali aufgebrochen sein. 500 Diener, von denen jeder einen Goldbarren von 5 Pfund Gewicht trug, beglei-

Sonray-Ort, nach Barth 1857

teten ihn, ebenso weitere Diener mit 480 Pfund Goldstaub. In Kairo sank der Goldwert durch diese riesige vorgeführte Menge des Edelmetalls. In Mekka verteilte er einen Teil des Goldes und kaufte Häuser für Pilger seines Reiches. Die Kunde von seinem Reichtum drang bis nach Europa: Auf den Landkarten des 14. Jahrhunderts wird das Mali-Reich als »rex Melli« verzeichnet, im Katalanischen Atlas Karls V. von Frankreich wird der König mit einem Goldklumpen dargestellt. (Die Überlieferung berichtet, daß er, wie der Herrscher von Ghana, sein Pferd an einem großen Goldklumpen festband.) Von seiner Pilgerfahrt hatte Kanku Musa Koranlehrer und Ärzte mitgebracht und ließ in den großen Städten seines Reiches Koranschulen, Moscheen und Paläste errichten. Die Städte Timbuktu, Gao und Djenne wurden zu Zentren islamischer Bildung und Wissenschaft. Wie von einem Chronisten der Fulbe überliefert wurde, genossen die Ärzte von Timbuktu weithin einen guten Ruf. Sie führten Operationen aus, die in Europa noch unbekannt waren, wie die Behandlung des Stars.

Macht der Legende

Der arabische Reisende Ibn Battuta aus Tanger, der Mali in der Mitte des 14. Jahrhunderts besuchte, war von der Ordnung und dem Frieden in diesem Land beeindruckt. Er schrieb: »Die Neger haben bemerkenswerte Eigenschaften. Sie sind selten ungerecht und hassen Ungerechtigkeiten mehr als irgendein anderes Volk. Ihr Sultan schont keinen, der sich nur im geringsten in dieser Hinsicht schuldig gemacht hat. Es herrscht in ihrem Lande vollkommene Sicherheit. Weder Reisende noch Einheimische haben das geringste von Räubern oder gewalttätigen Menschen zu fürchten.«

Vom Palast Mansa Musas in Niani sind heute nur noch wenige Überreste erhalten, lediglich die Moscheen in Timbuktu und Djenne erinnern an die Blütezeit des einst bedeutenden Mali-Reiches.

Im 15. Jahrhundert, unter Sonni Ali (1464), befreite sich Songhai (Gao) von der Herrschaft des Mali-Reiches und dehnte sich durch Eroberungen noch aus. Sonni Ali eroberte die großen Städte Djenne und Timbuktu und gründete ein festes Reich. Unter Askia Mohammed, der 1493 den Thron bestieg, entwickelte sich ein reges kulturelles Leben. Durch die Eroberung der Goldfelder, den Handel mit Salz aus Teghazza und Kupfer aus den Minen des Landes wurden die großen Städte Kontaktzentren für den Handel mit Nordafrika und Ägypten. In den Städten, in denen sich ein spezialisiertes Handwerk entwickelt hatte, verbreitete sich durch die enge Verbindung des Handels mit dem Islam islamische Bildung, während sich die traditionellen Naturreligionen in den Dorfgemeinden erhielten, die dem König tributpflichtig waren.

Timbuktu –
»Königin der Wüste«

Als kulturelle Zentren der alten Sudanreiche werden in den Berichten der Reisenden und Gelehrten dieser Zeit vor allem die großen Städte Niani, Djenne, Gao und Timbuktu erwähnt. In ihnen konzentrierte sich das naturwissenschaftliche und philosophische Wissen jener Zeit, wurden nicht nur Rohstoffe und Waren aller Art, sondern auch Nachrichten und Kenntnisse ausgetauscht. Timbuktu war bereits zu Zeiten Mansa Musas nicht nur ein Zentrum des Salzhandels, sondern auch Treffpunkt der Gelehrten.

Die im 15. Jahrhundert gegründete Sankoré-Universität wurde ein geistiges Bildungszentrum. Hier wurden neben dem Koran, Literatur und Geschichte auch Geographie, Mathematik und Astronomie unterrichtet; im 16. Jahrhundert soll es über hundert Dichter, Rechtsgelehrte, Mathematiker usw. gegeben haben. Das Schicksal der Stadt war sehr wechselhaft. Zeitweilig war sie von den Tuareg besetzt, die den Handel mit den Salzbarren aus der Wüste in der Hand hatten. Sonni Ali entriß sie ihnen, aber auch die Gelehrten wurden von ihm verjagt. Unter Askia Mohammed nahm das geistig-kulturelle Leben erneut einen Aufschwung. Durch al-Hassan Ibn Mohammed al-Wassa as-Sajjati, einem Mauren aus Granada, der später seine Reisen durch Afrika unter dem Namen Leo Africanus beschrieb, erfuhr man Mitte des 16. Jahrhunderts in Europa von Timbuktu. Leo Africanus hatte Askia Mohammed nach Mekka begleitet und war auf zwei Reisen zwischen 1510 und 1514 nach Timbuktu gelangt. Er schrieb: »In der Stadt sind

Einzug in Timbuktu, nach Barth 1853

viele Läden von Kaufleuten und Handwerkern, vornehmlich von Baumwollwebern ... In Timbuktu sind viele Richter, Doktoren und Priester. Der König besoldet sie alle gut und ehrt die Gelehrten sehr. Hier werden auch viele aus der Berberei eingeführte Manuskripte verkauft, und damit wird mehr als mit allen anderen Waren gewonnen.«

Aber nicht nur von Reisenden sind uns Nachrichten über Timbuktu erhalten, sondern auch von den Chronisten der Stadt selbst. In der ersten Hälfte des 17. Jahrhunderts verfaßte hier der Gelehrte Abd er-Rahman as-Sadi sein Geschichtswerk, den »Tarikh as-Sudan«, der alle Überlieferungen über die sudanesischen Reiche zusammenfaßte. Auch der »Tarikh al-Fettas« des Historikers Mahmud Kati, der die Entwicklung bis 1660 dokumentiert, und die von Ahmed Baba verfaßten Biographien von hundert Gelehrten belegen den hohen Rang der Wissenschaft in diesem Zentrum geistiger Kultur.

Zu Ende des 16. Jahrhunderts büßte jedoch Timbuktu diese Rolle ein, als marokkanische Krieger die Stadt eroberten und verwüsteten, die Bibliotheken vernichteten, Gelehrte in Ketten legten und nach Marokko verschleppten. Auch wenn sich der Sultan von Marokko nicht hier festsetzen konnte, war es doch um die einstige Blüte der Stadt geschehen, zumal sich mit der Ankunft der Europäer im 16. Jahrhundert auch die Handelswege verlagerten, der Transsaharaweg der Karawanen durch den Seeweg ersetzt wurde. Ähnlich erging es der blühenden Handelsstadt Djenne, deren pulsierendes Leben die Chronisten rühmten, wo Gold und Salz, Baumwollstoffe und

Timbuktu, nach Barth 1853

Elfenbein, Gewürze und Vieh, Kolanüsse und andere Produkte aus dem Süden gegen Produkte aus dem Norden gehandelt wurden.

In Europa hielt sich über lange Zeit die Mär von einer sagenhaft reichen Stadt – Timbuktu, der Köngin der Wüste; sie zog Reisende, Abenteurer und Forscher magisch an. Lange Zeit wußte man wenig Genaues, bis im 19. Jahrhundert die ersten Reiseberichte eintrafen. Nach Gordon Laing gelangte René Caillié 1828 nach Timbuktu, enttäuscht, von der einstigen Pracht nur noch wenig vorzufinden.

Heinrich Barth, der nach einer Durchquerung der Sahara 1853 Timbuktu erreichte, erkannte die Bedeutung, welche die Stadt einst gehabt haben mußte. Er beschreibt die drei großen Moscheen: »... die Djingereber, angefangen von Manssa-Mussa, die Moschee Ssankoré, ebenfalls in früherer Periode und zwar auf Kosten einer wohlhabenden Sonrhaydame erbaut, und die Moschee Ssidi Yahia.« »Das äußere Ende des nördlichen Stadtviertels wird in großartiger Weise durch die massive Moschee Ssan-koré abgeschlossen, welche gerade damals durch den Einfluß Scheich El Bakay's in ihrer ganzen früheren Größe wieder hergestellt, der ganzen einen höchst imposanten Charakter verleiht. ... Dann wandten wir uns zur Djingere-eber, der ›großen Moschee‹; dies ist, obgleich auch nur aus Tonklumpen erbaut, ein wahrhaft stattliches Gebäude, das allein schon hinreichen würde, Timbuktu des Beinamens einer ›Medina‹ würdig zu machen.« Nach den Berichten von Barth lebten in Timbuktu zu diesem Zeitpunkt etwa 13 000 Einwohner, aber während der Handelssaison von November bis Januar beherbergte die Stadt 10 000 Fremde, vor allem Mauren, Araber, Mandingo und Mossi. Barth fertigte während seines Aufenthalts in Timbuktu eine Abschrift des »Tarikh as-Sudan« an. Die Entdeckung solch alter Handschriften zur Chronik der Sudanreiche versetzte die Fachwelt Europas in Erstaunen.

Auch Leo Frobenius haben zu Beginn unseres Jahrhunderts die Spuren der einstigen Größe Timbuktus in ihren Bann gezogen. In den Berichten seiner Afrika-Expedition ist zu lesen: »Und doch wird man immer und ewig wiederholen, daß Timbuktu historisch einer der beiden wichtigsten Punkte des ganzen westlichen Sudan gewesen ist, denn hier wurden jene Aktenbündel geschrieben, die Kunde geben von alter, sehr alter Vergangenheit. Timbuktu und Djenne waren die beiden Universitätsstädte des West-Sudan.« Frobenius gelangte zu der Annahme, daß die Geschichte dieser Stadt viel älter ist als in den Chroniken festgehalten, daß Timbuktu in vorislamischer Zeit eine blühende Stadt mit schwarzhäutiger Bevölkerung war, die an einem inzwischen versiegten Fluß lag.

Aus den Berichten der Chronisten und Forscher können wir uns ein recht plastisches Bild vom bunten Leben in den Städten der alten westafrikanischen Reiche machen. Noch heute erinnert in Timbuktu und Djenne vieles an diese Zeit: die hohen Moscheen aus rotbraunem Lehm, deren Holzverstrebungen wie Verzierungen aussehen; die Salzhändler der Tuareg in ihren indigoblauen Gewändern, die hier nach den Strapazen der Wüste mit ihren Kamelen Rast machen; die Märkte mit dem bunten Angebot an Baumwolle, Vieh, Gewürzen und Feldprodukten aller Art. Von den Handschriften der alten Chronisten allerdings existieren nur noch wenige in Westafrika, man kann sie eher in Archiven europäischer Städte finden ... Für die Historiker des heutigen Afrika sind sie wichtige Quellen zur Erforschung der kulturellen Vergangenheit des Kontinents.

Handelswege im Inneren Afrikas

Der Handel mit Produkten des einheimischen Handwerks und der bäuerlichen Produktion verband nicht nur die westafrikanischen Reiche mit Nordafrika, sondern auch die afrikanischen Völker im Inneren des Kontinents. So blühte der Handel zwischen Timbuktu und Kano, einem der Hausa-Stadtstaaten, die seit dem 10. Jahrhundert auf dem Gebiet des heutigen Nordnigeria bestanden. Die Städte Kano, Rano, Daura, Gobir, Zaria, Katsena und Biram waren Gebiete mit jeweils eigener staatlicher Verwaltung, mit regem Handel und entwickeltem Handwerk. Im Transsaharahandel und im Handel mit anderen westafrikanischen Völkern riß man sich um die Metall- und Lederwaren, vor allem aber um die indigoblauen Stoffe aus Kano und Rano. Kanos Weberwerkstätten und Färbereien, in denen Sklaven arbeiteten, konnten gar nicht genug dieser Stoffe schaffen. Kein Wunder also, daß im 16. Jahrhundert die Songhai-Herrscher sich die Hausa-Stadtstaaten zu unterwerfen suchten. Im Zuge des Zusammenschlusses der Hausa-Städte im Kampf um ihre Unabhängigkeit (die sie nach 1554 nacheinander errangen) haben sich die Hausa auch als Völkerschaft stabilisiert und sind seit dieser Zeit durch eine gemeinsame Sprache verbunden. Seit dem 14. Jahrhundert verbreitete sich der Islam in den Hausa-Städten. Der Herrscher Kanos, Rinfu, trat 1463 zum Islam über und ersetzte die traditionelle Religion durch die neue, die mit dem Handel verbunden war. In den überlieferten Stadtchroniken, wie in der bekannten Kano-Chronik, werden das soziale Leben, die Handelstätigkeit und die Entwicklung der handwerklichen Produktion lebendig beschrieben. Die Tradition der Indigo-Stoffe hat sich in Kano bis in die Gegenwart hinein erhalten, auch wenn die einstige Macht der Stadt verlorenging.

Marktgeschäfte

Noch als der deutsche Forscher Heinrich Barth Mitte des 19. Jahrhunderts Kano erreichte, schätzte er die Bevölkerungszahl auf 30 000 Einwohner, zu denen in der Handelssaison 30 000 Fremde hinzukamen. Barth vermerkte: »Der Haupthandel von Kano besteht in einheimischen Fabrikaten, besonders in Baumwollzeugen, die in der Stadt selbst oder in den umliegenden kleineren Ortschaften der Provinz aus einheimischer Baumwolle gewebt und mit selbstgezogenem Indigo gefärbt werden. Die Baumwollzeuge werden besonders zu drei wichtigen Artikeln verwendet: zur Tobe, zu dem Oblongen, die gewöhnliche Frauentracht bildendem Tuch, und zu dem schwarzen Gesichtstuch ... Es ist der große Vorteil von Kano, dass Handel und Manufaktur Hand in Hand gehn und dass fast jede Familie ihren Anteil hat.« Barth stellte mit Erstaunen fest, daß sich die Produkte aus Kano – neben den Baumwollerzeugnissen vor allem Sandalen, Satteltaschen und andere Lederwaren – bis nach Timbuktu, sogar bis zum Atlantischen Ozean und nach Norden bis Tripolis verbreiteten. »Die Ausfuhr von gefärbten Baumwollwaren aus Kano nach Timbuktu beträgt«, wie Barth schätzte, »jedenfalls 300 Kamelladungen zum Werthe von 60 Millionen Kurdi nach dem Preise von Kano. Dieser Gewinn bleibt ganz allein im Lande und kommt der gesamten Bevölkerung zu Gute, da Baumwolle wie Indigo im Lande selbst erzeugt werden.« Heinrich Barth war von dieser blühenden Heimindustrie, der Grundlage des Handels, beeindruckt: »Bedenken wir nun, daß diese Gewerbethätigkeit nicht, wie in Europa, in ungeheuren Fabriken betrieben wird und den Menschen zur niedrigsten Stellung hinabdrückt, sondern dass jede Familie dazu beiträgt, ohne ihr Privatleben aufzuopfern, so dürften wir wohl schließen, dass Kano eines der glücklichsten Länder der Welt sein müsse.«

Eng mit dem afrikanischen Binnenhandel verbunden war auch die Entwicklung des Reiches Kanem-Bornu im Gebiet um den Tschadsee, das zwischen dem 8. und 13. Jahrhundert zu einem starken, zentralisierten Staatswesen heranwuchs. Die Herrscher von Kanem kontrollierten den Fernhandel und erhoben Zoll von allen Karawanen, die nach Norden durch Fezzan zogen oder nach Osten zum Nil, über die Oasen von Darfur oder weiter bis zur ostafrikanischen Küste am Horn von Afrika. Im 11. Jahrhundert wurde der Islam übernommen. Unter Mai Dunama Dibalami (1221–1259) hatte Kanem seine größte Ausdehnung. Zur Kontrolle der Binnenroute durch die Sahara bis Tripolis führte er mehrere Kriege, bis er das Gebiet von Fezzan (Libyen) bis zu den Hausa-Staaten beherrschte. Ende des 14. Jahrhunderts wechselte der Sitz des Herrschers über den Tschadsee südwestwärts nach Bornu. Ebenfalls Knotenpunkt des transkontinentalen Handels, bestand es als

22 Die »Weiße Dame« in den Felsen von Tassili, Sahara

Folgende Seiten:

23–28 Felsmalereien in der Sahara (Tassili)

29 Darstellung der Expedition nach Punt am Tempel der Pharaonin Hatschepsut

30 Altes Fort in der ehem. Kolonie Deutsch-Ostafrika

31 Erste portugiesische Kirche an der ostafrikanischen Küste

32 Äthiopische Felskirche

33 Altäthiopische Ikone

34/35 Christliche Darstellungen in der historischen Kirche von Gondar

36 Traditionell geschnitzte Holztür in Sansibar, Ausdruck der kulturell vielfältig beeinflußten ostafrikanischen Küstenregion

37 Moschee in Moshi, Tansania – sichtbares Zeichen der Islamisierung Schwarzafrikas

38/39 Plastiken der Nok-Kultur

40 Terrakotta-Kopf, Ife

41 Bronzekopf aus Benin
42 Bronzegefäß

43 Tsoede-Bronze

44 Bronzekopf der
Königin Idia, Benin

zentralisiertes Reich bis ins 17. Jahrhundert, wobei Handel und Handwerk auch später noch eine wichtige Rolle spielten.

Gustav Nachtigal kam Mitte des 19. Jahrhunderts nach Bornu, seine Berichte vermitteln einen Eindruck vom Leben in der Hauptstadt Kuka, die zu dieser Zeit etwa 60000 Einwohner zählte. Traditionelle Handwerksberufe, wie Färber, Weber, Schneider, Mattenflechter, Gerber, Schuhmacher, Täschner, Schreiner, Sattler und Schmiede prägten das Bild der Stadt, und ihre Produkte wurden auf den Märkten in und außerhalb Kukas gehandelt.

Kulturhistorisch ist das Tschadgebiet aber vor allem durch archäologische Funde interessant, die südlich des Tschadsees gemacht wurden und auf die entwickelte Kultur eines Volkes verweisen, das im 8. Jahrhundert hier gelebt hat: die der Sâo. Man nimmt an, daß die Einwanderer aus dem Nilgebiet stammten und so ein kulturelles Bindeglied zwischen der Entwicklung am Nil und der am Niger darstellen. Sie bauten Städte, arbeiteten mit Bronze und Kupfer in der Technik der verlorenen Form, wie es später die Bronzeschmiede in Benin taten, waren geschickte Eisenschmiede und Töpfer; sie hinterließen kunstvolle Tierfiguren aus Terrakotta. Noch ist wenig über Herkunft und Schicksal der Sâo bekannt, aber künftige archäologische Grabungen werden sicher neue Einzelheiten zutage fördern. Seit dem 13. Jahrhundert sind sie in der Überlieferung nicht mehr erwähnt, möglicherweise haben sie sich mit der einheimischen Bevölkerung vermischt und später Handwerk und Handel des Reiches Kanem mit berühmt gemacht.

Der Handel durch das innere Afrika verband unterschiedliche Völkerschaften miteinander und führte zu wechselseitigen kulturellen Kontakten. Wenn auch die Sahara mit ihrer mörderischen Trockenheit, ihrem Mangel an Vegetation und Nahrung und ihren starken Temperaturschwankungen das Hin und Her eines regen Verkehrs erschwerte, so war sie doch zu keiner Zeit ein Niemandsland, das jegliche Kontakte verhindert hätte. Wie ausgedehnt die Beziehungen der Stämme und Völkerschaften tatsächlich waren, wissen wir nicht, aber daß es sie gab, bezeugen zahlreiche Spuren. So stößt man in der Einsamkeit der Sahara, den Hügeln von Darfur – auf halbem Wege zwischen Niger und Nil – verstreut auf Ruinen mittelalterlicher Ansiedlungen. Am Dschebel Marra sind künstliche Terrassen erhalten, die hier einst Bodenbau ermöglichten. In der Nähe befinden sich die Überreste der Stadt Dschebel Uri: im Schutze einer dicken Mauer Rundhütten aus Stein, ein großer Palast, dessen neunstufige Empfangshalle noch den Eindruck früherer Größe vermittelt, Gebäude, die ohne Mörtel errichtet waren, und eine Straße bis zum Gipfel

Blick auf Kano,
nach Barth 1851

Der Dendal in Kuka,
nach Nachtigal 1879

des Hügels, die, aus Steinquadern fest gefügt, die Jahrhunderte überdauert hat. Möglicherweise war es eine Zwischenstation auf dem Handelsweg von Kanem zur Somaliküste oder der Sitz einer Provinzverwaltung. Unter den Ruinen von Darfur entdeckte man vor wenigen Jahren auch Überreste eines christlichen Klosters – ein Beweis dafür, wie weit das nubische Christentum vorgedrungen war. Ähnlich wie in Darfur erbaute Steinmauern, Häuser und Terrassenanlagen fand man auch in Äthiopien und in Ostafrika. Trotz der noch lückenhaften Erkenntnisse über die kulturellen Kontakte zwischen den Völkern Afrikas kann heute doch eine Verbindung zwischen West- und Ostafrika fest angenommen werden. Sie ermöglichte, daß kulturelle Errungenschaften – Produktionstechniken, handwerkliche Fertigkeiten bis hin zu künstlerischen Ausdrucksformen sowie Ideen- und Glaubensvorstellungen – innerhalb Afrikas weitergegeben wurden und die eigenständige kulturelle Entwicklung voranbrachten.

Zur selben Zeit, als in Westafrika die Herrscher von Ghana und Mali durch ihren Goldreichtum umworbene Handelspartner wurden und sich Metallbearbeitung, Kunst und Wissenschaft entfalteten, vollzogen sich auch im Osten und Süden des Kontinents ähnliche Entwicklungen, über die in Europa wenig bekannt geworden ist. Hier lebten seit der Jahrhundertwende seßhafte Völkerschaften, die Erze förderten, Metalle bearbeiteten, Städte bauten und künstliche Bewässerungsanlagen für ihre landwirtschaftlichen Kulturen anlegten. Überlieferungen und archäologische Ausgrabungen der letzten fünf Jahrzehnte fügen sich allmählich zu einem Bild dieser Entwicklung, das neue Funde noch ergänzen werden.

Engaruka – Erbe von Azania?

Im 1. Jahrhundert segelten die Griechen auf den Spuren der Sabäer und Himyariten vom Roten Meer bis in den Bereich des heutigen Moçambique und brachten Kenntnisse von handeltreibenden Bewohnern der ostafrikanischen Küste und von Reichen im Hinterland mit nach Hause. Auch die Römer berichteten vom Handel an der ostafrikanischen Küste, wo sie Eisen und Glas gegen Elfenbein und Schildpatt eintauschten – so z. B. im Logbuch »Periplus des Erythräischen Meeres«, das im Jahre 60 erschien. Griechen und Römer nannten die Küstenländer, die sie kennenlernten, »Azania« – ein Gebiet, das große Teile des heutigen Kenia und Tansania beschreibt.

Aber wie ging die Entwicklung hier weiter, hat sie Spuren hinterlassen?

In den dreißiger Jahren unseres Jahrhunderts erreichten Berichte über eine alte verfallene Stadt an der Grenze zwischen

Kenia und Tanganjika (Tansania) den dort nach steinzeitlichen Artefakten suchenden Forscher L. S. B. Leakey. Die Stadt, deren Ruinen er fand und die man Engaruka nannte, übertraf alle Erwartungen. Er schrieb: »Ich schätze, daß es in der Stadt auf den Geröllabhängen 6300 Häuser ... und ... über 500 Häuser in den Talruinen gibt, wo Begräbnisstätten viel zahlreicher sind als Häuser.« Leakey schätzte die Bevölkerung von Engaruka auf mindestens 30 000 bis 40 000 Menschen.

Rätselhafte Ruinen

Noch gibt es viele Rätsel um die Stadt Engaruka, sowohl was ihre Erbauer als auch ihre Entstehungszeit betrifft, aber eines ist gesichert: Engaruka bildet einen der Höhepunkte in der Entwicklung Ostafrikas, die durch die Herausbildung größerer eisenzeitlicher Gemeinwesen charakterisiert wird. Dieser Übergang von urgesellschaftlichen Stämmen zu Staatsgebilden, in denen die Metallverarbeitung gang und gäbe war, wird sich ab dem 7. Jahrhundert vollzogen und im 14./15. Jahrhundert seinen Höhepunkt erreicht haben. Es gab größere feste Ansiedlungen, deren steinerne Zeugnisse sich in Kenia und Tansania vielerorts erhalten haben: Hügelterrassen in Tansania am Natronsee, am Malawisee und an anderen Orten; Kanäle, Terrassen und Mauern im Hochland von Kenia; Steinumfriedungen und runde Steinhütten – alles ohne Mörtel gefügt.

In Nandi in Kenia sind Kanäle erhalten, die 1,50 m tief und 90 cm breit sind. Offensichtlich bestand ein ausgedehntes Bewässerungssystem durch das Anlegen von Terrassen um die Hügel – eine Technik, die den Boden vor Erosion schützte und das Wasser kontrollierbar und für den Bodenbau nutzbar machte. Forscher haben noch 1938 bei den Matengo in Tansania diese alte, bewährte Bewässerungstechnik beobachtet. Erhalten blieben auch alte Brunnen, von denen einige metertief durch Kalksteinfelsen gehauen worden waren und Gräben mit Durchbrüchen und Aufschüttungen. Mühlsteine, Schlackenreste und alte Gußformen sind stumme Zeugen von Völkerschaften, die Getreide anbauten und Metall bearbeiteten. Sicherlich gab es zwischen den verschiedenen Ansiedlungen festen Kontakt und Austausch, denn Überreste alter, 3 m breiter Straßen nach Norden in Richtung Somalia und nach Süden in Richtung Simbabwe, von denen die längste (bisher entdeckte) auf 900 km geschätzt wird, lassen auf ein Verkehrsnetz schließen. Möglicherweise wurden hier auch Erzeugnisse mit Alt-Simbabwe ausgetauscht, denn Töpferwaren, die man dort fand, weisen eine große Ähnlichkeit mit Tonwaren in Kenia auf.

Es kann angenommen werden, daß es von diesen Reichen Beziehungen zu den Handelsstädten an der Küste gab. Malindi und Kilwa bezogen Produkte aus dem Hinterland, und vielleicht hat der Küstenhandel mit seiner steigenden Nachfrage nach Eisen, Gold und Elfenbein diese Entwicklung der »azanischen Zivilisation« vorangetrieben.

Die Handelsstädte der Suaheli

Auf der Insel Kilwa im heutigen Tansania findet man die Ruinen alter Moscheen und Palastgebäude – Zeugen einer Zeit, als an der ostafrikanischen Küste und auf den vorgelagerten Inseln blühende Städte existierten. Die größte der alten Moscheen auf Kilwa, die Große Moschee, ist ein besonderes Meisterwerk mittelalterlicher afrikanischer Architektur: Das rechteckige Hauptgebäude wird von fünf Reihen mit jeweils sechs halbkreisförmigen Kuppeln überdacht, die von schlanken Säulen und Spitzbogengewölben getragen werden. In die Deckenverkleidung sind zur Zierde Porzellanschalen eingelassen, eine Besonderheit der ostafrikanischen Architektur des Mittelalters. Durch die vier dem Meer abgewandten Türen der Moschee mögen zur Blütezeit Kilwas Würdenträger, reiche Handelsleute, islamische Reisende und die Gläubigen der Stadt zu religiösen Zeremonien gekommen sein. In der heute erhaltenen Form wurde die Große Moschee unter der Herrschaft des Sultans Sulaiman Ibn Muhammed al-Mali al Adil (1412–1442) errichtet, als Kilwa Zentrum des politischen und religiösen Lebens des südlichen Teiles der ostafrikanischen Küstenregion war. Als der arabische Reisende Ibn Battuta 1331 Kilwa besuchte, fand er hier ein islamisches Zentrum vor, das ihn beeindruckte. Er berichtet von den Einwohnern Kilwas: »Glaube und Rechtschaffenheit sind ihre ersten Vorzüge.« Zu dieser Zeit war Kilwa aber bereits seit mindestens drei Jahrhunderten ein Zentrum des Fernhandels am Indischen Ozean. Ausgrabungen auf Kilwa brachten Gefäße aus Persien und China, Perlen aus Indien und Gefäße aus Speckstein von der Insel Madagaskar zutage. Die Gefäße aus dem Fernen Osten müssen zu jener Zeit in großen Mengen importiert worden sein. Auch in anderen mittelalterlichen Ruinen, wie dem Palast, den fünf Moscheen und gut erhaltenen Gebäuden auf der Insel Songo Mnara südlich von Kilwa, sind blauglasierte Schalen aus Persien eingelassen. Allein in einem der Räume bilden 120 derartige Gefäße den Deckenschmuck. Korallenblöcke in den Nischen der Räume als Lampensockel, ein erhaltenes Bad, zahlreiche Türbögen und gewölbte Kammern – dies alles vermittelt noch heute einen Eindruck von der Pracht und Großzügigkeit der mittelalterlichen Architektur Ostafrikas. Ibn Battuta beschrieb 1331 Kilwa als »eine der schönsten und am besten konstruierten Städte, durchweg sehr elegant gebaut«. Im 13. Jahrhundert nahm Kilwa an der ostafrikanischen Küste einen führenden Platz ein, so wie später Pate und Sansibar.

Als der holländische Geograph Olfert Dapper im 17. Jahrhundert Kilwa besuchte, vermerkte er noch: »Der König dieser Insel herrschte ehemals über viele andere fruchtbare und volkreiche Inseln, also daß dieses Königreich vor der Ankunft der Portugallier in diese Länder längs dem Seestrande hin sich auf 190 Deutsche Meilen erstreckte.« Der Reichtum Kilwas beruhte auf dem Handel. Porzellan und Stoffe wurden importiert und gegen Gold eingetauscht, das aus dem ostafrikanischen Hinterland, dem Sambesigebiet, stammte. Dort fand man Kaurimuscheln, die als (Geld-)Äquivalent gedient hatten. In den Ruinen von Kilwa entdeckte man Münzen arabischer und asiatischer Herkunft, die diese Handelsbeziehungen bezeugen, aber auch in Kilwa selbst wurden ab 1300 eigene Kupfer- und Silbermünzen geprägt.

Wie Kilwa gab es seit dem 12. Jahrhundert an der ostafrikanischen Küste eine Kette blühender Handelsstädte, deren Entwicklung auf dem Fernhandel mit den Ländern jenseits des Indischen Ozeans beruhte. Städte wie Mogadischu, Pate, Mombasa, Sansibar, Lamu und Sofala sind in ihrer Pracht und ihrem bunten Treiben als Treffpunkt vieler Völker durchaus mit europäischen Handelsstädten dieser Zeit, wie Florenz und Venedig, zu vergleichen.

Neben den ursprünglichen Steinbauten aus Korallenkalkstein entstanden mehrgeschossige Häuser mit Terrassen und dekorativ geschnitzten Holztüren; die Tradition kunstvoll geschnitzter Türen auf Sansibar erinnert an diese Zeit.

Seeverkehr nach Asien

Die ostafrikanischen Stadtstaaten waren Knotenpunkte eines regen Seeverkehrs. Die Funde chinesischen Porzellans, das in die späte Sung- bis frühe Ming-Periode (1127–1450) datiert werden konnte, bezeugen den engen Kontakt zu China, der über lange Zeit bestand. Aus Überlieferungen geht hervor, daß die Einwohner von Malindi 1414 an den Kaiser von China eine Giraffe als Geschenk sandten, die dort bereits als heiliges mythologisches Symbol bekannt war. Überliefert ist auch die Reise von 62 Dschunken mit 30 000 Mann unter Tschen He von China nach Mogadischu, die chinesische Waren bis Moçambique brachten. Südlichster Hafen war zu jener Zeit Sofala, das heutige Baira in Moçambique. Feste Handelsbeziehungen gab es auch mit dem indischen Königreich Cambay. Zeitgenössische Quellen belegen, daß Eisen ein wesentliches Produkt dieses Handels war. Edrisi, dessen Beschreibung der ostafrikanischen Küste 1154 nach Sizilien gelangte, erwähnte »eine große Anzahl von Eisenminen in den Bergen von Sofala«. Er berichtete davon, daß in Malindi und Mombasa die »Sandsch« oder »Zanj« (wie die Araber die Einwohner nannten) Eisenminen besäßen und mit Schmiedeeisen handelten. Eisen aus Afrika war vor allem in Indien begehrt, wo Schwerter aus Sofala-Eisen als besonders wertvoll galten. Daneben waren auch Elfenbein, Schildpatt und Muscheln beliebte »Exportgüter«. Bereits im 10. Jahrhundert hatte der Araber Ibn Masudi von dem Land der Sandsch berichtet, das sich an der Ostküste bis nach Sofala erstreckte. Er bewunderte das Land, »das Gold im Überfluß und anderer Wunder erzeugt«, und schrieb, die Sandsch seien geschickt in der Metallbearbeitung und energische Handelskaufleute.

Neben den freien Dorfgemeinschaften und der traditionellen Aristokratie hatte sich in diesen Handelsstädten eine Elite herausgebildet, die im Handel mit Arabern und Persern mit dem Islam in Berührung kam und ihn allmählich übernahm. So festigte nach dem 13. Jahrhundert der oft nur äußerlich angenommene Islam die politische Macht der Handelselite in den Küstengebieten, während die traditionellen Kulturen weiterhin gepflegt wurden. Bis zum 15. Jahrhundert allerdings verstärkte sich der Druck islamischer Kulturelemente, was sichtbaren Ausdruck im Bau von Moscheen und im Baustil überhaupt sowie in der Gesetzgebung fand. Dennoch verschmolz all dies zu etwas Eigenem, prägte die Kultur der Suaheli, »der vor der Küste«, als eine spezifisch afrikanische. Ihr wichtigster Träger war die afrikanische Bevölkerung der östlichen Küstenregion. Ibn Battuta beschrieb die Einwohner von Kilwa als »von tiefschwarzer Farbe und mit Tätowierungszeichen auf den Gesichtern«. Die Spezifik dieser Kultur wurde ebenfalls von Einwanderern beeinflußt – Arabern, Indern und Persern –, die seit Jahrhunderten hierherkamen und sich auch

Lissabon im 16. Jahrhundert, nach Livingstone 1868

mit der einheimischen Bevölkerung vermischten. Kaufleute aus Südarabien hatten schon lange den Seeweg zur ostafrikanischen Küste benutzt. Im 8. Jahrhundert gab es arabische Handelskontore von Sofala bis Mogadischu. Überreste solcher Niederlassungen sind erhalten, z. B. Unguja Ukuu (Sansibar). Mit der Entwicklung des Islam nach dem 7. Jahrhundert und im Zusammenhang mit dynastischen Kriegen in arabischen Ländern wanderten neben Händlern auch ganze Familien und Sippen mit ihren Oberhäuptern ein, die sich hier an der Küste niederließen und weitgehend vermischten, ebenso Einwanderer aus Persien (die Afro-Shirazi auf Sansibar verweisen noch auf diese Einwanderungen) und Indien. Dennoch ist die Kultur der Suaheli keine Kopie einer dieser Kulturen, sondern eine afrikanische Kultur, die alle diese Elemente in sich aufnahm. Zu ihr gehört eine eigenen Sprache – Suaheli – mit einer an das Arabische angelehnten Schrift. Seit dem 12. Jahrhundert war dies auch die Sprache der Dichtkunst: der maschairi, lyrischer Gesänge, und der tendi, epischer Gedichte. Auch die lokalen Chroniken der Städte Mombasa, Pate und Kilwa wurden in Suaheli geschrieben, andere in Arabisch oder, wie die Chronik von Kilwa aus dem Jahre 1520, in beiden Sprachen. Seit dem 16. Jahrhundert sind alle Inschriften in Suaheli. In der Sprache selbst spiegelt sich die Integration arabischer Kulturelemente in der Aufnahme von Worten arabischer Herkunft in die Bantu-Sprache der Suaheli wider. Die durch diese historische Entwicklung geprägte kulturelle Spezifik der Suaheli-Kultur hat sich bis in die Gegenwart hinein bewahrt. Arabische, indische und persische Einflüsse haben sich in religiösen Festen, in Tänzen und Liedern erhalten. In der Architektur, im Baustil haben sich Ausdrucksformen vieler Kulturen vermischt. Man vermutet sogar einen indonesischen Einfluß – über Madagaskar –, der sich im Bootsbau an der Küste Somalias bis heute nachweisen läßt.

Die Pracht der blühenden Handelsstädte am Indischen Ozean verfiel im 16. Jahrhundert, nachdem ihnen die Grundlage ihres regen Handels – der Seeweg nach Indien – von den Portugiesen entrissen worden war.

Als die Portugiesen zu Beginn des 16. Jahrhunderts an die ostafrikanische Küste gelangten, waren sie erstaunt, dort ein lebhaftes Handelsleben vorzufinden, das dem ihrigen ebenbürtig war. Noch überraschter waren sie über den Reichtum der Städte. Duarte Barbosa schrieb 1501 über Malindi, die Einwohner seien »große Tauschhändler, die mit Stoffen, Gold, Elfenbein und verschiedenen anderen Waren handeln«. Sie hätten »schone Steinhäuser mit flachen Dächern nach unserer Art«. Den Portugiesen, die sich selbst den Seeweg nach Indien sichern wollten, waren die Handelsstädte Ostafrikas unliebsame, hinderliche Konkurrenten. Nur wenige Jahre nach ihrer ersten Landung zerstörten sie die Flotte von Sansibar, brannten Mombasa nieder und unterwarfen den Sultan von Kilwa. Über die Kultur, die sie hier vorgefunden hatten, schwiegen sie in Europa. Die Chronik von Kilwa, ein beredtes Zeugnis dieser Entwicklung, verschwand im portugiesischen Staatsarchiv.

Das Reich des »Herrn der Bergwerke«

Das Symbol des heutigen unabhängigen Simbabwe ist die Skulptur eines Vogels, der im Original, aus Speckstein, in den Mauern von Groß-Simbabwe gefunden wurde. Die Ruinen dieses alten Herrschersitzes liegen südlich der Hauptstadt Harare: ein Gebäudekomplex aus Ringmauern, Umfriedungen und freistehenden Mauern mit zahlreichen Durchgängen, abgerundeten Toren, Plattformen, Höfen und einem konischen Turm. Am auffallendsten sind die »Akropolis«, ein Verteidigungsbau auf einem Hügel, und der »elliptische Tempel« in der Ebene. Er besteht aus einem 100 m langen und 70 m breiten Hof, den eine Mauer umgibt, die bis zu 5,50 m dick ist und oben eine Zierleiste trägt. Die Umfassungsmauer des großen Hofes ist über 7 m hoch. Mauern und Gebäude wurden aus Granitplatten errichtet, die in dieser Gegend durch Erosion von den großen Granitblöcken abspalten; sie wurden ohne Mörtel zusammengefügt. Lange Zeit blieb rätselhaft, wer wohl diese Mauern erbaut haben könnte.

Speckstein-Vogel aus den Ruinen von Groß-Simbabwe

Als Ende des 19. Jahrhunderts im Zuge der Kolonisierung Forscher, Abenteurer und Goldsucher das Gebiet der Maschona und Matabele erkundeten, stieß der deutsche Geologe K. Mauch 1872 auf die Ruinen von Groß-Simbabwe. Er erklärte, die »Akropolis« sei eine Kopie des Tempels von König Salomo und das »elliptische Gebäude« dem Palast der Königin von Saba nachgebaut. Der Gedanke, die Bauten könnten von den Vorfahren der dort lebenden afrikanischen Völker errichtet worden sein, lag völlig außerhalb seines Gesichtskreises. Außer ihm hielten in der Folgezeit viele an der These fest, Groß-Simbabwe gehe auf die Sabäer oder Phönizier zurück und sei schon 4000 oder 2000 Jahre alt. In Südafrika, wo die Regierung der Apartheid eine gleichberechtigte Kulturfähigkeit der schwarzen Bevölkerung negiert, wird diese These von der Gründung Simbabwes durch fremde Einwanderer noch immer verbreitet, obwohl inzwischen genügend wissenschaftliche Beweise für den afrikanischen Ursprung dieser Bauten erbracht wurden. Wissenschaftler, wie David Randall, MacIver und Gertraude Caton-Thompson, waren die ersten, die nachwiesen, daß Simbabwe Herrschersitz einer ausgedehnten afrikanischen Bergbauzivilisation war, die hier im Mittelalter blühte. In den Ruinen von Groß-Simbabwe und Umgebung fanden sie archäologisches Material, das eine zeitliche Einordnung ermöglichte: chinesisches Porzellan und Perlen aus Indien, die aus dem ostafrikanischen Küstenhandel stammen. Heute ist auch bekannt, daß die Ruinen von Groß-Simbabwe drei verschiedenen Perioden angehören. Die Mauern wurden bereits auf den Resten alter Siedlungen erbaut, die von Menschen aus der Eisenzeit im 6. oder 7. Jahrhundert errichtet worden waren. Eine ähnliche Siedlung erster eisenzeitlicher Gemeinwesen hat man auch bei den Kalambofällen in Tansania entdeckt und sie auf etwa 1000 u. Z. datieren können.

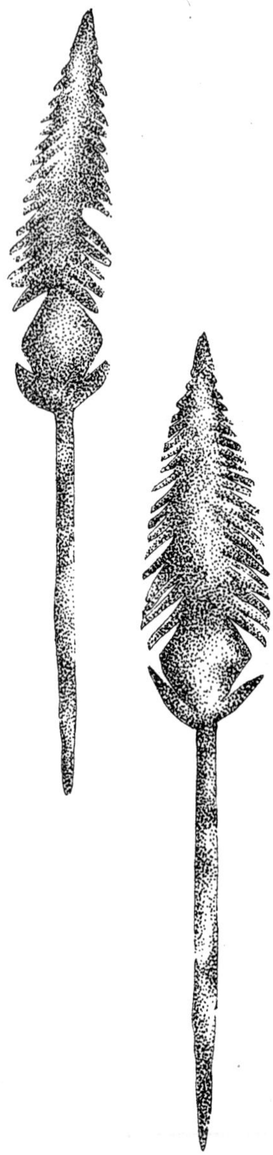

Speerspitzen der Simbabwe-Kultur

Die ersten Einwohner des Gebietes von Groß-Simbabwe waren wahrscheinlich bantusprachige Völker aus dem Norden. In der Hauptperiode der Entwicklung von Groß-Simbabwe waren dort Maschona vom Sambesi ansässig. Zu dieser Zeit befand sich hier der Hauptsitz des »Mweni Motapa«, des »Herrn der Bergwerke«. Sein Reich muß sich in der Zeit von 1250 bis 1750 über ein großes Gebiet erstreckt haben, das Teile des heutigen Simbabwe, Moçambique und Südafrika umfaßte. Auch in portugiesischen Quellen wird Simbabwe genannt. Barbosa erwähnte 1517, daß hinter der Küste von Moçambique das Königreich des Benamatapa liege. Der Portugiese de Ges berichtete: »In der Mitte dieses Landes ist eine große Festung aus großen und schweren Steinen innen und außen erbaut … ein seltsames und wohlkonstruiertes Gebäude, da man nach diesen Berichten keinen Mörtel sehen kann, der die Steine verbindet … In anderen Bezirken dieser Ebene gibt es noch weitere Festungen, die auf die gleiche Art erbaut sind; in ihnen allen hält der König seine Hauptleute.«

Groß-Simbabwe war Hauptstadt eines frühen Reiches, dessen Macht und Größe auf dem Bergbau beruhte. Der Handel mit den Küstenstädten, dessen Aufschwung war wesentliche Grundlage der Entwicklung dieses Reiches. Barbosa gab auch Berichte wieder, wonach von den Königreichen im Innern das Reich des Benamatapa das mächtigste sei. Von seinem Hauptsitz war bekannt: »In dieser Stadt Benamatapa befindet sich des Königs am häufigsten benutzter Wohnsitz in einem großen Gebäude, und von dort tragen die Händler das Gold aus dem Inneren des Landes nach Sofala und geben es ungewogen den Mauren für gefärbtes Tuch und Perlen, die bei ihnen sehr hoch geschätzt sind.«

Unter der Dynastie der Rowzi im 15. Jahrhundert hatte das Reich seine größte Ausdehnung und umfaßte ein Gebiet vom Sambesi, der Kalahari bis zum Hinterland der moçambiquischen Küste. Im Handel mit den Küstenvölkern wurden Metalle und Elfenbein gegen Baumwollwaren und Luxusartikel eingetauscht. Die Verarbeitung von Kupfer, Eisen und

Gold war bekannt. Berichte über eine Vielzahl von alten Minen (man schätzte 60 000) lassen die rege Tätigkeit ahnen, die hier im Mittelalter den Erzbergbau vorantrieb. Leider wurden durch die Eroberungskriege der Kolonialisten und durch Goldsucher viele archäologische Beweisstücke vernichtet. So hat z. B. die 1895 gegründete Ancient Ruins Company, die eine Konzession der British South African Corporation besaß, bei ihrer Jagd nach Gold (wovon sie 500 Unzen erbeutete) zahlreiche Ruinen durchwühlt, ohne auf andere Fundstücke als auf Gold zu achten. Tatsächlich ist Groß-Simbabwe nur eine von etwa 150 Ruinen zwischen Sambesi und Limpopo, die von dieser Bergbau-Zivilisation zeugen. Im Maschona- und Matabeleland finden sich ähnliche Höfe und freistehende Mauern.

Im nördlichen Transvaal, an der Grenze zwischen dem heutigen Simbabwe und der Republik Südafrika, liegt der Hügel von Mapungubwe, wo sich in der Zeit zwischen 900 und 1800 eine Provinzhauptstadt, ein herrschaftliches Zentrum oder eine Begräbnisstätte befunden haben mag. Der 1932 entdeckte Hügel brachte für die Kulturgeschichtsschreibung des südlichen Afrika wichtige Funde ans Licht: die ersten Goldschmiedegegenstände, Armbänder aus Kupferdraht, über 12 000 Goldperlen und -folien von Tierfiguren. Man fand mehr als zwanzig Skelette, eindeutig afrikanischen Ursprungs. In der Nähe legte man weitere Wohnsiedlungen frei. Auch im Gebiet des östlichen Simbabwe und westlichen Moçambique wurden in einem Gebiet von etwa 7 000 km² Festungen, Wohnhäuser, Vorratsgruben und Terrassen an Hügelabhängen, ähnlich derer in Tansania und Äthiopien, entdeckt. Von den Hügelabhängen von Niekerk schrieb der Forscher MacIver 1905: »Es gibt nur wenige Stätten innerhalb dieses großen Gebietes, wo es möglich ist, zehn Meter zu gehen, ohne auf eine Mauer, auf ein Gebäude oder einen künstlichen Steinhaufen zu stoßen.« Bei Inyanga haben sich ein Steindamm und kilometerlange Leitungen erhalten, durch die das Wasser über die Felder zum Hügel gelenkt wurde. Auch der Bau der Gebäude, für die Blöcke bis zu einer Tonne Masse verwendet wurden, sind Beweise für die Entwicklung der materiellen Kultur der afrikanischen Völker. Wahrscheinlich entstanden sie zur gleichen Zeit wie jene von Dhlo Dhlo, Kahni und Maletali im südlichen

Verzierte Speckstein-Schalen der Simbabwe-Kultur

Afrika, im 18. Jahrhundert. Es bestanden offensichtlich Handelsverbindungen zur Küste und zu Groß-Simbabwe. Dies alles stellt die Ruinen von Groß-Simbabwe in ihren Zusammenhang: als Teil einer ausgedehnten Entwicklung verschiedener afrikanischer Völkerschaften im Übergang zur Eisenzeit um die Jahrtausendwende bis zur Herausbildung größerer Reiche, die mit Handel und Bergbau verbunden waren.

Der Herrscher von Groß-Simbabwe, der »Herr der Bergwerke«, lebte zeitgleich mit den großen Herrschern Westafrikas. Dort hatte sich die Entwicklung auf ähnliche Weise vollzogen. Ähnlich war auch ihr Schicksal in bezug auf das Interesse, das sie in Europa erweckten – als Produzenten und Eigentümer von Gold! Die Portugiesen sahen in Sofala das Goldland Ophir, das den sagenhaften Reichtum des Königs Salomon geliefert hatte. In der Bibel wird berichtet, daß die Schiffe des Königs alle drei Jahre dem Herrscher »Gold, Silber, Elfenbein, Affen und Pfauen« brachten.

1505 verkündete Eduardo Pacheiro Pereira stolz, Ophir entdeckt zu haben (»das jetzt Sofolo heißt«). Nach anderen Berichten glaubten die Portugiesen, das Reich des Mweni sei das Reich des Priesterkönigs Johannes – und es sei eine Quelle unermeßlich vielen Goldes. Goldhungrige Trupps drangen in das Hinterland vor, waren aber bald enttäuscht, ihre Erwartungen eines afrikanischen Eldorados nicht erfüllt zu sehen.

Nachdem sich die Portugiesen in Moçambique feste Besitzungen erobert hatten, gelang es ihnen, 1607 Gatsi Rusere, einem Herrscher von Monomotapa, einen Vertrag aufzuzwin-

Hofkapelle der Fürsten von Ilorin, nach Frobenius 1912

gen, in dem er alle Gold-, Silber- und Eisenminen der Oberhoheit Portugals abtrat. Sein Nachfolger mußte einem Vertrag zustimmen, der ihn zum Vasallen des Königs von Portugal machte. Seine zentrale Macht war gebrochen. In der Folgezeit führten zudem innerafrikanische Fehden zum Zerfall des Reiches.

Heute erinnern nur noch die Specksteinvögel aus den Steinkammern von Groß-Simbabwe an die Zeit, als hier in den Feuerschalen das königliche Feuer brannte, das die Provinzherrscher des Mweni Mutapa in alle Teile des ausgedehnten, mächtigen Reiches trugen. Die Specksteinvögel, die lange Zeit von Forschern als Beweise für den phönizischen oder assyrischen Ursprung Groß-Simbabwes angeführt wurden, mögen zu jener Zeit für Kultrituale des Blitz-Vogels aufgestellt worden sein, eine religiöse Vorstellung, die auch bei anderen Völkern im Süden Afrikas verbreitet war. Die Tradition der Specksteinbearbeitung, wie sie in diesen Skulpturen und den Gefäßen aus Groß-Simbabwe bekannt ist, lebt noch heute in der Kunst und im Kunsthandwerk Simbabwes fort.

Höfische Porträtkunst von Ife und Benin

Von den alten afrikanischen Reichen ist nicht nur überliefert, wie die Paläste gebaut und womit Handel getrieben wurde, sondern auch, daß an den Höfen der Herrscher Handwerker und Künstler beschäftigt waren, die prunkvolle Kleidung und Einrichtungsgegenstände anfertigten, zu Ehren des Königs musizierten, dichteten, tanzten, Skulpturen aus Holz, Gold, Elfenbein, Bronze und Kupfer schufen.

Diese Kunst der Höfe diente der Stärkung der Autorität des Herrscherhauses, dem Vorführen des Reichtums und der Betonung seiner politischen und religiösen Macht. Aristokratische Familien und königliche Dynastien konnten aufgrund ihrer ökonomischen Vorrangstellung Handwerker und Künstler beschäftigen, die ausschließlich diese Tätigkeit ausübten, darauf spezialisiert wurden und dadurch große Meisterschaft erlangten. Die Kunst der afrikanischen Höfe war in den Traditionen der Bauern- und Hirtengemeinschaften verwurzelt, zugleich aber war sie selbständig weiterentwickelt worden; auch beeinflußten sich die Kunstströmungen und Techniken gegenseitig, wie es aus der Geschichte der Yoruba-Reiche bekannt ist.

Was wurde uns von dieser Kunst überliefert, welche Zeugnisse blieben erhalten? Kenntnisse vermitteln uns zeitgenössische Berichte und spätere Forschungsreisende. So ist aus mündlichen Überlieferungen bekannt, daß am Hofe des Mali-Königs Kanku Musa Musikanten mit Tamburinen und Tänzer zur Unterhaltung des Herrschers aufspielten. Frobenius konnte zu Beginn unseres Jahrhunderts am Hofe des Mossi-Königs in Wagadugu Maskentänze miterleben, die sicher schon eine lange Tradition hatten. Er schlußfolgerte: »Und großartig muß der Prunk bei jenen großen Herbstfesten gewesen sein, die den Seelen der verstorbenen Kaiser gewidmet waren.« Sicher waren auch an den Herrschersitzen der Sandsch an der ostafrikanischen Küste, von denen Ibn-Masudi berichtet, daß die Einwohner ihren König wie einen Gott verehrten, religiöse Zeremonien und Rituale mit Musik und Tanz fester Bestandteil des Hoflebens. Vom Hofe des Manikongo berichteten Portugiesen, daß Gaukler zur Unterhaltung auftra-

Hofzeremoniell:
Begrüßung des Oni in Ife,
nach Frobenius 1912

ten. Auch vom Hofe in Monomotapa ist überliefert, daß dort Künstler beschäftigt wurden, um den Herrscher zu unterhalten. In einer portugiesischen Übermittlung aus dem 17. Jahrhundert heißt es: »Der König besitzt noch eine andere Gruppe von Ungläubigen, die als ›Maromba‹ bezeichnet werden, was das gleiche bedeutet, wie ›Spaßmacher‹. Jene halten sich ebenfalls am Königshof auf, wo sie mit mißtönenden schrillen Stimmen Lieder singen und Reden halten zur Lobpreisung des Königs ...

Geht der König aus, so ist er von diesen Marombe umgeben, die ihm jene Huldigungen laut schreiend darbringen, unter Begleitung der Trommeln, Mbiras und Glocken, die sie unterstützen, noch stärkeren Lärm und Krawall zu erzeugen.«

In einigen Teilen des Kontinents sind Kunstwerke alter, vorkolonialer Reiche erhalten geblieben, die vom hohen Entwicklungsstand höfischer Kunst zeugen. Für die Revidierung des Afrika-Bildes in Europa waren die Funde aus den Yoruba-Reichen und aus dem Ashanti-Reich von besonderer Bedeutung.

Zu Beginn unseres Jahrhunderts reiste der deutsche Forscher Leo Frobenius nach Ife (im späteren Nigeria), weil er Informationen über eine verborgene Statue des Meeresgottes eines hier lebenden Yoruba-Volkes nachgehen wollte. Tatsächlich entdeckte er schon nach kurzer Zeit bei seinen Ausgrabungen Scherben eines Terrakottaporträts, das ihn in höchstes Erstaunen versetzte, dem er in seinem 1912 veröffentlichten Reisebericht Ausdruck verlieh: »Hier gab es die Reste einer uralten und vornehmen Kunst, die unendlich erhaben war über den verhältnismäßig groben und noch nicht einmal gut erhaltenen Steinbildnissen. Denn aus diesen kümmerlichen Bruchstücken sprach ein Ebenmaß, eine Lebensfrische, der Ausdruck einer direkt an Altgriechisches erinnernden Formfeinheit. Hier äußerten sich unbedingt Fremdes und uralte Kultur. Von dem Augenblick dieser Entdeckung an wußte ich, daß meine Aufgabe sich in Ife verschoben hatte, in jene Richtung, die ich kaum gehofft hatte, hier gehen zu können. Der Pfad führte zur wahren Kunst.« Aber es sollten bald weitere Funde folgen: Terrakottaporträts, aber auch Bronzeköpfe von überragender künstlerischer Meisterschaft. »Da waren schöne Terrakottaköpfe«, schrieb Frobenius, »porträtlebendig, rein, klar im Stil und bezeichnend durch alte Tätowierungen und Haarschnitte.« Und er fand auch die Bronzebüste des Meeresgottes Olokun im heiligen Hain des Yoruba-Gottes: »Vor uns stand ein wundervoll gegossener alter Bronzekopf von ausnehmender Schönheit und Lebenswahrheit, überzogen von einer dunkelgrünen, schönen Patina. – Dies also war Olokun, der Poseidon des atlantischen Afrika!«

Terrakottaköpfe

Porträtkopf eines Oni
aus Ife

Die in Ife gefundenen Porträtköpfe zeugen von dem tiefen ästhetischen Empfinden und der handwerklichen Meisterschaft ihrer Schöpfer. Sie alle strahlen innere Ruhe und Harmonie aus, die jeden Betrachter anrühren. Aufgrund der realistischen Gestaltung des Gesichts, die sich auch in den längsgezogenen Schmucknarben ausdrückt, und des Ebenmaßes wurden die Ife-Köpfe nicht nur von Frobenius mit der Schönheit griechischer Plastiken verglichen, ja gleichgesetzt. »Ich glaube, es kann kein Zweifel darüber herrschen«, schrieb Frobenius später, »daß wir es hier mit einer Kunst zu tun haben, die sich lokal bis zu einer verblüffenden Höhe entwickelt hat. Zumal derjenige Kopf, welcher von den Eingeborenen den Namen ›Mia‹ empfangen hat, muß als das bedeutendste uns bislang bekannt gewordene Kunstwerk bezeichnet werden, das auf afrikanischem Boden außerhalb des schmalen Niltals und jenseits des römischen Bezirkes entdeckt worden ist. Einheitlichkeit der Höhe der Porträtkunst dürfen wir als wichtigste Symptome dieser unserer Entdeckung betrachten.« Solche Kunstwerke in Afrika zu finden hatte man nicht vermutet. So war es für Frobenius – bei aller Bewunderung für die Kunst von Ife – nicht vorstellbar, daß sie von Afrikanern hervorgebracht worden sein könnte. Für ihn stand fest, daß es sich um das Werk einer »unnegerhaften Edelrasse« handelte, die einst hier in einer Provinz des klassischen Atlantis ihre Kultur schuf. Frobenius suchte nach Beweisen für die Verwandtschaft der Ife-Kunst mit der der Etrusker; andere forschten nach portugiesischen, griechischen oder ähnlichen europäischen, aber auch asiatischen Einflüssen.

Tatsächlich waren es Künstler der Yoruba, die in Ife, der »heiligen Stadt«, in der Zeit zwischen dem 12. und 16. Jahrhundert diese Porträts als Ahnenköpfe der Oni, der geistigen Herrscher von Ife, schufen. Ife gehörte zu den Yoruba-Stadtstaaten, deren Gebiet im Mittelalter Teile des heutigen Nigeria und des Staates Benin umfaßte. Ife hatte für die Yoruba eine besondere Bedeutung, weil es nach ihrer Überlieferung die erste Stadt der Welt war: Hier gründete die Göttin Oduduwa eine Stadt, nachdem der Schöpfergott Obatala 16 Götter ausgesandt hatte, Leben auf der Erde zu schaffen. Ife war daher rituelle Begräbnisstätte der Yoruba-Herrscher, aus Ife empfing der Alafin von Oyo, der ranghöchste unter den Herrschern der Yoruba-Staaten, seine königlichen Würdezeichen. Der Oni von Ife ist bis heute religiöses Oberhaupt der Yoruba. Spätere Ausgrabungen und Funde in Ife erweiterten das Bild der höfischen Kultur von Ife. Neben zahlreichen Ahnenporträts aus Terrakotta und Bronze fand man mit Tonscherben gepflasterte Innenhöfe sowie Glasgüsse und Schlackenmasse einer alten Glasproduktion, wo vermutlich jene Glasperlen hergestellt wurden, die in mehrreihigen Ketten dem Oni von Ife als Schmuck dienten, wie es auf den Porträts erkennbar ist. Er war es, der Künstler beschäftigte, die für den Hof arbeiteten. Die aus Bronze in der Technik der »verlorenen Form«, im Wachsschmelzverfahren gegossenen Porträts legen eine so hohe Meisterschaft an den Tag, daß sie bereits Ergebnis einer längeren Entwicklung sein müssen. Tatsächlich beweisen zahlreiche Funde aus verschiedenen Teilen Nigerias heute, daß Ife zwar einen besonderen Höhepunkt künstlerischer Entwicklung darstellte, aber keine Einzelleistung in einer »kulturlosen Region«, nur eines von mehreren Zentren, die sich dort im Verlauf der letzten zwei Jahrtausende herausbildeten. Seit man 1948 im Nok-Tal des Bauchiplateaus im Norden Nigerias jene schon erwähnten Terrakottafiguren entdeckte, welche die europäische Fachwelt so in Erstaunen versetzten, ist die Verwurzelung der Ife-Kunst in der Kulturgeschichte der im heutigen Nigeria lebenden Völkerschaften nicht mehr zu leugnen. Erstaunlicherweise gibt es auffallende Ähnlichkeiten zwischen den Terrakotten von Nok, von denen bis heute 160 ausgegraben wurden, und denen von Ife, vor allem hinsichtlich der Haartrachten und des Schmucks, auch wenn alle Nok-Plastiken ihren eigenen Stil durch die in Augen, Nase, Mund und Ohren angebrachten Löcher verkörpern.

Die Ahnenporträts von Ife sind in ihrer klassischen Schönheit einmalig, aber von ähnlicher Meisterschaft zeugen auch andere aus den Yoruba-Staaten Owo und Benin. Die in Owo gefundenen Terrakottafiguren weisen sowohl Einflüsse des südöstlich gelegenen Ife als auch des mächtigen Stadtstaates

Glasperlenschleifer in Ife, nach Frobenius 1912

Benin im Osten auf. Wie in den anderen Yoruba-Reichen bezog der Herrscher seinen Vorrang und seinen Reichtum aus dem Handel und den Abgaben der tributpflichtigen Dörfer im weiten Umkreis der Stadt.

Benin, das als Staat möglicherweise schon seit dem 12. Jahrhundert bestand, wurde in Europa durch die Berichte der Portugiesen und Holländer bekannt, die an den Hof des Oba kamen, um Handel zu treiben. Als im Jahre 1485 die ersten Portugiesen nach Benin gelangten, wurden sie vom Oba empfangen und als Gäste eines fernen Landes bewirtet. Dies mag nach einem ähnlichen Zeremoniell vor sich gegangen sein, wie es in der traditionellen Gastfreundschaft an den Höfen der Yoruba- und Bini-Völker bis in die Gegenwart vonstatten geht und wie ich es am Hofe des Oba von Badagry erlebte: Trommler und Musikanten in Festschmuck kündigen die Gäste an; diese betreten den Audienzsaal des Herrschers, in dem die Würdenträger versammelt sind. Der Eintritt des Oberhauptes wird gemeldet, er nimmt auf seinem Thronsessel Platz und entbietet über seinen Sprecher den Gästen seinen Willkommensgruß. Zu ihrem Empfang und als Zeichen der Gastfreundschaft reicht ein Bediensteter kniend den Gästen Palmwein und Kolanüsse. Der Oba erkundigt sich nach der Reise, nach der Heimat der Gäste, nach ihren Plänen und Wünschen …

Auf den Bronzeplatten des Palastes von Benin sind portugiesische Soldaten und Händler abgebildet, die Gäste des Oba waren. Seit etwa 1500 gab es Handelsverträge zwischen dem Stadtstaat Benin und Portugal, der Oba hatte das Handelsmonopol mit den Portugiesen. Portugiesische Soldaten traten als Söldner in den Dienst des Oba. Portugiesen und Bini (so nannte man die Einwohner von Benin) waren zunächst Partner.

Beschreibung Benins

Der holländische Geograph Olfert Dapper, der seine Eindrücke in der 1668 in Amsterdam erschienenen Beschreibung von Afrika festgehalten hat, vermittelt uns eine Vorstellung von Benin: »Diese Stadt mit dem Schlosse des Königs begreift in ihrem Umzuge fünf oder sechs Meilen. An der einen Seite hat sie eine Mauer zehn Fuß hoch, von dicken, zweifachen Bäumen gemacht, mit Jochen von fünf oder sechs Füßen, kreuzweise geschlagen, aneinander gefüget und mit roter Lehmerde ausgefüllt und ganz fest ineinander gearbeitet. Auf der anderen Seite der Stadt, da sie keine Mauer hat, lieget ein Morast und dichtes Gebüsch, dadurch sie nicht wenig beschirmet wird. Sie hat unterschiedliche Tore, welche acht oder neun Füße hoch und fünfe breit sind, mit hölzernen Torflügeln, aus einem ganzen Stück gehauen, die auf einer Angel hängen und sich umdrehen lassen wie Schlagbäume. Das

Schloß des Königs ist viereckicht und steht auf der rechten Seite der Stadt, wenn man zum Gottonischen (Ugwato-)Tor hereinkommt. Es ist wohl so groß wie die Stadt Haarlem und rundherum mit einer sonderlichen Mauer umgeben. Es ist in viele prächtige Wohnungen eingeteilt und hat schöne, lange, viereckichte Lustgänge, die ohngefähr so groß sind als die Börse zu Amsterdam, doch einer ist größer als der andere. Das Dach derselben stehet auf hölzernen Säulen, welche von unten bis nach oben zu mit Messing überzogen, darauf ihre Kriegstaten und Feldschlachten sind abgebildet. Alles wird sehr reinlich unterhalten. Die meisten königlichen Wohnungen sind mit Palmblättern überdeckt anstatt viereckichter Bretter, und ein jeder Giebel ist mit einem Türmlein gezieret, welches oben spitz zuläuft. Darauf stehen Vögel von Kupfer gegossen, mit ausgebreiteten Flügeln, sehr künstlich nach dem Leben gebildet.

Bronze-Platte vom Palast
des Königs von Benin

Die Stadt hat dreißig ganz gerade Gassen. Jede ist ungefähr 120 Füße breit. Und hierauf kommen viele breite, wiewohl etwas Zwerchgassen gelaufen.

Die Häuser stehen längst den Gassen hin in guter Ordnung gebauet dicht beieinander, wie in Europa, mit Giebeln und Stufen gezieret und mit Palm- oder Bananasblättern gedeckt. Sie sind nicht sehr hoch, aber gemeiniglich groß mit langen Gängen von innen, sonderlich die Häuser der Edelleute; desgleichen mit vielen Zimmern, deren Wände, von roter Lehmerde gemacht, sie mit Waschen und Reiben solchergestalt zu glätten wissen, daß sie blinken wie ein Spiegel. Aus eben derselben Erde sind auch die Decken gemacht. In jedem Haus findet man einen frischen Wasserbrunnen. Ja die Häuser sind so zierlich gebauet und so wohl versehen, als an einigen Orten dieser Gegend (d. h. Hollands – d. A.).« Dapper informierte auch über das Handelsleben von Benin, darüber, daß Benin »Baumwolltücher, Jaspis, Pfeffer, Leopardenfelle, Korallen, Tücher blau oder weiß gestreift dreieinhalb Ellen lang und kleine Tücher« exportierte und dafür unter anderem Metalle importierte. Und Dapper war auch Augenzeuge der Pracht am Hofe des Obas von Benin: »Nur einmal des Jahres kommet er auf einem gewissen Festtag aus seinem Hofe vor die Gemeinde. Und alsdann erscheint er zu Pferde im königlichen Schmucke auf das prächtigste ausgezieret. Drey oder vierhundert Edelleute folgen ihm so wohl zu Pferde als zu Fuße mit einer großen Menge Spielleute, welche so wohl hinten als vornen sich befinden und auf allerley Spielzeugen sich hören lassen.«

Benin-Bronzen

Der Oba von Benin beschäftigte seine eigenen Kunsthandwerker, die ausschließlich für ihn Bronzegüsse anfertigen durften. Ihre Werke standen – wie die der Bronzegießer von Ife – eng mit dem Weltbild der Yoruba und der in Benin lebenden Edo in Verbindung, das auf der Einheit der wahrnehmbaren und nichtwahrnehmbaren Welt, der Einheit der Lebenden und Toten in einem beseelten Universum, begründet war. Das Schicksal der Lebenden wurde von den Göttern des Yoruba-Pantheons beeinflußt, deren Wohlwollen sich die Menschen durch Opfer und rituelle Zeremonien sichern mußten. Die Ahnen waren ihr Bindeglied zu den Göttern, zur unsichtbaren Welt, so daß durch ihre Verehrung deren Beistand erhofft wurde. Jede Familie hatte ihren Ahnenaltar, auf dem neben Ahnenstöcken Ahnenporträts aufgestellt waren, je nach Reichtum geschnitzt oder aus Terrakotta. Allein die Ahnenporträts der Herrscher waren in Bronze gegossen und befanden sich auf dem Ahnenaltar der königlichen Familie. Der König hatte zugleich eine religiöse Funktion. Die Kosmologie der Yoruba-Religion, die sich bis heute erhalten hat, schließt eine komplizierte Götterwelt ein, die mit den Menschen in Beziehung steht: Hauptgott ist Olorun oder Olodumare, dem eine Vielzahl von »Untergöttern« (Orisha) zugeordnet sind; ranghöchster unter ihnen ist Obatala, der die Menschen schuf, und als weiblicher Gegenpol Oduduwa, Göttin der Fruchtbarkeit, auf die die Gründung Ifes zurückgeht; Oranyan, der erste König in Oyo; Shango, der Gott des Gewitters; Oya, Shangos Frau und Wassergöttin des Niger; Ogun, der Gott des Eisens; Oko, die Schutzgöttin des Bodenbaus; Shopona, der Gott der Pocken u. a. m. Eine weitere Kategorie bilden die Dämonen, Geister (Geister der Flüsse, Seen, Bäume, die Erdgöttin Onile) und Ahnen. Eine besondere Rolle in den religiösen Festen und den Kulten spielen der Ogboni-Bund und die Egungun-Masken, die in den festlichen Maskenumzügen Ahnen und Götter verkörpern.

Die Bronzekunst von Benin wurde in Europa auf eine Weise bekannt, die das tragische Unverständnis Europas für die Spezifik der Kulturen Afrikas kennzeichnet: Die englischen Kolonialisten, die sich Ende des 19. Jahrhunderts an der Küste durch die Errichtung der Kronkolonie Lagos den Export des begehrten Palmöls nach Europa sicherten, wollten ihr Einzugsgebiet auf das Reich des Oba von Benin ausdehnen. Sie sandten 1897 eine Delegation mit dem britischen Vizekonsul Philips nach Benin zu Verhandlungen mit dem Oba. Als der Herrscher davon Kenntnis erhielt, bat er darum, den Besuch zu verschieben, da er in die Vorbereitungszeit zur Igue-Zeremonie fiel, einem wichtigen Fest, bei dem der König heilige Person ist. Die Delegation reiste dennoch nach Benin und wurde, bis auf zwei Europäer, von Anhängern des Oba getötet. Daraufhin sandte Großbritannien eine »Strafexpedition« nach Benin, die Stadt wurde beschossen und der Palast des Oba zerstört. In den Trümmern des Palastes entdeckten britische Soldaten zu ihrer Überraschung wertvolle Kunstschätze, die sie nach Europa schleppten. Bald darauf tauchten auf dem

Behälter für Kolanüsse, Elfenbein mit Messingeinlage, Benin

europäischen Kunstmarkt zahlreiche Altertümer aus Afrika auf, die wegen ihrer Fremdartigkeit große Verwunderung auslösten. Völkerkundemuseen und private Sammler erwarben die Beninbronzen. 1919 waren 2400 Kunstwerke bekannt. Zu dieser Zeit konnte ein Sammler für 40 Pfund ein solch seltenes und wertvolles Stück erwerben – heute wird für eines der Beninreliefs fast eine halbe Million Mark (125 000 Pfund) auf einer Auktion geboten.

Die Bronzewerke waren von unterschiedlicher Art und Funktion: Neben den Ahnenköpfen, von denen so mancher eine Öffnung besaß, in die ein geschnitzter Elfenbeinzahn eingelassen wurde, waren es Tierfiguren, figürliche Darstellungen, rituelle Bronzeglocken und Rasselstäbe. Die berühmten Bronzeleoparden des Oba sind in ihrer Lebensechtheit kaum zu übertreffen! Berühmt wurde Benin aber vor allem durch die Bronzereliefs, viereckige Platten, die den Palast geschmückt hatten und die auch Dapper erwähnt hat. Diese Reliefs sind zugleich eine Bilderchronik des Palastlebens. Sie zeigen Höflinge, Musikanten, fremde Besucher (z. B. portugiesische Händler), religiöse Zeremonien und den Herrscher mit seiner Familie. Die meisten von ihnen stammen aus dem 16. bis 17. Jahrhundert. Man nimmt an, daß die Bronzekunst bereits seit dem 14. Jahrhundert ausgeübt wurde, ob zunächst durch Schmiede aus Ife, wie es die Überlieferung will, wissen wir nicht. Diese ersten Bronzen waren besonders dünnwandig, nur 1 bis 3 mm dick. Damals kam das Messing aus dem Norden über den Transsaharahandel. Als um 1550 der Oba Esigie begann, es von den Portgugiesen, die über den Seeweg kamen, zu beziehen, schlug sich dies in neuen Entwicklungen der Beninkunst nieder: Einerseits wurden die Stücke stärker, andererseits konnten neue Formen erprobt werden. Aus dieser Zeit stammen die ersten Porträts von Königinnen, wie das berühmte Porträt der Königin Idia mit dem hohen Perlenkopfputz.

Bilderchronik des Palastlebens

Aber nicht nur die Bronzegießer schufen Meisterhaftes, auch die Elfenbein- und Holzschnitzer. Bekannt wurden die mythologischen Darstellungen, die in Elefantenstoßzähne geschnitzt wurden, Tierfiguren wie der Elfenbeinleopard, Elfenbeinschmuck für den Herrscher, wie breite Armreifen mit bildlichen Darstellungen, und die kunstvoll geschnitzten Dosen für die Aufbewahrung der Kolanüsse. Künstlerisch vollendet ist eine Elfenbeinmaske, die sich im Britischen Museum befindet und in Nigeria zu einem Symbol afrikanischer Kunst anläßlich des Festivals FESTAC 77 wurde.

Von den Holzschnitzereien hingegen ist international relativ wenig bekannt. Daß es auch hierin große Künstler gab, beweisen Stücke, die heute im Museum von Benin zu bewundern sind. Hier ist z. B. eine Holztruhe aufbewahrt, die der Sohn des von den Briten abgesetzten Oba seinem Vater ins Exil sandte – als in Holz geschnitzte Botschaft mit Bildmotiven, die über das Hofleben nach seiner Abreise berichteten. Wie eng diese Schnitzkunst im Leben der Yoruba verwurzelt war, zeigen die Türen mit Darstellungen aus der Mythologie, geschnitzte Spiele, Zwillingsfiguren oder Kolanußbehälter, die weit verbreitet waren.

Die Kunst der Bronzebearbeitung wurde in Benin nach der britischen Eroberung weitergeführt, wenn auch Benin seine alte Macht und Größe verloren hatte. Im System der »indirekten Herrschaft« des britischen Kolonialismus wurden die traditionellen Chiefs und Oba als lokale Herrscher wieder eingesetzt und konnten auch als Mäzene der Bronzegilde weiter diese Tradition fördern. Noch heute wohnen die Bronze-Künstler Benins in der traditionellen Igun-Street in roten Lehmhäusern. In den Höfen brennt das Holzkohlenfeuer, das wie einst zur Fertigung der Beninbronzen dient. Wie seit dem 16. Jahrhundert arbeiten die Bronzegießer in der Technik der

Ashanti-Zeremonie, nach Rattray 1923

Der Guß der verlorenen Form

verlorenen Form. Sie fertigen ein Modell aus Bienenwachs auf einem Tonkern mit einer dünnen Wachsröhre, umhüllen es mit einem Tongemisch, erwärmen es, bis das Wachs schmilzt und ausläuft, gießen flüssiges Metall in den entstandenen Hohlraum, lassen die Form abkühlen und zerschlagen sie, so daß das metallene Rohprodukt zum Vorschein kommt, das sie dann durch Feilen und Polieren verfeinern. Noch immer arbeiten sie in zunftähnlichen Familiengilden, durch gemeinsame Tabus und Pflichten verbunden. Am Hauseingang befindet sich der Altar für Ogun, den Gott der Schmiede und des Krieges, dem zu bestimmten Anlässen geopfert wird: »Ogun, beschütze mich, daß mich das Feuer nicht verbrennt, gib mir genug Arbeit und gib mir Käufer für meine Produkte!« Der zweite Teil der Bitte wurde in jüngerer Vergangenheit angefügt, denn ursprünglich durfte der Bronzegießer nur für den Oba arbeiten. Heute hingegen hat er auch kommerzielle Abnehmer – allerdings, so erfuhr ich von einem berühmten Bronzekünstler der Stadt, sind die schönsten Stücke, die von der Familie des Bronzegießers hergestellt werden, noch immer für den Oba bestimmt. Die heute auch aus »fremden« Familien angenommenen Lehrlinge dürfen die »Touristenstücke« arbeiten. Sicher sind diese modernen Bronzen stärker, aber noch immer von großer Schönheit und Präzision.

War die Bronzekunst nur mit dem sozialen Leben und der Religion der Yoruba verbunden, mit ihrer Form der feudalen Organisation? Offensichtlich nicht, denn 1959 wurden mit den Ausgrabungen in Igbo-Ikwu östlich von Benin bei den Igbo Bronzegegenstände gefunden: reichverzierte und feinziselierte Schalen und Gefäße und Porträtköpfe als Anhänger. Es wurde eine Stadt mit Tempel und Palast, mit der Grabkammer eines Oberpriesters freigelegt. Diese Bronzearbeiten stammen bereits aus dem 9. und 10. Jahrhundert – aus einer weit weniger zentralisierten Gesellschaft.

In Nordnigeria entdeckte man auf der Insel Jedda und am Ufer des Niger im Dorf Tada Bronzefiguren, die bis ins 13./14. Jahrhundert datiert werden konnten und nach dem legendären Gründer des Nupe-Reiches Tsoede als Tsoede-Bronzen in die Kunstgeschichte Afrikas eingingen.

Die Goldfiguren der Ashanti

Gelbgußarbeiten in Gestalt kleiner Tierfiguren sind noch heute in Ghana ein begehrtes Souvenir für alle, die Feinheit und Kunstfertigkeit zu schätzen wissen. Dieses Kunsthandwerk hat in der Geschichte Ghanas eine lange Tradition und ist vor allem dem Volk der Ashanti zu danken, deren Reich hier seit Beginn des 18. Jahrhunderts bestand. Das Ashanti-Reich war seit 1700 zunächst eine militärische Konföderation von selbständigen Gebieten, denen jeweils ein Oman vorstand und die sich zum Kampf gegen die Denkera unter Leitung des Oberhauptes von Kumasi, Osai Tutu (1697–1731), zusammenschlossen. 1719 wurden die Denkera besiegt. Die Überlieferung der Ashanti besagt, daß der Gründer ihres Reiches seine Herrscherwürde von Gott verliehen bekam, indem er den »Goldenen Stuhl« als Verkörperung der Seele des gesamten Volkes vom Himmel erhielt.

Das Ashanti-Reich bestand aus freien Dorfgemeinschaften mit Bodenbau, deren Häuptlinge dem Herrscher unterstanden und zu Abgaben und Dienstleistungen verpflichtet waren. Der wirtschaftliche Reichtum des Landes floß auch aus den Goldminen und dem Handel zu, die Währung war Goldstaub. Im Handel mit Europa wurde Gold gegen Tabak, Eisen, Feuerwaffen und Alkohol eingetauscht. Weiteres Handelsprodukt waren Sklaven, die die Ashanti aus dem Hinterland herbeischafften. Verschiedene Handwerkszweige hatten sich im Ashanti-Reich besonders gut entwickelt: die Töpferei, die von Frauen ausgeübt wurde, die Weberei, die Bearbeitung von Leder sowie Schnitzen und Schmiedearbeiten. Im Zusammenhang mit religiösen Zeremonien und der Prunkentfaltung des Omanhene, des Herrschers, bildete sich am Hofe eine Gilde kunstfertiger Handwerker heraus. Die Weber, die seit dem 17. Jahrhundert die Streifen für die Kente-Kleidung webten, lebten seit dem 19. Jahrhundert in spezialisierten Dörfern. Sie fertigten Baumwoll- und Seidenstoffe, die dem sozialen Status des jeweiligen Trägers entsprachen. Farben und Druckmuster der Stoffe hatten jeweils bestimmte Bedeutung. Die Holzschnitzer fertigten lokale Figuren und machtvolle Fetische,

Goldstaubbehälter der Ashanti

Haushaltsgegenstände und die Bretter des oware-Spiels. Besonders kunstfertig sind ihre Holzkämme und -löffel, deren Stiele sie mit Darstellungen schmückten, die oft symbolische Bedeutung hatten. So z. B. bezog sich die Figur des Sankofa-Vogels auf das Sprichwort »Niemand soll zögern, geschehenes Unrecht wiedergutzumachen«, oder das Aufeinander mehrerer Stühle verdeutlichte die soziale Hierarchie, »jemand sitzt auf einem anderen«. Bis in die Gegenwart hinein erhalten hat sich die Tradition der geschnitzten Fruchtbarkeitspuppen, die Frauen auf dem Rücken trugen in der Hoffnung auf baldigen Kindersegen. Auf das Schnitzen hatten sich einige Dörfer spezialisiert, auch wenn dies keine »Ganztagsbeschäftigung« bedeutete. Daneben genossen die Schmiede großes Ansehen, die entweder Eisen, Bronze oder Gold bearbeiteten.

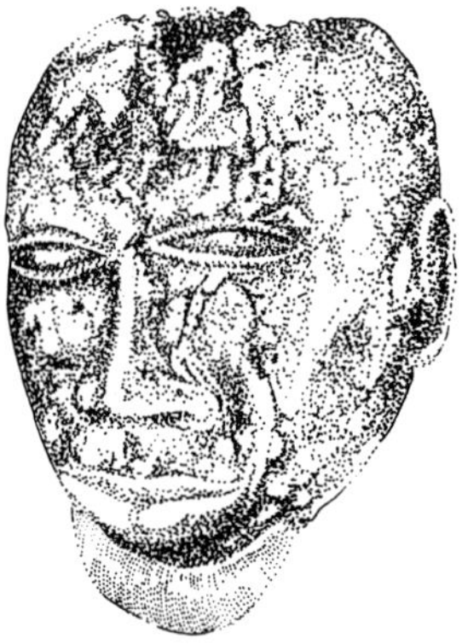

Goldmaske
eines Ashanti-Königs

Das kulturelle und soziale Leben der Ashanti verband sich eng mit ihrem Weltbild. In ihrer Religion, die sich bei den Akan-Völkern Ghanas bis in unser Jahrhundert hinein erhalten hat, ist Nyame, der Schöpfergott, höchste Gottheit, aber stärker mit den Angelegenheiten der Menschen beschäftigt sind die »abosom«, Naturgottheiten wie Wasser- und Baumgeister. Zum Schutz für spezielle Gelegenheiten werden Fetische angefertigt. Eine wichtige Rolle im sozialen Leben spielt der Ahnenkult, da die Geister der Verstorbenen sich für ihre Familien einsetzen können. So sind Fruchtbarkeitskulte, die das Wohl der Gemeinschaft durch Fruchtbarkeit des Bodens und der Menschen sichern sollen, eng mit Zeremonien verbunden, die sich an die Ahnen mit der Bitte um Wohlwollen richten.

Rituelle Bedeutung haben die »Ahnenstühle« als Symbol der Ahnen. Diese Holzstühle werden bereits zu Lebzeiten angefertigt und nach dem Tod geschwärzt und aufbewahrt. Sinnbild der politischen und religiösen Macht des Herrschers ist der Goldene Stuhl der Ashanti, ein aus Elfenbein geschnitzter und mit Gold überzogenen Stuhl, der die von den Ahnen übergebene Macht symbolisiert. Es war daher für die Ashanti mehr als ein kostbarer Gegenstand, den 1900 die Briten von ihnen forderten, um ihre Herrschaft über das Reich auszudrücken.

In Kumasi, der Hauptstadt des Ashanti-Reiches, konzentrierten sich der Reichtum des Landes und auch die Kunstfertigkeit der Handwerker. Kumasi zählte 20 000 bis 30 000 Einwohner, eine Stadt mit sauberen Straßen und zweistöckigen Häusern. Die Händler waren in speziellen Gebieten um die Stadt zu Hause, während die Würdenträger des Herrschers in der Nähe des Palastes wohnten. Den sozialen Stand eines Menschen verriet seine Kleidung, da soziales Ansehen sich mit bestimmten Symbolen verband. Höflinge trugen Seidenkleider, Goldsandalen, Goldringe an Fingern und Zehen, Armreifen und große Schirme, deren geschnitzte Spitzen häufig ein Sprichwort symbolisierten.

Die nach Kumasi geholten Goldschmiede fertigten Ringe und Goldgewichte, aber auch andere rangbezogene Statussymbole – prunkvolle Gegenstände, die nur dem Herrscher, wie das Goldschwert, die golddekorierte Kalebasse für den Palmwein, Goldschmuck usw., oder seinen Höflingen vorbehalten waren. Alle Gegenstände wurden in der Technik der »verlorenen Form« gefertigt, wie sie viele westafrikanische Völker kannten. Die Arbeiten waren von bestechender Präzision, häufig hauchdünn gearbeitet, wie die erhaltene Goldmaske eines Ashanti-Herrschers.

Zahlreich und vielfältig in ihrer Art sind die Goldgewichte, die aus Bronze gegossen wurden und zierliche figürliche Darstellungen sind, häufig Tierfiguren, wie Muscheln, Käfer, aber auch kleine Figurengruppen, die ebenfalls den tieferen Sinn der Sprichwörter verkörpern. »Goldgewichte« deshalb, weil mit ihnen der Goldstaub – als Äquivalent im Handel – ausgewogen wurde.

Zum kulturellen Leben der Ashanti gehörten zahlreiche Zeremonien und Feste, die auf das Wohl der Gemeinschaft abzielten. Das wohl größte Fest (neben der Apo-Zeremonie, dem Afahye- und dem Adao-Ritual) und theatralisches Ereignis war das jährliche Odwira-Fest, das im September zur Zeit des neuen Yams stattfand. Dieses Fest dauerte ein oder zwei Wochen. Speisen, Getränke und die ersten Ernteprodukte des Jahres wurden den Vorfahren und den Göttern geopfert (dem Charakter nach eine Art Erntedankfest), um sie um ihren Beistand zu

Hornbläser der Ashanti, nach Rattray 1923

bitten. Teil dieses Festes war eine Opferzeremonie des Herrschers im Mausoleum seiner Ahnen. Er bat sie:

»Ich bitte um Leben.
Möge diese Nation gedeihen.
Mögen die Frauen Kinder gebären.
Mögen die Jäger Fleisch erjagen.
Wir, die wir nach Gold graben, laß uns Gold finden und sichere, daß ich davon etwas für das Aufrechterhalten meines Königreiches erhalte.«

Anläßlich des Odwira-Festes wurden die Schreine und Stühle der Ahnen gereinigt, der Herrscher wandte sich dabei an den goldenen Stuhl um Beistand zur Erhaltung seiner Macht.

Das traditionelle Odwira-Fest im alten Ashanti-Reich wurde von allen Ashanti gefeiert. Es war eine Art Karneval, denn an einem Tag des Festes gab es Narrenfreiheit, alle Gesetze und sozialen Schranken waren aufgehoben. Zugleich war dieses Fest ein Anlaß für den Ashanti-Herrscher, seine Macht und seinen Reichtum zu demonstrieren und seine göttliche Herkunft nachzuweisen. Der Goldreichtum der Herrscherfamilie wurde zur Schau gestellt. Es fand eine große Zeremonie statt, in der auch die Musik rituelle Bedeutung hatte. Die große Königstrommel und die Elfenbeintrommel ertönten als Signal des Herrschers.

Die Kunst der Ashanti verband Traditionen der Akan-Völker mit den Erfahrungen des spezialisierten Handwerks der höfischen Künstler. Ihre Meisterschaft beeindruckte auch die Europäer, die mit dieser Kunst in Berührung kamen.

Symbole der Ashanti für »Einheit« und »Weisheit«

Die Traditionen der Dorfgemeinschaften und Viehzüchternomaden

Okonkwo war wohlhabend, und man sah es. Er besaß einen großen Hof, der von einer breiten Mauer aus roter Erde umgeben war. Seine eigene Hütte, das Obi, stand unmittelbar hinter dem einzigen Tor der roten Mauer, während die drei Hütten seiner Frauen hinter seinem Obi einen Halbkreis bildeten. An dem einen Ende der roten Umwallung stand die Scheune mit hochgetürmten Mieten und Yamswurzeln. Am anderen Ende des Hofes befand sich der Stall für die Ziegen; und außerdem hatte jede der drei Frauen sich einen kleinen Hühnerstall an ihre Hütte gebaut. Neben der Scheune gab es ein Häuschen, das sogenannte Medizinhaus, in welchem die Holzbilder von Okonkwos persönlichem Gott und von den Geistern seiner Ahnen standen. Er brachte ihnen Kolanuß, Speise und Palmwein als Opfergaben und betete zu ihnen um sein eigenes Wohlergehen wie um das Wohlergehen seiner drei Frauen und seiner acht Kinder.

Chinua Achebe, Okonkwo oder das Alte stürzt. Nigeria

Das kulturelle Erbe der afrikanischen Völker, das weitgehend auf den kulturgeschichtlichen Leistungen der frühen Reiche beruht, prägt in der Gegenwart das Bewußtsein geschichtlicher Leistungsfähigkeit. Der Bezug auf die besondere eigene Kultur und die Identifikation mit ihr gehen mit dem Prozeß des Aufgreifens und Sichbewußtwerdens all jener kulturellen Traditionen einher, die in den Gemeinschaften der Bodenbauer und Viehzüchter entstanden und vielfach bis in die Gegenwart hinein erhalten geblieben sind. Die in diesen Gemeinschaften entwickelten Formen von Kultur – Lebensweise, Kunst, Handwerk, Institutionen usw. – bilden einen Teil des reichen kulturellen Erbes, der sich in den ethnischen Gemeinschaften über die Kolonialzeit hinweg bis in die Gegenwart hinein erhalten hat oder überliefert blieb. Vor allem die Landbevölkerung, die nach wie vor die Mehrheit bildet, hat zu diesen überkommenen Kulturformen noch eine enge Beziehung, identifiziert sich mit ihnen. Diese Kulturtraditionen sind noch mit dem Leben der Großfamilie, der Dorfgemeinschaft oder der Nomadengruppe verwurzelt; die spezifischen Formen des sozialen Zusammenlebens selbst bilden einen Teil dieses lebendigen kulturellen Erbes. Sie sind verbunden mit den Formen vorkapitalistischer Agrarproduktion, wie sie sich unter den historischen Bedingungen in Afrika entwickelt haben. Dies gilt insbesondere für die Dorfgemeinschaft, die trotz beginnender Auflösung während der Kolonialzeit noch heute als weitestverbreitete Siedlungsform besteht. Die Formen des gemeinsamen Lebens in den Dorfge-

Palmweinherstellung, nach Speke 1864

meinschaften und Nomadenclans haben ihre Wurzel in der historischen afrikanischen Stammesgesellschaft. Wie der Afrika-Historiker Jean Suret-Canale in seinen Arbeiten ausgeführt hat, war die Stammesgesellschaft die für Afrika charakteristische Form des Übergangs von der Urgesellschaft zur Klassengesellschaft. In ihr haben sich stark urgesellschaftliche Züge erhalten, die darin zum Ausdruck kommen, daß es vielfach noch kein Privateigentum an Boden gibt und sich auf dieser Grundlage des kollektiven Eigentums keine Klassengegensätze, wenn auch soziale Unterschiede, herausbildeten. Suret-Canale hebt hervor: »Jeder Stamm hat sein bekanntes und begrenztes Gebiet, innerhalb dessen seinen verschiedenen Teilen, Dörfern und patriarchalischen Familien Nutzungsrechte zustehen. Dieses Gebiet ist unveräußerlich; der Stamm kann darin nur Nutzungsrechte vergeben.« Der Boden wird als Eigentum der Ahnen oder der Götter, z.B. des Erdgeistes, betrachtet. Nutzen kann ihn derjenige, der ihn bebaut. Wirtschaftliche Grundlage der Stammesgesellschaften waren Bodenbau oder Viehzucht.

Die gesellschaftliche Organisation, die sich mit der Stammesgesellschaft historisch herausgebildet hatte, bestand in der Unterteilung der Stämme in Clans, die ihrerseits in Großfamilien zerfielen. Stamm und Clan stellten in der Regel keine ökonomische Einheit dar, erhielten jedoch ihren festen Zusammenhalt durch den Bezug auf gemeinsame Ahnen, häufig untermauert durch mythologische Berichte und religiöse Vorstellungen. Der Clan setzte sich aus mehreren Großfamilien

Dorfidylle, nach Barth 1853

zusammen, die jede für sich zugleich eine Produktionseinheit bildete. Die Großfamilie siedelte in einem bestimmten Gebiet, oder sie vereinte sich mit den Großfamilien anderer Clans in einem Dorf zu einer Gemeinschaft. Diese sozialen Strukturen der Stammesgesellschaft, insbesondere die Organisation der Großfamilie und der Dorfgemeinschaft, haben sich in Afrika über einen langen Zeitraum erhalten und wirken selbst dann noch, wenn die gesellschaftliche Entwicklungsstufe des Stammes und der Stammesgesellschaft bereits überwunden ist.

Für die gegenwärtige Entwicklung ist im Hinblick auf die ethnischen Gemeinschaften Afrikas der Begriff »Stamm« nicht mehr adäquat, da die Ware-Geld-Beziehungen und die Entstehung von Klassen, vor allem der Lohnarbeiter, den Charakter dieser Gemeinschaften bereits verändert haben. In diesem Sinne ist es auch heute nicht mehr angebracht, die Kulturen der afrikanischen Gemeinschaften als »Stammeskulturen« zu bezeichnen. Kulturforscher und Ethnologen, wie Jocelyn Murray, Walter Rusch u. a., weisen deshalb zu Recht darauf hin, daß die Anwendung der Bezeichnung »Stammeskultur« in bezug auf Afrika heute eine Abwertung darstellt.

Für das Verständnis afrikanischer Kulturtraditionen ist für uns das von Interesse, was sich historisch an sozialen Organisationsformen des gemeinsamen Lebens herausgebildet hat, da sich damit jeweils spezifische Erscheinungsformen von Kultur verbinden.

Als für die afrikanischen Gemeinschaften auch kulturell wichtige Organisationsform hat sich die Dorfgemeinschaft erwiesen. Sie bildete (und bildet teilweise noch heute) eine in sich selbst ruhende wirtschaftliche und soziale Einheit: Nahezu alles wird produziert, was im Dorf benötigt wird, ob Nahrung, Kleidung, Haushaltsgegenstände, Schmuck, Hütten,

Fischfang,
nach Livingstone 1868

45 Frau der Bororo-Viehzüchter, Westafrika

46 Traditioneller Holzpflug, Äthiopien

47 Wäsche am Fluß, Nigeria

48 Hütte der Susu, Sierra Leone

49 Palmweinernte mit Kalebassen, Westafrika

50 Wasserholen vom Fluß, tägliche Mühsal der Frauen

51 Weber der Kirdi, Westafrika

52/53 Mutter und Kind-Darstellungen in zeitgenössischen afrikanischen Plastiken

54/55 Geburt und Initiation in Darstellungen aus Angola

56 Bororo-Jünglinge mit Festschmuck

Musikinstrumente oder Kultobjekte. Nur wenige Waren müssen von außerhalb beschafft werden, z. B. Salz, bedruckte Stoffe, Tee oder Petroleumlampen. In den Dorfgemeinschaften hatte sich die Trennung zwischen Bodenbau und Viehzucht einerseits und dem Handwerk andererseits nur teilweise vollzogen; die Doppeltätigkeit in der landwirtschaftlichen Produktion und im Handwerk herrschte vor. Als erste Handwerksberufe kristallisierten sich Schmiede, Weber, Färber, Haarschneider, Sänger u.a. heraus. Die Spezialisierung auf ein bestimmtes Handwerk erfolgte häufig auf der Grundlage einer ganzen ethnischen Gruppe oder nach Geschlechtern. In der Regel war z.B. die Schmiedearbeit nur Männern vorbehalten, während die Töpferei fast überall als Sache der Frauen galt.

Dort, wo alle für die Dorfbewohner wichtigen handwerklichen Arbeiten im Dorf selbst ausgeführt wurden, bestand kaum die Notwendigkeit, in Tausch- oder Marktbeziehungen zu treten. Die selbsterzeugten Produkte dienten vorwiegend dem Ge- und Verbrauch im Dorf, nur zweitrangig dem Verkauf auf dem Markt. Die Bedürfnisse gingen selten über das hinaus, was im Dorf hergestellt werden konnte.

Auf dieser Basis der Subsistenzwirtschaft waren entwickelte Beziehungen zu anderen Dörfern, zum Markt oder zu anderen Landesteilen nicht erforderlich, und so blieb die dörfliche Isolation – gefördert durch die fehlende Infrastruktur – über lange Zeit erhalten. Marx beschrieb diesen Vorgang in bezug auf die Dorfgemeinschaft in Indien: »Die dörfliche Isoliertheit hatte zum Fehlen von Wegen in Indien geführt, und das Fehlen von Wegen verewigte die dörfliche Isoliertheit. So kam es, daß die Dorfgemeinde das einmal gegebene niedrige Lebensniveau beibehielt, fast keinen Verkehr mit anderen Dörfern hatte und nichts von den Bedürfnissen und Anstrengungen kannte, ohne die ein sozialer Fortschritt undenkbar ist.« Diese Isoliertheit vieler Dorfgemeinschaften wirkte zugleich auf ihre Normen konservierend und stabilisierend.

Die Weitergabe der kulturellen Wertvorstellungen erfolgte im Rahmen der Familie, d. h. im für Afrika typischen Familienverband der Großfamilie. Hier war der einzelne in feststehende, sich wiederholende Handlungsabläufe und Zeremonien eingebunden, die die Kulturtraditionen vorschrieben.

Familie und Lebenszyklus

In den Agrargemeinschaften Afrikas hat sich historisch die Institution der Großfamilie herausgebildet, die sich weitgehend bis heute erhalten hat, auch wenn sie nicht mehr überall eine wirtschaftliche Einheit darstellt.

Die Großfamilie als Vereinigung von Familien bis zu vier Generationen gleicher Abstammung siedelte in den meisten

Leben in der Großfamilie

Fällen zusammen; nicht unbedingt war damit eine gemeinsame Haushaltsführung verbunden; sie erfolgte in den einzelnen Kleinfamilien. Die Großfamilie bildete jedoch eine ökonomische Einheit, sie nutzte gemeinschaftlich Land, auf dem sie sich entweder geschlossen niedergelassen hat oder das sie im Dorf zugeteilt bekam. Jedes Mitglied der Großfamilie mußte durch seine Arbeit auf dem gemeinsamen Feld zum Unterhalt (tägliche Nahrung und Vorrat) der Großfamilie beitragen. Zugleich konnten die Kleinfamilien Felder oder Gärten für sich bestellen, deren Ertrag ihnen verfügbar war. Die Arbeitsanteile für die Großfamilie wurden kollektiv festgelegt und waren bei den einzelnen ethnischen Gemeinschaften unterschiedlich. Suret-Canale erwähnt, daß der Anteil der Arbeit für die Gemeinschaft bei den Bambara fünf Tage der Woche betrug, bei den Anyi nur einen Tag. Bei allen Gemeinschaften waren verschiedene Formen der kollektiven Arbeit und gegenseitigen Unterstützung bekannt, denn der einzelne war von der Gemeinschaft abhängig, was dem Entwicklungsstand der Produktivkräfte entsprach. Darauf verwies Marx: »Dieser primitive Typus der genossenschaftlichen oder kollektiven Produktion war wohlbemerkt das Ergebnis der Schwäche des einzelnen isolierten Individuums und nicht der Vergesellschaftung der Produktionsmittel.« Den notwendigen Zusammenhalt der Großfamilie sicherten Formen sozialer Organisation, aber auch gemeinsame Normen und Wertorientierungen sowie verbindende religiöse Bezugspunkte. Familienoberhaupt war der älteste Mann, der aber häufig vom Rat der Erwachsenen (Familienrat) bei Entscheidungen beraten und un-

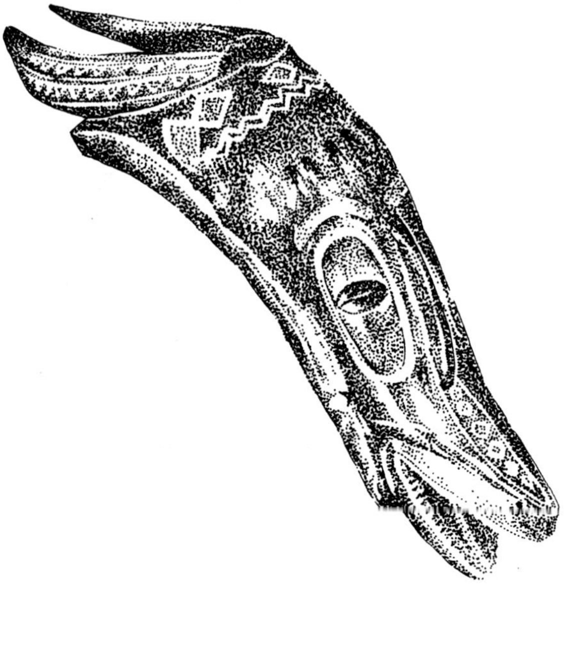

Gazellen-Maske eines Initiationsrituals

terstützt wurde. Er teilte die Arbeit ein, entschied über die Heirat der Kinder und sorgte dafür, daß die Familie ihre Verpflichtungen gegenüber der Dorfgemeinschaft erfüllte. Innerhalb der Großfamilie bestand ein System der gegenseitigen Hilfe, der Unterstützung des einzelnen bei Krankheit, Invalidität, Alter und Unglück: Er hungerte nur, wenn die ganze Gemeinschaft keine Nahrung hatte; war er zu schwach, halfen die anderen Familienmitglieder beim Hausbau, bei Reparaturen, gaben ihm moralischen Halt in persönlichen Krisensituationen. Dies setzte allerdings voraus, daß er sich den Normen und Verpflichtungen der Großfamilie und des Familienoberhauptes unterordnete, seine ihm angewiesene Arbeit übernahm und die sozialen Regeln nicht verletzte.

Die in einer Gemeinschaft zusammenlebenden Großfamilien (bei den Bodenbauern in Dorfgemeinschaften, bei den Viehzüchterclans, die gemeinsam zu den Weideplätzen zogen, in Lagergemeinschaften) unterstanden ihrerseits einem Oberhaupt, das in der Regel der älteste Mann war oder ein Häuptling. Er wurde unterstützt und oft kontrolliert von einem Ältestenrat, der sich aus den verschiedenen Großfamilien zusammensetzte. Alle für das Dorf wichtigen Entscheidungen wurden von den Ältesten getroffen. Sich diesen zu widersetzen hätte den Ausschluß aus der Gemeinschaft nach sich gezogen. Gewöhnlich waren die Häuptlinge von der produktiven Arbeit freigestellt und so im Dorf privilegiert, indem die anderen Familien auf ihren Feldern arbeiteten und Abgaben der Erträge leisteten. Durch Erzielen eines Mehrprodukts bei guten Ernten und zusätzlichen individuellen Feldern bestand die Möglichkeit einer sozialen Differenzierung, die aber in der Regel nicht zu entwickelten Klassengegensätzen im Dorf führte.

Häuptling und Älteste

Das Leben des einzelnen in der Großfamilie und im Dorf wurde durch seine Zugehörigkeit zu einer bestimmten Altersklasse und je nach Geschlecht von feststehenden Pflichten und Rechten bestimmt. Im wesentlichen gliederte sich das Leben alters- und statusmäßig in: Kindheit, heiratsfähige Erwachsene, verheiratete Erwachsene, Älteste. Die Kinder lernten bereits frühzeitig im Spiel und in der Nachahmung der Erwachsenen ihre späteren Pflichten: Die Mädchen begleiteten die Mutter beim Holz- und Wasserholen sowie beim Feldbau, die Knaben den Vater bei Jagd, Fischfang und Hausbau. Daneben hatten sie selbständige Aufgaben, z. B. mußten die acht- bis zehnjährigen Mädchen die Kleinkinder beaufsichtigen.

Der erste wichtige Einschnitt war die Erlangung der Geschlechtsreife, die mit feststehenden Zeremonien gefeiert wurde. Knaben und Mädchen wurden für eine bestimmte Zeit getrennt in Initiationsgruppen (oft außerhalb des Dorfes bzw.

bei den Viehzüchternomaden in getrennten Hirtenlagern) zusammengefaßt und von älteren Mitgliedern der Gemeinschaft in den für ihr späteres Leben wichtigen Tätigkeiten unterwiesen und mit Kenntnissen über Geschichte, Mythologie und Rituale der Gemeinschaft ausgerüstet. In der Mehrheit der Gemeinschaften war die Initiation als Einführung in die Welt der Erwachsenen mit vorgeschriebenen Riten und Reifeproben (Ertragen von Schmerzen, Beweisen von Mut und Geschicklichkeit) verbunden. Unterschiedlich waren die vermittelten Fertigkeiten und die Dauer der Trennung von den Familien, vielfach geprägt durch die spezifische Wirtschaftsform der Gemeinschaft. So wurden z. B. bei den Dan, einer Bodenbauergemeinschaft im tropischen Regenwald Westafrikas, sechswöchige Lager für Knaben bzw. Mädchen durchgeführt, wenn jeweils zehn bis dreißig Jugendliche herangewachsen waren. Dort fand die Beschneidung statt, und maskierte Hüter übernahmen die Erziehung. Die Knaben gingen auf die Jagd, die Mädchen übten sich im Knüpfen von Fischnetzen, im Körbeflechten und im Fischfang. Während dieser Zeit durften die Eltern ihre Kinder nicht sehen, denn nach mythischen Vorstellungen hatte der »Buschgeist« sie verschluckt, um sie nach Ablauf der Zeit als Erwachsene an die Dorfgemeinschaft zurückzugeben. Häufig wurde diese neue »Identität« äußerlich durch Zeichen symbolisiert oder mit einem neuen Namen betont. Bei den Nuer im Grenzgebiet von Sudan und Äthiopien beispielsweise erschienen die Knaben nach der Initiation mit sechs Narben auf der Stirn und einem Speer als Zeichen ihrer Aufnahme in die Gesellschaft der Männer.

Initiation

In der Regel bildeten die jungen Männer Gemeinschaften, wohnten meist zusammen, oder gemeinsame Arbeitsaufgaben, für die sie entlohnt wurden, verbanden sie, ob auf den Feldern der Großfamilien oder bei Hilfeleistungen für andere Familien oder Gemeinschaften bei der Ernte. Da das Heiratsalter der jungen Männer generell höher lag als das der Mädchen – mußten doch erst die materiellen Voraussetzungen (Hausbau und Erarbeiten des Brautpreises) geschaffen werden – , war die Zeit bis zur Heirat, in manchen Gemeinden bis zur Geburt des ersten Kindes, für die jungen Männer Mußezeit. So gab es z. B. bei den Dan Interessengemeinschaften für Tänzer, Ringer und Musikanten. Bei den Mädchen hingegen war die Zeit der Pubertät häufig unmittelbar mit der Hochzeit verbunden: Die Initiationsriten (»rite de passage«) waren erster Teil der Hochzeit. Die Unterweisung der Mädchen in den Initiationsgemeinschaften diente vor allem der Vorbereitung auf ihre Rolle als Ehefrauen und Mütter; alte Frauen rüsteten sie mit dem dafür erforderlichen Wissen aus.

Die Absonderung der Kinder oder Jugendlichen von den Familien erfolgte bei den Viehzüchternomaden in der Regel ziemlich früh. Bei den Mesakin-Qusar, einer Nuba-Gruppe im Sudan, verließen die Jungen im Alter von fünf bis acht Jahren das Dorf und zogen in Hirtenlager, wo sie zusammen mit jungen Männern lebten. Erst wenn sie ihre Befähigung zur Teilnahme an Kampfspielen erlangt hatten, stiegen sie in die nächste Altersklasse auf, der sie angehörten, bis sie Vater wurden. Eine ähnlich feste Gliederung in Lebensstufen haben die Massai, das bedeutendste Hirten- und Nomadenvolk Ostafrikas. Die Knaben werden bereits frühzeitig mit dem Hüten der Ziegen, Kälber und Rinder betraut, mit fünfzehn Jahren erfolgt durch die Zeremonie des Embolosats ihre Aufnahme in die Männergesellschaft: Sie gehören jetzt zur Gruppe der Krieger (Morani), besitzen eigenen Schild und Speer und ziehen in ein gemeinsames Lager außerhalb der Ansiedlung des Clans, wo sie sich im Umgang mit Waffen üben. Nach dem Erlangen bestimmter Fähigkeiten werden die Krieger in einer Zeremonie (Eunuto) in die Gruppe der heiratsfähigen Männer (Olotuno) aufgenommen. Auch die letzte Lebensstufe leitet eine Zeremonie (Ng'esher) ein, diese Stufe ist von nun an die Zugehörigkeit zu den Ältesten, die alle für die Gemeinschaft bedeutungsvollen Entscheidungen treffen.

Auch bei den Massai-Mädchen ist die Initiation ein wichtiger Einschnitt in ihr Leben; unmittelbar im Anschluß an die Zeremonien beginnen die Hochzeitsvorbereitungen. In ihre Rolle als Hausfrau, die verantwortlich ist für den Bau der Unterkunft, das Tränken der Kühe, die Zubereitung der Speisen, das Anfertigen der Kleidung und die Erziehung der Kinder, sind sie durch die aktive Teilnahme an der Arbeit der Mutter (beim Bau der Hütte, dem Beaufsichtigen der Kinder usw.) von klein auf hineingewachsen und vorbereitet. Wenn sie nach der Hochzeit, zusätzlich mit Erfahrungen und Ratschlägen der Mütter und ältesten Frauen ausgerüstet, mit ihrer Habe zur Ansiedlung der Männer ziehen, beginnt dort für sie mit dem Bau einer eigenen Hütte ein neuer Lebensabschnitt, dessen Ablauf ihnen nicht völlig fremd ist.

Holzlöffel »Mutter und Kind« aus Mali

Für die traditionellen Gemeinschaften Afrikas ist die natürliche Arbeitsteilung und strikte Rollenverteilung zwischen den Geschlechtern kennzeichnend; jeder hat einen festgelegten, überschaubaren Aufgabenbereich. Im allgemeinen übernimmt der Mann die schweren, zu bestimmten Zeiten anfallenden Arbeiten in den bäuerlichen Familien, während die Frau für das reibungslose Funktionieren des Haushalts und für die Erziehung und den täglichen Feldbau verantwortlich ist. In den Ackerbau-Gemeinschaften im Süden Äthiopiens ist die Arbeit z. B. folgendermaßen aufgeteilt: Mädchen und

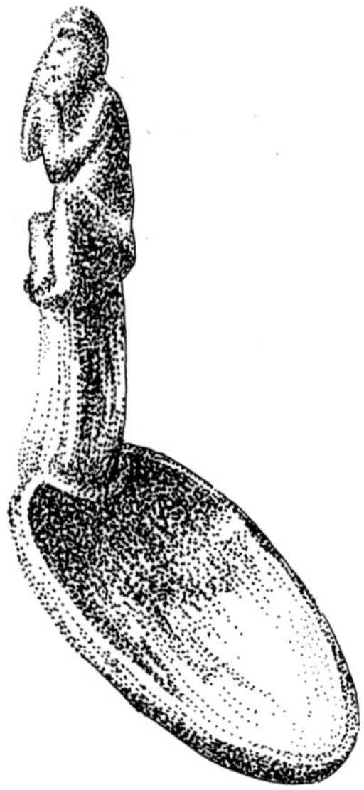

Holzlöffel der Luba, Kongo

Frauen sind zuständig für die Zubereitung der Speisen, das Wasserholen, das Herbeitragen von Holz und Brennstoff, das Waschen, die Feldarbeit während der Ernte; Jungen und Männer sind verantwortlich für Pflügen, Säen, schwere Pflanzarbeiten, Dreschen, Werfeln und Hausbau. Zu den Fähigkeiten, die eine Hausfrau vor der Ehe erwerben muß, gehören in Äthiopien Spinnen, Bierbrauen und das Stampfen der Körner für die tägliche Nahrung. Ähnlich ist die Arbeitsteilung auch in anderen afrikanischen Dorfgemeinschaften ausgebildet. So sind bei den Yamsbauern Westafrikas die schweren Pflanzarbeiten Angelegenheit der Männer, während die Frauen Gemüse und Gewürze in ihrem Garten ziehen. Bei den Viehzüchtern und Hirten sind im allgemeinen die Männer für die Arbeiten mit dem Vieh zuständig, meist einschließlich Melken, Gerben und Verarbeitung des Leders.

Durch diese strikte Rollenzuteilung wird das ganze Leben des einzelnen, von der Geburt bis zum Tod, geregelt. Das betrifft nicht nur den sozialen Bereich, sondern auch die Art seiner Beteiligung am kulturellen Leben: Viele Tänze und Lieder sind mit Arbeitstätigkeiten oder Zeremonien der Frauen bzw. Männer verbunden und jeweils dieser Gruppe vorbehalten.

Für das Leben in der Familie haben sich in den afrikanischen Gesellschaften über Generationen hinweg verbindliche Normen entwickelt. Die Mehrheit der Dorfgemeinschaften und Viehzüchterclans, die während der Kolonialzeit oder bis in die Gegenwart hinein bestanden bzw. bestehen, folgt der patrilinearen Organisation und patrilokalen Siedlung, d.h., die Familie vererbt sich nach der väterlichen Abstammungslinie. Das bedeutet, daß das Erbe des Vaters an den ältesten Sohn übergeht und die Frau in die Familie des Mannes zieht. Es gibt jedoch auch Beispiele für matrilineare Organisation, so bei den Viehzüchtern der Nuba im Süden des Sudan, oder auch für matrilokale Ansiedlung. Es hat sich gezeigt, daß mit dem gesellschaftlichen Umbruch nach der Unabhängigkeit auch Veränderungen in der sozialen Organisation der Familie einhergehen, die widersprüchliche Tendenzen fördern: einerseits weitere Auflösung mutterrechtlicher Gemeinschaften, etwa durch Verbreitung des Islam, andererseits eine Zunahme matrilokaler Siedlung, da bei Abwanderung der Männer in die Städte oder durch die Aufnahme von Kontraktarbeit die zurückgelassenen Frauen sich stärker zu ihren Familien hingezogen fühlen oder wenigstens vorübergehend in ihren Familienverband zurückkehren.

In der patriarchalischen Großfamilie entschied der Vater über das Familienleben seiner Kinder. Er unterstützte den Sohn, wenn es um die Heirat der ersten Frau ging. Mehrere Frauen bedeuteten Reichtum und erhöhten das soziale Ansehen. Mit jeder Frau kam eine weitere Arbeitskraft in die Familie und die Hoffnung auf neue Kinder, die für die Eltern im Alter sorgen würden. In vielen Gebieten Afrikas hat sich bis in die Gegenwart hinein die Tradition des Brautpreises oder Brautgeschenkes erhalten. Im Laufe der Geschichte entwikkelte sich die Gewohnheit, bei Heirat den Eltern des Mädchens eine Entschädigung zu geben, da ja das Mädchen zur Familie ihres Mannes (oft in ein anderes Dorf) zog und sie als Arbeitskraft den Eltern verlorenging. Zugleich sollten die Eltern für ihren Aufwand entschädigt werden. Der so entstandene Brautpreis wurde in Vieh, Geräte oder später in Geld an die Eltern der Braut entrichtet. Seine Höhe richtete sich nach Rang und Ansehen der Familie des Mädchens, nach dessen besonderen Fähigkeiten, später nach seiner Schulbildung. Bei vielen Gemeinschaften konnte der Brautpreis auch abgearbeitet werden oder beinhaltete von vornherein bestimmte Arbeitsleistungen des zukünftigen Mannes auf den Feldern der Eltern der Braut. Bei den Wahehe und Wasanga im südlichen Hochland Tansanias z. B. betrug der Brautpreis Anfang der siebziger Jahre acht Kühe, bei den Baggara zwanzig Kühe. In Kenia war der Brautpreis zu Beginn der achtziger Jahre so angestiegen (bis zu 16 000 Mark!), daß viele junge Männer nur noch von einer Heirat träumen konnten. (Dies fand übrigens seinen Niederschlag in einem Suaheli-Schlager, der um die Welt ging und in dem der Sänger beklagte, daß er »Malaika«, seinen Engel, nicht heiraten konnte!) Dieser Wucher mit dem Brautpreis – und die damit einhergehende Erniedrigung der Frau zum Kaufobjekt – setzte in den traditionellen Gemeinschaften Afrikas aber erst mit der stärkeren Einbindung in die Ware-Geld-Wirtschaft (vor allem während der Kolonialzeit) ein, als die Heirat der Töchter zu einem Mittel des Gelderwerbs wurde. Ursprünglich bestand der Brautpreis aus Arbeitsleistungen und Vieh bzw. Ernteabgaben an die Eltern der Braut in einer Höhe, die ein heiratsfähiger junger Mann durch eigene Arbeit über einige Jahre oder mit Unterstützung seiner Großfamilie aufbringen konnte. Mit der Entwicklung hin zum Brautpreis in Geld waren in vielen Gemeinschaften die jungen Männer nun gezwungen, sich dieses Geld in Lohnarbeit auf Plantagen, zur Ernte in anderen Dörfern, im Bergwerk oder in der Stadt zu verdienen – ein Prozeß, der die Auflösung der traditionellen Gemeinschaften vorantrieb. Heute ist in einigen afrikanischen Staaten der Brautpreis zwar offiziell abgeschafft (z. B. der Lobolo in Moçambique), aber als Tradition hat er sich dennoch halten können, verbunden mit der Vorstellung, daß der Brautpreis den Wert einer Frau ausdrückt. Abgelehnt hingegen wird zunehmend der Brauch, daß die Eltern die Partner ihrer Kinder bestimmen. Mit Auflösung

Brautpreis

der traditionellen Dorfgemeinschaften, mit Industrialisierung und Stadtentwicklung beanspruchen immer mehr junge Leute für sich selbst das Recht auf individuelle Partnerwahl, unabhängig von ökonomischen Gesichtspunkten. Oft führt dies zur Abwanderung in die Stadt, wo man sich an die Normen der Dorfgemeinschaft nicht gebunden fühlt, wo Heirats-Tabus zwischen Ethnien und Familien umgangen werden, ebenso Heirats-Gebote. Bis dahin hatte die Sitte des Brautpreises Folgen für das weitere Familienleben: Mit Zahlung der ersten Rate war in der Regel die Verlobung besiegelt; die Hochzeit fand sofort nach den Reifezeremonien der Braut statt. Eine Scheidung war in fast allen Gemeinschaften möglich. Bei Einwilligung des Mannes kehrte die Frau in ihre Familie zurück, meist war damit aber die Rückerstattung des Brautpreises durch die Eltern verbunden. Die Kinder gehörten dann zur Familie des Mannes, in einigen Gesellschaften behielt die Frau die Mädchen, der Vater die Knaben, während Säuglinge bis zu zwei Jahren generell bei der Mutter blieben.

Wirtschaftliche Einheiten bildeten entweder die Familien mit dem Mann als Oberhaupt oder jeweils die einzelnen Frauen mit ihren Kindern. Zwischen den Frauen bestand eine traditionelle Rollenverteilung bei Arbeitsaufgaben. In den polygamen Familien hatte zwar jede Frau das gleiche Recht auf Geschenke, Zuwendung durch den Ehemann, Unterstützung bei Krankheit usw., aber die Arbeiten waren unterschiedlich verteilt: Das Wasserholen z. B. besorgte vorwiegend die jüngste Frau, die älteren Frauen waren von Feldarbeit befreit, sie hatten auf die Kinder zu achten, die jüngeren Frauen kochten den Brei, die älteste Frau aber die Soßen usw. Jede Frau hatte Anspruch auf Unterstützung durch einen Mann; verstarb der Ehemann, trat dessen Bruder, dann der Sohn des Bruders an seine Stelle und mußte für die Frau und ihre Kinder sorgen.

Netz sozialer Sicherheit

Das soziale System der Großfamilie bot für jedes Familienmitglied ein bestimmtes Maß an sozialer Sicherheit, das durch wechselseitige Kontakte, Geselligkeit und gemeinsame Arbeiten, z.B. bei der Ernte oder beim Hausbau, gefestigt wurde. In der Regel besaß auch jede Frau – neben ihrer Integration in die Familie des Mannes und ihren Arbeitsaufgaben – eine gewisse ökonomische Selbständigkeit, indem sie über Verkauf der Produkte ihres eigenen Gartens oder Feldes frei verfügen konnte und sich durch handwerkliche Arbeiten, wie Töpferei, Körbeflechten oder Bierbrauen und Schnapsbrennen, entweder Naturalien eintauschen oder Geld erwerben konnte. Im allgemeinen war der Ehemann für die Ernährung der Frau und ihrer Kinder verantwortlich, die Frau kam für ihre Kleidung, für Schmuck und Hausrat selbst auf. Sie konnte, wie gesagt, mit ihren Produkten Handel treiben, zeitweise gegen

Markt von Sokoto,
nach Barth 1857

Dorfidylle,
nach Barth 1853

Entlohnung anderen Familien bei der Arbeit helfen oder für bestimmte Zeit bei Verwandten in anderen Dörfern wohnen. Auf diese Weise war selbst in den patrilinearen Großfamilien der Handlungsspielraum der Frauen (einschließlich neuer Partnerschaften) relativ groß. Ohnehin war sie bei Abwesenheit des Mannes (bei Zwangsarbeit während der Kolonialzeit, später wegen Arbeitssuche in der Stadt oder Lohnarbeit außerhalb des Dorfverbandes) ökonomisch voll verantwortlich für sich und ihre Kinder. Im Widerspruch hierzu stand ihre deutliche Rechtlosigkeit hinsichtlich Mitsprache in Familien- und öffentlichen Angelegenheiten.

Als für alle Mitglieder gleichermaßen verbindlich entstanden Regeln und ethische Normen des sozialen Zusammenlebens der Gemeinschaft. Das Verhältnis der Generationen zueinander spiegelte sich im System der Altersklassen: der Jüngere hatte dem Älteren gegenüber Achtung, Respekt und Dienstleistung zu zollen, der Ältere war dem Jüngeren gegenüber zu Fürsorge, Anerkennung und materiellen Zuwendungen verpflichtet. Die Normen und die Strafmaßnahmen bei deren Verletzung wiesen bei den verschiedenen Gemeinschaften allerdings große Unterschiede auf. Bei den Nuer und Baggara (Sudan/Äthiopien) wurden Straftaten teilweise durch Opfergaben gesühnt (20 Tiere bei Mord), bei Diebstahl wurden Schläge verabreicht, es bestand ein strenges Inzestverbot auch gegenüber den Kindern der Angehörigen derselben Altersklasse. Bei den Massai-Nomaden wurde Viehraub nicht bestraft, sondern er galt als Beweis für Tapferkeit und erhöhte das soziale Ansehen. Bei den Bariba im Norden Dahomes wurde Gattinnenraub besonders hart bestraft: Der Beraubte hatte das von der Gemeinschaft legitimierte Recht, seinen Rivalen zu vergiften. Die Pygmäen bestraften Diebstahl mit kollektiver Prügel, Inzest mit Vertreibung aus der Gemeinschaft, unsolidarisches Verhalten oder andere Verstöße gegen allgemeine Verhaltensnormen mit öffentlichem Auslachen, oder derjenige bekam beim Fest der Gemeinschaft keinen Sitzplatz, wurde also davon ausgeschlossen. So unterschiedlich aber die Arten der Strafe und die strafbaren Verhaltensweisen in den einzelnen Gemeinschaften auch gewesen sein mögen, für alle galt, daß die Bestrafung öffentlich oder mit öffentlicher Billigung erfolgte und sich vor allem gegen Aktionen richtete, die das Eigentum oder die Sicherheit der Gemeinschaft gefährdeten. Erst in den differenzierteren Gemeinwesen, in denen sich bereits ein reiches Häuptlingstum herausgebildet hatte, wurde Rechtsprechung zu einem Amt des Häuptlings und zu einer Einnahmequelle für ihn – jeder Kläger bzw. Verklagte mußte für die Rechtsprechung bezahlen – und damit auch zugunsten Wohlhabender manipulierbar.

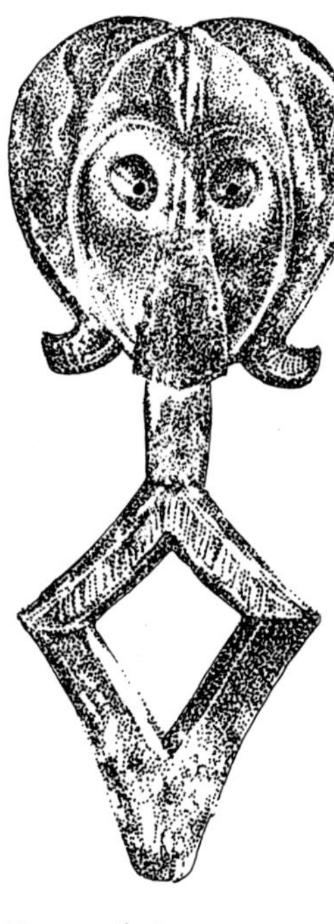

Figur auf einem Ahnengrab, Gabun

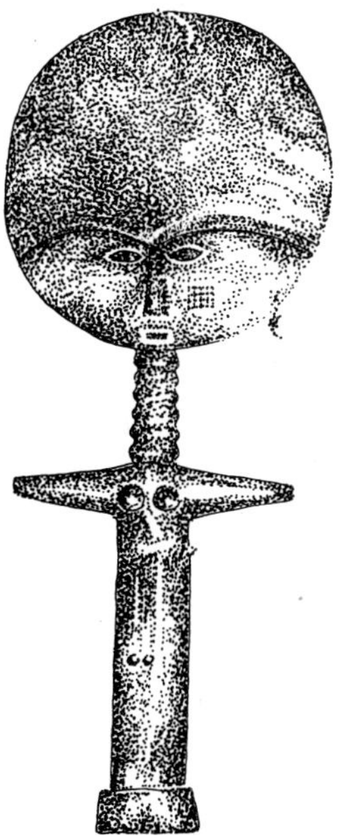

Fruchtbarkeitspuppe der Ashanti

Verhaltensnormen und deren Einhaltung wurden in den ethnischen Gemeinschaften jedoch zweifach bekräftigt: durch das Leben in der Gemeinschaft und damit Zustimmung oder Ablehnung durch die Mitglieder des Dorfes oder des Viehzüchterclans und zugleich durch Religion und mythische Weltdeutung, die das Leben jedes einzelnen beeinflußten.

Das mythische Weltbild basierte auf der Annahme eines beseelten Universums, in dem Pflanzen, Tiere und Menschen, auch Steine, Mineralien nur verschiedene Formen von Leben darstellen. Die sichtbare Welt ist dabei nur ein Teil dieses Universums, das zugleich von unsichtbaren Göttern und Geistern bewohnt wird, die in die Geschicke der Menschen eingreifen. Die verschiedenen afrikanischen Naturreligionen sind natürlich außerordentlich differenziert, aber das Grundmuster bilden ein oder mehrere Schöpfungsgötter, mit denen die Menschen über vermittelnde Geister in Verbindung treten. Eine bevorzugte Stellung nehmen dabei die Geister der Ahnen ein, die so in der Gemeinschaft indirekt weiterleben. Die Lebenden und die Toten fügen sich zu einer einheitlichen Welt. Die Großfamilie bzw. der Clan oder die Dorfgemeinschaft suchen durch magische Rituale die Unterstützung der unsichtbaren Kräfte zu gewinnen, damit sie Regen, Jagdglück, reiche Ernten und gesundes Vieh, Gesundheit und Kindersegen für die Familie befürworten. Die Pflege der Zeremonien und traditionellen Rituale, der regelmäßigen Opfergaben an die Ahnen, der Fruchtbarkeitsriten und des Regenkults wurden als ebenso notwendig für das Wohl der Gemeinschaft angesehen wie das Einhalten der Arbeitsverpflichtungen und der Normen im Sozialverhalten.

So basierte das Verhältnis zu den Ältesten nicht nur auf der Achtung vor ihrer größeren Lebenserfahrung, sondern auch auf ihrer bevorzugten Stellung den Ahnen gegenüber. Die Kette der Generationen durfte also keinesfalls unterbrochen werden; daher war Unfruchtbarkeit ein Scheidungsgrund. Bei Verstoß gegen die Sitten der Gemeinschaft oder ihre Rituale mußte der einzelne befürchten, nicht nur für sich, sondern für seine ganze Familie Unheil heraufzubeschwören. Das galt für die den Naturreligionen anhängenden Gemeinschaften wie für die islamisierten Bauern- oder Viehzüchtergemeinden gleichermaßen. Das Zusammengehörigkeitsgefühl erwuchs zwar aus dem ökonomischen und sozialen Zusammenhalt, wurde aber durch das gemeinsame Weltbild noch verstärkt. Das Leben einer Gemeinschaft gewinnt seine Spezifik durch eine Vielzahl traditionell überlieferter Zeremonien und Feste, deren konkrete Formen nur dieser Gemeinschaft eigen, also einmalig sind. Auf diese Weise identifiziert sich jedes Mitglied der Gemeinschaft mit seinem Clan oder seiner ethni-

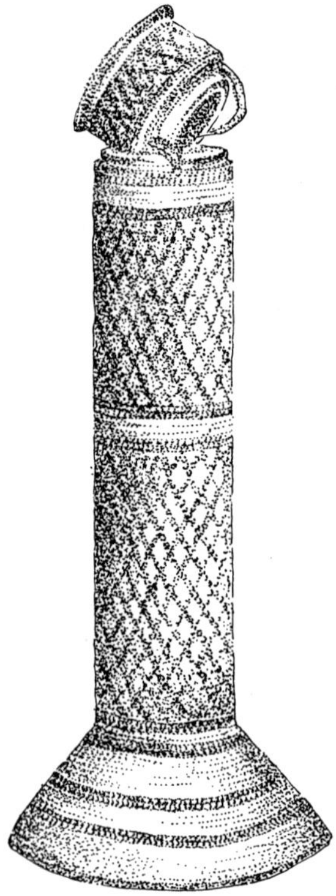

Mit Perlen verziertes Holzgefäß der Galla, Äthiopien

schen Gruppe und entwickelt das Bewußtsein einer ethnischen Identität. Dies wird häufig durch gemeinsame Mythologien, die überliefert werden, verstärkt, z. B. durch ein bestimmtes Totemtier, mit dem man sich auf mystische Weise verbunden fühlt, oder durch Mythen über die Erschaffung der Welt, der Menschen und die Herkunft der Gruppe. Vieles von dem, was wir kulturelles Leben der Clangemeinschaft nennen würden, wäre ohne Berücksichtigung der religiösen Vorstellungen und der mythologischen Weltdeutung als fester Bestandteil des Lebens dieser Gemeinschaft nicht zu verstehen. Sie sind ein integrierter Faktor ihrer kulturellen Identität. Auch soziale Hierarchien innerhalb der Gemeinschaften hängen eng mit diesen Vorstellungen zusammen, so die privilegierte Stellung des »Erdherrn« (bei Bauern) oder »Herrn des Wassers« (bei Fischern) als Nachkommen der jeweiligen Gründerfamilie, die ein bestimmtes Gebiet als erste besiedelt und durch einen »Vertrag« mit den lokalen Geistern das Nutzungsrecht erworben hat; ebenso das hohe soziale Ansehen des Schmiedes, das er nicht allein seiner Fertigkeit der Metallbearbeitung verdankte, sondern auch seinem (mystisch interpretierten) Umgang mit dem Element Feuer. Auch andere handwerkliche Tätigkeiten wurden mit magischen Handlungen verknüpft, von denen man sich das Gelingen wichtiger Vorhaben versprach, z. B. der Hausbau mit einem Hühneropfer. Dieser geistig-kulturelle Zusammenhalt der Großfamilien und Clangemeinschaften förderte auf der einen Seite das solidarische Verhalten und das Zusammengehörigkeitsgefühl der Mitglieder, führte andererseits aber zur Abgrenzung gegenüber anderen Gemeinschaften (mit Ausnahme der islamisierten); somit ist er als *eine* Quelle der Vielfalt der ethnischen Kulturen anzusehen, die durch Isolation der Gemeinschaften noch verstärkt wurde. Ihre Normen und Wertorientierungen blieben über lange Zeit stabil, da die Gemeinschaft durch die Subsistenzwirtschaft relativ wenig Kontakt und Austausch mit anderen Gemeinschaften hatte.

Als Beispiel einer solchen bis in die Gegenwart hinein noch recht gut funktionierenden Dorfgemeinschaft sei hier die der Bariba im Norden Benins angeführt, deren wirtschaftliche Grundlage der Anbau von Getreide, Knollenfrüchten, Bohnen, Erdnüssen und Baumwolle ist. Die Großfamilien leben gemeinsam in einem Gehöft, das aus einzelnen Häusern besteht. Sie sind kreisförmig angeordnet, wobei den äußeren Kreis geflochtene Wände bilden, die den gemeinsamen Innenhof eingrenzen. Jeder Mann wohnt in einem Haus, jede Frau für sich, die Kleinkinder und größeren Mädchen zusammen und die Knaben in einem gemeinsamen Haus. Der älteste Mann als Familienoberhaupt ist verantwortlich für die Ernährung der Großfamilie und die Entrichtung der Steuern. Alle Männer sind verpflichtet, an den Wochentagen bis mittags auf den gemeinsamen Feldern der Großfamilie zu arbeiten, die übrige Zeit können sie ihre eigenen Felder oder Gärten bestellen. Die Arbeit der verheirateten Frauen besteht hauptsächlich darin, zweimal täglich das Essen (vorwiegend Hirse) zuzubereiten und Wasser zu holen. Die Frauen erwerben sich Geld durch Nebenarbeiten: Die Mädchen sammeln Holz, die älteren Frauen spinnen Baumwolle, die anderen bereiten verschiedene Nahrungsmittel zu, die sie im Dorf verkaufen (Bier, Schnaps, Erdnußkringel usw.), oder helfen Verwandten bei der Ernte. Außerdem fertigen sie Tontöpfe für den Verkauf auf dem Markt an. Die Männer bestellen die Felder, die in der Trockenzeit durch Brandrodung angelegt wurden. In der Trokkenzeit fertigen sie Gebrauchsgegenstände, nähen ihre Kleider, flechten Sitzmatten und Körbe. In dieser Zeit werden auch die neuen Häuser gebaut. Die Familienältesten legen fest, wer ein Haus braucht und wer beim Hausbau helfen soll. Der Bau selbst dauert in der Regel eine Woche. Als spezialisierte Handwerke, die neben dem Bodenbau betrieben werden, haben sich Schmieden und Weben herausgebildet, beide führen nur Männer aus. Als einzige getrennte Arbeitsfunktion hat sich die des Geigers entwickelt, dem eine bestimmte rituelle Funktion zukommt. Im allgemeinen benötigt man im Dorf nur wenige Dinge, die man nicht selbst herstellen kann (Lederwaren, Salz, Pfeffer und Kolanüsse). Sie werden von anderen Gemeinden in der Region oder auf dem Mark erworben. Die großen Feste finden vorwiegend in der Trockenzeit

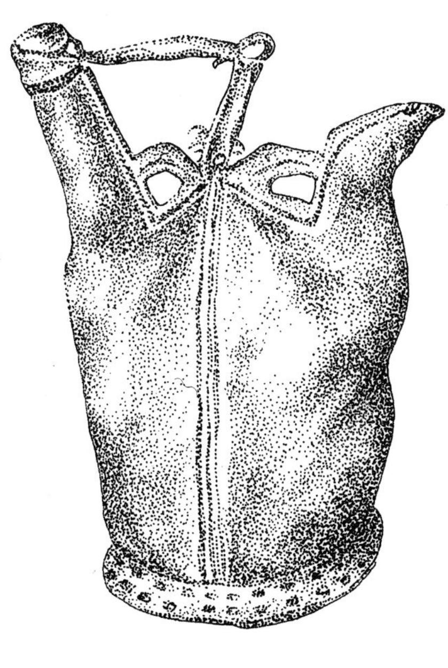

Lederner Wasserbehälter der Amharen, Äthiopien

statt (Hochzeiten, Totengedenkfeiern). Durch traditionelle Zeremonien sucht man in Harmonie mit den Ahnen, den Lokalgeistern und anderen unsichtbaren Kräften zu leben.

Bei den Bariba hat sich seit Generationen – wie bei den vielen vergleichbaren Gemeinschaften – eine stabile Lebensweise herausgebildet, die sich dem Rhythmus von Regenzeit und Trockenzeit, Saat und Ernte anpaßt. Alltägliche Handlungsabläufe und festtägliche Zeremonien laufen nach dem traditionell überlieferten Muster ab, auch wenn der ursprüngliche Sinn mancher Bräuche nicht mehr bekannt ist.

Ähnlich festgelegt nach herkömmlichem Muster leben die Viehzüchtergemeinschaften, auch wenn diese sich grundsätzlich von denen der bäuerlichen Dorfgemeinschaften unterscheiden. Für einen großen Teil der Viehzüchter- und Hirtenvölker ist eine nomadisierende Lebensweise typisch, z. B. für die Baggara im Sudan, die jährlich mit ihren Rinderherden von Nord nach Süd und zurück die Wasserlöcher abwandern, oder für die Tuareg in der Steppe des Nigerbogens, die auf den Wanderungen mit ihren Familien leichte Zelte errichten. Allein in Somalia leben etwa 3 Millionen Nomaden, das sind 60 % der Bevölkerung. Ein Teil der Viehzüchter- oder Hirtengemeinschaften lebt aber auch zeitweise in Ansiedlungen, wie die Massai in Ostafrika, deren 200 Clans (etwa 120 000 Menschen) in Viehzüchterlagern (Enkanga) wohnen, oder die Nuer in Südäthiopien, die in der Regenzeit in Dörfern und in der Trockenzeit in Sommerlagern siedeln. Der jährliche Lebensrhythmus dieser Gemeinschaften ist weitgehend traditionsgebunden.

Lebendige Traditionen

Die kulturellen Traditionen der Dorfgemeinschaften und Hirtenvölker bilden einen wichtigen Teil des Erbes der afrikanischen Völker und prägen die Spezifik dieser Kultur, sind Wurzeln der kulturellen Identität. Dieses Erbe besteht nicht nur aus folkloristischem Brauchtum, wie der Musik, dem Tanz, der mündlichen Überlieferung und dem Kunsthandwerk, sondern ebenso aus traditionellen Technologien und historisch erworbenen Fähigkeiten, aus dem im Umgang mit der Natur gewonnenen Wissen, aus Institutionen, Formen der Lebensweise und Verhaltensnormen, aus Idealen und Wertorientierungen. In den afrikanischen Gemeinschaften sind diese Traditionen noch heute lebendig. Allerdings werden sich nicht alle kulturellen Erscheinungsformen in die neuen Gesellschaften hinüberretten lassen, da sie auf einer wirtschaftlichen und sozialen Basis entstanden sind, die in Auflösung begriffen ist oder bereits nicht mehr existiert. Doch so manche Elemente werden, zwar aus ihrem ursprünglichen Bedeutungs- und Funktionszusammenhang herausgelöst, in den nationalen Kulturen fortleben.

Afrikanische Architektur: Zelte, Hütten, Häuser

Bauen und Wohnen in Afrika sind eng mit den sozialen Lebensbedingungen und den typischen Formen von Lebensweise verbunden. Auf der Grundlage der Agrarproduktion hat sich bei den verschiedenen ethnischen Gemeinschaften der Bodenbauer, aber auch eines Teils der Viehzüchter, eine Vielfalt an traditioneller Baukunst entwickelt, die den spezifischen Lebensformen jeweils Rechnung trug. In geschlossenen Siedlungen oder verstreuten bäuerlichen Einzelgehöften wurde die Art und Weise des Bauens und Wohnens von Generation zu Generation weitergegeben.

Die nomadisierenden Viehzüchter brauchten Wohnstätten, die schnell aufzubauen, zerlegbar und möglichst leicht waren. So besteht das Zelt der Tuareg aus Fellen und einer Lederdecke als »Dach«; in kaum zwei Stunden läßt es sich aufbauen. Andere Viehzüchternomaden wie die Somali errichten Rundhütten aus einem Stangengerüst, das mit Leder verkleidet und auf der Wanderung mitgeführt wird.

Anordnung und Ausgestaltung der Wohnhütten der verschiedenen Gemeinschaften sind Ausdruck ihres sozialen Lebens, wobei sich Wohnen nicht nur auf das Innere der Hütte bezieht, sondern es umfaßt auch die Speisenvorbereitungs- und Kochplätze im Freien, die Innenhöfe und Dachterrassen sowie die schattigen Sitzplätze vor der Hütte für den gemeinsamen Plausch. Zu den Wohnhütten gehören in der Regel Speicher von beachtlicher Größe, häufig topf- und kegelförmig. Die soziale Organisation als Großfamilie – wie bereits beschrieben – prägt vielfach das gemeinsame Wohnen in einem aus mehreren Hütten bestehenden Gehöft, in vielen Fällen durch einen verbindenden Strohzaun schon äußerlich als Gemeinschaft erkennbar. Bei den Matakam im Norden Ka-

Ssola-Burg,
nach Frobenius 1923

meruns werden die Gehöfte durch jeweils mehrere Rundhütten mit bestimmten Funktionen gebildet, die nur einen gemeinsamen Zugang haben, so daß eine Kontrolle durch das Familienoberhaupt gesichert ist. Die traditionellen Burgen der Somba, Savannenbauer in Togo und Benin, sind fensterlose Rundhäuser mit Dachterrassen, die ringförmig miteinander verbunden sind. Auch die Kuppelhütten der Herero und Hottentotten Südafrikas sind kreisförmig angeordnet. In der Mitte des Kreises wird das Vieh – der wichtigste Besitz der Gemeinschaft – untergebracht.

In einigen Dorfgemeinschaften haben sowohl die Anordnung der Hütten und Häuser im Dorf als auch die der Räume und Funktionsbereiche innerhalb des Hauses eine überlieferte religiöse Bedeutung. Besonders ausgeprägt ist dies bei den Dogon in Mali: Entsprechend dem Schöpfungsmythos, ihrem Weltbild, werden Häuser und Dörfer so errichtet, daß sie die Funktionen einer menschlichen Gestalt symbolisieren. Das umfaßt nicht nur die Wohnhütten, sondern auch das Versammlungshaus der Männer, die Toguna, und die Menstruationshäuser der Frauen.

Bauweise und Anordnung können aber ebenso ganz praktische Erwägungen zugrunde liegen. So sind z. B. die berühmten Pfahlbauten von Ganvié im Nokwé-See bei Cotounou (Benin), einer Siedlung von etwa 10 000 Einwohnern, dadurch entstanden, daß die Fischer hier ihre besten Fanggründe haben und im Gegensatz zu den Ufergegenden vor Moskitos weitgehend geschützt sind.

In den ländlichen Gemeinschaften haben sich regional sehr differenzierte Typen von Häusern und Hütten entwickelt. Sie reichen von Rundhütten, wie den Tukuls mit Kuppeldach im Norden Äthiopiens oder den Rundhütten mit kegelförmigen Strohdächern in Ostafrika, über bienenkorbartige, mit Gras oder Fell bedeckte Kuppelhütten in den südafrikanischen Kraals der Viehzüchter bis zu viereckigen Häusern in Ost- und Westafrika, wie den viereckigen Giebeldachhäusern der Pangwe oder den Flachdachhäusern der Bauern in Ostafrika.

Die Technologie des Bauens ist sehr unterschiedlich. Es überwiegen Häuser aus Flechtwerk, mit Lehm verputzt, oder aus getrockneten Lehmziegeln. Baumaterial und Technologie hängen weitgehend von den örtlich vorhandenen natürlichen Materialien ab: Stangenholz, Bambus, Palmblattrippen, Gras, Hirse- bzw. Reisstroh oder Lehm, seltener Stein. Material und Bauweise entsprechen den klimatischen Bedingungen und den jeweiligen Fertigkeiten der Familien.

Lehmarchitektur

Über einen größeren geographischen Raum verbreitet hat sich die Lehmarchitektur der Sudanländer. Wohnhäuser, Silos und Kulthäuser, aber auch große Moscheen wie die von Mopti

57 Zeremonialhütte

58 Ostafrikanischer Kraal

59 Speicherbauten in Ostafrika

60 Rinderherde der Massai

61 Massai-Hirten

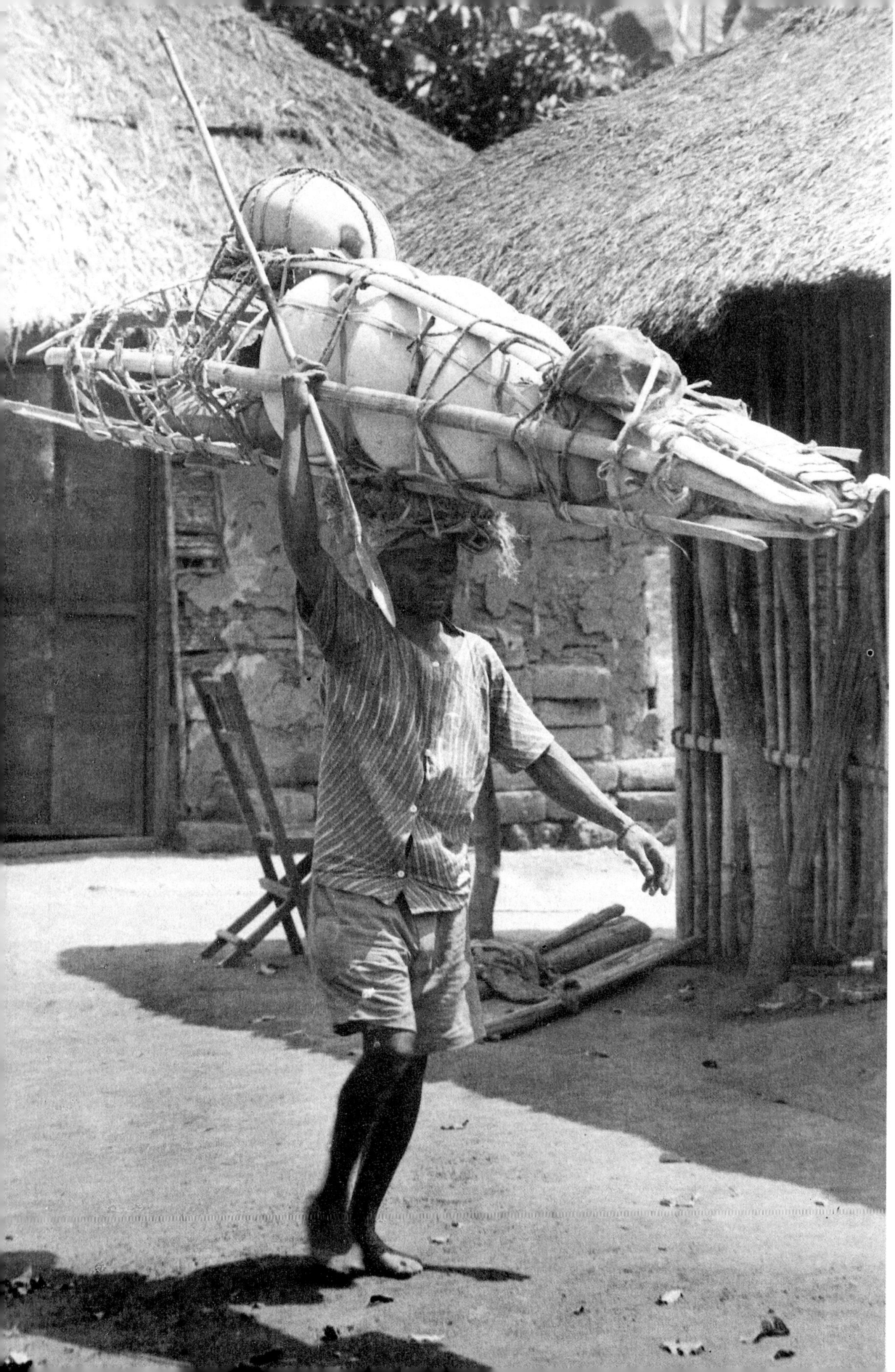

62 Zum Fischfang

63 Pfahlbautendorf der Fischer von Ganivié, Benin

64/66 Erntearbeit und Lehmziegelherstellung, Tansania

65 In Großfamilien lebende Muilas, Angola

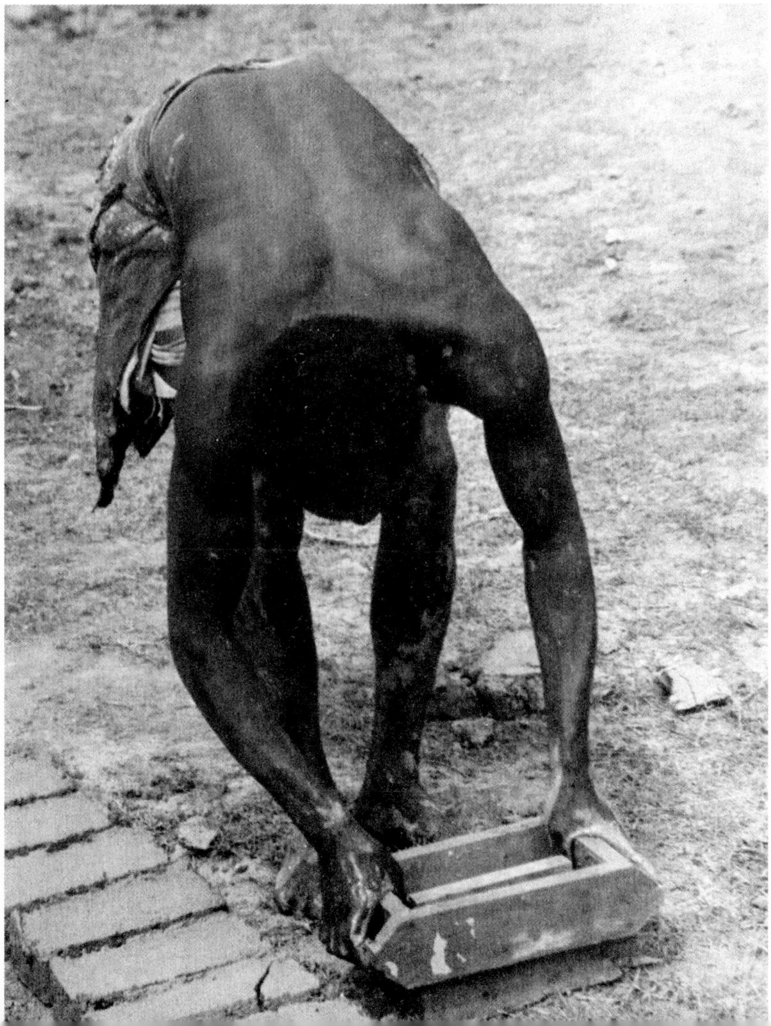

67–70 Traditionell geschmückte Frauen in Guinea (Haartracht der Fulbe, 1940), Angola, Nigeria und Mali (Fulbe)

71 Der letzte Ashanti-König, 1959

72 Initiationszug der Mädchen in Ghana

73 Zeremonie der Ashanti mit dem Goldenen Stuhl

74 Zangbeto-Maskenumzug auf einem Volksfest in Lagos

75 Mbira mit Kalebasse
als Resonanzkörper

76 Marimba-Spieler in Moçambique

77 Trommeln, unentbehrliche Begleiter der Feste

78 Großstädtische Straßen-
szene in Westafrika

79 Elektronisch gesteuerte Anlagen in einem Kaffee-Aufbereitungswerk in Moshi, Tansania

80 Produktion von Transistorgeräten am Stadtrand von Maputo, Moçambique

81–83 Dar es Salaam – das Zentrum der tansanischen Metropole, Blick auf den Busbahnhof und das Afrikanerviertel Kariakoo

84 Randsiedlung in einer der vielen afrikanischen Millionenstädte

85 Obdachloser
in Johannesburg

86 Kapstadt, glitzernde Metropole der Apartheid

87 Streikende Minenarbeiter in Südafrika

NATIONAL UNION OF MINE WORKERS

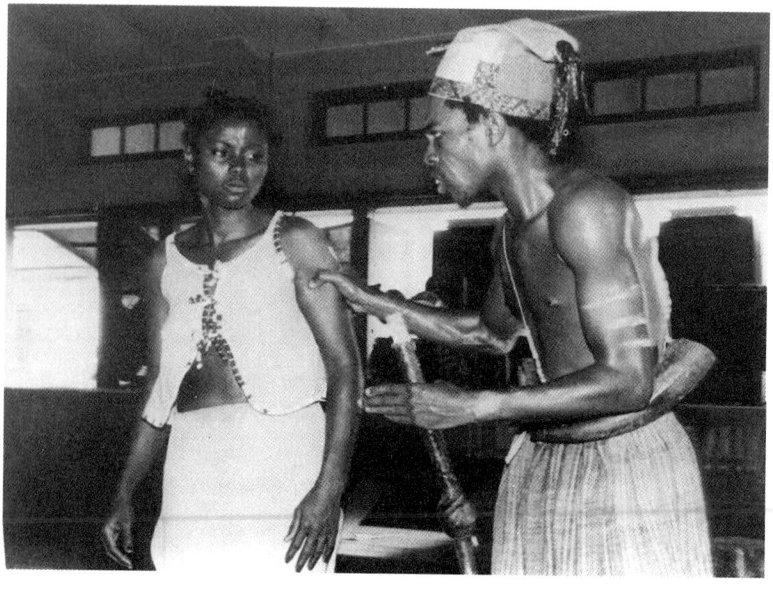

88–90 Kunst in Ghana: Dichterlesung (Asiedu Abiagye), Theaterszene (Abibie Romma) und Sänger (Koo Nima) in der Tradition der Griots

91–93 Moderne Holzplastiken aus Angola

94 Speckstein-Figur, Shona-Plastik, Simbabwe

95 FESTAC 77 in Lagos, bisher größtes Festival schwarzafrikanischer Kultur

oder Djenne sind auf diese Weise errichtet worden. Ein bizarres und schönes Aussehen haben jene meterhohen Gebäude, deren Konstruktion durch Streben verstärkt wurde. Die Färbung des Bodens verleiht den Lehmbauten jene für Afrika typische rotbraune oder gelbe Tönung. Diese Bauten werden frei aus Lehm geformt, aus Lehmwülsten hochgezogen oder aus gebrannten Lehmziegeln errichtet. Zu den generationenlangen Bautraditionen gehören die bis zu 10 m hohen domartigen Lehmbauten der Musgum in Kamerun.

Die überlieferte Architektur hat jedoch nicht nur verschiedenartige Formen für Wohnbauten hervorgebracht, sondern auch Herrscherhäuser, sakrale Bauten und kulturelle Stätten, wie Fetischhäuser, Gebäude für religiöse Zeremonien und Veranstaltungen, die mit dem Ahnenkult und dem animistischen Weltbild verbunden sind. So entstanden beispielsweise

Kulthäuser

traditionelle »Kulturhäuser« in Nigeria im Zusammenhang mit der Yoruba-Religion und deren Kulten und Feiern. Dazu gehören aber auch die Moscheen der islamisierten Gebiete und die christlichen Kirchen, so die zahlreichen koptischen Kirchen in Äthiopien. Wenn sie sich auch von den Wohnstätten abhoben durch spezifische Formen, Größe und Schmuckelemente, bildeten sie doch im Ensemble der Siedlung eine harmonische Einheit. Die Rundhüttenkirchen in Äthiopien z. B. fügen sich architektonisch in die Rundhüttendörfer ein.

In dieser Vielfalt architektonischer Formen kommt ein entwickelter Sinn für Form und Farbe in den traditionellen Gemeinschaften zum Ausdruck. Häufig haben die Gebäude geschnitzte oder anders verzierte Hauspfosten, tragen Fassadenschmuck (teilweise mit bildhaften Darstellungen) und, wie zahlreiche Lehmbauten, Ritzmuster mittels Holzstäbchen oder Mosaiken aus eingedrückten Früchten.

Mit den sozialen Veränderungen der letzten zwei Jahrzehnte ist auf dem Lande ein allmählicher Wandel in Baumaterial und Technologie zu beobachten. Vorgefertigte Wellblechdächer ersetzen die überlieferten Gras- oder Strohdächer, es werden Ziegel und Steine erworben, arbeitsaufwendige Bauweisen werden aufgegeben, Traditionen anderer Regionen übernommen.

Zur Vielfalt traditioneller Architektur gehört auch die Bauweise in den Städten. In den vorkolonialen Städten der afrikanischen West- und Ostküste und den Sudangebieten hatten die Bürgerhäuser ein spezifisches Aussehen. So entstanden in den Sudangebieten Terrassenhäuser in Lehmziegelarchitektur, reichverzierte, mit Schnitzereien geschmückte Häuser in den ostafrikanischen Handelsstädten, die teilweise arabischen Einfluß aufnahmen. Bekannt wurden die bis heute erhaltenen geschnitzten Türen in Sansibar.

Zugleich charakterisiert die afrikanischen Städte heute das, was als koloniales Erbe übernommen wurde: Gebäude im »Kolonialstil«, die in den abgesonderten Stadtvierteln der Europäer gebaut wurden, geprägt von den Traditionen und Vorstellungen der Kolonisatoren. In der Gegenwart kennzeichnen das Stadtbild jedoch zunehmend moderne Wohn- und Bürohäuser internationalen Standards.

Traditionen des Handwerks

Die Kunde von den spezialisierten Fähigkeiten afrikanischer Handwerker drang schon vor Jahrhunderten nach Europa. Portugiesische Berichte zu Beginn des 16. Jahrhunderts erwähnten den Import von Stoffen aus Afrika. Raffiabasttextilien aus dem Königreich Kongo und Segeltuch für die Schiffe der Seefahrer gelangten zu dieser Zeit nach Portugal. Aus Dahome berichtete der Gouverneur Dalzell 1789 von der Schönheit der Baumwollstoffe: »Ihre Farben vertragen das Waschen sehr gut, besonders die Blautöne, die in dieser Qualität nicht zu übertreffen sind.«

Zu dieser Zeit hatte die Textilherstellung in Afrika schon lange Traditionen. In den Hausa-Staaten, vor allem in Kano, im Norden Nigerias hatten sich Handwerker auf Weberei und Färberei spezialisiert, und über den Transsaharahandel gelangten ihre Textilien bis nach Nordafrika. Das alte Sudanreich Ghana war im 9./10. Jahrhundert für seine Baumwollweberei bekannt.

Zu den ersten Handwerkern in Afrika gehörten die Schmiede, die aufgrund ihres Umgangs mit dem Feuer eine Sonderstellung einnahmen. Sie waren für die Gemeinschaften besonders wichtig, da durch eisernes Arbeitsgerät und Waffen

Traditioneller Schmelzofen

Produktivität und Sicherheit aller von ihrer Arbeit mit abhingen. Ihr Ansehen bei den Viehzüchternomaden und den seßhaften Bauern war jedoch unterschiedlich. Bei den Nomaden galten sie als niedrigste Kaste, denn ihr Handwerk band sie an einen festen Wohnsitz. Bei den seßhaften Bauern hingegen bildeten sie eine bevorzugte, geachtete Schicht, die in der sozialen Hierarchie gleich nach den Dorfältesten kam. Wegen ihrer magischen Kräfte waren sie meist am Rande der Dörfer angesiedelt. Der Schmied gab seine Fertigkeit an seine Söhne weiter, so daß das Handwerk in der Familie blieb. Meist übte er noch eine Funktion als Wahrsager, Beschneider bei den Initiationsriten oder als Bewahrer heiliger Masken aus. Die Frau des Schmiedes war in vielen Gemeinschaften zugleich Hebamme. Metallbearbeitung und Metallgewinnung hingen eng zusammen. Fest steht, daß in Afrika – anders als in Asien und Europa – das Eisen dem Stein als Rohstoff unmittelbar folgte, Kupfer und Bronze erst danach bekannt wurden. In verschiedenen afrikanischen Sprachen heißt Kupfer daher »rotes Eisen«. Traditionell war der Schmied für die Erzgewinnung und -bearbeitung zuständig. Als die europäischen Entdekkungsreisenden nach Afrika kamen, war die Eisenbearbeitung in nahezu allen Teilen des Kontinents bekannt. Stanley u. a. bewunderten die traditionellen »Hochöfen« und die Qualität des gewonnenen Eisens. Die Technologie hat sich über viele Jahrhunderte unverändert erhalten und kann noch heute bei einigen Völkerschaften wie den Senufo und Matakam in Westafrika beobachtet werden. Rohstoff ist das in vielen Teilen Afrikas vorhandene Magnetit oder Raseneisenerz, das meist an der Erdoberfläche gefunden wird. Über offenem Feuer oder in kegelförmigen Lehm- und Tonöfen wird dieses Erz

Bronzegießer in Ibadan, nach Frobenius 1912

Goldgewicht in Form eines Fächers, Ashanti

erschmolzen. Die Schmelzöfen sind bis zu 3 m hoch, haben einen Basisdurchmesser von 1 bis 2 m. Das Prinzip der Schachtöfen als verbreitetste Technologie entspricht den Rennhochöfen, d. h., das Eisenerz wird nicht geschmolzen, sondern im Reduktionsprozeß zu einer kohlenstoffarmen Luppe. Die Öfen werden abwechselnd mit einer Schicht Holzkohle, die die Familie des Schmiedes selbst produziert, und einer Schicht Erz beschickt, dann zugemauert; die Kohle wird entzündet, und durch verstärkte Luftzufuhr wird die nötige Hitze erzeugt. Im Nordsudan baut man in die Rennöfen Öffnungen ein, um dem Wind die Sauerstoffzufuhr zu überlassen. In den meisten Gebieten jedoch wird der Luftstrom durch Tonröhren oder Löcher mittels Blasebalg gesichert, den der Gehilfe des Schmiedes bedient. Nach einer bestimmten Zeit, nach acht bis zwölf Stunden oder erst nach Tagen, wird der Ofen zertrümmert und die Sintermasse entnommen, die zuvor mit Wasser abgeschreckt wurde. Die Luppenbrocken erhitzt man für die weitere Bearbeitung erneut, so daß das Eisen allmählich die Qualität von Stahl erhält. Die Schmiede der Matakam in Nordkamerun stellen traditionell viereckige Eisenbarren her, die dann zu Arbeitsgerät und Schmuck verarbeitet werden. Auch in anderen Gebieten Afrikas haben die Schmiede große Fertigkeit erreicht. Mit großer Geschicklichkeit zaubern sie selbst eiserne Schmuckketten und Nadeln für die Näh- und Stickarbeiten.

Im gegenwärtigen sozialen und kulturellen Umbruchprozeß wird die Eisengewinnung immer mehr durch den Kauf von Schrott ersetzt. Mit dem zunehmenden Angebot industriell erzeugter Eisenwaren verliert der Schmied seine Bedeutung für die Gemeinschaften.

Lange handwerkliche Traditionen haben in Afrika ebenfalls die Bronzegießer, die Gold- und Silberschmiede. Messing, Bronze, aber auch Eisen, Zinn, Silber und Gold wurden traditionell nach der Technologie des »Gusses in verlorener Form«, einem Wachsschmelzverfahren, bearbeitet. Noch heute kann man bei den Bronzegießern in Benin, den Silberschmieden der Tuareg oder den Goldschmieden der Baule und Ashanti dieses Verfahren beobachten.

Die Gelbgießer, die Gold- und Silberschmiede hatten in den afrikanischen Gemeinschaften Privilegien. An den Königshöfen von Ife und Benin oder der Ashanti genossen sie die Förderung der Könige. Ursprünglich durften sie nur für den König arbeiten, später auch für die Häuptlinge, dann ebenfalls für den Markt. Noch heute findet man in Nigeria und Ghana Bronze-, Messing- und Goldarbeiten nach überlieferten Kunstvorlagen. Die Masken und kleinen Figuren, Armreifen und Anhänger werden jedoch teilweise schon in Serie für Touristen gefertigt, was allmählich eine Anpassung an den Geschmack der Touristen nach sich zieht. Nur die für traditionelle Oberhäupter, Priester oder reiche Mitbürger gefertigten Stücke entsprechen noch immer dem überlieferten Original.

Die Kunst der Gold- und Silberschmiede ist jedoch nicht auf die mit den höfischen Traditionen verbundenen Ethnien und Gebiete beschränkt. In zahlreichen Gemeinschaften gehörten Silber- oder Goldschmuck zum Besitz der Frauen. In vielen Gegenden Westafrikas kann man feinziselierten Goldschmuck bewundern. Bei den Tuareg im Nigergebiet fertigen die Silberschmiede (die zugleich Gebrauchsgegenstände für die Nomaden herstellen) die begehrten Silberkreuze (»Kreuz von Agades«); in Äthiopien gibt es zahlreiche Varianten silberner Kreuzanhänger nach dem Vorbild der Kreuze von Lalibela; an der ostafrikanischen Küste wird Silberschmuck hergestellt, der an ähnliches Geschmeide in arabischen Ländern erinnert; bei den Mandingo in Westafrika fertigen die Schmiede in den Dörfern einfache, gemusterte Kupfer- und Messingreifen. In kleinen Werkstätten und mit wenig Werkzeug entstehen Schmiedearbeiten von großer Feinheit, die jahrzehnte- oft jahrhundertealte Präzision erkennen lassen.

Wie schon erwähnt, haben auch die Weber und Tuchfärber in Afrika eine lange Geschichte. Trotz zunehmenden Imports von Fertigkleidung aus Europa, Asien und Amerika hat sich in vielen Gebieten nicht nur das Tragen traditionell überlieferter Kleidungsstücke, sondern auch das Herstellen eigener Textilien erhalten. Lange Tradition besitzt vor allem die Baumwollweberei. Bei der Verarbeitung der Baumwolle gibt es eine strikte Rollenverteilung zwischen Mann und Frau: Die Frauen entkernen, lockern und spinnen die Baumwolle danach mit Kunkel und Spindel. In fast allen Völkerschaften weben die Männer, sie fertigen auch die Stickereien und Applikationen an. Weitestverbreitetes Arbeitsgerät ist der sogenannte sudanesische Webstuhl, auf dem lange Bänder gewebt werden, die man anschließend zusammennäht. Auf diese Weise entstehen z. B. die Kente der Ashanti, farbige Tücher aus Baumwolle oder Seide. Die erwähnten Bariba in Benin weben am traditio-

Lederbehälter aus Äthiopien

Indigo-Färberei

Töpferinnen,
nach Frobenius 1912

nellen Trittwebstuhl lange Bahnen, die zu Tüchern und Dekken vernäht werden. Kunstvolle Muster und Streifen können eingewebt werden. Neben dem Trittwebstuhl werden auch Webgeräte verwendet, die die Herstellung breiter Stoffbahnen ermöglichen. Die Besonderheiten der Stoffherstellung sind regional sehr vielfältig. Für Shama und Kemis, die Nationaltracht Äthiopiens, werden z. B. in die weißen Baumwollbahnen bunte Borten eingewebt.

In Westafrika hat das Färben der Stoffe eine lange Tradition, vor allem die Indigofärberei. Das strahlendblaue Indigo wird direkt aus Pflanzen gewonnen. Ihren Ursprung hat diese Farbe in Indien, wo die Stoffe mit Zubereitungen aus der Pflanzengruppe Indigofera eingefärbt wurden. Es gibt aber auch zahlreiche andere Pflanzen, aus denen dieser Farbstoff gewonnen werden kann. In den Sudanländern verwendete man z. B. junge Zweige einer Lilienart, die zerstampft wurden und in großen Gruben gärten. Die Stoffe wurden hineingetaucht und entwickelten nach dem Trocknen jene leuchtende blaue Farbe.

Textilkunst

Neben Indigo wurden traditionell in Afrika weitere Farben zur Tuchfärberei aus Pflanzenextrakten oder mineralischen Stoffen gewonnen, so z. B. Rot aus der Wurzel der Manguina-Pflanze oder Gelb durch einen Zusatz von Natronsalz, Grün durch eine Mischung von Gelb und Indigo und Schwarz durch Einlegen in Sumpferde.

Um eine Musterung der Stoffe zu erzielen, wurden in verschiedenen afrikanischen Ländern unterschiedliche Techniken entwickelt. Die bekanntesten sind das Abbinden einzelner Stoffpartien vor dem Färben (Plangi), Faltungen und Verknotungen oder das Auftragen von Mustern durch eine Paste aus Reisstärke oder Cassava, die nach dem Färben herausgewaschen wird, ähnlich dem Batikverfahren. Bei den Ashanti ist die Technik des Adinkra-Druckes seit langem überliefert. Hier erzielt man mit Stempeln, die in einen Rindensaft getaucht werden, verschiedenartige Muster.

Zur Verschönerung der Tücher oder Gewänder gibt es bei verschiedenen afrikanischen Völkerschaften überlieferte Stikkerei- und Applikationsmuster auf Baumwolle oder Seide, so bei den Amharen in Äthiopien Stickereien mit dem Kreuzmotiv, bei den Völkerschaften Nigerias jeweils spezielle, für sie charakteristische Muster für Gewänder und Kopfbedeckungen.

In der Gegenwart ist zu beobachten, daß trotz der Zunahme importierter Kleidung oder Mode auch traditionelle Textilien als Zeichen kultureller Identität eine Aufwertung erfahren, besonders in Westafrika.

Alte Traditionen der Lederbearbeitung sind insbesondere bei den Viehzüchtergemeinschaften erhalten geblieben. Das betrifft sowohl Lederbekleidung als auch Gebrauchsgegenstände, wie Ledertaschen und Lederbeutel, Lederkissen, Lederkrüge für Milch, Vorratssäcke aus Leder, Sandalen und Schmuckreifen aus Leder. Bei den Fulbe und den Tuareg ist die Kenntnis überliefert, wie mit Hilfe verschiedener Pflanzenextrakte das Leder imprägniert und gefärbt wird, durch Fellstreifen und Metall Ornamente entstehen.

Zu den aus vorkolonialer Zeit überlieferten Handwerkstechniken im subsaharischen Afrika gehört die Herstellung von Rindenstoff. Von den Ashanti ist das Tragen von Rindenstoffen bei der Jagd überliefert, ebenso von Gemeinschaften, die im Regenwald leben. Aus dem Königreich Buganda wird berichtet, daß die Herstellung von Rindenstoffen bereits in vorkolonialer Zeit verbreitet war. Es gab verschiedenartige Rindenstoffe, von denen einige dem Kabaka, dem Herrscher, vorbehalten waren. Walter Rusch beschreibt die Rindenstoffherstellung folgendermaßen:

»Ein neuangepflanzter Ficus-Baum – matuba in Luganda – liefert nach drei Jahren eine für die Herstellung des Stoffes brauchbare Rinde. Zu diesem Zweck machte man in Erdbodennähe und unterhalb der ersten Verästelung des Baumes zwei Einschnitte rund um den Stamm und verband beide durch einen senkrechten Schnitt, so daß die Rinde leicht abgelöst werden konnte ... Von dem abgelösten, zylinderförmigen Rindenstück entfernte man durch Schaben sorgfältig die äußere Oberfläche, befeuchtete es mit Wasser und breitete es auf einem glatten Holzblock aus, auf dem es mit verschiedenen Holzhämmern im schnellen Tempo geklopft wurde. Durch diese Bearbeitung dehnte sich die Rinde aus und wurde dünner; gleichzeitig erhielt sie durch die in die Köpfe der Hämmer eingeschnitzten kreisrunden Ringe ein geripptes Aussehen. Hatte der Stoff die erforderliche Stärke erreicht – gewöhnlich die Arbeit eines Tages –, wurde er zum Trocknen in die Sonne gehängt.

Alle eventuell vorhandenen schadhaften Stellen wurden mit entsprechend gefärbten Abfällen ausgebessert, und, wenn man eine größere Stoffbahn als die von einer Rinde erhaltene benötigte, mehrere Stücke zusammengenäht. Das Ausbessern und Zusammennähen erfolgte mit Hilfe einer eisernen Nadel und feinen Pflanzenfasern und wurde so geschickt und sorgsam ausgeführt, daß man anschließend keine Nahtstellen mehr ausmachen konnte.« Die Stoffe waren gelbbraun bis braun, selten tiefrot oder sogar weiß.

Kalebasse

In fast allen Gebieten Afrikas verbreitet ist die Töpferei. Sie wird jedoch nur bei den seßhaften Bauern betrieben, die Viehzüchternomaden verwenden Keramik zwar, stellen sie aber nicht selbst her. In der Töpferei gab es traditionell eine klare

Arbeitsteilung: Gebrauchsgegenstände aus Ton wurden von den Frauen hergestellt, bei den Matakam in Kamerun ausschließlich von den Frauen der Schmiede. Sie fertigten Töpfe, Krüge, Vorratsbehälter und andere Dinge, die im Dorf gebraucht wurden. Hier haben sich regional bestimmte Formen und Muster entwickelt. Die Töpferinnen stellten in der Regel einen Teil der Produkte für den Markt her.

Töpferei Die Technik der Töpferei unterscheidet sich weitgehend von der in den arabischen Ländern, wo die Töpferscheibe gebräuchlich ist. Im subsaharischen Afrika hat sich die Töpferscheibe kaum verbreitet. Traditionelle Techniken sind hier das freie Formen durch Hochtreiben des Tones, das Formen durch übereinandergeschichtete Tonwülste, die glattgestrichen werden, oder das Modellieren des Tones über einer anderen Form. Die Gefäße wurden und werden für die verschiedensten Verwendungszwecke im Haushalt, aber auch für rituellen Gebrauch hergestellt, z. B. die für die Ahnenverehrung bestimmten Seelenkrüge der Matakam oder die »Familientöpfe« auf den Grabstätten der Akanvölker in Ghana.

Die Tongefäße werden auf diese Weise noch heute in allen Teilen Afrikas gefertigt, häufig durch Einritzen oder Eindrükken von Mustern verziert.

Neben der Anfertigung von Töpfen und Krügen wurden in Afrika bereits vor Jahrhunderten Figuren aus Ton gebrannt. Berühmt wurden diejenigen aus den frühen Kulturen Nigerias. Bei den Akanvölkern in Ghana wurden seit 300 Jahren Tontöpfe und Figuren in Verbindung mit den Beerdigungsriten hergestellt. Funde aus Ostafrika bezeugen ebenfalls die lange Geschichte der Töpferei.

Das Brennen der Töpferwaren ist in Afrika meist ohne Ofen erfolgt, indem die Tonformen in Gruben oder auf dem freien Feld in Gras, Stroh oder Tiermist gebrannt wurden. Auf diese Weise ließen sich die Tonwaren in Serie herstellen. Gebrauchstöpfe sind weit verbreitet und haben sich neben importierten Haushaltsgegenständen aus Metall und Plaste behaupten können.

Noch heute fest mit dem Alltagsleben verbunden sind all die geflochtenen und geschnitzten Gegenstände. In allen Teilen Afrikas finden wir bunte Matten aus Raffiapalmblättern, Körbe, Teller und Schalen aus geflochtenen Palmblättern, Schilf, Stroh oder Gras, wobei regional auffällige Unterschiede in Farbe und Mustern bestehen. So sind in Äthiopien z. B. die Harrari für ihre farbenfrohen, schönen Teller und Körbe aus gefärbtem Gras bekannt. Die traditionellen Korbtischchen, auf denen das Nationalgericht injera serviert wird (Messop), werden noch heute geflochten. In Nigeria fallen besonders die farbenfrohen Matten ins Auge, an der ostafrikanischen Küste

Körbe und Taschen aller Art. Kaum wegzudenken aus dem bäuerlichen Haushalt sind die Kalebassen: Schalen und Flaschen aus getrocknetem Kürbis, die vielfach gemustert wurden durch Ritzen, Einbrennen oder Blenden.

Holzgefäß der Bamilike, Westafrika

Eine Tradition der afrikanischen Dorfgemeinschaften, die wohl international am bekanntesten wurde und häufig als Symbol afrikanischen Handwerks oder afrikanischer Kunst gilt, ist das Holzschnitzen. Die Holzschnitzerei ist eingebettet in das soziale Leben der Gemeinschaften und mit dem religiösen Leben eng verbunden. Geschnitzte Masken und Ahnenfiguren erhielten ihre Bedeutung in Kulthandlungen. So sind die Masken der Senufo in Westafrika enger Bestandteil des Poro-Kultes, die Antilopenmasken waren einem rituellen Tanz des Fruchtbarkeitskultes vorbehalten. Ihre jeweilige Funktion bestimmte Aussehen und Gestaltung der Masken und Ahnenfiguren. Sie sollten nicht »schön« sein, sondern das Wesentliche aussagen, bestimmte Züge der Ahnen oder Geister hervorheben, Furcht einflößen oder Macht symbolisieren. Man kann diese Plastiken nicht nach Normen der europäischen Kunstgeschichte untersuchen, ihre Form, ihre Linienführung oder ihren Grad an Naturalismus bestimmen, denn all dies ist ihrer Funktion untergeordnet, wird von ihr diktiert. Die Betonung oder Abstraktion bestimmter Körperformen z. B. ergab sich aus der Aussage – Fruchtbarkeit, Alter, Gewalt, Güte usw. –, die damit getroffen werden sollte.

Die Kunst der Holzbearbeitung hat in Afrika eine lange Geschichte. In den Ländern der Guineaküste, im Kongobecken, im Kameruner Grasland und in einigen Regionen Ostafrikas entstanden bereits in vorkolonialer Zeit Zentren der Schnitzkunst. Bis in die Gegenwart hinein hat sich bei den Dogon, Bambara, Senufo, Bobo, Mossi, Dan, Baule, Bali, Bamum, Pangwe und anderen westafrikanischen Ethnien, ähnlich bei den Kuba, Luba, Cokwe und Lunda im Kongogebiet und bei den Makonde und Makua in Ostafrika die Holzschnitzkunst erhalten.

Traditionell waren es die zum Teil in Zünften organisierten Schnitzer, die Trommeln, Ahnenfiguren und Masken anfertigten. Nur mit dem Breitbeil (Dechsel) und einem kurzen Messer wurden die Figuren aus dem Holz herausgearbeitet. Die ursprünglich rituelle Bedeutung der Masken und Figuren ist heute meist verlorengegangen, und es überwiegt die Herstellung für den Markt. In den traditionellen Gemeinschaften war die Produktion für Fremde verboten und wurde streng bestraft. Das Schnitzen der Masken oder Ahnenfiguren selbst war mit religiösen Kulthandlungen und Opfergaben verbunden. Mit der zunehmenden Auflösung der Dorfgemeinschaften und ihrer Einbeziehung in die Ware-Geld-Wirtschaft ist jedoch das Schnitzen zu einem einträglichen Gelderwerb geworden. Bei den Senufo z. B. werden Holzschnitzereien für den Markt angefertigt, zugleich aber die »echten Masken« in den heiligen Hainen aufbewahrt. In den vergangenen zwei Jahrzehnten entstanden zahlreiche Schnitzergemeinschaften auf rein kommerzieller Basis, die ihre Erzeugnisse direkt oder über Zwischenhändler in den Städten oder Touristenzentren anbieten. Das hatte in vielen Fällen eine Reduzierung auf begehrte Motive – wie naturalistische Tierfiguren oder stilisierte Masken – zur Folge.

Bei einer Reihe afrikanischer Völker werden, wie seit Generationen überliefert, alle hölzernen Gebrauchsgegenstände kunstvoll geschnitzt, seien es Löffel, Trinkbecher, Holzschalen mit geschnitzten Füßen oder Holzkästchen, Schemel, Kämme oder Pfeifen, häufig mit figürlichen Darstellungen versehen. Material für Schnitzereien ist jedoch nicht nur Holz, sondern auch Elfenbein u.a. Schnitzereien aus Elfenbein sind zwar am begehrtesten, große Kunstfertigkeit weisen aber ebenso Hornschnitzereien, wie sie z.B. in Äthiopien gefertigt werden, oder Meerschaumschnitzereien von der Ostküste auf.

Die historisch lange Entwicklung des Handwerks in den afrikanischen Gemeinschaften zeugt von hohem Kunstempfinden, das sich in jeder Region, jeder Völkerschaft in jeweils spezifischen Techniken und Erzeugnissen ausdrückt und einen großen Schatz an Ideen und Erfahrungen darstellt. Aus dieser Fülle seien zum Schluß noch die nigerianischen Glasmacher genannt, die nach alten überlieferten Technologien Glas, Glasperlen und Glasringe herstellen und bearbeiten, oder die Tuareg, deren Steinringe bereits Frobenius erwähnte. Bewundernswert sind die Wollteppiche in Äthiopien mit ihrem klassischen Löwenmuster in Schwarz-Weiß-Braun-Tönen oder die Bilder auf Ziegenhaut, die dort von Straßenhändlern angeboten werden. All diese überlieferten Handwerkskünste unterliegen dem über Generationen weitergegebenen Bedürfnis nach Schönheit und dem Gefühl für das Material, zeugen von der Fertigkeit, damit umzugehen.

Vom Kleiden und Schmücken

Will sich eine junge Massai-Frau für ihren Mann besonders schön machen, so reibt sie sich ihren Körper mit Milch und Ocker ein, schlüpft in ihren Lederrock, den sie mit einem dekorativen Muster aus Korallen verziert hat, und legt ihren Schmuck an: Ringketten aus Korallen und Perlen um den Hals, kleine Ringe in die Ohrmuscheln und Kupferreifen um die Knöchel. Um ihre Frisur braucht sie sich nicht zu sorgen, da das Haar geschoren wurde. Komplizierte Frisuren sind bei diesem ostafrikanischen Hirtenvolk ein Vorrecht der Männer.

Das Bedürfnis, sich durch Kleidung und Schmuck, durch Farben und Ornamente zu verschönern und zu erfreuen, ist in allen Dorf- und Hirtengemeinschaften Afrikas stark ausgeprägt. Selbstverständlich unterscheiden sich die Schönheitsideale, und die Kleidung wird auch durch die natürlichen Vegetations- und Klimabedingungen sowie die vorherrschenden Arbeitstätigkeiten bestimmt, aber in allen Gemeinschaften sind allgemeine Kriterien dafür ausgebildet, was jeder so als »schön« empfindet. Für Kleidung, Frisuren und Schmuck gibt es überlieferte Normen entsprechend Altersklasse, Geschlecht und sozialer Stellung, teilweise auch der Religion.

In vielen für den Eigenbedarf arbeitenden Gemeinschaften wird die Kleidung aus leicht zugänglichen Rohstoffen gefertigt: aus selbstangebauter oder gegen pflanzliche Produkte eingetauschter Baumwolle, die im Dorf gesponnen und gewebt wird, aus den Fasern der Raffiapalme, aus Rindenstoff oder geflochtenen Bastfasern. Bei den Hirtennomaden dominieren Lederbekleidung – Röcke, Umhänge, Sandalen, Schurze –, aber auch wollene Umhänge oder Fellpelerinen, wie bei den Massai, den südafrikanischen Herero und Hottentotten, während die Tuareg-Reiter vom Niger indigogefärbte lange Hemden tragen. Die Bekleidung in den bäuerlichen Gemeinschaften der verschiedenen Regionen Afrikas ist sehr differenziert. Es überwiegen baumwollene Gewänder nach vielerlei »Mode«. So tragen die Männer mehrerer Völker Oberguineas traditionell kurze Hosen und ein bis zu den Knöcheln reichendes Obergewand, die Frauen einen Rock aus buntem Stoff, während die Hausa in Westafrika als Männerkleidung Pumphosen und bestickte Hemden (Tobe) und für die Frauen

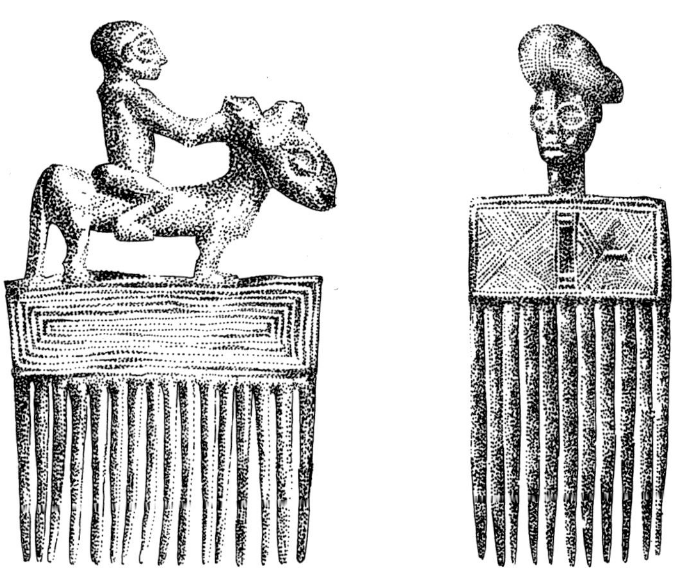

Figürlich geschnitzte Holzkämme aus Angola

Wickelgewänder aus dem Stück bevorzugen. Bei den Völkern an der Grenze zu Nordafrika sind Bekleidungsstücke traditionell verbreitet, die in den arabischen Ländern vorherrschen: Gallabiya (hemdartiges Männergewand), Kaftan und Burnus, ein Mantel aus Wolle. In Äthiopien gilt die Shama, ein weißes Baumwollgewand mit reichbestickter Borte, als Nationaltracht, aber zugleich gibt es eine Vielzahl regional unterschiedlicher Bekleidungsformen der verschiedenen ethnischen Gruppen und Völkerschaften. Vielfach sind die Stoffe mit dekorativen Mustern versehen, z. B. durch traditionelle Verfahren des

Überlieferte »Mode«

Stoffdruckes, der Stoffbemalung (wie bei den Senufo der Elfenbeinküste) oder der Bemalung von Lederkleidung mit Ochsenblut (wie bei den Boran in Äthiopien). Selbst die Pygmäenfrauen verwenden viel Zeit darauf, ihren selbsthergestellten Rindenstoff kunstvoll zu färben und zu mustern. Sie benutzen dazu Farbstoffe aus Pflanzen, etwa das Schwarz der Gardenie. Aus wilden Reben flechten sie kunstvoll Gürtel. Unter den traditionell gefärbten Baumwollstoffen hebt sich das Indigoblau der Gewänder mehrerer Völker, vor allem in Westafrika, besonders hervor. In manchen Gegenden werden die Stoffe gemustert, indem man vor dem Färben abdeckt und so durch Faltungen, Verknotungen und Abbinden geometrische Muster erzeugt. Farben und Muster können auch symbolische Bedeutung haben. So wurden bei den Ashanti (Ghana) zu bestimmten Ereignissen Stoffe mit symbolischen Farben und Zeichen getragen: die Farben Dunkelrot und Braun zum Zeichen der Trauer, Blau und Weiß als Zeichen der Unschuld und der Freude. Die traditionelle Trauerkleidung Adinkra wurde mit schwarzen Mustern gestempelt, die jeweils eine Bedeutung hatten. Auch die traditionellen Kente, Gewänder aus farbigen Baumwollstreifen, wurden individuell abgestimmt und gaben Informationen über Träger und Ereignis.

Die afrikanischen Frauen sind für den Farbenreichtum ihrer Kleidung bekannt, Festgewänder sind reich bestickt und verziert. Die Frauen an der Ostküste verhüllen allerdings in der Öffentlichkeit ihre farbigen Wickelröcke mit einem schwarzen Umhang, der ihre Zugehörigkeit zur islamischen Religion kundtut.

Mit einer bestimmten Form der Bekleidung wurde in den traditionellen Gemeinschaften auch die Zugehörigkeit zu der jeweiligen Altersgruppe ausgedrückt. Bei den Akan-Völkern in Ghana erhielt jedes Mädchen zum Initiationsfest Stoff für ein zweiteiliges Gewand, das sie von nun an als Zeichen ihrer Zugehörigkeit zur Gemeinschaft der erwachsenen Frauen tragen durfte: Der obere Teil, eine Art Stola, war vorgesehen zum Festhalten des Kindes auf dem Rücken; er symbolisierte zugleich die Heiratsfähigkeit.

Die Kleidung reflektierte in vielen Fällen soziale Hierarchien oder die Zugehörigkeit zu Berufsgruppen. Dies gilt vor allem für die Staaten Afrikas, in denen die soziale Differenzierung weit vorangeschritten war. So drückten sich z. B. am Hofe des Ashanti-Königs Ansehen und Würde der Person im Tragen von Seidenkleidern, Goldsandalen und großer Sonnenschirme mit geschnitzten Spitzen aus. Im Kaiserreich Äthiopien gab es traditionelle Bekleidungsformen für Beamte, Adlige, Priester und Krieger.

In weniger sozial differenzierten Gemeinschaften haben sich ebenfalls »Statussymbole« der Kleidung entwickelt: An den Lederschilden der jungen Massai-Krieger z. B. ist ablesbar, welchem Clan und welcher Altersgruppe der junge Mann angehört, aber auch Tapferkeit oder bestimmte Taten wie Jagderfolge sind durch geometrische Zeichen in den Farben Rot, Schwarz und Weiß auf dem Schild festgehalten. Zu Symbolen des sozialen Ranges wurden in manchen Gemeinschaften das Tragen bestimmter Felle, Stöcke, Schwerter, Pfeil und Bogen und ornamentale Verzierungen der Kleidung.

Schmuckbedürfnisse

Das entwickelte Bedürfnis, sich zu schmücken, Schönes zu besitzen, kommt ebenso im Tragen von Schmuckstücken aller Art zum Ausdruck. In vielen Ländern ist Gold- und Silberschmuck allgemein sehr verbreitet in nahezu allen sozialen Schichten, wobei die Menge Wohlstand und Reichtum der Träger erkennen läßt. In den Ländern des traditionellen Goldhandels (den alten Mali-Reichen, dem Ashanti-Reich, Äthiopien) werden noch heute feinziselierte goldene Ketten, Anhänger, Armreifen und Ringe nach alten Vorlagen hergestellt. Traditioneller Silberschmuck gehört zu den kulturellen Besonderheiten verschiedener Völkerschaften, so z. B. das bekannte »Kreuz von Agades« der Tuareg im Air-Bergland, die schweren mehrreihigen Silberketten der islamischen Harrari in Äthiopien oder der Afro-Shirazi an der ostafrikanischen Küste oder die feingearbeiteten Kreuzanhänger äthiopischer Silberschmiede. Metallene Schmuckreifen aus Kupfer und Bronze sind in vielen Teilen Afrikas zu finden. Nahezu unübersehbar ist die Vielfalt der Schmuckstücke der verschiedenen Völkerschaften Afrikas: Ketten aus Korallen, Perlen, Muscheln, getrockneten Früchten oder Fruchtkernen, Metallstückchen, Giraffenhaar, Straußeneiern oder Elefantenhaar; Armreifen aus Metall, Holz und Elfenbein, Fußreifen aus unterschiedlichen Metallen, Ohrringe, Nasenringe, Fingerringe, Hüftketten, Haarschmuck aus Federn, Perlen, Muscheln oder Holz. Die Traditionen des Schmuckes sind teilweise sehr alt, so die der steinernen Armreifen aus grünlichem Schiefer der Tuareg-Männer oder der Elfenbeinarmreifen der Anuak-Frauen in Äthiopien.

»Schönheitsideale« sind historisch entstanden und oft fortgeführt worden, obschon ihr Entstehungsgrund weggefallen ist. So entwickelten in der Zeit des Sklavenhandels die Frauen der Sara im Tschad den Brauch der Lippenscheiben aus gebranntem Ton, um den arabischen Sklavenhändlern zu entgehen, die sie, so geschmückt, für häßlich hielten. Noch heute ist bei ihnen diese Tradition erhalten, ebenso bei den Surma in Äthiopien.

Individuelle Verschönerung demonstrieren ebenfalls seit Jahrhunderten die Haartrachten. Auch hier ist die Vielfalt der zu bestimmten Mustern geflochtene Haarsträhnen, der Verzierung mit Muscheln, Perlen oder Metallstückchen außerordentlich groß. Bei einigen Völkerschaften wurden die Frisuren mit Asche, Fett oder anderen natürlichen Mitteln verfestigt oder mit rotem Ocker gefärbt, wie bei den Massai in Ostafrika oder den Mejangir in Äthiopien. Besonders ausgefallene und kunstvolle Frisuren sind häufig Modeattribute der Männer.

Auf jahrhundertealte Bräuche gehen auch andere verbreitete »Verschönerungsmaßnahmen« zurück, wie das Bemalen des Körpers, Tätowierungen, Hautnarben (Skarifikationen) und das Feilen der Zähne sowie eine ganze Palette natürlicher Kosmetika aus Palmöl, Pflanzensäften, Milch, Kreide, Ocker- und Antimonstaub.

Das Schmücken des Körpers ist keineswegs das Vorrecht der Frau. Vor allem in einigen Hirtengemeinschaften hat sich ein wahrer Kult um die Schönheit des Mannes entwickelt. So verbringen die jungen Hirten der Mesakin-Qusar im Sudan ihre Freizeit damit, Schmuckketten anzufertigen. Die jungen Massai-Krieger verwenden viel Sorgfalt auf kunstvolle Frisuren. Die jungen Hirten der Bororo, einer Untergruppe der Fulbe, veranstalten alljährlich zu den Festen wahre Schönheitswettbewerbe. Ziel ist es, mit einem verzierten Gewand,

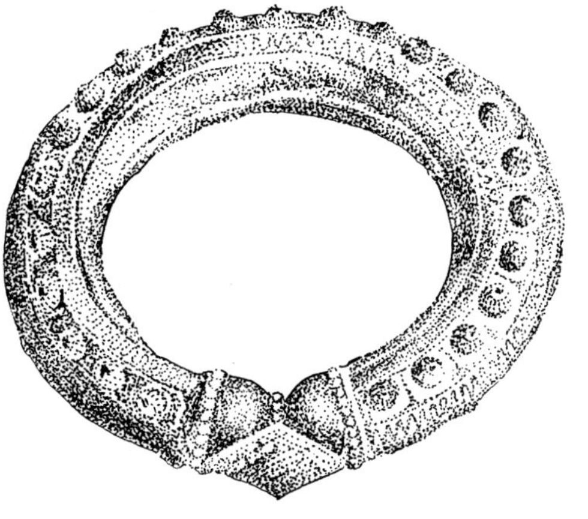

Metallener Schmuckreifen

besonderem Schmuck, einer kunstvoll gemalten Maske der Favorit der Mädchen zu werden. Von den Nuba-Jünglingen u. a. sind dekorative Körperbemalungen bekannt.

Alle diese Verschönerungsarten sind sichtbarer Ausdruck eines bei allen Gemeinschaften ausgebildeten ästhetischen Empfindens, eines Gefühls für Farbe und Form, das noch heute lebendig ist.

Von Liedern und Tänzen

Arbeit und Muße, Alltag und Feste, Trauer und Freude sind in den afrikanischen Dorf- und Hirtengemeinschaften von Musik und Tanz begleitet. Musikforschungen wiesen die lange Geschichte afrikanischer Musik nach, die sich bereits in der Gentilgesellschaft als rhythmische Begleitung und Koordination der Arbeit entwickelt hat. Diese Funktion erfüllen noch heute die Gesänge der Bauern in einigen Gemeinschaften bei der Arbeit. So begleitet eine bestimmte Gesangsform z. B. die Bodenbearbeitung in verschiedenen Gebieten Moçambiques: Ein Vorsänger intoniert eine kurze Strophe, die zeitlich und rhythmisch dem Arbeitszyklus mit der Hacke entspricht, den einzelnen Arbeitsschritten folgt; der Chor der Arbeitenden wiederholt die Strophe. Das Spektrum des Gesangs ist breit: Bei Saat und Ernte, beim Fischfang, beim Flechten der Körbe und Matten und bei anderen handwerklichen Arbeiten, beim Wasserholen usw. wird traditionell gemeinsam gesungen, oft von einfachen Musikinstrumenten begleitet.

Die Viehzüchter und jungen Krieger haben ihre speziellen Kriegstänze. Abends oder an Festtagen lauscht man den gesungenen oder mit Musik untermalten Märchen und Mythen. Die Barden oder Griots verfaßten Preislieder zu Ehren des Häuptlings, angesehener Familien oder großer Ereignisse. Feiern und Zeremonien sind bis heute mit überlieferten Liedern verbunden, die nur zu den jeweiligen Anlässen erklingen. Zu besonderen Festtagen der Gemeinschaft werden Heldenlieder vorgetragen. Initiation und Hochzeit sind mit eigenen Gesängen verbunden, im Falle des Todes gibt es traditionelle Klagelieder.

Lieder können rituelle Bedeutung haben, wie der Gesang der Bambuti-Pygmäen an den Wald beim Molimo-Fest, oder ganz einfach Stimmungen und Gefühle wiedergeben. In Spottliedern werden Verhaltensweisen lächerlich gemacht, die nicht der Norm der Gemeinschaft entsprechen. Lieder beklagen auch schwere Arbeit, Armut, Hunger oder ein Mißgeschick, andere sind Ausdruck der Lebensfreude.

Die Mehrzahl der Lieder ist mit der spezifischen Kultur einer ethnischen Gemeinschaft entstanden und auf sie beschränkt, da sie mit der Sprache dieser Gruppe verbunden sind. Auch sozial wenig differenzierte Gemeinschaften, wie die Pygmäen und die Buschmann-Gruppen, sind für ihr reiches musikalisches Leben bekannt, für ihre Liebe zum Gesang bei Kultzeremonien wie als Ausdruck ihrer Naturverbundenheit (»Lied von den bitteren Melonen«, das E. M. Thomas zitiert) und ihres sozialen Lebens. Sie musizieren mit einfachen, selbsthergestellten Instrumenten: Rasseln aus Kalebassen, Musikbögen (teilweise wird der Jagdbogen dafür umfunktioniert) und Klanghölzern.

Bei den ethnischen Gemeinschaften haben sich jeweils besondere Liedformen und Musikarten über lange Zeit erhalten, so bei den Dan die Märchen- und Heldenlieder, bei den Bulsa Preislieder, Kriegslieder, Spott- und Schimpflieder, Liebeslieder und die »Lieder der Sorgen«, bei Hirtengemeinschaften wie den Mesakin-Qusar die Lieder der jungen Männer und ihr Flötenspiel – um nur einige Beispiele herauszugreifen.

Viele Lieder haben eine lange überlieferte Form: Vorsänger – Chor, Wechselgesang, Sologesang, Gesang der Frauen, Gesang der Männer usw. Die Musik bezieht ihre Spezifik aus dem Charakter der afrikanischen Sprachen und aus dem Rhythmus. Musikforscher haben z. B. hervorgehoben, daß sich ein fester Zusammenhang von Text und Musik in den Liedern mehrerer Völkerschaften daraus ergibt, daß ihre Sprachen sogenannte Tonsprachen sind, d. h., Stimmlage und Tonhöhe drücken erst die richtige Bedeutung des Wortes aus. Als spezifisches Ausdrucksmittel afrikanischer Musik kann zweifellos der Wort und Musik innewohnende Rhythmus angesehen werden. Senghor bezeichnet in seiner negro-afrikanischen Ästhetik Bild und Rhythmus als die beiden Kennzeichen afrikanischer Kunst.

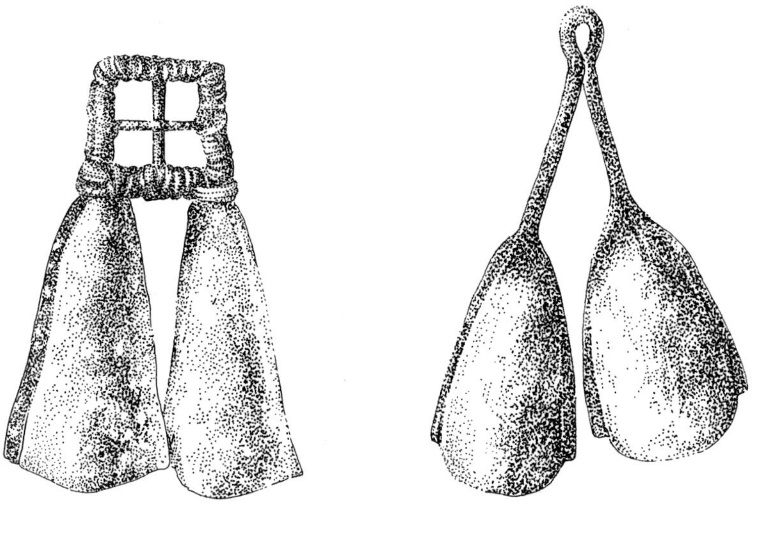

Metallene Doppelglocken

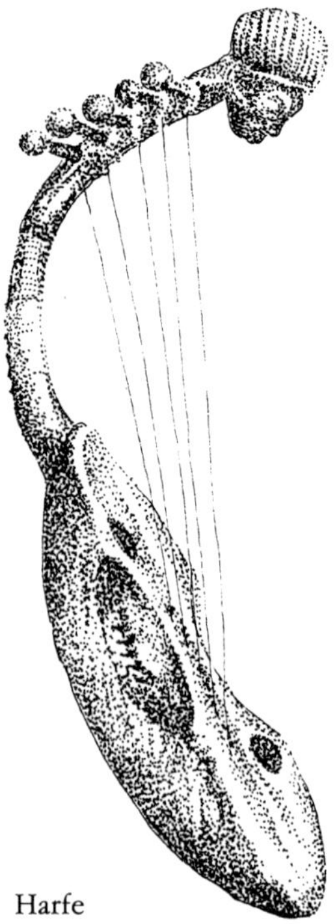

Harfe

Die besonderen Klangfarben erhält die Musik durch die Musikinstrumente, die in großer Mannigfaltigkeit in den verschiedenen Gemeinschaften verbreitet sind. Dazu gehören Flöten, Hörner, Klanghölzer, Rasseln, Arm- und Beinschellen, Glocken, zeremonielle Gongs, Zupf- und Streichinstrumente sowie Trommeln verschiedener Art. Einige Instrumente sind in ihrer Verbreitung auf ein kleines Gebiet begrenzt, andere kommen in einer großen Region vor. Weit bekannt sind das Xylophon, die Sansa (ein Zupfinstrument, das von den Europäern häufig als piano bezeichnet wurde), die Kora des Griots (ein lautenähnliches Instrument), die in Ost- und Südafrika verbreitete Mbira oder die Harfenzither Sese. Eine Bilanz der herkömmlichen Musikinstrumente in Moçambique aus Anlaß des Festivals des Tanzes und des Nationalen Festivals traditioneller Musik machte die Breite deutlich: verschiedene Musikbögen (Chipendana, Chitende u. a.), Xylophone (Mbila, Malimba), Handrasseln (Gocha, Chiquitsi), Flöteninstrumente (mehrreihig, rund, einfach), Saiten- und Tasteninstrumente (Bendi, Chitata) sowie Trommeln unterschiedlicher Größe und Funktion.

Alle diese Instrumente werden in der Regel vom Musikanten selbst hergestellt, und zwar aus Holz, Fruchtkörpern, Tiersehnen, Pflanzenteilen, Bambus u. ä.

Die »Königin« unter den afrikanischen Musikinstrumenten ist zweifellos die Trommel, die bei fast allen Gemeinschaften die wichtigen Anlässe begleitet. Die Familie der Trommeln umfaßt Schlitztrommeln, Felltrommeln aller Größen, große Ritualtrommeln, Trommeln mit Membranen aus Tierhaut, Trommeln, die mit Trommelschlegeln geschlagen werden, und solche, auf denen der Rhythmus von Hand erzeugt wird. Trommeln dienten zur Nachrichtenübermittlung, aber seit Generationen begleiteten sie auch Musik und Tanz.

Die mächtigen Ritualtrommeln für die großen Zeremonien und Feste galten in vielen Gemeinschaften selbst als etwas Besonderes, Sakrales. Bereits die Herstellung einer Trommel un-

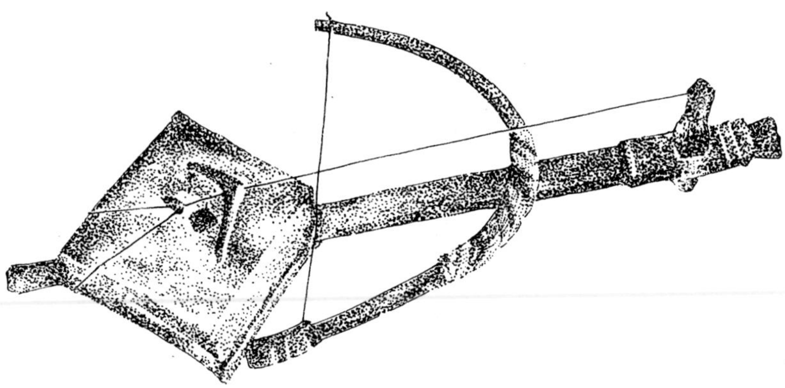

Masengo aus Äthiopien

terlag vorgeschriebenen Handlungen, einem Ritual. Wollte ein Häuptling in Ghana z. B. eine Trommel herstellen lassen, so beauftragte er zwei bzw. mehrere Bauern, einen geeigneten Baum mit dem bestimmten Holz im Wald zu suchen und zu fällen. Er gab ihnen dafür zwei Hennen, Alkohol und Goldstaub. Um dem im Baum wohnenden Geist zu beschwichtigen und sich vor ihm zu schützen, mußten die Trommelschnitzer ein Ritual ausführen; nämlich ein Ei gegen den Baum schlagen und sprechen;

»Ich komme, dich zu fällen und zu schneiden,
nimm dieses Ei und iß es.
Mach es mir möglich,
dich, Baum, zu fällen und zu schneiden
und dich zu schnitzen.«

Noch im Wald wurde das zur Trommel bestimmte Holzstück ausgehöhlt und dem Baum ein Opfer gebracht. Auch die Trommelfüße und die Bespannung entstanden nach traditio-

Musizierender Nama, nach Livingstone 1868

nellem Brauch. Die Trommel wurde mit weißem Stoff umhüllt und gesegnet, bevor sie benutzt wurde. Auch der Trommler mußte erst ein Ritual vollziehen, bevor er die Trommel schlagen durfte. Er hatte Alkohol auf die Trommel zu träufeln und dann zu sprechen:

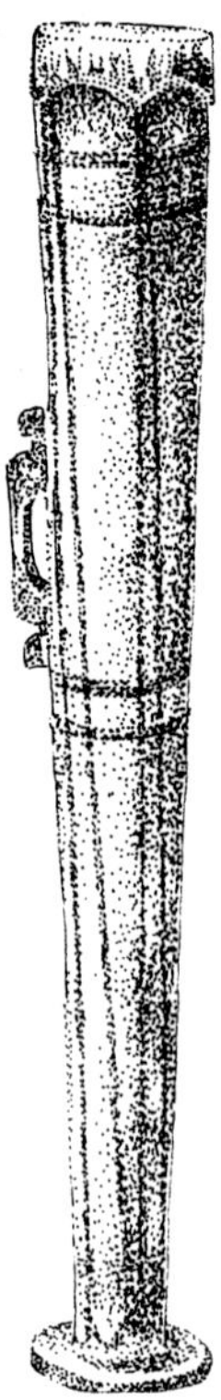

Trommel
vom unteren Kongo

»O, du Baum,
nimm dies hier und trink.
Und wenn wir dich schlagen,
laß uns nicht krank werden.«

Bei den Akan-Völkern in Ghana galten die Trommler als heilige Männer, man nannte sie »Gottes eigene Trommler«. Die Trommeln unterschieden sich in ihren Funktionen: Die Tumpane-Trommel war historischen Festen vorbehalten, während die Fontonfrom hauptsächlich Sprichwörter in die Trommelsprache umsetzten. Die großen Trommeln der Ashanti-Herrscher gelangten nur zu außergewöhnlichen Anlässen in die Öffentlichkeit.

Daneben gab und gibt es die Mehrheit der »Alltagstrommeln«, die andere Instrumente, Gesang und Tanz und den Vortrag der epischen Erzählungen begleiten. Ohne sie ist Tanz in Afrika nicht denkbar, zeigt doch ihr Rhythmus bereits an, was und aus welchem Anlaß getanzt wird; das Ansteigen der Schlagfrequenz erhöht die Spannung.

Tänze waren bei den einzelnen Gemeinschaften traditionell mit ganz bestimmten Ereignissen verknüpft: mit der Ernte, kriegerischen Auseinandersetzungen, Hochzeiten und Initiationsfeiern, der Verehrung der Ahnen. Aus ihrer kultischen Funktion heraus wurden sie häufig nur von Männern oder nur von Frauen getanzt, vielfach von Geheimgesellschaften an ihre Mitglieder weitergegeben.

Bango-Konzert,
nach Schweinfurth 1878

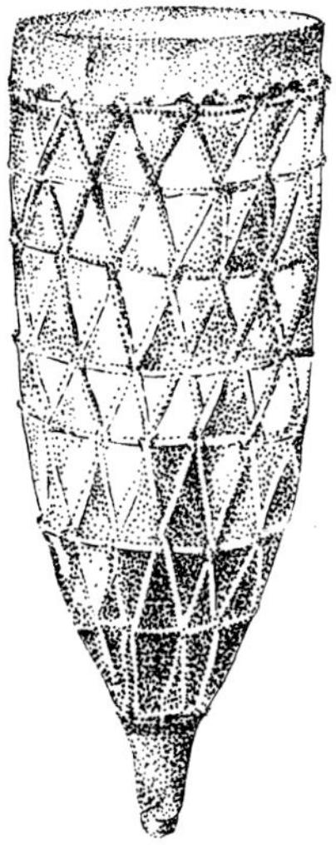

Trommel
der Bassongo-Mino

Dieser enge Funktionsbezug der Tänze begann sich in den Jahren des Befreiungskampfes zu lockern und dann, nach der Unabhängigkeit, aufzulösen und auf neue Funktionen auszudehnen. Dafür gibt es zahlreiche Beispiele: So wurde der Sindimba, ein traditioneller Frauentanz der Makonde, heute in vielen Teilen Moçambiques als Hochzeitstanz übernommen. Der Mutimba-Tanz, der ursprünglich zu Hochzeiten in Südafrika getanzt wurde, ist heute in mehreren Provinzen von Moçambique allgemein verbreitet. Der Zora-Tanz, der früher als Erntetanz nur bei Vollmond zugleich die Hoffnung auf Fruchtbarkeit ausdrückte, wird heute zu vielerlei Anlässen von allen getanzt. Der in Nordmoçambique sehr verbreitete Tufo-Tanz war ursprünglich ein arabischer Tanz der Frauen zu bestimmten islamischen Feiertagen. Der bekannte Nyanga-Flötentanz, bei dem die Musiker gleichzeitig singen und Flöte blasen, war vor einigen Generationen noch ein Begräbnistanz. Die Reihe ließe sich beliebig fortsetzen.

Eng mit rituellen Feiern verbunden sind die vielfältigen Maskentänze in Afrika. Sie waren Bestandteil aller Ahnenfeste, Fruchtbarkeitszeremonien, Initiationsfeiern u.a. Die Masken verkörperten Ahnen oder Geister; die Tänzer schlüpften beim Tanz in deren Rolle. Die Masken wurden auf dem Kopf getragen oder über den Kopf gestülpt. Die Maskenaufsätze konnten Tiere symbolisieren, z.B. die bekannten Antilopenmasken der Bambara, oder bis zu mehreren Metern hohe Darstellungen sein, wie bei den Dogon, deren Masken teilweise sogar Häuser symbolisieren. In den letzten Jahren begannen diese Maskentänze ihre enge Funktion aufzubrechen; sie werden mehr und mehr über ihren eigentlichen Anlaß hinaus zum Bestandteil allgemeiner Feste. Ein Beispiel für diesen allmählichen Wandel ist der Mapico-Tanz der Makonde in

Büffelmaskentanz
bei den Dakka,
nach Frobenius 1912

Moçambique. Traditionell bildete er den Höhepunkt der Initiationsfeiern; der Tänzer des Mapico, der den Geist des Ahnherren verkörperte, erschien maskiert und verkleidet. Den Kopf verhüllte eine aus Holz geschnitzte Stülpmaske, durch deren Mundöffnung der Tänzer sehen konnte. Die Mapico-Maske war mit einem Tabu belegt; sie wurde an geheimem Ort geschnitzt und war nur Männern vorbehalten. Außerhalb der Zeremonien durfte sie von Frauen nicht gesehen werden. Auf dem 1. Nationalen Tanzfestival 1978 wurde der Mapico-Tanz öffentlich, erstmals ohne diesen strengen Funktionsbezug, aufgeführt. Ähnlich war es mit dem »Nandenga«, einer Figur, die bei den Initiationsriten den bösen, unheilbringenden Geist verkörperte. Der Tanz des Geistes auf Stelzen wird inzwischen auch bei anderen Anlässen zur Unterhaltung vorgeführt. Viele ähnliche Beispiele aus anderen Ländern ließen sich noch nennen; vor allem in Nigeria sind Maskentänze heute Bestandteil aller kulturellen Höhepunkte.

Musik und Tanz gehören traditionell zu allen Zeremonien, Festen und Feiern und den damit verbundenen frühen Formen von Theater. Sie dienten dazu, bestimmte Normen an die junge Generation weiterzugeben oder szenisch die göttliche Abstammung der Herrscherfamilie zu demonstrieren, z. B. die Übergabe des Goldenen Stuhls an den ersten Ashanti-Herrscher. Diese Anfänge des Theaters sind eine Kombination von mündlichen Überlieferungen, Gesang und Tanz. Auch die er-

Kriegstanz der Basuto, nach Stanley 1890

sten Formen des komödiantischen Theaters, z.B. bei den Bambara in Westafrika, schlossen Tanz, Musik, Akrobatik und Kunstfertigkeiten in sich ein.

Die Weitergabe der musikalischen Techniken erfolgte bei zahlreichen Gemeinschaften in Geheimbünden. Nach Untersuchungen von Kubik in Ostafrika bezog sie sich auch auf die Herstellung der Instrumente und die Weitergabe der Funktion. In einigen afrikanischen Gemeinschaften gab es professionelle Musiker, z. B. die Hofkapellen an den Herrschersitzen, die Baro-Sänger in den Dorfgemeinschaften der Bariba, die Siabo-Preissänger der Dan und die Djeli der Mandingo in Westafrika.

Viele dieser musikalischen Traditionen afrikanischer Völker haben sich bis in die Gegenwart erhalten, auch wenn durch Islamisierung und Kolonialisierung neue Musikelemente, wie arabische Musik, Kirchenmusik oder europäische Instrumente, eindrangen. Sie werden heute im nationalen Rahmen weitergeführt oder gepflegt. So wurde in den ghanaischen Schulen Trommelunterricht eingeführt, greifen afrikanische Musiker auf alte Instrumente zurück, führen moderne Unterhaltungsmusiker Traditionen weiter, leben in den Liedern der Washairi, der Straßensänger in Kenia, Elemente der Preislieder, Balladen u. a. fort.

Alte und neue Feste

Eng mit dem Leben in den Dorf- und Hirtengemeinschaften verbunden und durch ihr Weltbild geprägt sind Feste und Feiern. Um sich das Wohlwollen der Ahnen und Geister zu sichern, entstanden Opferfeste und rituelle Formen der Danksagung bei Ernten oder anderen für die gesamte Gemeinschaft wichtigen Ereignissen. Ebenso die verschiedenen Einschnitte im Leben der Familie wurden gemeinsam gefeiert, wenn auch mit unterschiedlichem Aufwand. In manchen Dörfern war die Geburt Anlaß zum Feiern im engen Familienkreis, in anderen zu einem großen Fest, bei dem die Neugeborenen den Ältesten vorgestellt wurden. Die Einführung der Jugendlichen in die Welt der Erwachsenen erfolgte generell im Rahmen der größeren Gemeinschaft (Dorf, Clan), da dies für alle Bedeutung hatte. In den Dorfgemeinschaften, wo die heranwachsenden Jungen und Mädchen für eine bestimmte Zeit zur Unterweisung in praktischen Fähigkeiten und im geistig-religiösen Leben der Gemeinschaft abgesondert lebten, wurden deren Rückkehr und Aufnahme in den Kreis der Erwachsenen mit einem großen Fest des Dorfes gefeiert. Auch in den Viehzüchtergemeinschaften beging man dieses Ereignis mit Kampfspielen und einem allgemeinen Fest. Häufig mußten die jungen Männer dabei Prüfungen bestehen, die ihren Mut, ihre körperliche Tüchtigkeit und Geschicklichkeit herausforderten. Ein Beispiel dafür sind die Kampfspiele der Hirten der Mesakin-Qusar, die Rothe beschreibt:

»Die Kampfspiele finden jeden Monat einmal an immer wechselnden Orten statt. Am Morgen des Festtages erscheinen drei oder vier 12- bis 15jährige Hirten und laden zu den Kampfspielen ein. Sie tragen um den nackten Leib einen Ledergürtel und eine Zierkette aus getrockneten Bohnen. Meist haben sie sich mit Asche eingerieben und nur die Augenhöhlen ausgespart. An dem breiten, schwarzen Ledergürtel, den die meisten Hirten tragen, hängen lange, bunte Stoffstreifen und getrocknete Kürbisschalen. Ausgekämmte Fellstreifen umschließen die Beine unterhalb des Knies und über dem Knöchel, lederne Amulette zieren den Oberarm. Viele Kämpfer tragen eine Perlenkette um den Hals. In den letzten Jahren haben die arabischen Händler viele neuartige Dinge in die Nuba-Berge gebracht, die jetzt auch das Bild der Feste mitbestimmen: Weiße und leuchtend rote Turnhosen, Tropenhelme, Sandalen aus alten Autoreifen oder aus Plastik, rote und blaue Kopfwärmer aus Angorawolle, die bis auf die Schultern reichen und nur das Gesicht frei lassen, Emaillegeschirr in schreienden Farben, leere, bedruckte Pappschachteln, die an den Gürteln befestigt werden, Ketten aus alten Flaschendeckeln, die nun häufig statt der Fellstreifen getragen werden, und schließlich Trillerpfeifen.

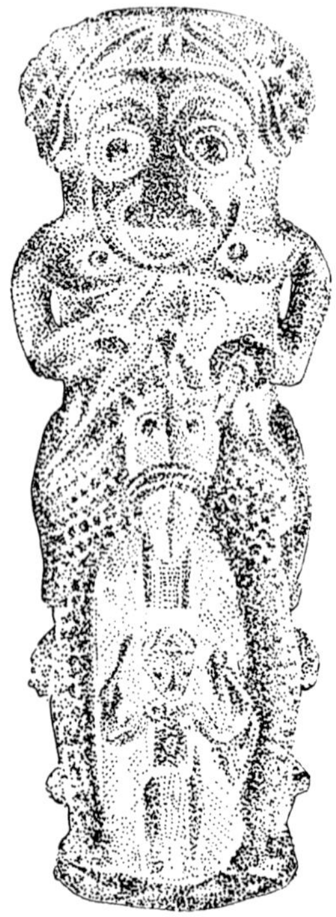

Pfeife aus Meerschaum

Für die Knaben und Jungmänner des Stammes bedeuten die Kampfspiele immer erneut eine Situation, in der sie gefordert werden und sich bewähren müssen. Im Mittelpunkt der Feste steht der Zweikampf. Hier tritt Mann gegen Mann an. Der Kämpfer ist für eine kurze Zeit aus der schützenden Gemeinschaft herausgehoben und völlig auf sich selbst, auf seinen Willen und auf seinen Mut zurückverwiesen. Diese ›Krafterfahrung‹ trägt zum Aufbau des Selbstbewußtseins und des Selbstvertrauens bei, verweist den jungen Mesakin-Qusar aber auch auf seine Grenzen. Der Zweikampf beginnt damit, daß die beiden Rivalen in einen großen Kreis treten, der von den Zuschauern gebildet wird. Die Ringer sind zuvor von ihren Freunden mit Asche bestreut worden; sobald die jungen Männer zum Kampf bereit sind, stellen sie sich einander gegenüber auf und führen einen kurzen Einleitungstanz auf. Danach feuern sie sich durch Zurufe an und nehmen eine lauernde, halbgebeugte Stellung ein. Blitzschnell versuchen sie, sich dann am Kopf zu fassen. Wenn sie am Gegner abrutschen, bewerfen sie ihn mit Sand. Der Ringkampf dauert meist nur wenige Minuten. Es wird äußerst hart, aber fair gekämpft. Verlierer ist derjenige, der mit beiden Schultern den Boden berührt. Der Sieger wird von seinen Kameraden auf die

Schultern gehoben und im Triumph unter den beifälligen Zurufen der Menge aus dem Kreis getragen.«

Ein nächstes großes Fest im Leben des einzelnen bildete in der Regel die Hochzeit, die in allen Gemeinschaften Angelegenheit des Dorfes oder der ganzen Lagergemeinschaft war und mehrere Tage lang gefeiert wurde. Die Hochzeitsbräuche unterschieden sich dabei entsprechend den ethnischen Gemeinschaften. Verschieden ging die »Übergabe der Braut« an den Bräutigam vonstatten. Sie wurde vorher versteckt, sie mußte geraubt werden, oder sie wurde von den älteren Frauen auf die Hochzeit vorbereitet und dem Bräutigam übergeben. Dies alles lief nach einem festen Ritus ab und war begleitet von Musik, Tanz, Essen und Trinken der ganzen Gemeinschaft. Eine traditionelle Heirat in Äthiopien verlief z. B. so: Der Bräutigam suchte sich eine Gruppe von Altersgenossen zum gemeinsamen Tanz. Am Vorabend der Hochzeit ritt er mit ihnen zum Haus der Braut. Dort aßen und tranken sie in einem dafür vorbereiteten Haus, abends begannen sie zu tanzen. Inzwischen hatten sich auch die Frauen versammelt, aßen und tranken gemeinsam, tanzten und sangen für die Braut zum Rhythmus der Trommeln. Schließlich kam die Braut aus dem Haus ihrer Eltern und wurde dem Bräutigam präsentiert. Das Paar ging zu den Ältesten und wurde vom Priester gesegnet. Dann ritt man zum Haus des Bräutigams, die weinende Braut wurde von ihrer Familie ein Stück des Weges begleitet. Im Haus des Bräutigams wurden sie schon erwartet und von den Freunden des Bräutigams mit Musik begrüßt. Die Gäste

Palmweinbecher

kamen aus dem Haus und tanzten. Die Feier dauerte mehrere Tage lang. Diese Bräuche haben sich bis heute erhalten.

Bei den Bariba in Benin wird die Braut von den alten Frauen gewaschen, eingekleidet und zum leeren Haus des Bräutigams geführt, oft in ein anderes Dorf. Auch hier feiert die ganze Gemeinschaft mit einem großen Festessen und traditionellen Getränken (Hirsebier, Palmwein) dieses Ereignis.

Anlaß zu großen Festen waren vor allem die Ernten, die als Dankfeste an die Ahnen und die wohlmeinenden Geister gefeiert wurden. Bekannt dafür sind die Yams-Feste westafrikanischer Völkerschaften, z. B. das »Fest des neuen Yam« bei den Yoruba, den Ibo und anderen Völkern Nigerias. Eng mit dem Ahnenkult verbunden waren auch die Totenfeiern in vielen Gemeinschaften, die mit der Beisetzung längst noch nicht beendet waren; häufig wurden und werden sie in den folgenden Jahren durch Totengedenkfeiern fortgesetzt. In vielen Fällen war die Art der Feier abhängig vom Alter und von dem Ansehen des Toten.

Die Palette der Feste in Afrika ist außerordentlich bunt, weil sich viele regionale, an ethnische Gruppen gebundene Feste entwickelt haben, oft verknüpft mit den jeweiligen religiösen Vorstellungen. Wenn z. B. bei den Bambuti, Pygmäen im kongolesischen Urwald, die Gemeinschaft von einem Mißgeschick betroffen wurde – sei es erfolglose Jagd, Krankheit oder Tod eines Familienmitgliedes – wurde das Molimo vorbereitet, ein Fest besonderer Art. Ursache für das Mißgeschick ist nach den Vorstellungen der Bambuti ein gestörtes Verhältnis zwischen dem Wald, ihrem Vater und Beschützer, und der Gemeinschaft. Um ihn wieder zu versöhnen, wird gemeinsam gesungen. Tagelang wird das Molimo vorbereitet: Alle tragen zum gemeinsamen Essen bei, indem sie Nahrungsmittel in einen Festkorb legen. Dann wird die Molimo-Trompete, ein großes Holzrohr, aus einem geheimen Versteck des Waldes geholt und, vor den Augen der Frauen und Kinder verborgen, an den Festplatz gebracht. Das Fest findet in der Nacht statt: Mit der Molimo-Trompete wird der Wald angerufen, alle anderen sitzen um das Feuer und singen (»Der Wald ist das Gute«), dann wird gemeinsam gegessen und getrunken. Das wiederholt sich mehrere Nächte hindurch, auch die Frauen haben ihr spezielles Molimo durch einen rituellen Tanz um das Feuer. Zum Ende befindet sich die Gemeinschaft wieder in ihrem Gleichgewicht. Der Forscher C. M. Turnbull hat dieses Fest bei den Bambuti Anfang der sechziger Jahre selbst erlebt und aufgezeichnet. Es verdeutlicht die sozialisierende Funktion gemeinsamer Feste.

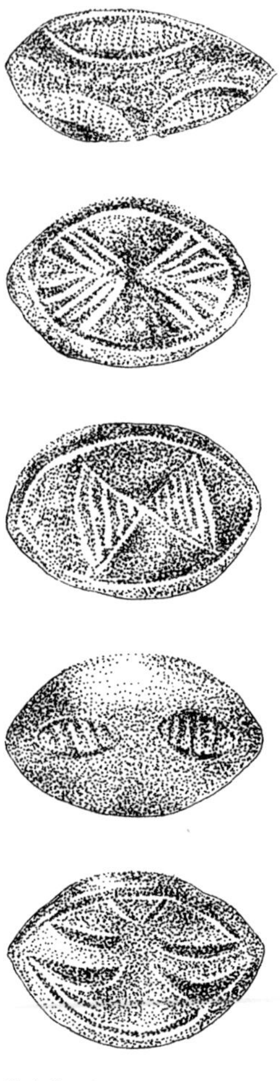
Spielsteine

Was wird aus ihnen beim Übergang zu neuen Gesellschaften und der Entwicklung von Nationalkulturen? Welche Rolle

Pfeife-Rauchen,
nach Speke 1864

Einbringen der Braut,
nach Livingstone 1868

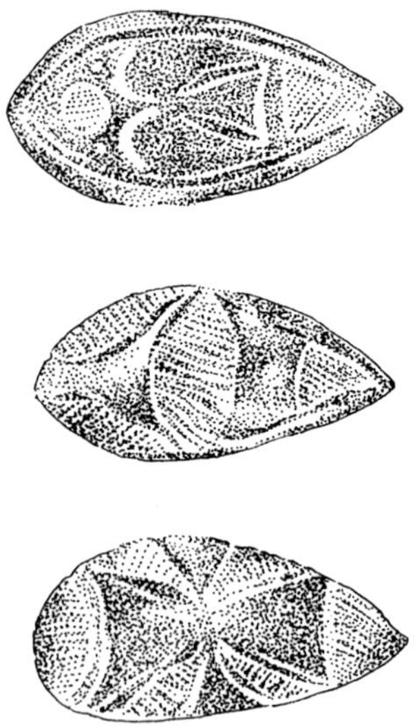

können sie spielen, wenn sich ihre zum großen Teil mit den religiösen Vorstellungen der jeweiligen Gemeinschaft verbundene Funktion verändert?

Sicher ist der Zeitraum der Unabhängigkeit der jungen afrikanischen Staaten noch zu kurz, um hier allgemeine Aussagen für alle treffen zu können, aber einige Tendenzen lassen sich bereits erkennen, die auf eine Integration in die künftige Nationalkultur hindeuten: Sowohl religiöse Feste werden zunehmend gesamtstaatlich begangen – man denke hier nur an den Ramadan islamisierter Staaten, an christliche Feiertage, wie das Mäsqual-Fest am 27. September in Äthiopien, oder das christliche Osterfest in Tansania – als auch traditionelle Feste einer bestimmten Gruppe von anderen ethnischen Gemeinschaften mit übernommen: So ist z. B. das traditionelle Sanké-Fest der Bobo in Mali seit rund drei Jahrhunderten jeweils Anfang Juni als Regenzauber begangen worden; mit einem traditionellen Fischfang im »heiligen See« in der Bani-Niederung, mit Liedern und Tänzen sollte der Beginn der Regenzeit heraufbeschworen werden. Heute ist dieser jährliche kollektive Fischfang ein großes Volksfest für alle Malinesen, die in der Region wohnen. Ein ähnliches Beispiel ist das Fischerfest in Argungu in Nordnigeria: Seit im Jahre 1934 der Streit der Keba und einer Gruppe der Fulbe um den Rima-Fluß beigelegt wurde, findet hier alljährlich ein Wettfischen statt, das inzwischen zum Volksfest in Nigeria geworden ist. Es dauert mehrere Tage und schließt Wettkämpfe, wie Ringen, Boxen, Rudern, Motocross, und Tanzveranstaltungen ein.

Neben diese traditionellen Festen sind in den letzten zwei Jahrzehnten neue Feste und Feiern von nationalem Rang getreten. Als Feste mit nationaler Bedeutung werden heute in den afrikanischen Staaten vor allem die Jahrestage der Erringung der Unabhängigkeit, der Revolution oder Gedenktage aus der Geschichte begangen, z. B. in Äthiopien der Jahrestag der Schlacht von Adua gegen die italienischen Kolonisatoren, in Moçambique der Tag des Beginns des bewaffneten Kampfes gegen den portugiesischen Kolonialismus usw. Diese Feiertage und Feste haben keine bestimmte ethnische Grundlage, sondern eine nationale, mit der Entwicklung der Staaten verbundene. In Tansania ist das ursprünglich auf die Gründung der Unabhängigkeitspartei TANU (am 7. 7. 1954) bezogene alljährliche Saba-Saba-Fest heute nationales Ereignis, das zugleich eine Entwicklungsbilanz auf den verschiedenen Gebieten einschließt, sowohl auf der direkt damit verbundenen Saba-Saba-Messe in der Hauptstadt Dar es Salaam als auch in vielen kleinen Ausstellungen im ganzen Land. Natürlich sind die Feiern mit traditionellen Elementen angefüllt, vor allem den »ngomas«, Tänzen aus den verschiedenen Regionen. Sie

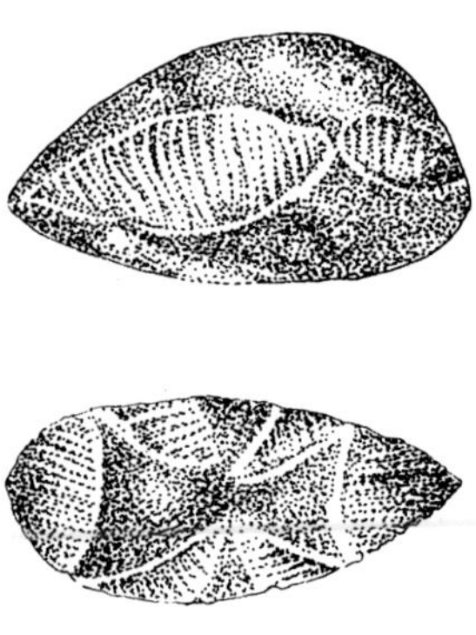

Spielsteine

signalisieren aber bereits das gemeinsame Anliegen der Staatsbürger und bilden so einen Teil der neuen Kultur, die mit dem Aufbau der neuen Gesellschaft verbunden ist.

Zu nationalen Festen und Feiern sind ebenso internationale Feiertage der Arbeiterbewegung geworden. In vielen afrikanischen Staaten wird heute der 1. Mai als Kampftag der Arbeiterklasse begangen, in einigen auch der 8. März als Frauentag und der 1. Juni als Tag des Kindes. Selbstverständlich werden sie spezifisch afrikanisch gefeiert, mit viel Temperament und Tanz, so der Internationale Frauentag beim öffentlichen Auftreten der Frauenorganisationen, oder sind angereichert mit nationalen Plänen oder Ereignissen: So wurde in Moçambique der 1. Juni 1978 mit dem Verkauf des ersten Märchenbuches in der Geschichte des Landes verbunden. Wenn in einer afrikanischen Stadt die Arbeiter am 1. Mai ihren Demonstrationszug formieren, wird manches Element traditioneller Kultur integriert sein, vor allem aber werden die Symbole und Lieder der internationalen Arbeiterklasse den Zug bestimmen. Diese Feier ist nicht nur national, sondern hat auch sozialen Inhalt.

Ein Beispiel für die gelungene Umfunktionierung eines traditionellen Festes in ein nationales Kulturereignis ist der »Karneval des Sieges« in Angola, der jedes Jahr im Januar landesweit gefeiert wird. Ursprünglich begingen die Kibundu sprechenden Angolaner den »Karneval von Luanda« mit Musik und Tanz sowie traditionellen Umzügen, die historische

Reiterspiele der Tschamba, nach Frobenius 1912

Persönlichkeiten und Könige der alten Kongoreiche (heute Territorium Angolas) symbolisierten. Der nunmehrige »Karneval des Sieges« ist ein nationales Ereignis. Gefeiert wird der Sieg über den portugiesischen Kolonialismus und gegen südafrikanische Invasoren. Traditionelle Tänze und Musikinstrumente haben viel vom alten Karneval bewahrt, aber die theatralischen Darbietungen beziehen sich heute auch auf den antikolonialen Kampf und die Abwehr von Versuchen Südafrikas, den Aufbau des Landes zu stören. Selbst unter den schwierigen Bedingungen täglicher militärischer Auseinandersetzungen mit konterrevolutionären Kräften wird dieses Fest in allen Dörfern und Städten gemeinsam vorbereitet und begangen; es wurde ein Symbol nationaler Einheit und antiimperialistischen Kampfes.

Mündliche Überlieferungen: Epen, Märchen, Sprichwörter

Eine der weitestverbreiteten Formen der Weitergabe von Lebenserfahrung in den afrikanischen Gemeinschaften bilden die Sprichwörter, die vielfach in Unterhaltungen eingeflochten werden. Normen und Werte der Gemeinschaften wurden mit ihrer Hilfe der nächsten Generation übermittelt. Einige Beispiele mögen dies veranschaulichen:

»Das Krokodil ist nur stark, wenn es im Wasser ist.« *(Tonga)*
»Klein ist das Eichhörnchen, aber es ist kein Sklave des Elefanten.« *(Bornu)*
»Es regnet auf alle Dächer.« *(Duala)*
»Wer Kinder hat, hat auch Segen.« *(Fulbe)*
»Gesundheit des Körpers ist Reichtum.« *(Fulbe)*
»Ein alter Besen fegt besser als ein neuer.« *(Gã)*
»Schau dem Wanderer nicht ins Gesicht, sondern auf den Magen.« *(Ila)*
»Der Elefant stirbt an einem winzigen Pfeil.« *(Kamerun)*
»Die Sonne geht nie auf dieselbe Weise auf, wie sie untergeht.« *(Kikuyu)*
»Sei nicht hochfahrend gegen deinen Nächsten.« *(Madagaskar)*
»Wer klug ist, schweigt.« *(Massai)*
»Ein Bruder ist wie eine Schulter.« *(Somali)*

In vielen Gemeinschaften war nicht nur die tägliche Unterhaltung mit Gleichnissen gewürzt, sondern Rede und Gegenrede wurden kunstvoll in Sprichwörtern geführt. Der Inhalt der Sprichwörter war allgemein bekannt, so daß in einigen Gesellschaften bildhafte Symbole ihre Stelle einnehmen konnten, die allen verständlich waren. So stellten zahlreiche Goldgewichte der Ashanti, als Tier- und Menschenfiguren gegossen, alte Sprichwörterweisheiten dar. Beispielsweise galt die Darstellung einer Henne mit einem Küken als Symbol für Mitleid; es entsprach dem Sprichwort: »Eine Henne kann ihr Küken treten, aber sie wird es nie töten.« Die Figur einer Antilope als Goldgewicht symbolisierte das Sprichwort »Zuletzt heißt es immer: ›Hätte ich das vorher gewußt ...‹, Ausspruch der Antilope in der Falle.«

In Benin (Abomey) werden Stoffe mit Bildmotiven bemalt, von denen viele Lebensweisheiten beinhalten. So drückt z. B. das Bild eines Fisches in der Reuse aus: »Ein Fisch, der einer Reuse entkommen ist, wird sich nicht ein zweites Mal erwischen lassen.«

Zahlreiche afrikanische Sprichwörter haben auch die Reaktion auf die Kolonialisierung als geschichtliche Erfahrung bewahrt. So heißt ein Sprichwort: »Als die Weißen in unser Land kamen, hatten sie die Bibel und wir den Boden; jetzt haben wir die Bibel und sie den Boden.« Bei den Wadschagga (Ostafrika) heißt es: »Der Weiße ist wie Regen; du weißt nie, wann er zuschlägt.« Bei den Matabele in Südrhodesien (dem heutigen Simbabwe) sagten die Eltern zu den Kindern: »Benimm dich nicht wie ein Europäer!«, wenn diese die Werte der Eltern mißachteten.

Die Anzahl der Sprichwörter ist noch heute unüberschaubar, und ihre Anwendung beschränkt sich nicht auf den Alltag. Zunehmend finden sie Eingang in Prosa und Dramatik, in die künstlerische Entwicklung allgemein; sie sind Teil des nationalen kulturellen Erbes. Auch in den Reden afrikanischer Politiker verdeutlichen Sprichwörter bildhaft Zusammenhänge.

Eine besondere Rolle bei der Weitergabe der Wert- und Glaubensvorstellungen an die nächste Generation spielen die

Märchenerzähler, nach Frobenius 1912

Märchen in Afrika, die bei den verschiedenen Völkerschaften in reicher Menge überliefert sind. In den traditionellen Gemeinschaften waren es nicht nur die Großmütter, die abends den Kindern Märchen erzählten, sondern der »Märchenerzähler« war eine beliebte Gestalt im ganzen Dorf und versammelte jung und alt um sich, wenn er seine Märchen vortrug. Sein Auftritt kam einem geradezu theaterähnlichen Ereignis gleich: Von Trommeln oder Musikinstumenten begleitet, erzählte er die Märchen nicht nur wortreich, sondern stellte sie dar. Durch Mimik, Gesten, Nachahmen von Tierlauten und den Stimmen der handelnden Personen verlieh er seiner Erzählung Leben. Häufig reagierten die Zuschauer durch Rufe, Fragen oder emotionale Äußerungen auf sein Spiel. Die Märchen erklärten Erscheinungen der natürlichen Umwelt, sie waren aber vor allem moralisch wegweisend: Verhalten gegen die Normen der Gemeinschaft wird, oft durch Eingreifen der Geister, bestraft, Verstöße gegen Tabus ziehen Mißgeschick und Untergang nach sich. In den Gestalten des vorbildlichen und des ungehorsamen Kindes wird vorgeführt, was gute und was böse Taten nach sich ziehen. Weit verbreitet sind Fabeln, in denen bestimmte Tiere Charaktereigenschaften symbolisieren. So sind in den westafrikanischen Märchen der Hase und die Spinne zentrale Gestalten, die Spinne vor allem bei den Gemeinschaften des Regenwaldes, der Hase bei den Savannenvölkern. Die Spinne (bei den Akan-Völkern ist es Ananse, der Spinnenmann) verkörpert den Verschlagenen, der sich über alle erheben will, sich zuletzt in seinen eigenen Fäden verfängt. Bei den Bulsa in Nordghana werden diese Spinnenmärchen auch als Lieder vorgetragen. Der Hase hingegen verkörpert den Schwachen, der aber durch seine Klugheit alle Hindernisse überwindet. Typisch dafür ist das Märchen von Hase und Löwe: Dem Hasen gelingt es als einzigem, die Schreckensherrschaft des Löwen zu beenden, indem er ihn durch eine List dazu bringt, sein Spiegelbild im Brunnen für einen Rivalen zu halten und sich hinabzustürzen. Oft treibt er

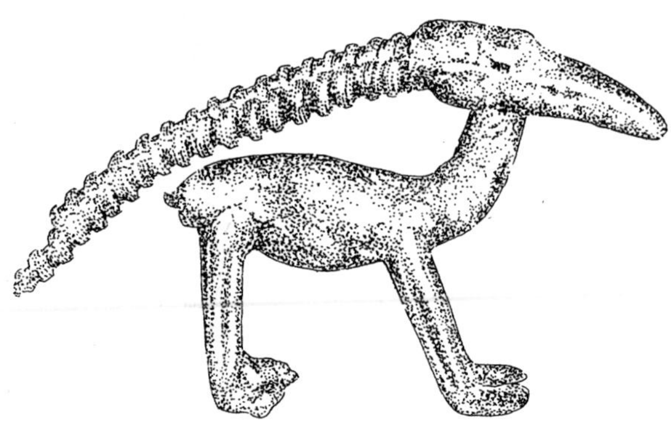

Goldgewicht, das ein Sprichwort der Ashanti von der Antilope, die in die Falle ging, symbolisiert

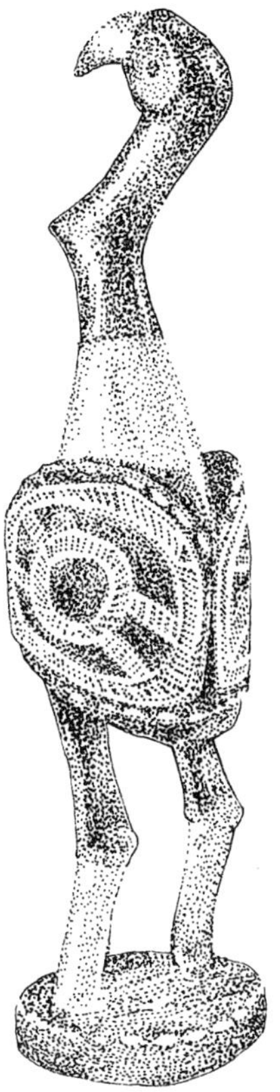

Holzplastik eines Vogels, Angola

mit seinen Listen allerdings auch Schabernack mit den größeren Tieren, entkommt dabei stets ihrer Rache. Leuk, der Hase, wie er in Senegal heißt (oder »rabit« in Ostafrika), ist sicher die beliebteste Fabelfigur in Afrika. Auch andere Tiere verkörpern bestimmte Eigenschaften und Verhaltensweisen: Der Leopard ist der dumme Kraftprotz, die Hyäne ist faul und töricht usw. Weitere Fabelfiguren sind Schildkröte, Löwe, Antilope u. a. Vielfach kommen in den Märchen Geister oder Fabelwesen vor, wie Manatee, der Fisch mit zwei Brüsten, bei den Fulbe in Senegal oder der Drache Kirmu bei den Nyanga im Kongogebiet. Märchenfiguren sind aber auch Menschen, die das Böse verkörpern und ihrer Umwelt nur Schaden und Unglück zufügen.

Die Übermittlung von Wertvorstellungen durch Märchen ist ganz offensichtlich bereits in sozial wenig differenzierten Gemeinschaften verbreitet. Die Märchen der Pygmäen, die ja eine sehr frühe gesellschaftliche Entwicklungsstufe verkörpern, sind hierfür ein Beispiel. Es sei hier ein Märchen herausgegriffen, das zugleich die Bedeutung des Gesangs in der Gemeinschaft unterstreicht: Ein Junge fand im Wald den Vogel mit dem schönsten Gesang und brachte ihn ins Dorf. Er bat seinen Vater, den Vogel täglich zu füttern. Am dritten Tag aber tötete der Vater den Vogel – und damit den Gesang. Zur Strafe fiel er selbst tot zu Boden …

Bisher sind noch längst nicht alle Märchen der afrikanischen Völker schriftlich aufgezeichnet, begonnen haben damit die Missionare. Nach Erringung der Unabhängigkeit vom Kolonialismus setzte in den jungen Staaten dank einer auf das Erbe orientierten Kulturpolitik verstärkt das Sammeln der mündlichen Überlieferungen ein. Wichtig ist heute, den ungeheuren Schatz an Märchen, Epen, Balladen und Chroniken festzuhalten, die durch die traditionellen Märchenerzähler oder Griots lebendig blieben und verbreitet wurden. Die Griots waren und sind professionelle Erzähler in Westafrika, die jeweils im Auftrag der Herrscherfamilie oder angesehener Großfamilien deren Genealogien und Geschichte bewahrten und weitergaben; sie waren und sind Dichter, Sänger und lebendes Gedächtnis zugleich.

Afrikanische Wissenschaftler und Künstler suchen diese Quellen zu bewahren. So sammelte z. B. der senegalesische Dichter und Schriftsteller Birago Diop die Geschichten des Griots Amadou Koumba, der Historiker Djibril Tamsir Niane aus Guinea schrieb nach den Überlieferungen des Griots das alte Heldenepos der Madingo, das Epos von Soundyata, dem legendären König des alten Mali-Reiches, auf. Doch die Zeit drängt, denn mit jedem greisen Griot stirbt eine ganze Bibliothek! Mit der Auflösung der alten Gemeinwesen verliert die

Kunst der Griots allmählich ihre Bedeutung. Mit Alphabetisierung, neuen Medien und neuen Formen von Kunst sieht sich der Künstler in andere Funktionsbereiche versetzt, gewinnen andere Themen in der künstlerischen Gestaltung mehr Gewicht. Um Märchen und alte Epen in der Gegenwart für die nationale Kultur zu erhalten, müssen die mündlichen Überlieferungen zunächst schriftlich fixiert oder auf Tonband festgehalten werden. In vielen Staaten ist dieser Prozeß im Gange.

Die Skala der mündlichen Traditionen ist breit: Sie umfaßt Rätsel, traditionelle Verhaltensinstruktionen für die junge Generation, in denen Tabus benannt und Normen didaktisch belehrend aufgezählt werden, Streitgespräche nach feststehenden Regeln, Gebete und rituelle Formeln, überlieferte Sprüche und Reden für rituelle Zeremonien (einschließlich Orakelsprüchen und Formeln der Medizinmänner), Gedichte, Sagen und Mythen, epische Darstellungen aus der Geschichte. Dazu zählen Jagdgeschichten oder fiktive Geschichten, die, jeweils für eine Gemeinschaft typisch, die umgebende Natur, die Götter und Geister und existentielle Probleme der Menschen in die Handlung einbeziehen. So ist z. B. Gegenstand der Erzählungen und Gedichte der Bulsa in Nordghana nicht das Bekannte, Feststehende, sondern stets das, was problematisch ist und Fragen aufwirft, wie etwa in ihren Geschichten vom Tode. Auch in der Lyrik geht es um das, was für die Menschen besonders wichtig ist: die sie umgebende Natur, die Beziehungen zwischen den Menschen, ihre Konflikte. So bildet das Rind in Liedern und Gedichten der Hirtennomaden ein Hauptthema, da doch die Herde den ganzen Reichtum dieser Gemeinschaften ausmacht und die Hirten sich den Tieren eng verbunden fühlen. Daher ist es nicht ungewöhnlich, wenn die jungen Hirten der Nyangatom in der Provinz Gemu Gofa in Äthiopien zu Ehren ihres Lieblingsrindes singen: »Oya, es ist groß, mein geschecktes Rind, oh, die Kuh meiner Mutter, die es zur Welt gebracht hat, ist alt und stattlich mit den leierförmigen Hörnern!« Auch bei den Hirtennomaden der Bororo in Kamerun sind es die jungen Männer, die zusammenkommen, um Gedichte zu rezitieren und gemeinsam zu singen. Thema ist ihr Leben mit den Rindern, aber auch ihr Streben nach Schönheit.

Griots und »Geschichtsschreibung«

Einen besonderen Platz unter den mündlichen Überlieferungen nehmen die Epen ein, die die Weitergabe der Kenntnisse über die Geschichte der jeweiligen ethnischen Gemeinschaft oder eines Reiches sicherten. Das wohl bekannteste Epos ist das Mandingo-Epos »Soundyata«, das über Machtergreifung und Heldentaten des legendären Königs Soundyata berichtet, der im 13. Jahrhundert das vorkoloniale Mali-Reich zu hoher Blüte führte. Dieses Epos, das nach der Erzählung eines Griots aufgezeichnet wurde, ist so lang, daß es mehrere Stunden dauern würde, wollte man es hintereinander vortragen. Es ist ein beredtes Beispiel dafür, wie künstlerische Gestaltung und historische Überlieferung zusammengeführt wurden. Die – mit wenigen Ausnahmen – mündliche »Geschichtsschreibung« der Griots bildet heute eine wichtige Quelle zur Erforschung der afrikanischen Geschichte. Das Wissen, was in welchem Jahr geschah, können sie natürlich nicht vermitteln, aber einschneidende Ereignisse wie Kriege, Siege, Dürrezeiten u. a. blieben im Gedächtnis haften. Daß sie trotzdem historisch relativ zuverlässig waren, hat sich nachträglich an vielen Beispielen gezeigt. So konnte z. B. der ungarische Wissenschaftler Emil Torday die historische Abfolge der Dynastien der Buschongo in den Wäldern des Kongo da-

Traditioneller Barde – ein Sänger der Niamniam, nach Schweinfurth 1878

durch überprüfen, daß in der Genealogie berichtet wurde, während der Regierungszeit des Häuptlings Bo Kama Bomantschala habe eine Sonnenfinsternis den Tag verdunkelt. Tatsächlich hatte sich am 30. März 1680 eine Sonnenfinsternis ereignet, die in dem Siedlungsgebiet der Buschongo beobachtet worden sein mußte. Anhand dieser Ereignisse konnte die überlieferte Geschichte kalendarisch eingeordnet werden.

Lange epische Erzählungen gibt es bei vielen afrikanischen Völkerschaften. In den vergangenen Jahren wurden Beispiele künstlerisch gestalteter epischer Erzählungen auch kleinerer, sozial wenig differenzierter Gemeinschaften bekannt. Sie beweisen, daß diese Ausdrucksform in Afrika eine sehr lange Geschichte hat. Als Beispiel seien hier die epischen Erzählungen der Nyanga angeführt, einer kleinen Gemeinschaft im Regenwald des Walikale-Gebietes in Zaïre, deren Nachbarn Pygmäen und andere bantusprechende Gruppen sind. In dem großen Schatz mündlicher Traditionen spielen hier die Mwindo-Erzählungen eine besondere Rolle, ein umfangreiches Epos mit einer zentralen Heldengestalt, das aus vielen Geschichten (Heldentaten, Erlebnissen) besteht. Das Epos wird vorwiegend in Form dieser einzelnen Erzählungen wiedergegeben. Held ist Mwindo, eine kleinwüchsige Gestalt, die

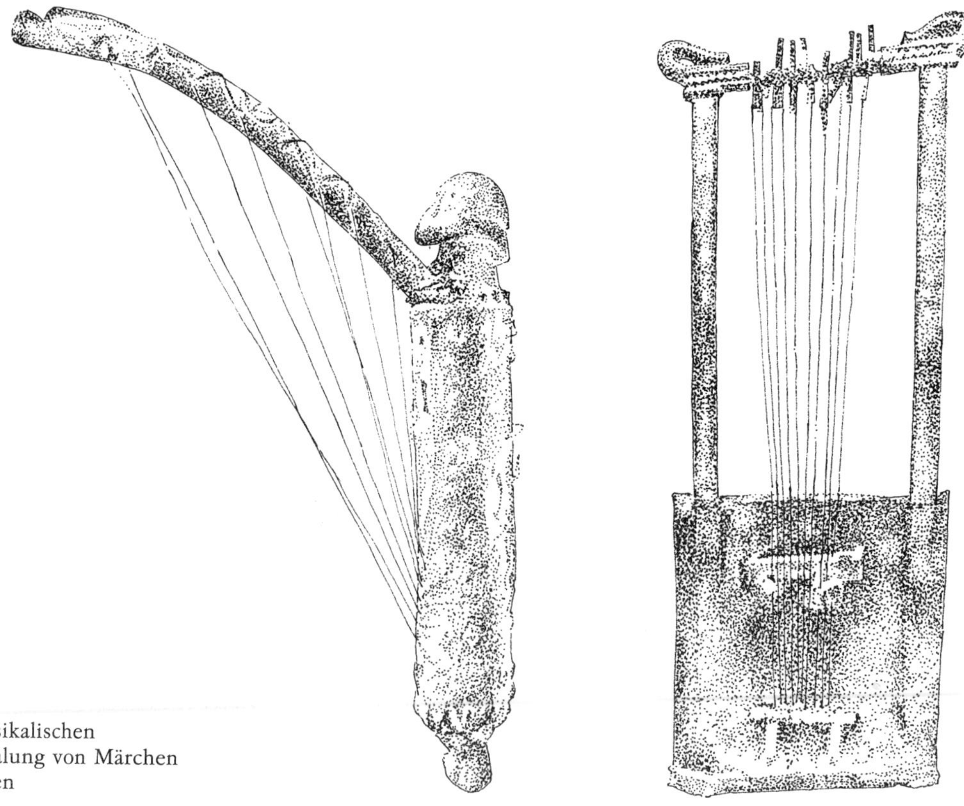

Zur musikalischen Untermalung von Märchen und Epen

über Verbündete im Tierreich und über wundertätige Zaubermittel verfügt, mit denen es ihr gelingt, das Böse zu besiegen und den bedrängten Menschen zu helfen. Diese Heldengeschichten werden von einem Barden mit Musikbegleitung vorgetragen. Dazu ist kein besonderer Anlaß erforderlich. Wenn die Häuptlinge oder angesehene Männer Gäste einladen, wird auch der Barde bestellt; er trägt unter einem großen Baum inmitten des Dorfes seine Erzählung vor, umringt von jung und alt. Dies ist nicht sein Beruf, sondern er hat sich das Epos eingeprägt und trägt so zur Unterhaltung bei. Er und seine Begleiter werden dafür bewirtet, trinken und erhalten kleine Geschenke von den Zuschauern. Auch andere Dorfbewohner könnten das Epos teilweise aus dem Gedächtnis rezitieren.

Groß ist ebenfalls die Zahl der mündlichen Überlieferungen, die mit den naturreligiösen Vorstellungen der verschiedenen Gemeinschaften in enger Beziehung stehen. In Gedichten, von Trommeln oder anderen Musikinstrumenten untermalt, wird vom Wesen und von der Macht des Gottes (oder der Götter) des jeweiligen Volkes berichtet, und auf diese Weise werden die religiösen Grundvorstellungen weitergegeben. So heißt es in einem Trommelepos aus Ghana, das dem Schöpfergott Nyame gewidmet ist:

»Der Fluß durchquert den Pfad,
der Pfad durchquert den Fluß.
Wer von beiden ist älter?
Haben wir nicht einen Pfad gemacht,
um an den Fluß zu kommen?
Der Fluß stammt von lange, lange her.
Er hat seinen Anfang im Schöpfer,
in ihm, dem Schöpfer aller Dinge.«

Schöpfungsgeschichte

Auch die Vielzahl der Mythen und Legenden über den Ursprung der Erde oder die Herkunft der ethnischen Gemeinschaften gehört hierzu. Bei den Akan-Völkern Ghanas z.B. besteht der Kern dieser Legende von der Entstehung der Erde in folgendem: Am Anfang der Welt gab es nur die Götter-Mutter. Sie lebte im Himmel und gebar dort Nyame, den höchsten Gott, und dessen Bruder. Nyame schuf für sich und seinen Bruder eine Frau, dann Menschen, Tiere und Geister. Sie lebten alle im Himmel und vermehrten sich, so daß eines Tages der Himmel zu eng wurde. Da schuf Nyame die Erde. Er formte sie kreisrund aus Staub, den er mit Wasser mischte, legte sie in einen großen Sumpf unter dem Himmel. Am Anfang war die Erde nur ein Schlammbrei, und erst allmählich trennten sich Wasser und Erde. Die Geschichte von Frosch und Chamäleon berichtet über diese Zeit. Die beiden stritten sich, wer von ihnen zuerst auf die Erde hinabgestiegen sei.

»Als ich ankam«, sage das Chamäleon, »war die Erde noch ganz schlammig, so daß man kaum darauf gehen konnte. Da habe ich die Gewohnheit angenommen, meine Füße behutsam einen vor den anderen zu setzen. Das tue ich noch heute.« »Als ich hinabstieg«, entgegnete der Frosch, »da war überhaupt noch kein Wasser da. Es gab nur einen Haufen Schlamm und dazwischen waren große Löcher und Spalten. Da habe ich mir das Hüpfen angewöhnt.« Demnach ist der Überlieferung zufolge der Frosch vor dem Chamäleon auf die Erde gekommen. Als die Erde trocken war, schickte Nyame seine Frau Esi hinunter, die die Bäume mitbrachte. Dann machte Nyames Bruder eine lange Kette, die am Ende zwei Schlingen hatte, in die man mit Füßen treten konnte. Daran ließ er alle Menschen und Tiere hinab. In diesen frühen Zeiten lebten die Menschen und Tiere in großen Dörfern zusammen, und die Tiere hatten ebensolche Häuser wie die Menschen. Später aber mußten sie in den wilden Busch fliehen. Dort leben sie heute noch. –

Dies ist nur ein kleiner Teil eines umfangreichen mythologischen Berichtes, in dem Erde und Himmel, Sonne, Mond, Sterne, Wolken, Regen und andere Naturerscheinungen gedeutet wurden.

In den Mythen der Yoruba (Nigeria) wird über die Entstehung der Erde und der Menschen folgendes berichtet: Am Anfang war die Erde ein großer Morast. Der Gott Olorun im Himmel befahl dem Obersten der Gottheiten, Orisha Nla, festen Boden zu schaffen. Er gab ihm ein Schneckenhaus voll Erde, eine Henne und eine Taube, und diese verstreuten die Erde. Das Chamäleon wurde zur Kontrolle auf die Erde geschickt. Zuerst war es noch zu feucht. Die Schöpfung dauerte vier Tage. Der Schöpfungsplatz wurde Ife (weit) genannt, später kam Ile (Haus) hinzu. (Ile Ife ist noch heute ein heiliger Ort der Yoruba.) Dann schickte Olorun den Obersten der

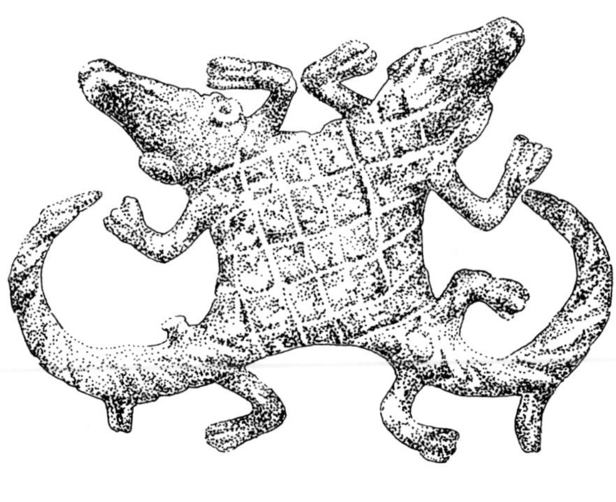

Krokodil-Symbol
als Goldgewicht, Ashanti

Gottheiten nochmals zur Erde, damit er Bäume pflanze, und gab ihm die Palme mit. Inzwischen wurde der erste Mensch im Himmel erschaffen und zur Erde gesandt. Der Oberste der Gottheiten formte ihn aus Erde, und der Schöpfergott brachte ihn zum Leben. –

Ein anderes wichtiges Thema der afrikanischen Mythen ist die Herkunft des Feuers. Dessen Ursprung wird auf sehr verschiedene Weise beschrieben. Bei den Kongo-Pygmäen z. B. berichtet eine Legende, daß die Menschen von Gott das Feuer stahlen und dafür damit bestraft wurden, sterblich zu sein.

Sehr unterschiedlich sind auch die Legenden über die Herkunft der jeweiligen ethnischen Gruppe. So erzählt eine Legende in Kenia, wie es zur Spezialisierung der drei großen Stämme Kikuyu, Massai und Kamba gekommen ist: Der Schöpfergott Kere Nyaga, der seinen Wohnsitz auf Mount Kenya, dem höchsten Berg des Landes, hat, hatte drei Söhne und ließ sie wählen zwischen Speer, Pfeil und Grabstock. Da wählte der erste den Speer und begründete das Hirtenvolk der Massai, der zweite den Grabstock und siedelte das Volk der Kikuyu-Bauern an, und der dritte wählte den Pfeil und begründete die Kamba.

Viele Beispiele ließen sich noch anführen, die den Reichtum und die Breite afrikanischer Mythologien veranschaulichen. Die meisten von ihnen sind ebenso wie die Sprichwörter, Gedichte und Märchen noch heute in den Dorf- und Hirtengemeinschaften lebendig. In den letzten Jahren wurden viele von ihnen aufgezeichnet und teilweise in Schulbüchern, Märchenbüchern und anderen Publikationen mit alten Epen festgehalten. Die Bemühungen, den Reichtum der mündlichen Traditionen zu erhalten, sind in den afrikanischen Staaten in vollem Gange.

Geheimnisvolle Masken – magische Rituale?

Bis in unser Jahrhundert hinein waren die Vorstellungen von afrikanischer Kultur in Europa vorwiegend von mythischen Sitten und Bräuchen geprägt: Maskentänze, Geheimbünde, Medizinmänner, religiöse Kulthandlungen galten als Beweise für das fremde, geheimnisvolle Afrika der »Naturvölker«. In der Tat haben die Kulturen Afrikas Äußerungen hervorgebracht, die den Europäern des 19. Jahrhunderts fremd erscheinen mußten, da deren Bezug zum sozialen und religiösen Leben der afrikanischen Gemeinschaften fehlte, nicht erklärt werden konnte. So erschienen sie als Produkte der »wilden Schwarzen« und mit deren natürlichem Wesen verbunden. Inzwischen ist durch ethnologische Forschungen bekannt, daß ähnliche Erscheinungen auch in frühen Kulturen anderer Kontinente auftraten, daß sie somit einer bestimmten Stufe der Naturerkenntnis und -beherrschung durch den Menschen entsprechen. Nur eine genaue Untersuchung der historischen und sozialen Entwicklung der verschiedenen Völkerschaften Afrikas kann die spezifische Funktion dieser Rituale im Leben der jeweiligen Gemeinschaft erklären und damit auch verständlich machen.

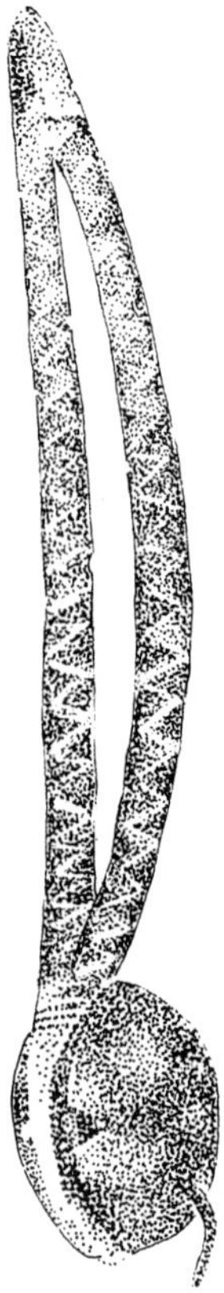

Maske der Dogon

Besonders geheimnisumwittert wurden in Europa die Geheimbünde einiger afrikanischer Gesellschaften dargestellt, häufig wurden sie mit blutrünstigen Menschenopfern in Verbindung gebracht. Was hat es damit auf sich? Mit der Herausbildung von Klassengesellschaften in Afrika haben sich bei verschiedenen Ethnien Geschlechterverbände als geheime Gesellschaften entwickelt, die bestimmte Funktionen im sozialen Leben der Gemeinschaften hatten. Sie waren vor allem eng mit den Initiationsriten der Jugendlichen und mit dem Auftreten von Masken verbunden, die Ahnen oder Geister symbolisierten. Auch zu bestimmten Anlässen der Ahnenverehrung traten die Masken der Geheimgesellschaften in Aktion. Mit fortschreitender sozialer Differenzierung in den afrikanischen Gesellschaften war die Mitgliedschaft nicht mehr für alle Angehörigen einer Altersklasse erreichbar, sondern an bestimmte Voraussetzungen gebunden (soziale Stellung, Reichtum, Alter usw.), so daß hier zugleich auch Geheimbünde entstanden, die zur Festigung der politischen Macht einzelner Gruppen benutzt wurden. Die Masken der Geheimbünde übten eine Art Gerichtsbarkeit aus, die zunächst im Sinne der Sozialisation für die Gemeinschaft, später aber auch zur Bestrafung unliebsamer Gegenspieler eingesetzt wurde. Bei den bis in die Gegenwart hinein erhaltenen Geheimgesellschaften Westafrikas überwiegt der kultische Aspekt. Senghor beschreibt ihre Funktion wie folgt:

»Jede Gesellschaft hat ihr eigenes Ritual und eine oder mehrere Maskentypen. Die Eingeweihten tragen sie bei den Festen und bei den Mysterien der Gesellschaft.

Im Gegensatz zur Altersbruderschaft steht die Geheimgesellschaft nicht allen offen. Man tritt nur durch Zuwahl ein. Sie hat wie die Altersbruderschaft ihre Einweihung, ihre Hierarchie und ihre Disziplin. Doch ist die Geheimgesellschaft viel komplexer als die Altersbruderschaft, sowohl in der Organisation, die uns noch teilweise unbekannt ist, als auch in ihren Zielen. Wenn sie – wie fast immer – gleichzeitig eine religiöse, politische und kulturelle Gesellschaft ist, so legt sie doch den Akzent auf den einen oder anderen dieser Züge. Die eine Gesellschaft hat den materiellen Wohlstand der Gruppe zum Ziel, die andere die Gesundheit ihrer Mitglieder, eine dritte die Beachtung gewisser Sitten, die vierte die Entwicklung einer Kunst. Manchmal hat eine Gesellschaft ein rein politisches Ziel. In einem Wort, die Hauptrolle der Geheimgesellschaften, die je nachdem eine Bremse, ein Gegengewicht oder einen Motor der offiziellen Einrichtungen darstellen, ist die der ›Anfeuerung‹ und des Ausgleichs. Ihr Ziel ist, Einheit und Linie der Gemeinschaft zu bewahren und Rückschläge, Stagnationen und vor allem Abweichungen zu vermeiden.«

Untersuchungen bei den Bambara in Mali ergaben, daß es bis in die siebziger Jahre eine Reihe von Geheimbünden gab, die jeweils nach Geschlecht und Alter begrenzt waren, darunter Soubagabolo als Geheimbund alter Frauen, Njagua als Gegengewicht dazu; die Männerassoziation Nama, in deren Geheimnisse Knaben bereits bei der Beschneidung eingeweiht wurden; ebenso Komo als Männerbund; Namakouroni als Assoziation von Männern mittleren Alters; die Assoziation Kote, die jedes Jahr im Dorf für die Schwestern tanzte, die außerhalb des Dorfes verheiratet waren und zu diesem Anlaß zu Besuch kamen; Diaran als Vereinigung verheirateter Frauen u. a.

Von den Bulsa in Nordghana wird berichtet, daß sie siebzehn Geheimbünde haben, die teilweise als Berufsvereinigungen fungieren, z. B. die Jägergemeinschaft Zuo, die Wildschweingemeinschaft der Farmhacker, die Büffelgemeinschaft der Schwerarbeiter, eine Vereinigung der Akrobaten, ein Bund mit geheimen Musikinstrumenten, den Gbeifi-Bund für Diebe, Arzneikunde-Vereinigungen usw. Besonders bekannt sind die Geheimbünde der Küstenvölker, wie der Männerbund Poro und der Frauenbund Sande bei den Mende, Kpelle, Vai, Kisi, Temne u. a. Beide Geheimbünde sind mehrere hundert Jahre alt. Ihre Masken – Holzmasken für den Kopf und Pflanzenfaserkleidung – traten bei wichtigen Ereignissen der Gesellschaft auf. Sie hatten eine maßgebliche Funktion bei der Vorbereitung der Jugendlichen auf Leben und Pflichten Erwachsener. Alle fünf bis sechs Jahre wurden die Knaben bzw. die Mädchen mehrerer Dörfer für einige Monate zur Unterweisung in ihren späteren Pflichten in Buschschulen zusammengenommen. Höhepunkt der Zeremonien war die symbolische Wiedergeburt der Jugendlichen, nachdem sie von der Maske (Symbol eines Geistes) verschlungen worden waren. Bei ihrer Rückkehr ins Dorf (als Erwachsene) wurden sie von den Älteren in Maskengestalt begleitet.

Bei den Dogon in Mali ordnete sich die Rolle der Maskengesellschaften ein in die Verehrung des Schöpfergottes Amma und in die Ahnenverehrung. Bei Aussaat und Ernte, bei Beerdigungen und als Ordnungshüter im täglichen Leben der Gemeinschaft traten Masken in Erscheinung. Mitglieder der Maskengesellschaften waren alle erwachsenen männlichen Mitglieder der Gesellschaft, sofern sie nicht einer besonderen

Kaste angehörten. Es gab die sogenannten kleinen Masken. Zu dem alle sechzig Jahre stattfindenden Sigi-Fest trat die große Maske (bis zu 10 m hoch) auf, die besondere Bedeutung hatte.

Auch in anderen Gemeinschaften gab es – je nach Bedeutung des Anlasses – große und kleine Masken. Häufig vollzog sich die Mitgliedschaft in einer Geheimgesellschaft auf verschiedenen Stufen; erst die Erfüllung bestimmter Voraussetzungen ermöglichte weiteren Aufstieg. Jede Stufe war mit einem tieferen Eindringen in die religiöse und philosophische Vorstellungswelt der jeweiligen Gemeinschaft verbunden. So besaß z. B. der La-Bund der Senufo (Elfenbeinküste) mehrere Grade, die jeweils durch spezielle Einweihungsriten und Maskentänze eingeleitet wurden und deren oberster Grad den alten Männern vorbehalten blieb.

Die Geheimgesellschaften waren zugleich eine Form, das Wissen über Geschichte und Weltbild der ethnischen Gemeinschaft zu erhalten, an die Mitglieder weiterzugeben (nach Geschlechtern getrennt und unter Ausschluß der Kinder) und es vor Fremden geheimzuhalten, um damit auch den inneren Zusammenhalt der Mitglieder zu festigen. Die Masken sollten verdeutlichen, daß ihre Träger eine neue Identität – als Ahnherr oder als Geist – gewonnen haben, um sich als solche der Gemeinschaft mitzuteilen. Die jeweils spezifischen Formen der Masken standen in engem Zusammenhang mit den konkreten religiösen Verstellungen (Nachgestalten der Totemtiere, Sinnbilder der Gottheiten). So fremdartig diese Masken auch dem europäischen Betrachter erscheinen mögen, so wenig Rätselhaftes, Unbekanntes stellen sie für die Mitglieder der einzelnen afrikanischen Gesellschaften dar.

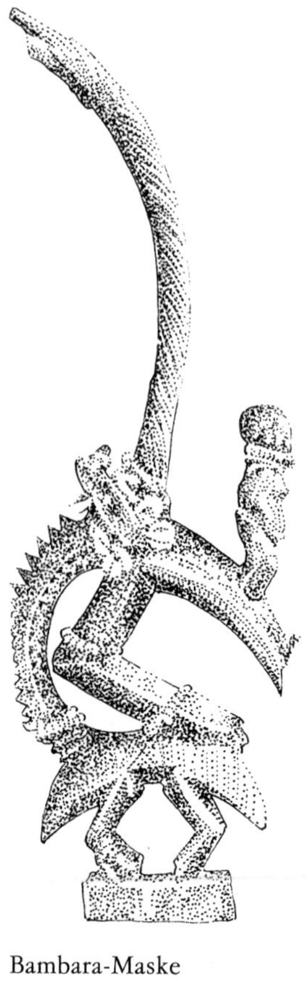

Bambara-Maske

Mit dem Schwinden traditioneller Religionen verlieren die Masken ihren spirituellen Gehalt und die Herrschaft über den einzelnen. Dennoch gehören sie zum kulturellen Erbe – auch wenn sie durch gegenwärtige soziale Prozesse ihrer mythischen Funktion verlustig gehen. Maskentänze und Maskenumzüge prägen die kulturelle Spezifik der Feste und Feiern in den afrikanischen Staaten. Dabei werden die Masken einzelner ethnischer Gruppen gesamtgesellschaftlicher Besitz: die Mapico-Masken in Moçambique, ursprünglich Ahnenmasken der Makonde, die den Frauen Furcht einflößen sollten, die Dogon-Masken in Mali, die Antilopen-Masken der Senufo in Elfenbeinküste, die Maske des Pocken-Gottes der Yoruba in Nigeria u. a.

Geheimnisumwittert und voller Exotik sind die Kulthandlungen der afrikanischen Religionen, in besonderem Maße die der Yoruba-Religion in Westafrika bis heute geblieben. Rituelle Gebets- und Opferhandlungen im Namen der Yoruba-

Götter haben in den vergangenen Jahren auf der Suche nach Lösungswegen aus der sozialen Misere eine große Aufwertung unter der Bevölkerung afrikanischer Abstammung in lateinamerikanischen Ländern erfahren; auch in den USA gibt es Kultgemeinschaften von Afroamerikanern für die Yoruba-Götter Shango und Olokun. In bürgerlichen europäischen Darstellungen wurden die mystischen Zeremonien meist sehr einseitig bewertet und kaum in das große Weltbild der Yoruba-Völker eingeordnet. Die Tieropfer, sakralen Gebote, Tabus und die Zeremonien der Priesterschaft haben sich aber in diesem Bezugsrahmen entwickelt, so wie sich spezifische Riten und Zeremonien in allen Religionen herausgebildet haben. Ohne das geistige Eindringen in die kosmologischen Vorstellungen der afrikanischen Religionen ist das Verständnis für kulturelle Wertungen, für Symbolik in der Kunst, für traditionelle Feste auch in der Gegenwart verbaut.

Medizinmänner

Mit Heidentum und Aberglauben in Afrika wurden in Europa jahrzehntelang vor allem die Praktiken der Medizinmänner verknüpft. Aber auch ihre Fetische, Wahrsagungen und Krankheitsbeschwörungen sind aus dem jeweiligen Weltbild afrikanischer Gemeinschaften heraus entstanden, auf dessen Grundlage der einzelne sein Schicksal für beeinflußbar von Ahnen und Geistern hielt bzw. hält, das ihn in Krisensituationen veranlaßt, sich deren Schutz und Fürsorge über Vermittlung des Priesters oder Medizinmannes zu versichern. Das ist eine religiöse Praxis, wie sie sich nicht nur in Afrika, sondern in vorkapitalistischen Gesellschaften in vielen Teilen der Welt, in Asien oder Amerika, auch in der Geschichte europäischer Völker, entwickelt hat. Der positive Teil dieses Erbes sollte nicht übersehen werden: Die traditionellen Medizinmänner verfügen über lange Erfahrungen in der Naturheilkunde und Pharmazie sowie in der Behandlung psychischer Krankheiten, so daß ihr Wissen die moderne Medizin nutzbringend ergänzen kann. Versachlicht man ihre Behandlungen, bleibt der Wissensschatz um Heilkräuter und andere Naturheilmittel, der nicht verlorengehen darf. In einigen afrikanischen Staaten hat man damit begonnen, den Medizinmännern einen Platz in der Entwicklung des Gesundheitswesens einzuräumen. In Nigeria, Simbabwe, Sambia und anderen Staaten praktizieren die »herbalists« (»Pflanzenheilkundigen«) neben modern ausgebildeten Medizinern in den Krankenhäusern, um deren Arbeit zu ergänzen, nicht zuletzt das psychische Moment, den festen Glauben an die Genesung, zu stärken. Viele von ihnen haben eigene »herbal clinics«, in denen die Patienten ambulant oder stationär mit selbsthergestellten Arzneimitteln, meist aus Kräutern, behandelt werden. Bei einer Reihe von in Afrika verbreiteten Krankheiten erwiesen sich ihre Mittel denen der modernen Industriepharmazie als gleichwertig oder sogar wirkungsvoller. Auch dies gehört zum kulturgeschichtlichen Erbe Afrikas; es bewahrt gewonnenes Wissen aus dem Umgang mit der Natur, das bei näherem Hinsehen einer Abwertung als Aberglaube und Hexenkunst nicht standhält – von jenen betrügerischen Scharlatanen einmal abgesehen, die sich die Unwissenheit für persönliche Habgier oder Machtsucht zunutze machen.

Alle diese verschiedenen Formen des kulturellen Erbes der afrikanischen Dorf- und Hirtengemeinschaften sind heute noch lebendig, wobei längst nicht alle hier erläutert werden konnten, wie etwa überlieferte Vorstellungen von Zeit und Raum oder traditionelle Verhaltensweisen im Umgang miteinander, zu denen als eine der herausragendsten sicher die Gastfreundschaft untereinander und Fremden gegenüber gehört. Mit dem Übergang zu neuen Gesellschaften – ein Prozeß, der mit der Kolonialisierung einsetzte und seit der nationalen Unabhängigkeit der jungen Staaten massiv vorangetrieben wird – verändert sich das soziale und ökonomische, das gesamte gesellschaftliche Leben der Menschen. Überlieferte Kultur wird dann neu bewertet, andere dem neuen Leben entsprechende Formen von Kultur finden Eingang oder verdrängen Altes, und das in allen Bereichen. Dieser kulturelle Umbruch ist heute überall in Afrika spürbar.

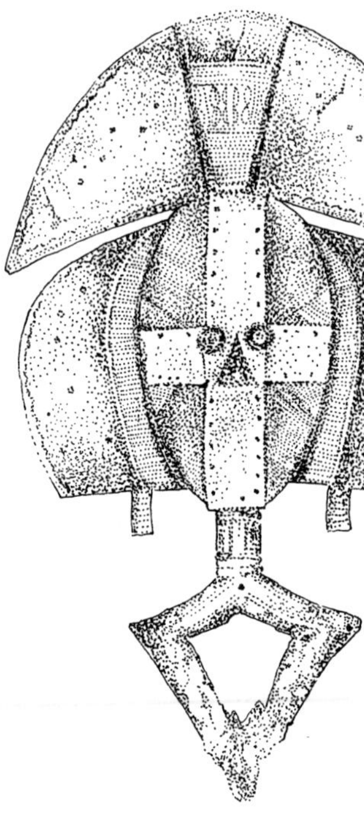

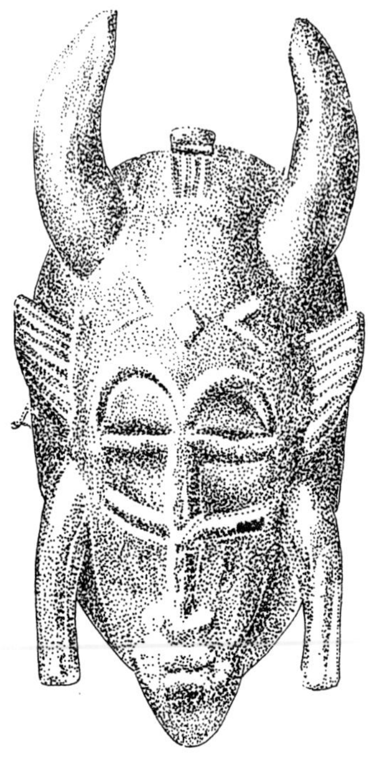

Maske vom Ogowe-Flußgebiet, Gabun

Maske der Senufo

Der kulturelle Umbruch

WOHIN!

Wohin?
Zurück?
Zu den Tagen der Trommeln und festlichen Gesänge
In den Schatten sonnengeküßter Palmen?
Zurück?
Zu den ungebildeten Tagen
Da die Mädchen immer keusch waren
Und die Burschen schlechte Wege verabscheuten
Aus Angst vor den alten Göttern?
Zurück?
Zu dunklen, strohgedeckten Hütten,
Wo Güte herrschte und Trost wohnte
Zurück zum Aberglauben?
Oder vorwärts?
Vorwärts?
Wohin?
In die Slums, wo Mensch auf Mensch gepfercht ist
Wo Armut und Elend ihre Buden aufschlagen
Wo alles dunkel ist und traurig?
Vorwärts?
Wohin?
In die Fabrik?
Um harte Stunden zu ermahlen
In unmenschlicher Mühle
In einer einzigen, unendlichen Schicht?

Michael Francis Dei-Anang, Ghana

Wir können niemals hoffen, zu einer Nation zu werden, wenn wir nicht durch eine gemeinsame Kultur verbunden sind. In keinem Land können alle Bürger die gleichen Ideen haben, selbst Angehörige einer einzigen Familie vertreten oft stark voneinander abweichende Ansichten. Dennoch ist da immer etwas, das sie eint – und das ist, daß sie einer gemeinsamen Kultur angehören.

Kenneth Kaunda, Sambia

Mit dem antikolonialen Befreiungskampf und dem Entstehen unabhängiger Staaten im subsaharischen Afrika in den vergangenen drei Jahrzehnten haben sich die Bedingungen für kulturelle Entwicklung wesentlich verändert. Auf der Grundlage der nationalen Selbständigkeit begann der Prozeß des Übergangs von vorkapitalistischen Gesellschaftsformen zu denen höherer Produktivität bis hin zur Orientierung auf den Sozialismus. Die Gründung eigener Staaten war ein erster wichtiger Schritt auf dem Wege zur Herausbildung von Nationen. Dieser Prozeß wurde eingeleitet durch die Erringung der nationalen Unabhängigkeit in Ghana 1957 und Guinea 1958, denen im »Afrika-Jahr« 1960 Benin (damals Dahome), Burkina Faso (damals Obervolta), Elfenbeinküste, Gabun, Kamerun, Mali, Madagaskar, Kongo, Senegal, Niger, Nigeria, Somalia, Togo, Zentralafrikanische Republik, Tschad und Zaïre folgten. Hinzu kamen 1961 Tansania und Sierra Leone, 1962 Uganda, Rwanda und Burundi, 1963 Kenia, 1964 Malawi, Sambia und Lesotho, 1965 Gambia, 1966 Botswana, 1968 Swasiland und Äquatorial-Guinea, 1973 Guinea-Bissau, 1975 Angola, Moçambique, Kapverden, Sâo Tomé und Principe sowie die Komoren und im Jahre 1980 Simbabwe.

Nach der Unabhängigkeit ...

Mit dem Aufbruch zu neuen Gesellschaften entstanden neue Rahmenbedingungen für kulturelle Entwicklungen: Die Schaffung einer ökonomischen Infrastruktur durch die Erschließung bislang isolierter Gebiete machte ethnische Grenzen durchlässig; das Entstehen einer nationalen Wirtschaft und Politik verstärkte die Beziehungen zwischen den einzelnen ethnischen Gemeinschaften. Der Aufbau einer nationalen Industrie und die Modernisierung der Landwirtschaft trieben die soziale Differenzierung voran, es entstehen moderne Klassen – Bourgeoisie und Proletariat – mit eigenen spezifischen Lebensbedingungen, kulturellen Bedürfnissen und Ansprüchen. Mit den nach der Unabhängigkeit rasch wachsenden Städten und der damit verbundenen zunehmenden Abwanderungswelle vom Dorf in die Stadt ändert sich die Lebensweise von Millionen Menschen.

Der Prozeß des nationalen Aufbaus verläuft keineswegs einheitlich. In der Mehrzahl der jungen Staaten sind die ehemaligen Kolonialherren weiterhin im Land – als Investoren für wirtschaftliche Projekte, als Eigentümer oder Miteigentümer der Bodenschätze. Über den kapitalistischen Weltmarkt erfolgen Aufkauf und Preisdiktat für die Produkte der landwirtschaftlichen Monokulturen. Die mit dem nationalen Befreiungskampf und der Proklamation der unabhängigen Staaten ausgelösten Hoffnungen von Millionen afrikanischer Menschen auf bessere Lebensbedingungen können sich nur erfüllen, wenn der Reichtum der afrikanischen Länder eigenen nationalen Entwicklungsprogrammen zugute kommen kann. Ein wichtiger Schritt auf dem Wege zu ökonomischer Unabhängigkeit ist das Entstehen von Staaten, die sich auf eine sozialistische Perspektive orientieren und begonnen haben, Programme des sozialen Fortschritts in Angriff zu nehmen. Doch die meisten afrikanischen Staaten haben in den vergangenen zwei Jahrzehnten eine kapitalistische Entwicklung eingeleitet, die mit den internationalen Monopolen eng verflochten ist. Diese grundsätzlich unterschiedlichen Gesellschaftorientierungen prägen das kulturelle Leben.

Die Existenz der Nationalstaaten veränderte die Bedingungen für Kulturentwicklung auch im engeren Sinne: Kultur wird für die Regierungen ein Entwicklungsbereich, der geplant, gefördert und entsprechend der gesellschaftlichen Zielsetzung mit Aufgaben und Zielen verknüpft werden kann. Planungs- und Leitungsgremien auf staatlicher und kommunaler Ebene wurden eingerichtet, etwa Ministerien für Kultur, die in der Regel mit Aufgabenbereichen, wie Jugend, Sport, Erholung, Bildung oder Tourismus, gekoppelt sind, und ein »Kulturetat« für Investitionen im kulturellen Bereich zur Verfügung gestellt. Mit staatlicher Unterstützung wurden Institutionen zur Pflege des Kulturerbes (Museen, Galerien), Ausbil-

Afrika heute

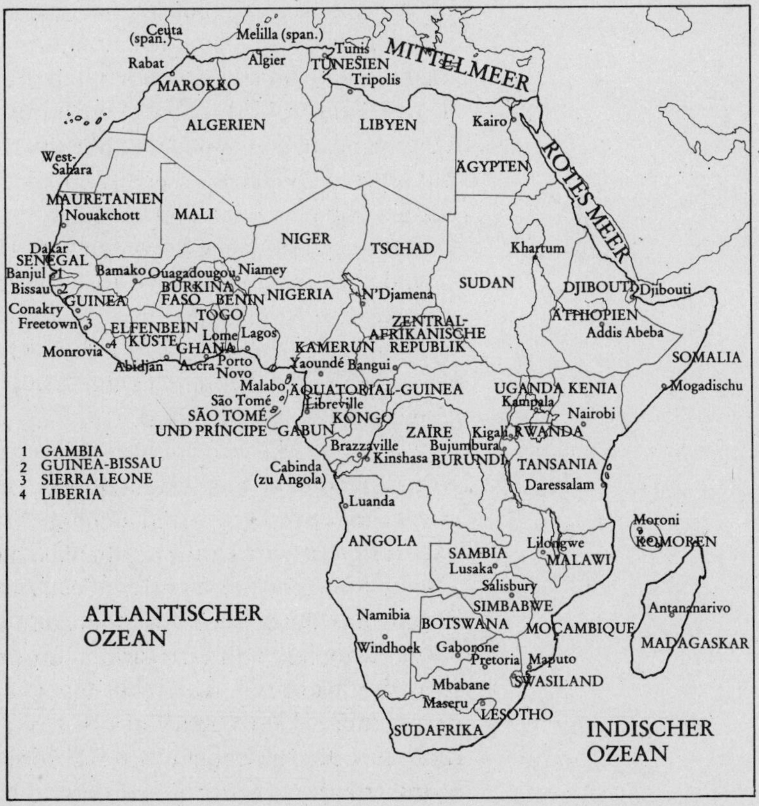

(zu Namibia: Territorium unter direkter Verantwortung der UNO, z. Z. widerrechtlich von der Republik Südafrika besetzt)

dungsstätten für künstlerische Talente und traditionelles Handwerk und wissenschaftliche Einrichtungen zur Erforschung der Kulturgeschichte geschaffen. Als notwendige Voraussetzungen für nationale Kulturentwicklung wurde damit begonnen, die kulturelle Infrastruktur, d. h. nationale Verlage, Schallplattenfirmen, Kinos, Bibliotheken u. a., auszubauen und ein Netz kultureller Einrichtungen von Theatern bis hin zu Kulturhäusern zu schaffen. In vielen Staaten wurde die Gesetzgebung auf die nationale Kultur ausgedehnt, vorrangig zum Schutz der Kulturgüter vor Verkauf ins Ausland. Die Regierungen bzw. Führungskräfte afrikanischer Staaten gingen dazu über, eine nationale Kulturpolitik zu formulieren und Schwerpunkte für die kulturelle Entwicklung zu setzen sowie kulturelle Aufgaben zwischen den Staaten abzustimmen, wie auf der »Konferenz zur Kulturpolitik in Afrika« 1975 in Accra. Hier ging es vor allem um gemeinsame Aufgaben, die sich aus der notwendigen Erfassung und Weiterentwicklung des kulturellen Erbes der vorkapitalistischen Gesellschaften und aus der Überwindung der kulturellen Kolonisierung ergeben.

Im Hinblick auf die Stabilisierung einer gesamtstaatlichen, nationalen Entwicklung war – und ist bis in die Gegenwart hinein – bedeutsam, die Rolle der Kultur als verbindendes Element der ethnisch differenzierten Bevölkerung im Sinne einer »nationalen Identität« zu betonen. Das ist verbunden mit der im Zuge des antikolonialen Kampfes und später der Entkolonialisierung einsetzenden Besinnung auf das Eigene in der Kultur. Kultur wird zu einem Faktor des Stolzes auf Leistungsfähigkeit und Spezifik sowie auf Gleichberechtigung mit anderen Völkern. Sie fördert die Formierung eines Nationalbewußtseins, das sich bereits im nationalen Befreiungskampf über ethnische Grenzen und Unterschiede hinweg auszubilden begann. Kulturpolitisch wird dies in vielen Ländern unterstrichen durch die Anerkennung des kulturellen Erbes der im Staat lebenden ethnischen Gruppen als gemeinsames Kulturerbe, als »Einheit in der Vielfalt«, die national und international verbreitet wird.

Afrikanische Kulturfestivals

Wichtige Aktivitäten zur Bestandsaufnahme der eigenen Kultur waren in den vergangenen Jahren nationale Kulturfestivals in einzelnen afrikanischen Staaten sowie Kulturfestivals auf gesamtafrikanischer bzw. schwarzafrikanischer Ebene. Das erste dieser Art war das »Festival der Negerkunst« 1966 in Dakar, das, kurz nach Erlangen der Unabhängigkeit, die Leistungsfähigkeit von Afrikanern innerhalb Afrikas und innerhalb der Kulturen Amerikas und Asiens demonstrierte. Auf dem »Panafrikanischen Kulturfestival« 1969 in Algier wurden nicht nur die reichen Kulturtraditionen Afrikas (einschließlich Nordafrika) vorgeführt, sondern der inhaltliche Akzent lag auf der Verständigung über gemeinsame Ziele und Aufgaben der kulturellen Entwicklung nach der Unabhängigkeit beim nationalen Aufbau. Schwerpunkte der Diskussion waren der Zusammenhang von Gesellschaftsentwicklung und Kulturentwicklung und die Rolle der Künstler im Kampf der afrikanischen Völker um Befreiung von der Vorherrschaft des Imperialismus auf allen Gebieten. Im Manifest von Algier wurden Aufgaben formuliert, die Voraussetzungen für eine eigenständige Kulturentwicklung schaffen sollten, etwa die Gründung nationaler Verlage, Bildungseinrichtungen, Massenmedien und Ausbildungsstätten.

Auf dem bisher letzten Festival dieser Größenordnung, dem FESTAC 77 in Lagos, ging es nicht nur um eine Demonstration kultureller Traditionen, sondern auch nach der Unabhängigkeit entstandener neuer Kunstentwicklungen. Auf den Gebieten Tanz, Musik, Drama, Film und Literatur wurde ein Überblick über den aktuellen Entwicklungsstand vermittelt. In Ausstellungen zur Urgeschichte Afrikas, zur Kunst im Alltag, zu Kunstgewerbe, zum Anteil schwarzer Menschen an der Entwicklung von Technologien, an Wissenschaft, Entdeckungen u. a. wurde der Rahmen kultureller Leistungen weit gesteckt. Auf dem Kolloquium »Schwarze Zivilisation und Bildung« wurden aktuelle Fragen von Kunst, Philosophie, Sprachentwicklung und Massenmedien diskutiert. Hier wie auch in anderen nationalen Verständigungsrunden ging es um »kulturelle Identität« im Sinne der Beseitigung kolonialer Überfremdung auf kulturellem Gebiet, um kulturelle Souveränität, um deren Rolle im nationalen Konsolidierungsprozeß.

Suche nach Identität

Diskussionen von Politikern, Künstlern und Kulturarbeitern in Afrika in den letzten Jahren haben diese Forderung nach kultureller Identität in zwei Richtungen präzisiert: zum einen dahingehend, daß Besinnung auf traditionelle Kultur, wie sie in der Négritude oder in Orientierungen wie der »Authentizität« in Zaïre zum Ausdruck kamen, nicht mehr überall kritiklos erfolgte, sondern diese Traditionen selbst auf ihre Verwendbarkeit für gegenwärtige Gesellschaftsentwicklung hin geprüft wurden. (So wurden z. B. in Moçambique die negativen Aspekte des Erbes der traditionellen Gesellschaft, wie Unterdrückung der Frau und der Jugend, Aberglauben und Irrationalismus, der Harmonisierung der afrikanischen Kulturgeschichte entgegengesetzt.) Ein zweiter Aspekt, der zunehmend in den kulturpolitischen Verständigungen eine Rolle spielt, ist die Gefährdung der eigenständigen Kulturentwicklung durch Überfremdung mit imperialistischen Kulturwerten. Durch Zusammenarbeit der jungen Staaten mit imperialistischen Ländern, durch Tourismus und Kulturzentren imperialistischer Länder, vor allem aber durch die Überflutung mit deren Produktionen in den Massenmedien werden Wertorientierungen in die Länder Afrikas hineingetragen, die den Traditionen und den nationalen Zielen weitgehend entgegenstehen.

Die mit der nationalen Unabhängigkeit einsetzende Kulturentwicklung hin zu Nationalkulturen, die die kulturellen Traditionen aller Ethnien des Landes einschließen, ist zur Zeit der übergreifendste kulturelle Prozeß in Afrika; eine soziale Formierung auf kulturellem Gebiet steckt heute noch in den Anfängen. In den neuentstandenen Klassen, Bourgeoisie und Arbeiterklasse, beginnen sich auf Grundlage der unterschiedlichen Lebensbedingungen jeweils eigene kulturelle Bedürfnisse auszuprägen, eigene kulturelle Zielvorstellungen und Kulturkonzeptionen zu artikulieren, entstehen eigene Formen von Kultur.

Diese Entwicklung der Kultur in Richtung auf nationale und soziale Interessen wird dadurch unterstützt, daß neue Organisationsformen auf nationaler oder sozialer Ebene entstehen, die heute zum großen Teil die traditionellen Organisationsformen der ethnischen Gemeinschaften – vor allem Geschlechter- und Altersklassenverbände – ablösen. Organisationen, wie Parteien, Massenorganisationen, Berufsverbände, Sportclubs und andere Interessenverbände, entwickeln eigene Konzeptionen hinsichtlich solcher Probleme, wie Bildung, Massenkommunikation, Freizeit, Kreativität usw. Häufig sind damit kulturelle Aktionen verbunden (Alphabetisierung, Laienkunst, Sportwettkämpfe, Kulturgruppen u. ä.).

Die drei Jahrzehnte zeigen, daß in den afrikanischen Staaten vor allem solche kulturpolitischen Schwerpunkte formuliert wurden, die, wie Fragen der Bildung, der Nationalsprachen, der Kommunikation, entscheidende Voraussetzungen zur Bewältigung gegenwärtiger wirtschaftlicher und politischer Aufgaben darstellen.

Schwierigkeiten beim Finden einer gemeinsamen Sprache

Wenn in Nigeria ein Hausa oder Fulbe aus dem Norden bei seinem Besuch der Hauptstadt einen Abstecher an die Küste des Atlantischen Ozeans macht, kann es passieren, daß er sich dort mit den Fischern und Bauern nicht verständigen kann, weil sie Edo, die Sprache ihrer ethnischen Gruppe, sprechen. Er muß also erst einmal einen »Dolmetscher« finden. Die hier lebenden Fischer und Bauern haben andererseits keine Schwierigkeiten, sich mit ihren »Nachbarn« jenseits der Grenze, in Benin, zu verständigen, da dort ebenfalls Edo leben.

Dieses eine Beispiel von vielen zeigt bereits die schwierige sprachliche Situation der afrikanischen Staaten: Die ethnische und kulturelle Vielfalt ist verbunden mit der Existenz von 700 bis 1000 verschiedenen Sprachen und Dialekten. Da innerhalb eines Staates in der Regel mehrere unterschiedliche ethnische Gruppen und Völkerschaften leben, bestehen auch deren Sprachen nebeneinander, die trotz des kulturellen Reichtums aber dort Verständigungsbarrieren darstellen, wo sich noch keine der afrikanischen Sprachen als Amts- und Verkehrssprachen durchgesetzt hat. Die Bemühungen um eine gemeinsame Nationalsprache sind für die Entwicklung der afrikanischen Staaten hoch aktuell, zumal dieses Ziel erst in wenigen Staaten erreicht wurde. Hierbei spielt nicht nur die Anzahl der Sprachen eine Rolle, sondern auch ihr Verbreitungsgrad. So ist die ethnische Differenzierung in Sudan mit etwa 400, Nigeria mit etwa 200, Äthiopien mit rund 100, Moçambique mit etwa 80 Ethnien sowie in anderen Staaten sehr groß, was eben auch das Vorhandensein einer Vielzahl von Sprachen bedeutet. Nur wenige Staaten, wie Simbabwe, wo die Mehrheit der Bevölkerung Angehörige der Maschona und Matabele sind und deren Sprachen sprechen, sind ethnisch nicht so stark zer-

Graphik aus Angola

splittert. Zwei- und Mehrsprachigkeit hat sich heute schon in vielen Gebieten durchgesetzt, um die sprachlichen Hürden innerhalb eines Staates zu überbrücken.

Die Schwierigkeiten, mit denen afrikanische Staaten zu kämpfen haben, bestehen aber nicht nur darin, daß mehrere, oft zahlreiche ethnische Einheiten mit eigener Sprache auf dem Territorium des neugebildeten Staates nebeneinander leben und erst zu einer gemeinsamen Nation verschmelzen müssen, sondern vor allem auch darin, daß durch die willkürliche Grenzziehung der Kolonialmächte historisch gewachsene Einheiten zerstört wurden und dadurch *eine* ethnische Gruppe oder Völkerschaft heute in zwei oder drei Staaten anzutreffen ist. So leben z.B. die Maschona in Moçambique und Simbabwe, die Ewe in Elfenbeinküste, Ghana, Togo, Benin, Nigeria, die Somali in Äthiopien und Somalia.

Sprachfamilien

Die Vielfalt der afrikanischen Sprachen wurde von Sprachwissenschaftlern und Ethnologen untersucht und – wie auch alle anderen Sprachen der Welt – in Sprachfamilien gegliedert. So unterscheidet der sowjetische Wissenschaftler Olderogge folgende Hauptgruppen:

1. Hamito-semitische Gruppe (Arabisch, Kuschitisch, Berbersprachen, Hausa-Kotoko)

2. Sudansprachen
   - Guinea-(Kwa-)Gruppe
   - bantuide (Mossi-)Gruppen
   - Mande-Sprachen
   - Kanuri, Kordofan und nilotische Sprachen
   - Sprachen des Zentralsudan (noch nicht klassifiziert)

3. Bantusprachen (mit Swahili oder Suaheli als verbreitetster Sprache)

4. Khoisan (Sprache der Buschmänner)

5. Malagassy (auf Madagaskar, als malaiisch-polynesische Sprache zur Westgruppe der indonesischen Sprachen gehörig).

Jede dieser Sprachfamilien ist in sich differenziert. Andere Kulturforscher und Linguisten systematisieren die afrikanischen Sprachen nach Greenberg, so Siegmund Brauner und Jocelyn Murray. Sie untergliedern die afrikanischen Sprachen in afroasiatische, Kongo-Kordofan-, Nilo-Saharanische und Khoisan-Sprachen. Am verbreitetsten sind Arabisch, Suaheli und Hausa, die auch von Angehörigen anderer Bevölkerungsgruppen gesprochen werden. Entsprechend dieser Klassifikation werden die afrikanischen Sprachen wie folgt untergliedert:

1. Afroasiatische (semitisch-hamitische) Sprachen:
- semitische Sprachen
  Arabisch
  semitische Sprachen Äthiopiens (Ge'ez, Tigre, Tigrinya, Amharisch, Harrari, Gurage-Sprachen)
- kuschitische Sprachen
  (Sudan, Äthiopien, Somalia bis Kenia und Tansania)
- omotische Sprachen (Südäthiopien)
- Berbersprachen (vorwiegend in Nordafrika, aber auch das Tamascheg der Tuareg)
- Altägyptisch
- tschadische Sprachen (darunter Hausa in Westafrika und Sprachen südlich des Tschadsees)

2. Kongo-Kordofan-Sprachen:
- Kordofan-Sprachen
- Niger-Kongo-Sprachen mit den Sprachgruppen:
  Mande-Sprachen (mit den Untergruppen Nordwest-Mande- und Südost-Mande-Sprachen, zu denen Sprachen wie Bambara, Malinke, Dyula, Susu, Vai, Mande, Kpelle, Dan, Bisa und Busa gehören);
  westatlantische Sprachen der Küstengebiete zwischen Senegal und Sierra Leone mit den Untergruppen Senegal-Sprachen und Mel-Sprachen;
  Gur-Sprachen (vor allem in Burkina Faso und südlich davon, wie Senufo, Dogon, Mossi u. a.);
  Kwa-Sprachen (darunter Twi, Ashanti, Baule, Ewe, Yoruba, Nupe, Bini, Igbo);
  Ost-Adamaua-Sprachen (Zentralafrika, Tschad, Kamerun);
  Benue-Kongo-Sprachen mit der weitverbreiteten Bantusprachfamilie, die in sieben Zweige zerfällt

3. Nilo-saharanische Sprachen:
- Songhai
- saharanische Sprachen, wie Kanuri, Teda (Niger, Tschad, Nordnigeria)
- Shari-Nil-Gruppe (dazu zählen Nubisch, Shilluk, Dinka, Nuer, Luo, Massai, Turkana, Sara, Koman u. a.)

4. Khoisan-Sprachen (Nama, Sprachen der Buschmänner).

Als für den afrikanischen Kontinent ebenfalls wichtige Sprachen führt Greenberg Malagassisch (Madagaskar) und Afrikaans (Südafrika) an.

In der vorkolonialen Entwicklung hatte der Prozeß der Herausbildung größerer ethnischer Gemeinschaften durch Verschmelzung mehrerer Stämme in den frühen Reichen bereits begonnen. Es kristallisierten sich einige Sprachen als Verkehrssprachen heraus; sie dienten zur Verständigung über die ethnische Gruppe hinaus (z. B. das Amharische im Kaiserreich Äthiopien, das Twi im Ashanti-Reich, das Fon im alten Dahome-Staat u. a.). Solche Verkehrssprachen, die von anderen Ethnien als Zweitsprache neben ihrer Muttersprache gesprochen werden, haben sich spontan auch durch Handel, das Leben in der Stadt und gemeinsame Arbeit herausgebildet, z. B. das Suaheli, das sich in Ostafrika verbreitete, das Bemba in den Bergwerken des Kupfergürtels in Sambia, das Lingala in den kongolesischen Städten oder Hausa und Ful in Westafrika.

Die sprachlichen Integrationsprozesse in den verschiedenen Teilen Afrikas wurden jedoch durch die Kolonisierung erschwert, da die Sprache der jeweiligen Kolonialmacht zur offiziellen Amtssprache erklärt wurde und der Gebrauch afrikanischer Sprachen im Bildungswesen der portugiesischen und französischen Kolonien weitgehend untersagt war. Zugleich wurden durch die koloniale Zwangsarbeit Arbeiter für die Plantagen und die Bergwerke rekrutiert, die verschiedenen ethnischen Gruppen angehörten und die zur Verständigung untereinander Verkehrssprachen benutzten – eine vorherrschende afrikanische Sprache oder Pidgin-Englisch. Auch mit der zunehmenden Stadtentwicklung orientierten sich immer

Verbreitung afrikanischer Sprachen

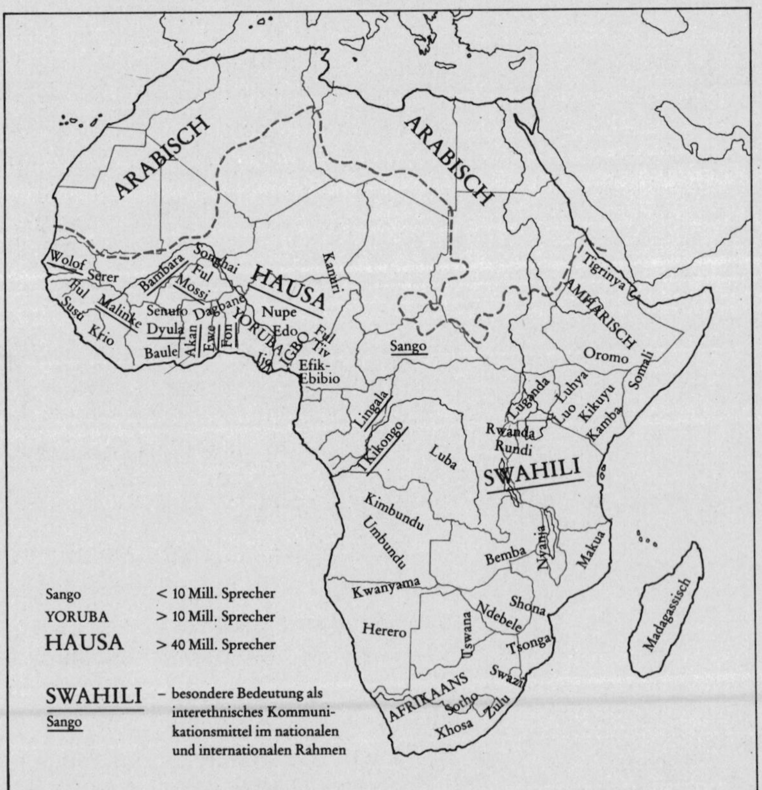

mehr Menschen darauf, eine weitere Sprache zur Verständigung zu gebrauchen.

Sprachprobleme und Lösungsvarianten

Nun, nach Erringung der nationalen Souveränität, stellt eben diese sprachliche Vielfalt der Bevölkerung ein Hemmnis für die nationale Kommunikation und Konsolidierung dar. Zur Lösung dieses Problems gibt es zwei Möglichkeiten: Beibehaltung der europäischen (Kolonial-)Sprache als Amtssprache und deren Verbreitung durch Bildungswesen und Massenmedien oder die Entwicklung einer eigenen Sprache zur Nationalsprache, die von allen Bürgern entweder als Muttersprache gesprochen oder als Zweitsprache erlernt wird. Die Entscheidung, welche Variante die günstigere ist, hängt weitgehend von der konkreten (sprachlichen) Situation eines jeden Landes ab. Nur zehn afrikanische Staaten haben sich bisher in ihrer Landessprache festgelegt.

So haben sich die ehemaligen portugiesischen Kolonien (Angola, Moçambique, Guinea-Bissau) entschlossen, für die nächste Zeit das Portugiesische als nationale Verkehrssprache zu verbreiten. Durch die 500jährige Kolonialherrschaft wurden die afrikanischen Sprachen in ihrer Entwicklung gehemmt. Es muß zunächst eine schriftliche Transkription erfolgen, d. h., die mündlich gebrauchten Sprachen müssen ihre Schriftform erhalten, und außerdem sind Sprachforschungen erforderlich, um diese Sprachen den Anforderungen moderner Kommunikation anzupassen, sie mit den Begriffen der technisch-wissenschaftlichen Entwicklung und des politischen Überbaus anzureichern. Hinzu kommt, daß bereits ein relativ großer Teil der Bevölkerung die portugiesische Sprache sprechen oder verstehen konnte, sie auch Verständigungsbasis der in der nationalen Befreiungsbewegung vereint kämpfenden unterschiedlichen ethnischen Gruppen war. Die Alphabetisierung erfolgte auf der Grundlage des Portugiesischen, um die gesamte Bevölkerung möglichst schnell mit den notwendigen sprachlichen Voraussetzungen auszurüsten. Das bedeutet, daß auch die nationalkulturelle Entwicklung auf dieser Basis abläuft, liegen doch deren Wurzeln bereits in der Zeit des nationalen Befreiungskampfes, als neue Kampflieder und unzählige Gedichte namhafter Lyriker wie Antonio Agostinho Neto, Marcellino dos Santos und unbekannter junger Kämpfer in Portugiesisch entstanden. Inwieweit in der Zukunft eine Umorientierung auf eine eigene afrikanische Sprache erfolgen wird, ist heute nicht zu sagen. In Angola wurde 1978 ein Sprachinstitut geschaffen, in Moçambique beschloß das ZK der FRELIMO 1982, die Erforschung der moçambiquischen Sprachen zu fördern.

Die Voraussetzungen sind unterschiedlich: In Angola sind bereits einige Sprachen besonders verbreitet – Kimbundu wird von mehr als 1 Million Menschen gesprochen, Umbundu von etwa 2 Millionen –, in Moçambique ist eine solche Tendenz noch kaum erkennbar.

Für die Mehrheit der afrikanischen Staaten gilt, daß die Regierungen – zumindest langfristig – auf die Förderung afrikanischer Sprachen als Verkehrssprachen setzen. Vor allem revolutionär-demokratische Führungskräfte orientieren darauf, in den Bildungseinrichtungen und Medien den Gebrauch afrikanischer Sprachen als offizielle Verkehrssprachen voranzutreiben, um so schrittweise eine eigene Nationalsprache zu entwickeln. So erklärte man in Tansania das Suaheli, in Äthiopien das Amharisch (mit eigener Silbenschrift), in Madagaskar Malagassy oder Malagassisch und in Somalia das Somali zur Nationalsprache. Begünstigt wurde diese Entscheidung dadurch, daß diese Sprachen von einem großen Teil der Bevölkerung gesprochen werden, mindestens als Zweitsprache. Untersuchungen in Tansania ergaben, daß 70 bis 80 % der Bevölkerung Suaheli sprechen können. Das Amharisch, ursprünglich die Sprache der Amharen, der herrschenden Feudalschicht des Kaiserreiches Äthiopien, wird bereits seit langem von Angehörigen anderer Ethnien gesprochen, ob zur Verständigung beim Handel oder zur Orientierung an der herrschenden Kultur der Amharen. Beide Sprachen hatten sich als Literatursprachen entwickelt.

Zu eigenen Nationalsprachen

Die Linguisten stellen folgende Forderungen an eine Nationalsprache: Sie muß eine eigene Umgangssprache, Literatursprache und Dialekte besitzen und im Rahmen eines Nationalstaates durch ihre weite Verbreitung als Verständigungsmittel dienen können. Im Falle des Suaheli und des Amharisch sind diese Kriterien erfüllt. Aber nicht in allen Ländern bestehen solch günstige Voraussetzungen. In vielen Staaten müssen erst einheitliche Schriftsysteme für die afrikanischen Sprachen geschaffen werden. Mit der Transkription des Somali in das lateinische Schriftsystem (seither Nationalsprache in Somalia), mit der Erarbeitung von Schriftsystemen für Wolof (Senegal), Kimbundu und Umbundu (Angola), Bambara und Songhai (Westafrika) wurden in den vergangenen Jahren wesentliche Schritte zur Schaffung von Nationalsprachen getan.

Die Entscheidung, welche Sprache zur Landessprache erhoben wird, ist oft sehr kompliziert. Es hat sich auch gezeigt, daß es in einigen Ländern nicht möglich ist, nur *eine* Nationalsprache zu entwickeln, sondern daß hier der Weg dahin gehen wird, mehrere starke, weitverbreitete Sprachen zu nationalen Sprachen zu entwickeln, d. h., sie jeweils als Verständigungsmittel in einer bestimmten Region zu fördern. So gehören in Nigeria 50 % der Bevölkerung den großen ethnischen Völkerschaften Hausa, Yoruba und Ibo an, deren Sprachen werden auch von anderen ethnischen Gemeinschaften als Zweitsprachen gesprochen. Die Verbreitung ist jedoch regional begrenzt: Hausa im Norden, Yoruba im Westen, Ibo im Osten. Hier wird wahrscheinlich der Weg in Richtung dreier gleichwertiger Sprachen als Nationalsprachen gehen, so wie wohl auch nicht die Entwicklung zu *einer* Nation hin, sondern zu einem multinationalen Staat der historisch bedingten Situation besser entspräche. Ähnlich ist die sprachliche (und ethnische) Situation in Guinea, wo acht nationale Sprachen als Verkehrssprachen entwickelt werden (Susu, Malinke bzw. Mandingo, Ful, Loma, Kpelle, Kissi, Bassau und Konyagi), oder Benin und Mali, wo mehrere Sprachen als Verkehrssprachen gefördert wurden (in Mali Bambara, Peulh und Songhai; in Benin Fon, Yoruba, Bariba und Dendi).

Unterstützt wird die Herausbildung afrikanischer Verkehrssprachen spontan durch die verstärkte Kommunikation der Angehörigen eines Staates im wirtschaftlichen, sozialen, politischen und kulturellen Leben, vor allem durch die Entwicklung der Städte und der Industrie, wodurch Zusammenleben und -arbeiten unterschiedlicher Ethnien, auch ethnische Verschmelzungsprozesse, gefördert werden und sich immer mehr Menschen einer bereits verbreiteten Sprache bedienen. Dies ist z. B. in der VR Kongo und in Zaïre zu beobachten, wo noch Französisch Amts- und Unterrichtssprache ist, sich aber Lingala (eine Bantusprache, die schon während der Kolonialzeit mit lateinischen Buchstaben transkribiert wurde und zunächst nur regional verbreitet war) immer stärker ausbreitet, vor allem in den Städten.

Wenn zuweilen das Argument auftaucht, daß die Orientierung auf europäische Sprachen als Verkehrssprache eine stärkere Öffnung nach außen ermögliche, so steht dies doch der Orientierung der nationalen Identität an der eigenen Geschichte und Kultur entgegen. Die afrikanischen Sprachen sind Träger afrikanischer Kulturen: In ihnen wurden Balladen, Märchen und Liebesgedichte weitergegeben, Lieder gesungen, sie haben das tägliche Leben von Millionen Menschen begleitet, ihre Umwelt, ihre Vorstellungen und Gefühle widergespiegelt. Jede der tausend afrikanischen Sprachen ist ein Stück kultureller Identität und kulturellen Erbes. Das kann durch die Übernahme europäischer Sprachen nicht konfliktlos übergangen werden.

Afrikanische Sprachen als Kulturträger

Auf der Konferenz zur Kulturpolitik in Afrika (Accra 1975) wurde die Förderung afrikanischer Sprachen als ein Schwerpunkt der Kulturpolitik afrikanischer Staaten formuliert: »Afrikanische Sprachen und Traditionen bilden die unbestrittenen Grundlagen jedes Fortschritts in Bildung und Kultur in

Afrika.« Die Staaten werden aufgefordert, eine oder mehrere Nationalsprachen auszuwählen, schrittweise den Gebrauch afrikanischer Sprachen als Unterrichtssprachen durchzusetzen und Sprachinstitute an den Universitäten einzurichten. Die UNESCO-Projekte zur Bewahrung der mündlichen Traditionen Afrikas und das Projekt »Horizont 2000«, das die Einführung afrikanischer Sprachen als Unterrichtssprachen vorsieht, unterstreichen diese Bemühungen um Entwicklung eigener Sprachen. Konkrete Schritte zum Umsetzen dieser Orientierung werden in vielen Ländern sichtbar, z. B. in der Einführung afrikanischer Sprachen als Unterrichtssprachen in der Grundschule. Heute findet in Ghana der Unterricht der Klassen 1 bis 3 in der Verkehrssprache der jeweiligen Region statt, in Nigeria bis zur 4. Klasse in Hausa, Yoruba und Ibo, in Zaïre in den Klassen 1 und 2 in Lingala und Suaheli, in Kenia in Suaheli und Kikuyu, in Tansania läuft der gesamte Grundschulunterricht in Suaheli ab usw. Ebenso tragen Entscheidungen wie die Einführung einer afrikanischen Sprache als Parlamentssprache (z. B. in Kenia Suaheli, in Nigeria Hausa, Yoruba und Ibo neben Englisch) sehr zur Verbreitung dieser Sprachen bei. Das gleiche gilt selbstverständlich für den Einsatz von Massenmedien, besonders für Rundfunkprogramme in wichtigen Verkehrssprachen.

Gleiches Recht der Sprachen

Dies ist verbunden mit der Forderung nach Bewahrung aller afrikanischen Sprachen. Wenngleich es sicher nicht möglich sein wird, alle bestehenden Sprachen in gleicher Weise zu fördern – schon ihre Verwendung im Unterricht, eigene Presseerzeugnisse und Literatur sind durch den damit verbundenen finanziellen Aufwand nur begrenzt möglich –, so steht dahinter die Anerkennung der in einem Staat vertretenen unterschiedlichen ethnischen Gruppen und Völkerschaften und deren Kultur, ihrer kulturellen Identität. Dies ist für viele afrikanische Staaten ein Problem mit politischer Brisanz. Bevorzugte Förderung einer Sprache zur Nationalsprache soll nicht zur Vorherrschaft der damit verbundenen Völkerschaft führen. In Äthiopien, wo während der Kaiserzeit die Förderung der amharischen Sprache zugleich Vorherrschaft der Amharen und kulturelle Unterdrückung der anderen Völkerschaften bedeutete, wurde deshalb im Programm der national-demokratischen Revolution der revolutionären Führungskräfte nach der Machtübernahme 1974 das Prinzip der Gleichberechtigung aller Völkerschaften und damit der Gleichheit aller Sprachen, des Rechts auf Gebrauch der Muttersprache, verankert. In der Praxis heißt das: Schulunterricht in Amharisch und Gebrauch als Nationalsprache (zentrale Verwaltung, offizielle Dokumente) und landesweites Verständigungsmedium, aber zugleich regionale Verwendung anderer Sprachen (vor allem

Oromo, Tigrinya, Wolayta u. a.) in Alphabetisierungskursen, Verwaltung, Presse und Rundfunk und bei der Verbreitung von Literatur. Ein bedeutender praktischer Schritt zur gleichberechtigten Förderung der Kulturen aller äthiopischen Völkerschaften war die Schaffung von mehr als zehn Schriftsprachen für bis dahin schriftlose Sprachen und die Erarbeitung von Lehrmaterialien. Die nationale Alphabetisierungskampagne wurde schrittweise in den verschiedenen Etappen in einer steigenden Anzahl von Sprachen durchgeführt mit dem Ziel, durch den Unterricht in den fünfzehn wichtigsten Sprachen des Landes über 90 % der Bevölkerung zu erfassen.

Diese stärkere Orientierung auf afrikanische Sprachen ist auch ein wichtiger Aspekt der Herausbildung der Nationalkultur. Nationalliteratur und Nationaltheater müssen – sollen sie in ihrer Rezeption nicht auf einen kleinen Kreis beschränkt bleiben – eine verbreitete Sprache als Grundlage haben. Eine Umorientierung der Künstler, vor allem der Schriftsteller, ist in den vergangenen zwei Jahrzehnten nach der Unabhängigkeit zu beobachten: weg von der vorrangigen Literatur in europäischen Sprachen und stattdessen Produktion in den verbreiteten Verkehrssprachen oder in der Nationalsprache. Neue Bedürfnisse durch massenhafte Alphabetisierung und andere Voraussetzungen der Literaturproduktion durch das Entstehen nationaler Verlage haben dazu geführt, daß immer mehr Schriftsteller in den afrikanischen Sprachen schreiben. Bereits in den sechziger Jahren setzte der stärkere Gebrauch afrikanischer Sprachen in der Literatur ein (von den bis 1969 von 969 Autoren verfaßten 1745 Werken lagen bereits 39 % in afrikanischer Sprache vor). In den siebziger Jahren war diese Umorientierung auf den Gebrauch afrikanischer Sprachen in der Literatur noch stärker. Bekannte Schriftsteller begannen sich mit der Hinwendung zu einem neuen Leserkreis auch einer anderen Sprache zuzuwenden. So schrieb der ostafrikanische Schriftsteller Ngugi wa Thiong'o nicht mehr ausschließlich in Englisch, sondern zugleich in Kikuyu. In Tansania und Kenia nahm die Anzahl der in Suaheli veröffentlichten Bücher zu. In Äthiopien erschienen seit Beginn der achtziger Jahre Romane und Erzählungen in amharischer Sprache, die den neuen Bedürfnissen nach unterhaltender Literatur entsprachen. Eine ähnliche Literaturentwicklung ist in den wichtigsten nationalen Sprachen in Nigeria zu beobachten. Dieser Einzug afrikanischer Sprachen in die Gegenwartsliteratur (einschließlich nationaler Presseerzeugnisse) macht eine wissenschaftliche Weiterentwicklung der afrikanischen Sprachen erforderlich, um sie gegenüber der Begriffswelt der gegenwärtigen Kommunikation aufzuschließen, den modernen Bedürfnissen anzupassen.

Sprache und Kunst

In zahlreichen Staaten wurden spezielle Institute für Sprachforschung geschaffen, die sich dieser Aufgabe widmen. So beschäftigt sich eine Sprachforschungsinstitution beim Ministerium für Kultur in Äthiopien mit der Einführung neuer Begriffe in die amharische Sprache (z. B. Begriffe des wissenschaftlichen Sozialismus, der als Weltanschauung verbreitet werden soll und dessen Kategorien in eigene Begriffe umgesetzt werden müssen). Ebenso widmet sich das Institut für Suaheli-Forschung in Tansania der Erweiterung der Suaheli-Sprache um Ausdrücke gegenwärtiger Bedürfnisse. In einer speziellen Zeitschrift werden Vorschläge für neue Begriffe gemacht. Eine beachtliche Ausweitung der Sprache ist bereits erfolgt. Dies betrifft vorrangig den naturwissenschaftlich-technischen Bereich, aber ebenso gesellschaftliche Begriffe. Die weitere Enwicklung erfolgte sowohl über die Adaption von Fremdwörtern in die eigene Sprache (jenereta = Generator) als auch über die Bedeutungserweiterung bestehender Wörter, z. B. kifaru = Tank, ursprünglich Nashorn, ndege = Flugzeug und Vogel, beberu = Imperialismus, ursprünglich Ziegenbock, ujamaa = Sozialismus und Dorfgemeinschaft. Häufig werden technische Termini aus dem Englischen übernommen – wie in europäischen Sprachen auch – und in die Sprache umgesetzt. Auf diese Weise kann die Sprache immer besser der Kommunikation innerhalb eines sich entwickelnden modernen Staates gerecht werden.

Sprache als Fenster zur Welt

Heftig diskutiert wird in diesem Zusammenhang, welchen Raum die europäische Sprache in dem Sprachgefüge des Landes einnehmen soll. Es ist in der Mehrheit der afrikanischen Staaten eine sehr realistische Haltung zu dieser Frage festzustellen: Die europäische Sprache wird als »Fenster zur Welt« betrachtet und im höheren Bildungswesen vermittelt, um über sie wissenschaftlich-technische Erfahrungen und Know-how übernehmen zu können, aber sie wird als allgemein ungeeignet befunden, die spezifische Kultur Afrikas auszudrücken und die alltägliche Verständigung zwischen den Bürgern afrikanischer Staaten zu gewährleisten.

Wenn auch die sprachliche Situation der afrikanischen Staaten durch das Erbe der Sprachenvielfalt heute noch erschwert wird, so kann man doch davon ausgehen, daß im Zuge der weiteren gesellschaftlichen Entwicklung, der Industrialisierung und des Wachstums der Städte ein ethnischer Verschmelzungsprozeß und die Assimilation kleinerer ethnischer Einheiten in größere Völkerschaften erfolgen werden und daß über die nationalen Verkehrssprachen die Verständigung auf nationaler Ebene zunehmend erleichtert wird. Verstärken wird sich weiter die Zwei- und Mehrsprachigkeit, die bereits heute für viele Afrikaner charakteristisch ist.

Analphabetentum, niedriger Stand der Allgemeinbildung, mangelhafte Bildungsvoraussetzungen für neue Arbeitstätigkeiten und lückenhaftes Wissen über politische Strukturen und gesellschaftliche Entwicklungen behindern heute Integration und Teilnahme der gesamten Bevölkerung am gesellschaftlichen Aufbau. Man schätzt die Zahl der Analphabeten auf dem afrikanischen Kontinent auf 330 Millionen Menschen, das sind 60 % der Bevölkerung. In den 21 Ländern Afrikas, die zu den ärmsten der Welt gehören, beträgt dieser Anteil sogar 80 % und mehr der Bevölkerung. Dies ist ein kulturelles Problem, das für alle Entwicklungsländer gilt, aber von denen Afrikas ist die Bildungsmisere in den Staaten südlich der Sahara am größten. Dies hat seine Ursachen im Erbe der vorkapitalistischen Agrargesellschaften und in der kolonialen Kulturpolitik.

Inhalt und Formen der Bildungsvermittlung der traditionellen Gesellschaften entsprachen den Erfordernissen der für sie charakteristischen Produktion und der Struktur des Soziallebens. Die Erfahrungsvermittlung von der älteren auf die jüngere Generation erfolgte durch die mündliche Weitergabe von Wissen und die praktische Unterweisung in den Tätigkeiten. Buschschulen, Hirtenlager und Initiationsriten vermittelten der Jugend das für die Integration in die Gemeinschaft nötige Wissen (Erfahrungen des Ackerbaus, der Viehhaltung, der Jagd, des Fischfangs, des Hausbaus, des Familienlebens, handwerkliche Fertigkeiten, Wissen über Geschichte, Religion, Weltbild, Lieder, Tänze, mündliche Überlieferungen). Dazu kamen die Koranschulen der islamisierten Gemeinschaften. Eine solche Bildung reicht jedoch nicht aus, um moderne Produktivkräfte zu entwickeln und zu beherrschen und als Staatsbürger aufzutreten.

Der gegenwärtige Aufbau neuer Gesellschaften in Afrika ist ohne ausgebildete Kader auf allen Gebieten nicht zu realisieren. Dies schließt Regierungs- und Verwaltungsbeamte, Ingenieure, Techniker und Wissenschaftler ebenso ein wie Facharbeiter und qualifizierte Bauern. Auch der Arbeiter, der die Bedienungsanweisung der Maschine nicht lesen kann, oder der Bauer, der weder die Gebrauchsanweisung für das neue Düngemittel lesen noch die Ernteerträge addieren kann, stellt für Mechanisierung und Industrieentwicklung ein ernsthaftes Hemmnis dar. Aber die Notwendigkeit der Bildungsvermittlung läßt sich nicht auf wirtschaftliche Gründe reduzieren. Die Ausbildung von Ärzten und medizinischem Personal – ein Bereich, der in der Kolonialzeit völlig vernachlässigt wurde – ist z. B. für die Verbesserung der sozialen Bedingungen unerläßlich (in der portugiesischen Kolonie Moçambique kam im Jahre 1969 1 Arzt auf 16500 Einwohner!). Und es ist ebenso offensichtlich, daß die nationale Entwicklung Menschen benötigt, die sich als Staatsbürger verhalten, die über Wissen und Einsichten in gesellschaftliche Prozesse verfügen. Auf der Basis des Analphabetentums ist politische Organisation in Gewerkschaften, Parteien, auch Jugendverbänden, ist Mitwirkung in gesellschaftlichen Gremien kaum effektiv machbar. Schon Lenin stellte nach der Oktoberrevolution für die Sowjetunion fest: »Solange es bei uns zulande eine solche Erscheinung wie das Analphabetentum gibt, ist von politischer Aufklärung schwer zu sprechen. Das ist keine politische Aufgabe, das ist eine Vorbedingung, ohne die man von Politik gar nicht reden kann. Der Analphabet steht außerhalb der Politik, man muß ihm zuerst das ABC beibringen. Ohne das kann es keine Politik geben, ohne das gibt es nur Gerüchte, Tratsch, Märchen, Vorurteile, aber keine Politik.«

Bildungsvermittlung an alle erweist sich also als ein ganz wesentlicher Schlüssel, um die gesellschaftliche Entwicklung auch der afrikanischen Ländern voranzutreiben, damit sie ihre gewaltigen sozialen Probleme lösen und den Anschluß an historisch mögliche Entwicklungen finden können. Diesen Zusammenhang von Bildung und neuen Entwicklungsmöglichkeiten haben die Regierungen der afrikanischen Staaten frühzeitig erkannt und in entsprechende Aktionsprogramme umgesetzt.

Erste Bemühungen um Alphabetisierung und Vermittlung neuer Kenntnisse setzten meist schon in den antikolonialen Befreiungsbewegungen ein. Nach 1960, als die Mehrheit der afrikanischen Staaten die politische Unabhängigkeit errungen hatte, begann man, sich über notwendige Schritte beim Aufbau des Bildungswesens zu verständigen. 1961 fand in Addis

Erste Bilanz

Abeba eine »Konferenz der afrikanischen Staaten über die Entwicklung des Bildungswesens in Afrika« statt, auf der die Ausgangssituation eingeschätzt wurde und Schwerpunkte für die kommenden Jahre festgelegt wurden. Die Bilanz ergab, daß 90 % der Bevölkerung Analphabeten waren, d. h. mehr als 100 Millionen Menschen. Nur 16 % der Kinder im schulpflichtigen Alter besuchten die Schule, nur 1 bis 5 % der Schüler im Alter von 15 bis 19 Jahren die Oberschule, es gab kaum Möglichkeiten der Berufsausbildung. Für die Bildung waren also erhebliche Investitionen erforderlich, denn es mangelte an Schulen, Lehrmitteln, Lehrbüchern und vor allem an Lehrern. Ein eigenes Hochschulwesen mußte aufgebaut werden, um die dringend benötigten Kader im eigenen Land ausbilden zu können. In einer Erklärung betonten die Vertreter der afrikanischen Staaten die Bedeutung der Bildung für den gesellschaftlichen Fortschritt: »Die Entwicklung des menschlichen

Potentials ist ebenso dringend und wichtig wie die Erschließung der Naturkräfte.« Dies bedeutet aber nicht nur quantitativ eine Zunahme an Bildungseinrichtungen, sondern vor allem qualitativ eine Orientierung der Bildungsinhalte an den wirtschaftlichen Zielen und das Einpassen in die eigene Umwelt. Es galt, den Schwerpunkt auf die Vermittlung naturwissenschaftlicher und technischer Kenntnisse zu legen, die in der Kolonialzeit völlig vernachlässigt wurden. Aus der Notwendigkeit, die geistige Kolonialisierung zu überwinden und die Kinder im Sinne einer Identifikation mit ihrer eigenen Umwelt zu erziehen, ergab sich die Orientierung der Bildungsinhalte an afrikanischer Kultur und Geschichte. In den Grundzügen des Plans für den Aufbau des Bildungswesens in Afrika wurde auf der Konferenz von Addis Abeba gefordert: »Die Schule soll erreichen, daß der Schüler sein eigenes Kulturerbe wie das aller anderen Völker, die Gegenwartsaspekte der eigenen nationalen Existenz wie ihre Zukunftsaussichten verstehen und schätzen lernt. Die Schulbücher und die zusätzliche Lektüre sollen die Lebensweise und die Interessen Afrikas widerspiegeln; alle Bücher, die in den afrikanischen Schulen benutzt werden, sollen vom Leben und der Kultur Afrikas geprägt sein.« Auch wird versucht, bewußt Bildung zur staatsbürgerlichen Erziehung, zur Entwicklung eines Nationalbewußtseins der unterschiedlichen Ethnien angehörenden Bevölkerung einzusetzen.

Fernando Machiana, Moçambique

Bereits zu diesem Zeitpunkt war klar, daß sich der Aufbau eines Bildungssystems, das die Menschen zum Bewältigen der Aufgaben des gesellschaftlichen Aufbaus befähigen sollte, nicht auf den Bau von Schulen beschränken konnte, sondern alle Stufen der Bildungsvermittlung umfassen müßte, einschließlich neuer Formen der Weiterbildung für Erwachsene im Sinne einer »life long education«, durch Kurse, Bibliotheken, Klubhäuser usw. Wichtig war auch, die Bildung auf volkswirtschaftlich wichtige Berufe zu orientieren, und nicht, wie in der Kolonialzeit, auf die Herausbildung einer vom Leben der Bauern entfremdeten Elite. Solange die Mehrheit der Bevölkerung in der Landwirtschaft arbeitet, müssen Schule und Weiterbildung für die Tätigkeit in der Landwirtschaft von Nutzen sein. In einigen Ländern wurden deshalb besondere Formen entwickelt, so z. B. in Tansania, wo man unter dem Motto »Education for self-reliance« (Erziehung zur Selbständigkeit) eine enge Verbindung von Schule und landwirtschaftlicher Arbeit anstrebte. So vermittelt die Arbeit auf der »Shamba«, dem Feld der Schule, den Schülern elementare Kenntnisse und trägt zugleich zur Selbstversorgung und Erwirtschaftung eigener Mittel der Schule bei. Eine Reihe von Alphabetisierungskampagnen wurde mit landwirtschaftlichen Entwicklungsprogrammen verbunden, z. B. in Mali mit dem Erdnuß-Programm, dem Segou-Reis-Programm und dem Fischerei-Programm, oder im Rahmen von Projekten von Dorfgemeinschaften in Obervolta (heute Burkina Faso) und im Zuge der Samacha-Landreform in Äthiopien betrieben.

In vielen afrikanischen Staaten ist in den vergangenen zwei Jahrzehnten auf dem Bildungssektor Beachtliches erreicht worden: Es wurden Schulen gebaut, kurzfristig Lehrer ausgebildet, die Anzahl der Schüler erhöhte sich, Berufsschulen, landwirtschaftliche und technische Fachschulen wurden eröffnet, Hochschulen errichtet oder auf landeswichtige Studienfächer (Medizin, Geologie u. a.) erweitert. Das 1961 in Addis Abeba gesteckte Ziel, bis 1980 die obligatorische Grundschulbildung einzuführen, konnte nicht verwirklicht werden. Die Mittel für notwendige Investitionen reichten nicht aus, da die Bevölkerung zahlenmäßig stärker anstieg, als ursprünglich angenommen, und sich die Preise für importierte Geräte und Ausrüstungen auf dem Weltmarkt erhöhten. Sichtbar wurde aber ebenfalls, daß der Aufbau des Bildungswesens sinnvoll nur gleichzeitig mit der Verbesserung der Lebensbedingungen und der Förderung auch anderer kultureller Bereiche erfolgen kann. Die enge Bindung zu den gesamtgesellschaftlichen Veränderungen zeigt sich besonders an zwei Problemen: am vorzeitigen Schulabgang vieler Schüler und an der fehlenden Anwendbarkeit des Wissens in der Arbeit. Der Abbruch

Entwicklung und Bildung

des Schulbesuches bereits in den ersten Schuljahren hat vorwiegend soziale Ursachen: Unterernährung und häufige Krankheit erschweren den Schulbesuch, die Eltern können die Kosten für Schulkleidung oder Schulbücher nicht tragen oder auch nicht das Fahrgeld für den Bus, ohne den der manchmal kilometerlange Schulweg nicht zu bewältigen ist. Dazu kommt, daß die Kinder in vielen Fällen frühzeitig zur Landarbeit herangezogen werden. Problematisch sind Alphabetisierung und Schulbesuch dort, wo sich in den Arbeitsmöglichkeiten der dörflichen Gemeinwesen nichts verändert, das erworbene Wissen eigentlich nicht benötigt wird. Viele Jugendliche verlassen nach Abschluß der Schule das Dorf und suchen in der Stadt eine gutbezahlte Arbeit, zumal Bildung allgemein als Sprungbrett zu materiellem Wohlstand angesehen wird. Finden die Jugendlichen keine Arbeit in der Stadt, bilden diese bald das Heer der Arbeitslosen, Kriminellen und Prostituierten, leben von Gelegenheitsarbeit und Betteln.

Das große Vorhaben der Bildungserweiterung muß mit der Entwicklung von Nationalsprachen, dem Einsatz der Massenmedien, der nationalen Buchproduktion einhergehen. Dabei ist nicht nur an die Schulbuchproduktion zu denken, sondern

Neue Bedürfnisse

mit der Alphabetisierung entstehen auch Bedürfnisse nach Literatur, die dem erworbenen Bildungsstand angepaßt sein muß: überschaubar, an eigene Erfahrungen oder bereits Gelerntes anknüpfbar, einfach geschrieben, dem Bedürfnis nach Unterhaltung entgegenkommend. In mehreren afrikanischen Ländern wurden dafür entsprechende Formen gefunden, wie Literatur zur Weiterbildung oder zu einzelnen Themen von allgemeinem Interesse (Ernährung, Ungezieferbekämpfung, Hygiene, Handarbeitstechniken, Säuglingspflege), Lesehefte mit Aufzeichnungen von Märchen und mündlichen Überlieferungen, Dorfzeitungen oder Wandzeitungen an öffentlichen Gebäuden. So wurde z. B. in Äthiopien Literatur zu allgemeinbildenden Themen (Säuglingspflege, Hygiene, Weberhandwerk u. a.) hergestellt, die im Rahmen der Weiterbildung in den Lesestuben der ländlichen oder städtischen Wohngebiete ausliegt. In Niger gibt es über hundert Dorf- und Regionalzeitungen, die zum großen Teil im Vervielfältigungsverfahren hergestellt werden und an deren Gestaltung sich die neuen Lesekundigen und die örtlichen Alphabetisatoren beteiligen. In Moçambique sind es neben neuen Presseerzeugnissen vor allem die Wandzeitungen am Schwarzen Brett auf dem Dorfplatz oder am Gebäude der kommunalen Verwaltung, die über Ereignisse in der Region, aber auch aus dem Land im weitesten Sinne und über internationales Geschehen informieren.

Bewährt hat sich der Einsatz von Bibliobussen, Wanderbibliotheken und die Einrichtung von Bibliotheken in den

Bezirken und Gemeinden als Mittel, den neu entstandenen Lesehunger zu befriedigen.

Die Erfahrungen der vergangenen Jahre haben gezeigt, daß Bildung einen erfahrbaren Nutzen haben muß. Als Beispiel möge die Alphabetisierung der Sara in Tschad dienen: Der Prozentsatz der Analphabeten unter dieser ethnischen Gruppe war sehr hoch, bei den Männern 83 %, bei den Frauen 99 %. Interesse an einem Alphabetisierungsprogramm bestand zunächst nicht – bis den Bauern der Nutzen des schriftlichen Rechnens vorgeführt wurde, was sie in die Lage versetzt, die Vermarktung ihrer Baumwolle selbst in die Hand zu nehmen.

Zu den Erfahrungen in der Alphabetisierung gehört, daß dort entsprechende Kampagnen mit massenhafter Unterstützung realisiert werden konnten, wo Bildungsprogramme als Teil revolutionärer gesellschaftlicher Umwälzungen im nationalen Rahmen eingeschlossen waren. So wurde in Tansania als Teil der Ujamaa-Bewegung, eines Programms der nichtkapitalistischen Entwicklung und der Bildung von Genossenschaftsdörfern, die Mehrheit der Erwachsenen alphabetisiert: Betrug die Analphabetenrate 1967 noch 67 %, war sie 1976 bereits auf 39 % gesunken und beträgt heute weniger als 10 %. Besonders bemerkenswert und international beachtet sind auch die Erfolge in Äthiopien und Moçambique, die bei der revolutionären Umgestaltung der Gesellschaft erreicht wurden. Alphabetisierung wurde hier als wesentliche subjektive Voraussetzung für den Erfolg des eingeschlagenen gesellschaftlichen Entwicklungsweges betrachtet und daher auch als wichtige politische und kulturpolitische Aufgabe formuliert.

Alphabetisierung in Äthiopien

Als Beispiel für Organisation und Durchführung der Alphabetisierung sei Äthiopien etwas näher betrachtet. Dort wurden alle gesellschaftlichen Kräfte mobilisiert, um das Erbe des Analphabetentums aus dem feudalen Kaiserreich zu beseitigen; 1974 gab es 93 % Analphabeten, nur 18 % der Kinder im schulpflichtigen Alter besuchten die Schule. Im Zuge der national-demokratischen Revolution erfolgte eine erste Alphabetisierungskampagne 1974/75 als funktionale Alphabetisierung im Rahmen der Samacha-Bewegung (Entwicklung durch Zusammenarbeit), in der 60 000 Soldaten, Lehrer und Studenten aufs Land gingen, um gleichzeitig mit der Landreform und der Bildung von Bauernverbänden die Alphabetisierung einzuleiten. Über eine Million Menschen wurden dabei erfaßt. Als landesweites, nationales Projekt begann die Alphabetisierung 1979 in mehreren Etappen, und zwar auf der Grundlage der planmäßigen Vorbereitung und Leitung durch ein nationales Komitee, das die Arbeit verschiedener Ministerien, Massenorganisationen, kirchlicher Institutionen und freiwilliger Helfer koordiniert. Die schrittweise Alphabetisierung setzt in den

Städten ein und dehnt sich dann auf die Landgebiete aus. Für alle Äthiopier zwischen acht und fünfzig Jahren ist die Teilnahme an den Kursen Pflicht. Das Programm umfaßt zwei Stufen: In der ersten werden Lesen, Schreiben und einfache Rechenfertigkeiten vermittelt, in der zweiten funktionelles Wissen, bezogen auf das tägliche Leben der Teilnehmer. Das Gesamtprogramm umfaßt 360 Stunden. Der Unterricht wird je nach den örtlichen Bedingungen durchgeführt, in Schulräumen, Versammlungsräumen, Kirchen, unter Bäumen. Unterricht und Lesestoff sind kostenlos. Den Abschluß der ersten Stufe bildet eine Prüfung, die Teilnehmer erhalten einen Beleg über erworbene Fähigkeiten. In den Fortsetzungskursen festigen sich diese Fähigkeiten, und durch Lesematerial zu Alltagsproblemen, wie Schwangerenfürsorge, Kinderpflege, Schädlingsbekämpfung, Trinkwasseraufbereitung, Heimarbeit und Handwerk, werden wichtige Kenntnisse zur Verbesserung der sozialen Bedingungen vermittelt.

Alphabetisatoren sind Freiwillige – Lehrer, Studenten, Priester, aber auch andere »Schreibkundige« –, die unentgeltlich arbeiten. Für ihre Unterkunft und Verpflegung ist die Gemeinde verantwortlich. Sie wirken auf der Grundlage der amharischen Sprache, die über eine eigene Silbenschrift verfügt. Die Kurse finden weitgehend in den jeweils verbreiteten Sprachen statt, zunächst in fünf, inzwischen in fünfzehn Sprachen, so daß die Mehrheit der Bevölkerung sprachlich erfaßt wird. Die Bereitschaft zur Alphabetisierung war von Anfang an größer als geplant und größer als die materiellen Möglichkeiten. 1983, nach Abschluß der neunten Etappe, hatte sich die Anzahl der Lese- und Schreibkundigen auf 12 Millionen erhöht, wodurch die Analphabetenrate auf unter 50 % gesenkt werden konnte. Dieser Erfolg wäre ohne aktive Beteiligung der Massenorganisationen nicht möglich gewesen. Vor allem die Frauen- und Jugendorganisationen, die Bauernvereinigungen und die Wohnbezirksvereinigungen, die Kebele, haben durch Übernahme der Kosten für die Unterbringung und Verpflegung der Alphabetisatoren, selbstgebasteltes Unterrichtsmaterial und andere Initiativen diesen Prozeß beschleunigt.

Motive für Bildung

Eine wesentliche Motivation war für viele die Anerkennung durch das soziale Umfeld nach erfolgreichem Abschluß, oft auch die subjektive Befriedigung darüber, sich Bildung aneignen zu können, die früher nur Privilegierten vorbehalten war. Das gilt in besonderem Maße für die Frauen, die in Äthiopien wie in vielen Ländern den Hauptanteil der Teilnehmer an diesen Kursen bilden. Für die Frauen ist Bildungserwerb ein Stück Emanzipation. Sie hatten in der traditionellen Gesellschaft kein Mitspracherecht in öffentlichen Angelegenheiten, in der Familie waren sie allen Entscheidungen des Mannes oder des Familienältesten unterworfen, hatten ohne Bildung keine Chance auf Arbeit außerhalb der ländlichen Gemeinschaft.

Über ihre Alphabetisierung berichtete eine 27jährige Äthiopierin aus der Provinz Sidamo: »In unserer Gesellschaft galt allein schon die Idee, ein Mädchen zur Schule zu schikken, als unmoralisch. Ergab sich eine Bildungsmöglichkeit, kam sie unweigerlich immer den Jungen zugute. Die Mädchen blieben bis zur Heirat zu Hause. Nach der Heirat – nicht etwa mit dem Mann ihrer Wahl, sondern mit dem Freier, der die reichste ›Mitgift‹ zu bieten hatte – waren für die junge Ehefrau die Bildungschancen gleich Null. Im neuen Lebensabschnitt sah sie sich weiteren Ungerechtigkeiten und Belastungen gegenüber. Tag für Tag mußte sie am Fluß Wasser holen, Holz für das Feuer sammeln und das Essen zubereiten. Sie hatte das Vieh und den Haushalt zu besorgen. Und so brachte sie den Rest ihres Lebens zu. Doch die Zeiten haben sich geändert. In unserem Dorf wurde eine kleine Lesestube eingerichtet. Wer bereits lesen gelernt hatte, las den anderen aus den Zeitungen vor. Als die Reihe an mir war, einen Alphabetisierungskurs zu besuchen, arbeitete ich sehr hart und lernte in sechs Monaten lesen und schreiben. Wenn ich heute eine Zeitung bekomme, lese ich sie mit Vergnügen. Ich bin mir seither so vieler Dinge bewußt geworden. Es ist, als sei man neu geboren oder als hätte man als Blinde das Augenlicht wiedergewonnen. Nie hätte ich in meinem Leben dies erwartet.«

Selbstverständlich kommt zu den sozialen Motivationen aus den Anforderungen der Gesellschaft an ihre Mitglieder noch eine Vielzahl individueller Motive des einzelnen für Bildungserwerb und den Nutzen der erworbenen Bildung. Befragungen »alphabetisierter« Erwachsener ergeben ganz unterschiedliche Aspekte: Wichtigste Erfahrung ist die Beseitigung der Unmündigkeit im Umgang mit der Umwelt, der Abhängigkeit von »Gebildeten«, die Überwindung der Hilflosigkeit des Analphabeten in der Stadt (Schriftstücke und Dokumente werden nicht mehr »blind« unterschrieben; man kann an Verwandte schreiben, ohne die Dienste des »Schreibers« in Anspruch nehmen zu müssen; kann die Schulaufgaben der Kinder lesen; kann Zielbahnhof des Busses, Preisschilder von Waren, Gefahrenschilder lesen). Kennzeichnend ist ganz offensichtlich ein neues Selbstbewußtsein einer sich verändernden Umwelt gegenüber.

Die Bildung der vorkapitalistischen, traditionellen Gesellschaften beruhte auf der Nachahmung bekannter Normen, Verhaltensmuster und Handlungen. Erziehung zu neuen Normen und zur Veränderung war früher gleichbedeutend mit dem Ende der Tradition, galt als Gefährdung der Gemeinschaft. Diese Erziehung zu neuen Normen und Mustern, zur inneren Bereitschaft, sie anzunehmen, ist heute für die gesellschaftlichen Veränderungsprozesse in den jungen Staaten zu einem wichtigen Faktor geworden. Es ist daher in den Entwicklungsprogrammen und Konzeptionen revolutionär-demokratischer Kräfte, vor allem in Ländern mit sozialistischer Orientierung, ein starker Wille zur Verbindung von Bildungsvermittlung und Erziehung im Blick auf die neue Gesellschaft zu beobachten. Im Programm der FRELIMO-Partei Moçambiques wird dies so formuliert: »Der Sieg der Revolution ist grundlegend von der Herausbildung des neuen Menschen und der Schaffung und Entwicklung einer neuen Denkweise abhängig. In diesem Zusammenhang widmet die Partei der Erziehung und Kultur besondere Aufmerksamkeit, denn in diesen beiden Bereichen formiert sich der neue Menschentyp, der frei ist von Obskurantismus und der imstande ist, die ihm vermittelten politischen, wissenschaftlichen, technischen und kulturellen Kenntnisse anzueignen. Es geht um einen neuen Menschen, der sein Vaterland über alles liebt, seine Arbeit achtet – vor allem die manuelle Tätigkeit – und der die Grundlagen des sozialistischen Bewußtseins besitzt.«

Bildungsziele

Zu den bedeutsamen Folgen moderner Bildungsvermittlung gehört die damit verbundene Verbreitung eines durch Rationalität und Wissenschaftlichkeit gekennzeichneten Weltbildes, das die durch mystische Weltsicht geprägte Weltdeutung der traditionellen vorkapitalistischen Gesellschaft ablöst.

Verstärkte Einführung naturwissenschaftlicher Unterrichtsfächer, technische Ausbildungseinrichtungen und die Vermittlung gesellschaftswissenschaftlicher Grundkenntnisse beschleunigen diesen Prozeß. Einen wichtigen Anteil daran haben die afrikanischen Universitäten, die heute den Zugang zu moderner Wissenschaft und Technik ermöglichen. An den großen Universitäten, wie Makerere, Dar es Salaam, Harare, Lagos, Ibadan, Ife, Legon, Dakar, Maputo, Luanda und Addis Abeba, sowie zahlreichen neugegründeten Colleges, Fachschulen und Berufsschulen für Medizin, Landwirtschaft und technische Disziplinen werden die für den wirtschaftlichen Aufbau so dringend benötigten Grundkenntnisse vermittelt. Hier wächst eine junge Generation von Wissenschaftlern heran, die sich mit ihren Forschungen der Kultur und Geschichte ihres Landes zuwendet und durch technische und naturwissenschaftliche Projekte die Schwerpunkte der wirtschaftlichen Entwicklung unterstützt. An den Universitäten sozialistisch orientierter Länder gehört die Einführung des Marxismus, vor allem die Vermittlung einer materialistischen Geschichtsbetrachtung, zu den jüngsten Fortschritten.

Aber noch reicht der Kaderstamm der Universitäten nicht aus, noch wandern zu viele junge Intellektuelle in industrialisierte Länder (USA, Westeuropa) ab, müssen die materielltechnischen Voraussetzungen verbessert werden, um den wissenschaftlichen Entwicklungsstand durch eigene Grundlagenforschung selbst mitbestimmen zu können.

Die Vermittlung moderner Bildung als Voraussetzung für gesellschaftliche Entwicklung hat in Afrika in den vergangenen Jahren Millionen Menschen erreicht. Noch muß jedoch viel in den Ausbau des Schulwesens investiert werden, um zu verhindern, daß neue Analphabeten heranwachsen. Angepaßt an das Bevölkerungswachstum, müßte sich die Zahl der Schulplätze in Afrika bis zur Jahrtausendwende verdreifachen, was, wie sich denken läßt, größter Anstrengungen und internationaler Unterstützung bedarf.

Trommel und Transistorradio

In ländlichen Gebieten Afrikas hat sich bis in unsere Tage die Trommel als Medium der Kommunikation erhalten. Noch vor zwei Jahrzehnten war sie das weitestverbreitete Mittel zur Nachrichtenübermittlung von Dorf zu Dorf: Sie teilte Geburt und Tod mit, lud die Einwohner umliegender Dörfer zu Festen und Versammlungen, signalisierte Krieg und Frieden. Die Trommel war auch Informationsträger im Alltag. »Die meisten Leute waren in den Wäldern bei der Ernte. Nur wenige wohnten noch auf kleinen Hochflächen in der überfluteten Ebene. In den Wäldern, wo die Mehrzahl lebte, wurde Tag für Tag eine Trommel geschlagen. Sie diente als Verständigungsmittel und teilte den anderen Dorfbewohnern mit, daß in dem Dorf, wo die Trommel geschlagen wurde, Bier verkauft wurde.« So beschreibt es Mufalo Liswaniso aus Sambia in einer Erzählung. Die Trommel als »Urwaldtelegraf« ersetzte Telefon und Telegrafenverbindungen und war geeignet, innerhalb einer Region wichtige Informationen in kurzer Zeit zu verbreiten. War die Reichweite der Trommel nicht ausreichend, wurden Kuriere auf den Weg geschickt, um die Ältesten oder Herrscher in anderen Regionen des Landes zu benachrichtigen.

In den »traditionellen«, vorkapitalistischen Gesellschaften Afrikas herrschte die mündliche Weitergabe von Informationen vor. Die Männer tauschten am Palaver-Baum des Dorfes allabendlich Nachrichten aus, die Frauen verbreiteten alle Neuigkeiten am Brunnen. Vorbeiziehende Händler oder zu Besuch weilende Verwandte brachten Informationen aus der Stadt oder anderen Landesteilen. Die lokalen Märkte waren regelmäßige Anziehungspunkte, nicht nur, um Waren, sondern auch, um Informationen auszutauschen. Wollte ein Dorfbewohner einem entfernt lebenden Verwandten eine wichtige Familienangelegenheit mitteilen, nahm er die Dienste eines »Schreibers« in Anspruch, der gegen ein Entgelt einen Brief verfaßte, der dann von einem Reisenden oder Händler weitergeleitet wurde. Für die Mehrheit der Bevölkerung, die Bauern, beschränkte sich die Information vorwiegend auf das Gebiet, in dem sie lebten, nur selten wurde diese Isoliertheit durch Nachrichten von außerhalb aufgebrochen (z. B. bei Krieg, Katastrophen u. ä.).

Auch in den Städten herrschte für die Afrikaner bis in die Kolonialzeit hinein die mündliche Kommunikation vor, traditionelle Formen der Kommunikation waren meist die einzigen verfügbaren. Wo während der Kolonialzeit moderne Kommunikationsmittel Eingang fanden, kamen sie nur selten den Afrikanern zugute, sondern standen im Dienste der Kolonialadministration. In der Regel wurden Fernschreiber und Fernmeldeeinrichtungen den kolonialen Zielen entsprechend eingerichtet: einerseits zwischen der Hauptstadt des »Mutterlandes« und dem Sitz der Kolonialadministration in der jeweiligen Kolonie und andererseits zwischen der Hauptstadt der Kolonie, der Hafenstadt und den Distriktverwaltungen, meist nach ökonomischen Gesichtspunkten. Seit der zweiten Hälfte des 19. Jahrhunderts gab es Kabelverbindungen zwischen Afrika und Europa: 1879 legten die Engländer das erste Unterwasserkabel entlang der Ostküste Afrikas. Weitere Verbindungen folgten, auch Postdienst der Kolonialverwaltung wurde für die Kolonialbeamten und die weißen Arbeiter in den Kolonien eingerichtet.

Neues Kommunikationsgefüge

Erst nach der Erringung der Unabhängigkeit vom Kolonialismus änderten sich Charakter und Aufgaben der Kommunikation in den jungen Staaten radikal: Die nationalstaatliche Entwicklung machte es unbedingt erforderlich, Bedingungen dafür zu schaffen, daß alle Landesteile mit Informationen versorgt werden können. Der Aufbau eines modernen Post- und Fernmeldewesens ist für das Funktionieren der staatlichen Verwaltung, der wirtschaftlichen Projekte und der internationalen Zusammenarbeit der jungen Staaten unerläßlich. Noch 1971 gab es keine Kabelverbindungen zwischen den Hauptstädten West- und Ostafrikas, mußte z. B. eine Fernmeldeverbindung zwischen Dakar und Nairobi über Paris oder London hergestellt werden. Auch die Entwicklung in den verschiedenen Landesteilen eines jungen Staates kann nur vorangetrieben werden, wenn das Land kommunikationstechnisch erschlossen wird. Zunehmend wird dies ebenso der individuellen Nutzung zugute kommen, dem privaten Postverkehr, der durch die Alphabetisierung eine breite Grundlage erhält, und dem privaten Fernsprechverkehr.

Ein Prozeß von enormer gesellschaftlicher und kultureller Wirkung ist die Entwicklung und der Einsatz von Massenmedien in den unabhängigen Staaten Afrikas. Zeitungen, Rundfunk und Fernsehen bestimmen nicht nur das Leben in den Städten, sondern sind – und das gilt für den Rundfunk in besonderem Maße – in die isolierte Welt des Dorfes eingebrochen und haben das Tor zum Staat, zu den Nachbarländern und zur Welt aufgestoßen. Die Nutzung moderner Massenmedien ist sicher von größter kultureller Bedeutung, wenn auch zugleich höchst widersprüchlich.

Medientraditionen

Das Wachsen einer eigenen Presse hat in Afrika – im Vergleich zu anderen Massenmedien – noch die längste Geschichte. Während der Kolonialzeit wurden Presseerzeugnisse der Kolonialhändler und Missionsblätter in den Kolonien vertrieben. Die Anfänge eigener Presseerzeugnisse als Ausdruck des inneren Verständigungsprozesses der gebildeten Afrikaner reichen in die Mitte des 19. Jahrhunderts zurück. Die ersten Zeitungen erschienen an der Westküste Afrikas durch afroamerikanische Intellektuelle in den Rückwanderungskolo-

Naftal Lanca, Moçambique

nien ehemaliger Sklaven aus Amerika, in Sierra Leone und Liberia, bald darauf auch in anderen Teilen Westafrikas, wie in der Kolonie Goldküste »The Gold Coast Times« (1876) und in Nigeria die »Lagos Times« und der »Gold Coast Advertiser« sowie der »Lagos Weekly Report« (1880/91). In den dreißiger Jahren des 20. Jahrhunderts entstanden Zeitungen, die unmittelbar als Sprachrohr der Befreiungsbewegungen und deren Führungskräfte wirkten: Dazu gehören der »West African Pilot« in Nigeria, die 1948 von Kwame Nkrumah in der damaligen Kolonie Goldküste herausgegebene »Accra Evening News« und die 1957 in Tanganjika erschienene »Sauti ya TANU«, ein Informationsblatt der Unabhängigkeitsbewegung unter Julius Nyerere. Nach Erringen der Unabhängigkeit gaben mehrere afrikanische Staaten eigene neue Zeitungen und Periodika unterschiedlichen Charakters, als private oder halbstaatliche Erzeugnisse oder als neugegründete Informationsorgane des Staates, der Parteien und Massenorganisationen, heraus. Im Jahre 1970 erschienen auf dem afrikanischen Kontinent 221 Tageszeitungen und etwa 200 Periodika. In den siebziger Jahren zeichneten sich neue Tendenzen in der Presseentwicklung durch Profilierung von Regierungs- bzw. Parteiorganen und Erhöhung der Auflagen ab: in Tansania erschien die »Uhuru« als Organ der Partei CCM mit einer Auflagenhöhe von 100 000 Exemplaren und die Regierungszeitung »Daily News« mit 80 000 Exemplaren; in Sambia die »Times of Zambia« als Organ der UNIP mit 75 000 und die Regierungszeitung »Zambia Daily Mail« mit 45 000 Exemplaren; in Moçambique die »Noticias« mit 50 000 Exemplaren; in Angola »Journal de Angola« und »Diaro de Luanda« sowie das MPLA-Organ »Vitórai é certa«, das 14tägig erscheint; die »Horoya« in Guinea; die »Etumba« als Organ der Partei der Arbeit in der VR Kongo (Brazzaville); oder »Serto Ader«, das Organ der COPWE in Äthiopien, um nur einige herauszugreifen. Das Spektrum der Presseerzeugnisse wurde breiter: Regionale Zeitungen und Periodika erschienen, z. B. »Ruvuma Leo« und »Kilimandjaro Leo« in Tansania, spezialisierte Zeitschriften und Zeitungen wie »Tempo« als Magazin für Politik und Kultur und die vorwiegend kulturelle Sonntagszeitung »Domingo« in Moçambique, landwirtschaftliche Fachzeitschriften, Sportperiodika und schließlich Presseerzeugnisse der verschiedenen Massenorganisationen, etwa die Wochenzeitschrift der tansanischen Gewerkschaft, »Mfanyakazi«, sowie »Worker's Voice« als Organ der Gewerkschaft Sambias.

Die Mehrzahl der Presseerzeugnisse wird in europäischen Sprachen herausgegeben, mit Ausnahme von einigen Regionalzeitungen. Anders in wenigen Ländern, in denen die sprachliche Situation für einheimische Sprachen günstig ist,

z. B. in Äthiopien, wo die Mehrheit der Presseorgane in Amharisch erscheint (die Tageszeitung »Addis Zemen« in einer Auflage von 37000), oder in Tansania, wo die größte Tageszeitung »Uhuru« in Suaheli veröffentlicht wird, ebenso in Kenia die »Tufa Leo« mit einer Auflage von 53000 Exemplaren als populärste Tageszeitung. In manchen Ländern werden einige Tageszeitungen zweisprachig gedruckt.

Die Zielstellung der UNESCO (bis 1980 10 Zeitungen je 100 Einwohner) konnte in keinem afrikanischen Land verwirklicht werden. In acht von ihnen gibt es bisher noch gar keine Tageszeitung. Die Ursachen für diese relativ geringe Verbreitung der Presse als nationales Medium liegen in der gesellschaftlichen Situation der Entwicklungsländer: Eine nationale Presse setzt einen bestimmten Grad der Industrialisierung (Druckereien, Papierherstellung), eine entwickelte Infrastruktur (Transportwege, Transportmittel zur Verteilung der Presseerzeugnisse) und nicht zuletzt einen großen Käuferkreis voraus. Für Afrika trifft dies alles erst in den Anfängen zu: Noch müssen Maschinen und Papier weitgehend importiert werden, können viele das Geld für eine Zeitung nicht aufbringen, fehlen entsprechende Verkehrsmittel und Verteilernetze; vor allem aber stellen die hohe Anzahl der Analphabeten und die große sprachliche Vielfalt zur Zeit noch ernste Schranken dar.

Fernsehen – erste Anfänge

Theoretisch wäre das Fernsehen in Ländern mit einem hohen Prozentsatz an Analphabeten ein ideales Medium der Kommunikation. Tatsächlich aber setzen die wirtschaftliche Lage der afrikanischen Länder und die Sprachenvielfalt auch dem Einsatz des Fernsehens enge Grenzen. Nicht nur die technischen Ausrüstungen, wie Sende- und Verstärkeranlagen, Ausstattung der Studios, Aufzeichnungsgeräte oder Filmmaterial, die in der Regel importiert werden müssen, bedeuten für die jungen Staaten erhebliche finanzielle Aufwendungen, sondern auch der laufende Sendebetrieb, das Herstellen der Programme oder die dafür nötigen Fachkader, über die die afrikanischen Länder nicht ausreichend verfügen. Und schließlich müssen die Fernsehgeräte, Anlagen zu deren Produktion importiert werden. Die Geräte sind teuer, und nur ein relativ gut verdienender Teil der Bevölkerung kann sich ein Fernsehgerät leisten. In der Regel reichen die Sendeanlagen nur aus, um einen Teil des Landes zu versorgen, meistens die Hauptstadt oder weitere Städte. Dennoch hat sich das Fernsehen in vielen afrikanischen Ländern verbreitet. Besaßen zu Anfang der siebziger Jahre nur 14 Länder eigene Fernsehstationen, so waren es 1981 bereits 27 Länder (Südafrika ist hier ausgeklammert); in 18 Ländern sendet man in Farbe. Die technische Reichweite ist unterschiedlich, in einigen Ländern versorgt eine Station vorwiegend das Gebiet um die Hauptstadt, während in anderen mehrere Stationen mit starken Sendeanlagen errichtet wurden, so daß der Empfang landesweit möglich ist (z. B. in Nigeria mit 18 Stationen). Unterschiedlich ist auch die Sendedauer: Sie reicht von zwei oder drei Stunden täglich, z. B. in Benin, Sansibar und Angola, bis zu fünf oder sieben Stunden Programmzeit täglich, so in Kenia, Nigeria, Uganda, Zaïre, Sambia, Ghana, Simbabwe u. a.; in der Regel ist das Wochenendprogramm länger. In einigen Ländern wie in Ghana und Uganda wurden spezielle Schulfernsehprogramme eingerichtet.

Die Programme laufen zumeist in europäischen Sprachen über den Bildschirm; nur in einigen Staaten wird mehrsprachig ausgestrahlt, z. B. in Simbabwe, wo es Programme in Englisch, Shona und Ndebele gibt, oder in Madagaskar, dessen Fernsehen zweisprachig ist (Französisch und Malagassy). Die unterschiedliche Verbreitung des Fernsehens drückt sich in der Anzahl der Fernsehgeräte aus: Sie liegt in 11 Ländern unter 10 000 (Volksrepublik Kongo 3 500; Gabun 9 000; Guinea 6 000), beträgt in Elfenbeinküste 300 000 und in Nigeria 450 000 Geräte. Noch 1961 kamen der UNESCO zufolge in Afrika 0,07 Fernsehgeräte auf 100 Personen. Man darf allerdings davon ausgehen, daß die Zuschauerquote zwischen 10 und 15 Personen je Gerät liegt. Noch ist Fernsehen in Afrika ein Privileg, das einen bestimmten Lebensstandard voraussetzt. Einen größeren Aktionsradius hat das Fernsehen dort erreicht, wo es durch internationale Projekte oder staatliche Entwicklungsprogramme zum Gemeinschaftsempfang eingesetzt wurde, wie in ländlichen Zentren zur Alphabetisierung oder als Bildungsprogramm. Ein solches Projekt wurde von der UNESCO in Elfenbeinküste durchgeführt. Eine wichtige kulturelle Funktion hatte hier das Bildungsfernsehen dadurch, daß man den Mangel an qualifizierten Fachlehrern und modernem Unterrichtsmaterial durch Programme ausglich, die während des Schulunterrichts ausgestrahlt und in den Schulen empfangen wurden. Im allgemeinen sind die meisten Länder Afrikas jedoch noch nicht in der Lage, das Fernsehprogramm aus eigenen Kräften zu bestreiten, so daß auf importierte Sendungen imperialistischer Medienkonzerne – in einigen Ländern über 50 % – zurückgegriffen wird.

Rundfunk als Massenmedium

Unter den gesellschaftlichen Bedingungen Afrikas ist es offensichtlich der Rundfunk, der Vorrang unter den Medien genießt, da er den gegenwärtigen Bedürfnissen und Möglichkeiten am besten entspricht. Es gibt heute kaum ein afrikanisches Dorf, in dem man nicht in irgendeiner Hütte ein Transistorradio stehen sieht, selbst nomadisierende Viehzüchter führen häufig auf ihrer Wanderung zur nächsten Wasserstelle ein

Kofferradio mit sich. Die Preise für Transistorradios sind für einen großen Teil der Bevölkerung erschwinglich, zumal ein Gerät oft kollektiv angeschafft wird, als Besitz der Großfamilie. Die Radios in den Dörfern wurden vorwiegend von den in den Städten arbeitenden Männern erworben und mitgebracht. Und Radiohören ist meist eine Gemeinschaftssache, man rechnet eine Hörbeteiligung von 10 bis 15 Personen je Gerät. In der Regel werden keine Rundfunkgebühren erhoben. Mehrere afrikanische Staaten sichern sich durch Produktion der Transistorgeräte den Markt im eigenen Land.

Siegeszug des Transistorradios

Nach Schätzungen der UNESCO wurde das für 1980 anvisierte Ziel von 20 Radios für 100 Einwohner in Afrika realisiert. Man schätzt, daß über 75 % der Bevölkerung ständig Rundfunk hören. Der Rundfunk verbreitete sich in Afrika schnell: Während es nach Schätzungen der UNESCO 1958 nur 700 000 Geräte gab, waren es 1970, nach Beginn des Siegeszuges der Transistorradios, bereits 21,6 Millionen. Anfang der sechziger Jahre kamen noch etwa 350 Afrikaner auf ein Rundfunkgerät, heute schwanken die Zahlen zwischen 5 und 50 Personen je Gerät. Diese Entwicklung in relativ kurzer Zeit gründet auf weitgehender staatlicher Förderung. Vor allem in die Entwicklung des Rundfunks wurden erhebliche Mittel für Sendeanlagen, Kaderausbildung usw. investiert. Unter den Bedingungen Afrikas – mit einem hohen Prozentsatz an Analphabeten und einer auf mündlicher Kommunikation beruhenden Kulturtradition – ist der Rundfunk für die Regierung die beste Form, um die Bürger anzusprechen. Der Rundfunk wendet sich an den Staatsbürger, informiert über Ziele und Pläne der Regierung und über die Entwicklung in den verschiedenen Landesteilen. Er kann wesentlich mithelfen, das ethnisch begrenzte Denken zugunsten eines Nationalbewußtseins aufzubrechen. Über den Rundfunk können nicht nur unterschiedliche soziale Gruppen, sondern auch die verschiedenen Völkerschaften angesprochen werden. In allen afrikanischen Rundfunkstationen werden Programme in mehreren Sprachen hergestellt. So produziert man in Benin außer in Englisch und Französisch auch in 18 lokalen Sprachen, in Tschad in Französisch, Arabisch und 7 lokalen Sprachen, in Gambia neben Englisch in 5 lokalen Sprachen, in Elfenbeinküste neben Französisch in 14 im Land verbreiteten Sprachen, in Liberia in 15 eigenen, in Nigeria in 12 verbreiteten Sprachen, in Burkina Faso in 13, in Sambia in 7 lokalen Sprachen. Auf diese Weise kann der nationale Rundfunk selbst abgelegene Völkerschaften erreichen oder solche, die noch nicht in der jeweiligen Nationalsprache alphabetisiert wurden. Die technischen Bedingungen sind allerdings heute noch sehr unterschiedlich: Einige Länder haben nur einen oder, wie Benin, zwei Sender

96 »Masken« von Kolade Oshinowo, Nigeria

97 »Warten auf den Bus« von Abdel-Rahman M. Sherif, Äthiopien

98 »Zubereitung des Injera« von einem Straßenmaler, Äthiopien

99 »Stadt im Norden« von Gani Odutokun, Nigeria

100 »Familienleben« von Tullu Goya, Äthiopien

101 »Akt« von Daniel Touafe, Äthiopien

102 »Einsamkeit« von Francis Osagne, Nigeria

103 Plastik, Angola

104 »Maske« von Chuks Anyanwu, Nigeria

105 »Initiation« von Chuks Amaefunah, Nigeria

106 »Verjüngung« von Chuks Amaefunah, Nigeria

107 »Musikanten« von Fela Odaranile, Nigeria

108 »Verstecken« von Jimoh Buraimoh, Nigeria

109 »Gesichter« von Jimoh Buraimoh, Nigeria

110 »Antilope« von Olaniyi gen. Twins 7–7, Nigeria

111 Plakat zum Kindertag, Moçambique

(30 und 50 kW), andere verfügen bereits über ein verbreitetes Netz mit teilweise leistungsstarken Sendeanlagen, z. B. Kenia über 11 Sender bis zu 100 kW oder Ghana über 6 Sender. In den meisten Staaten gibt es neben der Sendezentrale in der Hauptstadt regionale Stationen, die gesonderte Programme in den jeweiligen lokalen Sprachen ausstrahlen: Radio Nacional de Angola hat 13 regionale Stationen, Voice of Kenya besitzt regionale Stationen in Mombasa und Kisumu, die in 10 lokalen Sprachen senden, Radio Moçambique verfügt über 7 regionale Stationen, Nigeria über 20 Stationen usw.

Regionalprogramme

Dennoch reichen heute die technischen Bedingungen noch nicht aus, um über den nationalen Rundfunk in alle Gebiete Afrikas zu dringen. Zwar wurden Rundfunkstationen bereits in der Kolonialzeit eingerichtet, aber diese waren für die ansässigen Europäer bestimmt und auf Haupt- oder Industriestädte begrenzt. So gab es in Kenia seit 1928, in Sierra Leone seit 1934, in Ghana seit 1935, in Senegal seit 1939, in Sambia seit 1941 Rundfunkstationen, die Programme des Empire Service der BBC oder der Societé de la France d'outre-mer ausstrahlten; in anderen Kolonien wurden während des zweiten Weltkrieges oder danach Rundfunkstationen eingerichtet. Diese Stationen sind später von den jungen Staaten nationalisiert worden und bildeten den Ausgangspunkt für die eigene Medienentwicklung. In Sambia wurden die Massenmedien 1975 verstaatlicht, die Volksrepublik Kongo hat den Rundfunk 1977 nationalisiert. Während der Kolonialzeit war der Rundfunk damit den Afrikanern nicht zugänglich, zumal sie kaum eine Möglichkeit hatten, ein eigenes Gerät anzuschaffen. So konnte auch der antikoloniale Befreiungskampf der fünfziger Jahre nicht den Rundfunk als Kommunikationsmittel nutzen, sondern mußte sich der Trommel und der Informationsblätter bedienen. Anders war die Situation für die um ihre nationale Befreiung kämpfenden Völker nach 1960: Von den Auslandssendern in Tansania und Sambia konnten die Befreiungsbewegungen in Moçambique und im Süden Afrikas regelmäßig informiert werden. Über das Transistorradio erhielten die Befreiungskämpfer einen Überblick über den Kampfverlauf, den Aufbau in den befreiten Gebieten, ebenso über die Entwicklung in anderen afrikanischen Staaten.

Um den Rundfunk in den ländlichen Gebieten besser für die Entwicklung nutzen zu können, haben die Regierungen afrikanischer Staaten verschiedene Wege gefunden. In einigen Ländern wurden Radioklubs geschaffen, die von der Regierung mit kostenlosen oder billigen gebrauchten Radios versorgt werden, um gemeinsam Radio zu hören, vor allem bestimmte Bildungsprogramme oder Sendungen in Zusammenhang mit der Alphabetisierung. Solche Radioklubs entstanden

z. B. in Niger, in Tansania wurden 7000 Rundfunkempfänger unentgeltlich an Hörergruppen ausgegeben, in Mali organisierten sich 1440 Hörergruppen, in Burkina Faso wirken Radioklubs in den Alphabetisierungszentren.

Solange der nationale Rundfunk noch nicht leistungsstark genug ist, das ganze Land zu erreichen, überbrücken spezielle lokale Sender oder Funkstudios in den Dörfern diese Mangelsituation in ländlichen Gebieten. So wurde eine lokale Rundfunkstation als Pilot-Projekt der UNESCO im Mai 1982 in Kenia eröffnet: die Gemeinschaftsrundfunkstation von Homa Bay in der Provinz Nyanza. Die Station sendet täglich einstündige Programme in der Ortssprache Luo (Lokalnachrichten, allgemeinbildende Programme zu Gesundheitsfragen, zur Familienplanung usw.) und übernimmt Nachrichten in Suaheli von der nationalen Rundfunkstation Voice of Kenya. Das Programm kommt damit den Interessen der ansässigen Bevölkerung weitgehend entgegen. Ein anderer Weg sind lokale Funkstudios, die unabhängig vom nationalen Rundfunkdienst Ortsprogramme über Lautsprecher ausstrahlen, z. B. in einigen Gemeinschaftsdörfern, den aldeia communal in Moçambique. Sicher wird sich in Zukunft eine Kombination zentraler und lokaler Programme als günstig erweisen, die lokal differenzierten Bedingungen besser zu berücksichtigen.

Rundfunk-Kampagnen

Viele nationale Entwicklungsprogramme konnten nur mit Hilfe des Rundfunks realisiert werden, z. B nationale Straßenbauprojekte oder Erntekampagnen, indem über den lokalen Stand der Dinge, über Ziele und Absichten informiert wurde. Ein wichtiger Platz im Rundfunkprogramm ist neben regulären Schulfunk- und Alphabetisierungssendungen allgemeinbildenden Themen vorbehalten, die die Verbesserung der sozialen und Lebensbedingungen zum Ziel haben, z. B. Sendungen über Trinkwasseraufbereitung, Schwangerenfürsorge, Kinderernährung, Hygiene, Krankheitserreger u. ä. In mehreren Ländern gingen solche Programme Hand in Hand mit Aktionen des staatlichen Gesundheitswesens oder der Frauenorganisationen. Speziell für die Landbevölkerung macht man mit neuen Anbaumethoden und Düngemitteln bekannt. Zugleich kommt der Rundfunk dem Bedürfnis nach Unterhaltung entgegen. Die Musikprogramme mit in- und ausländischer Musik erfreuen sich großer Beliebtheit und haben ständig einen großen Hörerkreis.

Der Beitrag des Rundfunks als *das* Medium in Afrika heute zur Entwicklung der Nationalkulturen in den unabhängigen Staaten kann nicht hoch genug eingeschätzt werden: Verbreitung der Nationalsprache, Abbau ethnischer Gegensätze, Bekanntmachen des kulturellen Erbes der verschiedenen Ethnien, d. h. der Musiktraditionen, aber auch mündlicher

Überlieferungen, die teilweise in Form von Sing- und Hörspielen oder Märchensendungen ihren festen Platz im Programm gefunden haben, Verbreitung der neu entstehenden Kunst, vor allem neuer Lieder, Gedichte und Prosa. Der Bezug zur eigenen Geschichte und Kultur ist in den Rundfunkprogrammen nahezu aller Länder erkennbar.

Medienüberfremdung

Aber auf die Millionen afrikanischer Menschen wirken heute nicht nur die nationalen Medien. Eine Überfremdung mit Zeitungen und Zeitschriften, Filmen, Fernseh- und Rundfunksendungen aus imperialistischen Ländern trägt täglich Leitbilder in Häuser und Hütten, die weder der eigenen Kultur, den eigenen Traditionen, noch den gegenwärtigen Aufgaben und gesellschaftlichen Entwicklungsbedingungen in Afrika entsprechen. Sie fördern Verhaltensweisen und die Übernahme von Leitbildern, die den gesellschaftlichen Fortschritt hemmen. Beim Auf- und Ausbau ihrer Rundfunk- und Fernsehstationen sowie nationaler Verlage sind die afrikanischen Entwicklungsländer jedoch zum großen Teil auf die Zusammenarbeit mit imperialistischen Staaten angewiesen, so daß sich schon über diese erste Stufe weitere Abhängigkeiten, etwa in Kaderausbildung, Programmen, Experteneinsatz usw., ergeben. Bereits den Informationsgehalt, den die Medien verbreiten, liefern im wesentlichen die großen imperialistischen Nachrichtenagenturen, die aufgrund ihres ausgedehnten Korrespondenten- und Fernschreibernetzes in den afrikanischen Ländern vorherrschen und auch die bestehenden Nachrichtenagenturen versorgen. Die Anzahl nationaler Nachrichtenagenturen hat sich zwar erhöht – 1960 gab es 7 Nachrichtenagenturen auf dem afrikanischen Kontinent, 1980 bereits 33 –, sie verfügen jedoch weder über vergleichbare technische Ausrüstungen noch über einen entsprechenden Kaderstamm, der die Information über innere Entwicklung und über Ereignisse im Ausland sichern könnte. So sind die afrikanischen Länder gezwungen, selbst für ihre Berichterstattung aus Nachbarstaaten oder anderen Entwicklungsländern auf Meldungen der großen »Weltagenturen« Reuter, AFP (Agence France Presse), AP (Associated Press) und UPI (United Press International) zurückzugreifen. Auf diese Art wird von den imperialistischen Agenturen mitbestimmt, was und wie die Menschen in Afrika über Ereignisse auf ihrem Kontinent und in der Welt erfahren.

Der Einfluß imperialistischer Medien zeigt sich auf verschiedene Weise, sei es in Gestalt von Presseerzeugnissen imperialistischer Konzerne – die entweder importiert oder im Land durch Mitbesitz an nationalen Verlagen herausgegeben werden –, durch die Einstrahlung imperialistischer Rundfunksender, die über leistungsstarke Auslandssender und Relaisstationen, wie die in Kigali von der Deutschen Welle, verfügen, oder durch die Importe von Fernsehprogrammen imperialistischer Medienkonzerne. In vielen Teilen Afrikas können die Auslandssendungen imperialistischer Stationen, wie BBC, Voice of America und Deutsche Welle, die Programme in den verschiedenen afrikanischen Sprachen – Suaheli, Hausa, Yoruba u. a. – ausstrahlen, besser empfangen werden als der nationale Rundfunksender. Hinzu kommt im Süden Afrikas die starke Ausstrahlung der South African Broadcasting Corporation (SABC), die zu einem der mächtigsten Medienkonzerne ausgebaut wurde und heute mit mehr als siebzig Sendern das gesamte Gebiet des südafrikanischen Staates erfaßt (allein 5 Stationen mit 24-Stunden-Programmen in den afrikanischen Sprachen Sotho, Zulu, Xhosa, Venda, Tsonga, Lebowa und Tswa) und mit einem Auslandsdienst in zehn Sprachen andere afrikanische Länder zu beeinflussen sucht.

Fremde Leitbilder

Imperialistische Leitbilder und Modelle von Lebensweisen werden auch in großem Maße durch Film- und Fernsehimporte wirksam. Die afrikanischen Fernsehstationen beziehen ihre aktuellen Sendebeiträge zu einem großen Teil von amerikanischen und britischen Nachrichtenfilmagenturen (Visnews, UPITN, CBS News, ABC News u.a.). Bei Fernsehfilmen haben die US-amerikanischen CBS, NBC und ABC den größten Anteil, aber auch Sendungen der BBC und anderer britischer Fernsehgesellschaften, hinzu kommen Produktionen aus französischen und BRD-Konzernen.

Für die imperialistischen Medienkonzerne verbindet sich in Afrika – wie in den Entwicklungsländern überhaupt – die günstige Möglichkeit, hohe Profite zu erzielen, mit ideologischer Einflußnahme auf die Bevölkerung im Sinne eines »American Way of Life«, als Modell eines »attraktiven« kapitalistischen Entwicklungsweges. Sicher wird die Gefahr ideologischer Beeinflussung noch wachsen, wenn durch Satellitenfernsehen nationale Kontrolle kaum mehr möglich ist.

Voraussetzung für die postitive Nutzung der Massenmedien ist, daß die Entwicklungsländer – und hier die afrikanischen – möglichst rasch und kontinuierlich ihre eigenen nationalen Medien technisch und kadermäßig besser ausrüsten und inhaltlich für die nationale Entwicklung einsetzen können. Im Vergleich zu den Industrieländern sind sie hier noch stark benachteiligt.

Die UNESCO-Statistiken machen den unterschiedlichen Gebrauch moderner Kommunikation sichtbar: Im Jahre 1980 entfielen auf jeweils 1000 Einwohner in entwickelten Ländern 312 Tageszeitungen, 696 Rundfunkempfänger und 301 Fernsehgeräte. In den Entwicklungsländern kamen auf jeweils

1000 Einwohner 29 Tageszeitungen, 83 Rundfunk- und 22 Fernsehgeräte. Um die Kommunikationsmöglichkeiten ihrer Länder zu verbessern und die »Einbahn«information durch die transnationalen Konzerne zu überwinden, fordern immer mehr afrikanische Staaten die Neue Internationale Informationsordnung (NIO), d. h. eine Verbesserung der Kommunikationsmöglichkeiten für die Entwicklungsländer und damit die Schaffung gleichberechtigter Informationsbeziehungen zwischen ihnen und den industriell entwickelten Ländern. Diese Forderung, seit 1973 von der Bewegung der Nichtpaktgebundenen international auf Konferenzen erhoben, zielt im wesentlichen auf die Beseitigung der einseitigen Informationsflut imperialistischer Informations- und Medienkonzerne; sie schließt die Forderung der Entwicklungsländer nach Nichteinmischung in innere Angelegenheiten und Anerkennung ihrer Souveränität und der nationalen Informationshoheit ein. Diese Bemühungen um nationalen Medieneinsatz werden von den sozialistischen Staaten aktiv unterstützt.

Neue Internationale Informationsordnung

Ein Weg zur Zurückdrängung des imperialistischen Informationsübergewichtes ist die stärkere Zusammenarbeit der Entwicklungsländer untereinander. Durch praktische Maßnahmen wie die Einrichtung eines Nachrichtenpools der Nichtpaktgebundenen in Belgrad 1982 können nun Nachrichten direkt ausgetauscht werden. Bisher mußten afrikanische Nachrichtenagenturen ihre Informationen über andere Entwicklungsländer von den imperialistischen Agenturen beziehen, wodurch eine verzerrte Berichterstattung übernommen wurde. Dem Nachrichtenpool sind inzwischen mehrere afrikanische Nachrichtenagenturen angeschlossen, z. B. SHIMATA/Tansania, Angola Press, AIM/Moçambique und ENA/Äthiopien. Auch im Rahmen der UNESCO wird die Schaffung gleichberechtigter Informationsmöglichkeiten für die Entwicklungsländer durch verschiedene Programme aktiv unterstützt. Im Jahre 1980 wurde ein internationales Programm zur Entwicklung der Kommunikation erarbeitet, das Fragen der Entwicklung der Medien und Agenturen, Kaderausbildung und Programmaustausch einschließt. Ein Ergebnis ist die im Mai 1983 gegründete allafrikanische Nachrichtenagentur Pana.

In den nächsten Jahren werden noch große Investitionen erforderlich sein, um alle afrikanischen Länder zu befähigen, die modernen Kommunikationsmittel und Massenmedien zur Entwicklung ihrer Gesellschaften und zur Verbesserung der Lebensbedingungen ihrer Bevölkerungen einzusetzen. Dies muß jedoch Hand in Hand gehen mit der Erschließung des Landes, der Schaffung einer Infrastruktur. In vielen Gebieten wird die Trommel so bald nicht überflüssig werden, denn das Transistorradio bringt zwar dem Bauern im Dorf Nachrichten über Ereignisse in fernen Ländern, über Weltraumprojekte und Mondlandung – aber was in den anderen Dörfern seiner Provinz geschieht, erfährt er oft nicht. Hier können die Entwicklung des Post- und Fernmeldedienstes, die Erschließung der Verkehrswege und die Bereitstellung von mehr Verkehrsmitteln zu niedrigen Preisen helfen, daß die Massenmedien ihrer aktuellen Aufgabe gerecht werden, nämlich die lokale Isolation zu beenden und neue Wege zur Begegnung und Kommunikation für die Bürger der afrikanischen Staaten zu schaffen, Mittler des Fortschritts zu sein.

Kunst zwischen Kult und Konsum

Bevor die Bambuti-Pygmäen im kongolesischen Regenwald zur Jagd aufbrechen, wird gemeinsam getanzt: Frauen und Männer bilden einen Kreis, singen ein bestimmtes Jagdlied und ahmen mit ihren Bewegungen die Tiere nach, die sie zu erlegen hoffen. – Wenn bei den Venda, einer ethnischen Gruppe im Süden Afrikas, die Jugendlichen in den »heiligen Hain« zur Vorbereitung auf ihre Rolle als Erwachsene ziehen, tanzen die Mädchen in der Domba-Zeremonie den Python-Tanz, der Schwangerschaft und Geburt symbolisiert und nur zu diesem Anlaß der Initiation aufgeführt wird. – Zu den bekanntesten Holzschnitzwerken der Makonde aus Ostafrika gehören ihre Shetani-Plastiken, die Ahnen- oder Geistergestalten symbolisieren.

In allen drei Beispielen kommen der kollektive Charakter von Kunst und ihre innerhalb der Gemeinschaft sozialisierende Rolle, ihre Funktion im sozialen Leben zum Ausdruck. Eine Kunst um der Kunst willen gab es nicht. Aufträge für Kunstwerke, z. B. das Anfertigen einer Kultmaske zu einem bestimmten Anlaß, wurden von der Gemeinschaft vergeben. In vielen Fällen bestand keine Trennung zwischen Kunst, Handwerk und der bäuerlichen Produktion, der Bauer oder Hirte war zugleich Künstler. Allerdings gab es in verschiedenen Dorfgemeinschaften spezialisierte Künstler, wie den Baro-Sänger bei den Bariba, den Siabo oder Preissänger der Dan, den Griot, der die Genealogien der Familien und Clans festhielt, oder den Priester-Musikanten in Äthiopien. Eine arbeitsteilige Spezialisierung hatte sich in den alten Reichen durch das Entstehen einer höfischen Kunst (Musikkapellen, Kunstschmiede usw.) entwickelt. In diese mit dem sozialen Leben und dem traditionellen Weltbild verbundene Kunstentwicklung brachten die Islamisierung und später die Christianisierung im Zuge des Kolonialismus erste Auflösungstendenzen.

Eine neue Funktion erhielt die Kunst im antikolonialen Kampf. Sie wurde zu einem Medium der Kommunikation über koloniale Ausbeutung und über Ziele des Befreiungskampfes. Neue Lieder, Gedichte und »mündliche Zeitungen« entstanden. Traditionelle Tänze und Zeremonien wurden umfunktioniert zu Botschaften, für Afrikaner sofort verständlich, für die Kolonialherren jedoch verschlüsselt. In die bildende Kunst traten neue Themen. So begannen die Makonde z. B., außer ihren überlieferten Holzplastiken auch die Gestalt des Guerilla-Kämpfers zu schnitzen. Eine besondere Funktion kam der Lyrik zu, die auf den Traditionen der mündlichen Überlieferungen aufbaut. Besonders in den portugiesischen Kolonien wurden Gedichte zu einer wichtigen Form politischer Kommunikation, geschaffen von namhaften Vertretern der nationalen Befreiungsbewegung wie Agostinho Neto in Angola und Marcellino dos Santos in Moçambique.

Mit der Entwicklung der jungen Staaten entsteht eine neue Kunst, die überwiegend in Inhalt und Sprache mit der neuen Gesellschaft verbunden ist, deren soziale Probleme widerspiegelt. Grundlegend verändert sich in diesem gesellschaftlichen Umbruch der Auftraggeber der Kunst. In den ethnischen Gemeinschaften der vorkapitalistischen Gesellschaft war der Künstler Teil dieser Gemeinschaft, erhielt von ihr und in ihr Auftrag und soziale Sicherheit. An ihre Stelle treten nun andere Auftraggeber: der Staat oder Privatpersonen bzw. -institutionen. Staatliche Aufträge werden über Galerien, Museen oder über die Medieninstitutionen an die Künstler vergeben. Zugleich nimmt die Kommerzialisierung der Kunst zu und damit die Abhängigkeit des Künstlers vom Markt, vom Verkauf seines Produktes. Die bereits während der Kolonialzeit einsetzende Vermarktung afrikanischer Kunst nimmt in den unabhängigen Staaten eine größere Dimension an, da westeuropäische und US-amerikanische Konzerne Bildkunstwerke aufkaufen und ausländische Touristen als wichtige Käufer von Kunstprodukten aller Art (bis zur Vermarktung von Liedern und Tänzen in Touristenshows) die Nachfrage mitbestimmen. Von allem im Bereich der bildenden Kunst ist ein Prozeß der künstlerischen Verflachung nicht zu übersehen, da sich die Künstler mit ihren Produkten immer mehr dem Geschmack der Käufer anpassen.

Neue Auftraggeber

Mit der kapitalistischen Entwicklung vieler afrikanischer Staaten ist jedoch auch verbunden, daß zugleich ein innerer Kunstmarkt entsteht, auf dem die nationale Bourgeoisie als Auftraggeber und Käufer auftritt (private Verlage, Plattenfirmen, Kunstläden, private Auftraggeber). Das heißt immerhin, daß Kunst allgemein und in nationalem Maßstab zugänglich wird. Staatliche Förderung oder Marktbedürfnisse schaffen neue Bedingungen für massenhafte künstlerische Produktion. Mit diesem Prozeß verbunden ist die Entwicklung von Künstlerpersönlichkeiten: Werke werden signiert, während traditionelle Produkte anonym waren.

In ihren Werken setzen sich die Künstler in den jungen Staaten mit den sozialen Problemen ihrer Länder auseinander. Auf die zunehmende Verschärfung der sozialen Widersprüche in den kapitalistisch orientierten afrikanischen Staaten reagieren Künstler dieser Länder mit der Entwicklung einer sozialkritischen Kunst, sei es in der Literatur, im Theater oder im Film. Zugleich ist der Einfluß imperialistischer Kulturimporte in diesen Ländern am stärksten. Häufig geraten sozialkritische Künstler mit ihren bürgerlichen Regierungen in Konflikte, wie Ngugi wa Thiong'o in Kenia, dessen Kamirithu People's Theatre verboten wurde, oder sie gehen ins Ausland, wie Mongo Beti in Kamerun.

Die Entwicklung einer engagierten, demokratischen Kunst in den auf den Sozialismus orientierten Ländern ist vor allem dadurch gekennzeichnet, daß Kunst als Mittel der Kommunikation über die gesellschaftliche Entwicklung verstanden wird. Künstlerische Entwicklung ist vielfach mit den Massenorganisationen verbunden, deutlich bei Musik- und Tanzgruppen der Jugendbewegung. In der kulturellen Massenarbeit orientieren die Regierungen hier auf Laientheater, Zirkelarbeit, Musik- und Tanzgruppen der Betriebe.

Bildende Kunst

Die künstlerische Entwicklung in den afrikanischen Staaten hat in den letzten drei Jahrzehnten namhafte Künstler hervorgebracht, die internationale Anerkennung fanden. Mit ihren in den afrikanischen Traditionen wurzelnden spezifischen Erzählweisen, Symbolen, künstlerischen Sprachen und Ausdrucksformen bereichern sie ihrerseits heute die internationale Kunstentwicklung. In ihren Werken verbinden sich häufig Traditionen mit internationalen Einflüssen. Die Entwicklung international bekannter Künstlerpersönlichkeiten ist im Bereich der bildenden Kunst am offenkundigsten. In den Plastiken solch anerkannter Künstler, wie Chissano (Moçambique), Felix Idubor, Ben Osawe oder Francis Osague (Nigeria), in den neuen Schona-Steinplastiken in Simbabwe, z. B. von Thomas Mukarebwa, und in vielen anderen wird das Alte aufgegriffen, und doch entsteht etwas Neues, das die Hoffnungen und Probleme der Menschen von heute ausdrückt.

Traditionelle Motive und internationale Einflüsse verbinden sich auch in der Malerei. Nach den ersten »Meistern« der afrikanischen Malerei nach der Unabhängigkeit, wie Ben Enwonwu (Nigeria) oder der Graphiker Bruce Onobrakpeya, wie Sam Ntiro (Tansania), Kofi Antubam (Ghana), Valente Malangatana (Moçambique) oder Afework Tekle und Abdelrahman Shariff (Äthiopien), tritt heute bereits die nächste Generation junger Maler an die Öffentlichkeit, die nach neuen

Wegen einer modernen afrikanischen Malerei sucht. Die jungen Maler von Oshogbo in Nigeria, wie Taiwo Olaniyi, bekannt als Twins Seven Seven, der in seinen Bildern alte Yoruba-Mythen aufgreift und zugleich nach neuen Gestaltungsmitteln sucht (geätzte Bilder), oder Jimoh Buraimoh mit seinen Perlenbildern oder die Aluminiumskulpturen von Asiru, wurden international bekannt für neue Tendenzen in der Malerei, die internationale Einflüsse verarbeitet. Tatsächlich gibt es noch viele andere Maler, die sich ebenfalls um eine solche Synthese bemühen. In der Nationalgalerie von Nigeria z. B. demonstrieren mehr als 300 Bilder von 74 nigerianischen Künstlern die Themenvielfalt und Breite der künstlerischen Ausdrucksmittel. In Äthiopien, wo es jahrhundertealte Traditionen der Kirchenmalerei gibt, wenden sich bildende Künstler zunehmend den Problemen des Alltags zu, greifen Themen wie Dürre, Leben in der Stadt oder Arbeit der Bauern auf. In

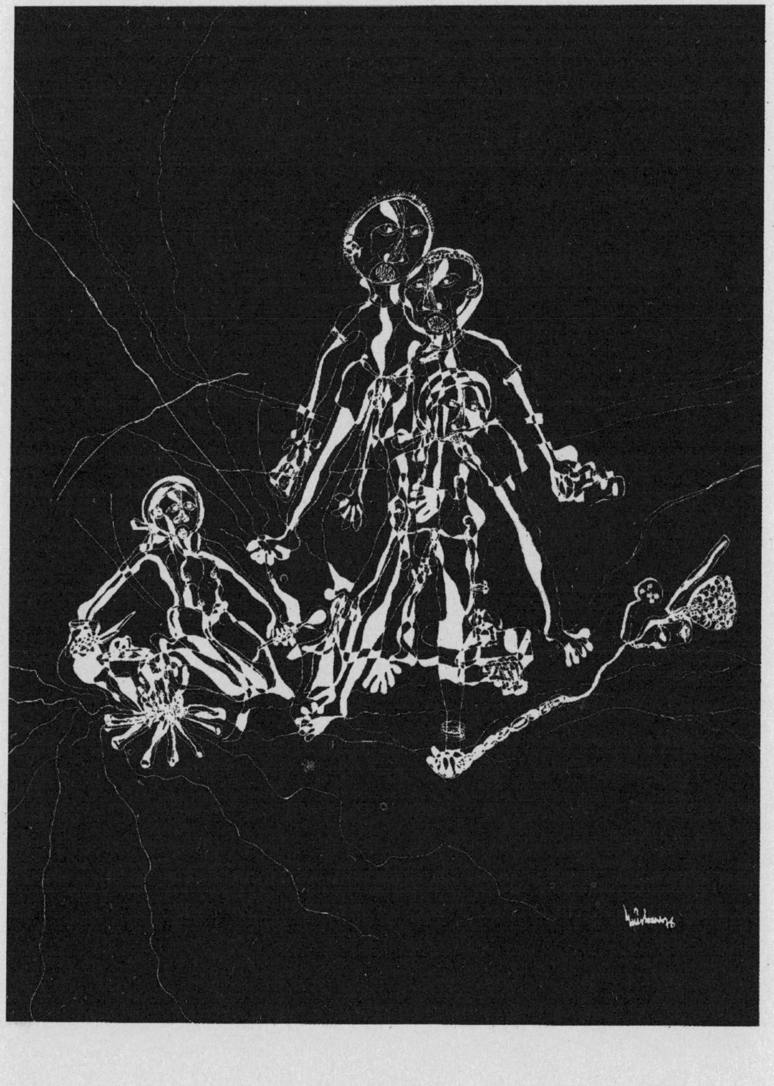

Luis Soares, Moçambique

Zaïre entstand unter französischem Einfluß eine naive Malerei. In mehreren Ländern hat sich in den Städten eine neue Form der Malerei in Gestalt der »Straßenbilder« entwickelt, so z. B. die auf Karten, Pappe, Holz oder Leinwand gemalten Bilder der Quadratmalerei in Tansania – besonders bekannt wurden die der Tinga-tinga-Schule –, die Ladenschildermalerei in Kenia und Nigeria, Burkina Faso und Zaïre, die »Touristenbilder« (Landschaften, Frauengestalten, Tänzer) auf billiger Leinwand in Nigeria und der VR Kongo, die auf Pergament oder Ziegenhaut gemalten Alltagsbilder in Äthiopien. Interessant ist auch die Entwicklung einer eigenen Plakatkunst in den letzten Jahren. Hier sind die Arbeiten aus Moçambique besonders hervorzuheben. Erste international anerkannte Ergebnisse eigener Buchillustrationen in verschiedenen afrikanischen Ländern, z. B. in Angola, sind Ausdruck für die Breite in der zeitgenössischen bildenden Kunst Afrikas. Unterstützt wird diese Entwicklung durch eigene künstlerische Ausbildungsstätten, die in den vergangenen Jahren teils als Kunstschulen, wie in Äthiopien oder der VR Kongo, teils an den Universitäten, wie in Nigeria, gegründet wurden.

Theatertraditionen

Eine stärkere Besinnung auf die eigenen Traditionen ist bei der Entwicklung des Theaters in Afrika zu beobachten. Während der Kolonialzeit war hier das Modell des europäischen Theaters als Maßstab für Theaterentwicklung überhaupt eingeführt worden: ein festes Haus, Trennung von Darsteller und Publikum, bezeichnet durch den Vorhang. Missionare organisierten in den Missionsschulen Schüleraufführungen nach klassischem Muster, die z. B. das Leben der Heiligen nachvollzogen. In einigen afrikanischen Hauptstädten entstanden Theater der Europäer, die klassisches Theater spielten (Shakespeare, Racine, Molière), etwa das Little Theater in Dar es Salaam. Seit Erringung der nationalen Unabhängigkeit entwikkelt sich das afrikanische Theater auf verschiedenen Wegen. In manchen Ländern, wie in Nigeria, wurden Nationaltheater gegründet, die aber in der Regel keine eigene feste Theatergruppe haben, sondern für Aufführungen verschiedener Art offenstehen. Daneben formierten sich an afrikanischen Universitäten eigene Theatergruppen. In einigen Ländern entstanden Theater auf der Basis von Privattheatern oder Klubs – so das Repertory Theater von John Pepper Clark in Nigeria –, private Wandertheater in Nigeria und Ghana, hier vor allem auf der Grundlage der »Concert Party«, oder die klassischen Yoruba-Theater in Nigeria. Das Repertoire dieser Theater orientiert sich am afroamerikanischen Theater, am modernen europäischen Theater (z. B. Brecht) und an der nationalen Dramatik. Verstärkt wenden sich engagierte afrikanische Dramatiker der Geschichte ihres Landes, dem Befreiungskampf und den gegenwärtigen Prozessen zu, wie beispielsweise Nigerias großer Dramatiker Wole Soyinka, der als erster Afrikaner überhaupt mit dem Nobelpreis geehrt wurde, wie Ngugi wa Thiong'o in Kenia, wie Ibrahim Hussein in Tansania.

Neben festen Theatern etablieren sich seit kurzem zunehmend kleinere operative Theaterformen, die teilweise von der Laienbewegung getragen werden. So haben sich in den Kebeles (Wohnbezirksgemeinschaften) Äthiopiens Laientheater gebildet, die selbsterdachte Stücke über Alltagsprobleme spielen. Einer Art Agitproptheater haben sich in einigen Ländern die Jugendbewegungen oder, wie in Moçambique, die Laiengruppen der Betriebe angenommen. Sie spielen ohne großen Aufwand (teilweise mit handlichen Marionetten), oft im Freien und ziehen das Publikum durch Themen an, die alle berühren. So griffen Amateurgruppen in Moçambique 1978 das Problem des Spekulantentums auf, Gruppen in Äthiopien die Alphabetisierung.

In den letzten Jahren hat sich in Afrika die Auffassung vom Theater deutlich gewandelt. Heute ist bei vielen Künstlern das Bemühen spürbar, die Theaterentwicklung mit den langen eigenen Traditionen zu verbinden, die es in Form der Rituale und Zeremonien und der mündlichen Überlieferung in allen afrikanischen Ländern gibt, und die überlieferten Symbole, Masken, Erzählweisen, Musik und Tanz weiterzuentwickeln und einzubeziehen. Die Aufführung des Stückes »Langbodo« von Wale Ogunyemi im Nationaltheater Lagos zum Festival FESTAC 1977 ist ein Beispiel für diese Integration überlieferter Figuren, Symbole und Zeremonien. Lieder und Tänze aus verschiedenen Landesteilen sind zudem als Versuch gedacht, ein *nationales* Theater zu entwickeln.

Der derzeitigen sprachlichen Vielfalt der afrikanischen Staaten entsprechen die verschiedenen Formen des Theaters auf unterschiedliche Weise: Erfolgen die Aufführungen des Nationaltheaters in der jeweiligen Nationalsprache – wenn vorhanden – oder in einer europäischen Mittlersprache, so finden die Aufführungen der Wandertheater, Agitproptheater und Laientheater in den lokal vorherrschenden Sprachen statt. Die Entwicklung des Nationaltheaters in den Ländern Afrikas ist also wesentlich auch an die Entwicklung der sprachlichen Grundlage gebunden.

Musikvielfalt

Auch ein anderes Kunstgenre, die Musik, hat in den vergangenen Jahren zahlreiche Ausdrucksformen und Strömungen hervorgebracht, die über die traditionellen hinausgehen. Internationale Einflüsse machen sich hier besonders bemerkbar, vor allem solche der Popmusik und des Jazz – sie scheinen aber von allen Einflüssen am besten verarbeitet, integriert und modifiziert zu werden. Zur Pflege traditioneller Musik der verschiedenen ethnischen Gemeinschaften haben sich zwei Richtungen hinzugesellt: einmal die Entwicklung des politischen Liedes (Hymnen, Lieder der Massenorganisationen, Lieder mit Bezug auf politische Ereignisse) und zum anderen die Entstehung einer Unterhaltungsmusik, die vorwiegend an die Medien und das Kulturangebot in den Städten gebunden ist. Teilweise sind die Trennungslinien zwischen beiden Richtungen unscharf, werden politische Inhalte in moderne Popmusik verpackt. Beispiele dafür gibt es viele, wie etwa die Lieder des Nigerianers Sonny Okusun, dessen Hit »Fire in Soweto« beides in sich vereint, oder die Lieder von Thomas Mapfumo in Simbabwe, der mit seinen Songs noch zu Zeiten der Herrschaft der weißen Minderheitsregierung im damaligen Südrhodesien der Öffentlichkeit die Rechtlosigkeit der Afrikaner bewußt machte. Seine Musik, eine Verbindung traditioneller afrikanischer Musikelemente (Wiederentdecken der Mbira) und amerikanischer Rockmusik, gesungen in Shona, ist ein glänzendes Beispiel für die eigenständige Entwicklung afrikanischer Popmusik. Auch die Musik des inzwischen verstorbenen José Carlos aus Guinea-Bissau, der Stella Chiweshe aus Simbabwe, des Sam Mangwana (Moçambique, Angola) erreichte die große Popularität durch eben diese Eigenständigkeit.

Mit der heutigen Suche nach der eigenen kulturellen Identität geht ein Wiederentdecken afrikanischer Musikformen einher und auch eine Reintegration jener Musik, die im Zuge des Sklavenhandels nach Amerika gelangte: Samba, Bolero, Repita sowie Einflüsse von Jazz, Blues und Soul, die zu eigenen Formen des Afro-Jazz, Afro-Rock, Afro-Raggie u. a. führen.

Die Kunstentwicklung der jungen afrikanischen Staaten beruht jedoch nicht nur auf den eigenen Traditionen, sondern sie hat auch ihr fremde Genres aufgegriffen und sich zu eigen gemacht: die Literatur und den Film, beides Bereiche, in denen heute die innere Verständigung über gesellschaftliche Prozesse am profiliertesten verläuft.

Literatur: Sozialkritik und Unterhaltung

Der Werdegang der afrikanischen Literatur ist eng mit der inneren Entwicklung der afrikanischen Staaten verbunden. Während der Kolonialzeit als Genre übernommen, meist in europäischen Sprachen – eine Ausnahme bildet hier nur die Suaheli-Literatur, deren profiliertester Vertreter Shabaan Robert war –, setzten sich Schriftsteller, wie Mongo Beti und Ferdinand Oyono (Kamerun), Sembene Ousmane (Senegal), Luis Bernardo Honwana (Moçambique) sowie Pepetela und José Luandino Vieira (Angola), James Ngugi (Kenia), Chinua Achebe und Cyprian Ekwensi (Nigeria), Bernhard Dadié und Amadou Kourouma (Elfenbeinküste), mit der kolonialen Ausbeutung und mit dem Auflösungsprozeß der überlieferten Gesellschaften auseinander, machten unterschiedliche Wertsysteme sichtbar. Mit den im Zuge kapitalistischer Entwicklung sich verschärfenden sozialen Gegensätzen verstärkt sich nun die kritische Haltung vieler Schriftsteller gegenüber Lebensweise und Moral der Bourgeoisie, kommt Enttäuschung über die eingetretene Entwicklung zum Ausdruck, die nicht den Hoffnungen und Zielen entspricht, die im Befreiungskampf geprägt wurden. Romane, wie »Xala« von Sembene Ousmane, »Die Stimme« von Gabriel Okara, »Remember Ruben« von Mongo Beti, »Petals of Blood« von Ngugi wa Thiong'o, Achebes »Man of the People« u. a., sind sozialkritische Bilder dazu. Zunehmend wird Pessimismus über das Leben in den Großstädten reflektiert, werden soziale Erscheinungen wie Kriminalität und Prostitution angeprangert: in den Romanen des Ghanaers Ayi Kwei Armah »The beautiful ones are not yet born« und »Why are we so blessed?«, in Meja Mwangis (Kenia) »Kill me quick«, in Mongo Betis »Perpetue oder die Gewöhnung ans Unglück« und vielen anderen.

Die Literatur stellt den Bezug zur Geschichte her und wertet zugleich die gegenwärtigen Probleme, etwa unter dem Aspekt der afrikanischen oder innerstaatlichen Einheit, der Bewertung traditioneller Würdenträger usw. Gegensätzliche gesellschaftliche Normen werden sichtbar gemacht, so wie es Okot P'Bitek aus Uganda in seinem afrikanischen Streitgesang »Lawinos Lied – Otschols Lied« unter Verwendung traditioneller Formen vorführt.

Neben der sozialkritischen Literatur, die die Entwicklungsprobleme der afrikanischen Länder widerspiegelt, hat sich in den letzten Jahren eine Unterhaltungsliteratur, meist in Taschenbuchform, entwickelt, die, dem zunehmenden Bedürfnis nach Entspannung Rechnung tragend, Abenteuer- und Kriminalromane nach gängigem internationalem Muster hervorbringt. Im Ergebnis der laufenden Alphabetisierung wächst offensichtlich das Bedürfnis nach Unterhaltung durch anspruchslose Literatur, vor allem in den Städten, enorm. Die Anzahl der Titel und Autoren ist bereits heute kaum noch überschaubar. Ihre Vorläufer hat diese Massenliteratur z. B. in Nigeria in der sogenannten Onitscha-Markt-Literatur; das sind billige Romanhefte, die als romantische Liebesgeschichten, reißerische Politstories oder dramatische Familiengeschichten zugleich Orientierungshilfe für das Verhalten in der Stadt boten. Der Einfluß amerikanischer Filme auf diese Literatur ist unverkennbar. Neue Trends zeigen einen Anstieg von Comicstrips mit afrikanischen Legenden und Heldengeschichten.

Medium Film

Das jüngste Kapitel afrikanischer Kunst ist der Film. Filmkunst konnte sich erst in den unabhängigen Staaten entwikkeln, vorher war Afrika lediglich exotische Kulisse für europäische und amerikanische Filme. In den vergangenen zweieinhalb Jahrzehnten haben Cineasten des subsaharischen Afrika das Medium Film dazu benutzt, gesellschaftliche Veränderungen bewußt und überschaubar zu machen. Mit großem persönlichem Engagement entstanden etwa 190 Kurzfilme und über hundert Spielfilme. Es gab kaum staatliche Unterstützung, die technischen Voraussetzungen für die Herstellung fehlten. Die Regisseure haben sich ihr Handwerk zum großen Teil autodidaktisch angeeignet oder haben im Ausland studiert, da es noch keine nationalen Ausbildungsstätten gibt. Vor allem in einigen frankophonen westafrikanischen Ländern (Senegal, Mali, Burkina Faso, Guinea, Elfenbeinküste), in den letzten Jahren aber auch in Ghana, Nigeria, der VR Kongo, Zaïre, Gabun, Äthiopien, Tschad, Angola und Moçambique entstanden Spielfilme von großer künstlerischer Aussagekraft. In der 1971 gegründeten Föderation Afrikanischer Cineasten sind etwa 450 Filmschöpfer vereint, darunter solche inzwischen im Ausland bekannt gewordenen Regisseure wie Sembene Ousmane aus Senegal und seine Landsleute Maham J. Traoré, Babacar Samb, Tidiane Aw und Safi Faye, wie Oumarou Ganda und Moustapha Alassane aus Niger, Med Hondo und Sydney Soklona aus Mauretanien, die in Guadeloupe geborene Regisseurin Sarah Maldoror, Souleymane Cissé und Sega Coulibaly aus Mali, Ola Balogun aus Nigeria, Dikongue-Pipa aus Kamerun u. a. Der profilierteste Regisseur des jungen afrikanischen Films ist zweifellos der 1933 geborene Sembene Ousmane, der sich zunächst als Schriftsteller einen Namen machte, sich dann aber dem Medium Film zuwandte, weil er ihn unter den kulturellen Bedingungen Afrikas für massenwirksamer hält. In seinen Filmen »La noire de ...« (1966), »Die Postanweisung« (1968), »Emitai« (1972), »Xala« (1976) und »Ceddo« (1977) hat er die Probleme Afrikas realistisch eingefangen: den nationalen Befreiungskampf und die inneren Veränderungen, vor allem die Zuspitzung sozialer Gegensätze durch die kapitalistische Entwicklung. Sembene Ousmane selbst zu seinen Filmen: »Was ich versuchte, ist, Bewußtwerdungen zu provozieren.«

Die Spielfilme aus dem subsaharischen Afrika beinhalten folgende, immer wieder neu gestaltete Themenkreise: obenan den antikolonialen Befreiungskampf, wozu Filme zählen wie Sembene Ousmanes Film »Emitai« (Der Donnergott), der den Widerstand eines senegalesischen Dorfes gegen die französischen Kolonialisten zeigt, ebenso Sarah Moldoros Film »Sambizanga« (nach dem Roman von Luandino Vieira), der den beginnenden Widerstand in Angola auf bewegende Weise beschreibt, oder der moçambiquische Spielfim »Mueda« von Roy

Guerra, in dem der authentische Fall eines Massakers der Kolonialisten gegen ein Dorf angeklagt wird.

Das zweite große Thema kreist um die Abwanderung in die Stadt. Diese Filme suchen den Ursachen der Abwanderung nachzugehen (Flucht vor Hunger und Dürre, aber auch vor den traditionellen Hierarchien und überlieferten Verhaltensnormen) und die neuen sozialen Probleme in der Stadt – Arbeitslosigkeit, Kriminalität, Prostitution – zu reflektieren. In Tidiane Aws Film »Das Bronzearmband«, in Maham Traorés Film »Kaktus« sowie in Dikongue-Pipas Film »Preis der Freiheit« und zahlreichen anderen werden Migrantenschicksale gestaltet.

Drittens geht es um die Veränderungen in der Rolle der Frau. Das Schicksal von Frauen in der sich wandelnden Gesellschaft und im Veränderungsprozeß der Wertvorstellungen hat zahlreiche Filme zu aktuellen Spiegeln dieser Situation gemacht. Hervorzuheben sind die Filme »diegue-bi« (Die Frau) und »dinakha-bi« (Das junge Mädchen) von Maham Traoré, ferner »Muna moto« (Das Kind des anderen) von Pierre Dikongue-Pipa sowie »Wazzou polygame« von Oumarou Ganda.

Viertens ist in den Filmen sozialkritischer Cineasten auch eine Gegenüberstellung der Wertvorstellungen und Lebensweise des afrikanischen Bürgertums einerseits sowie der Arbeiter und Stadtarmen andererseits zu beobachten. Sembene Ousmanes Film »Xala« ist hierfür ein besonders eindrucksvolles Beispiel beißender Satire; mit künstlerischer Meisterschaft ist dies auch in anderen Filmen gestaltet, wie in Souleymane Cissés »Lastenträger«, in Moustapha Alassanes Film »F. V. V. A.« (Frauen, Villa, Auto, Geld) oder in Ola Baloguns Film »Money Power«.

Weitere Themen, die wiederholt von afrikanischen Regisseuren aufgegriffen wurden, sind die Lage der afrikanischen Gastarbeiter in Frankreich und die Unterdrückung schwarzer Afrikaner in Südafrika.

Wellblechhütte und Hochhaus: Die Anziehungskraft der Stadt

Die Städte Afrikas sind Schnittpunkte der Hoffnungen auf ein besseres Leben. Tausende verlassen in jedem Jahr ihre Dörfer in der Hoffnung, in der Stadt Arbeit, Geld, Bildung und eine neue Art zu leben zu finden. Nirgends sind die sozialen und kulturellen Gegensätze so sichtbar: moderne Hochhäuser mit komfortablen Wohnungen und Büroräumen – Wellblechhütten und Barackensiedlungen aus alten Kisten, Kartons und Bretterresten am Stadtrand; elegante Geschäftsstraßen mit gutgekleideten Passanten – notdürftig zusammengebaute Kioske in den Vorstädten, in denen Zigaretten, Cola, Bier und Kleinwaren angeboten werden und vor denen zerlumpte Kinder um Süßigkeiten betteln; teure, schnittige Autos – neben überladenen Lastwagen, zerbeulten Taxis, überfüllten Bussen und holprigen Eselskarren; Supermärkte, deren Auslagen begehrte Importartikel zur Schau stellen – einheimische Märkte am Stadtrand mit Früchten, Gemüse, Gewürzen, Baumwollstoffen, Sandalen aus Autoreifen, billigem Schmuck und Hausrat, dazwischen Straßenhändler mit Getränken, gerösteten Erdnüssen oder Maiskolben, mit Streichhölzern oder Zeitungen vom Vortag; vollklimatisierte Bars mit teuren fremdländisch klingenden Mixgetränken – verräucherte Kneipen, in denen selbst Bier den Kunden eigentlich ein kaum erschwinglicher Luxus erscheint; Kinder, die in einem Restaurant um ein Glas Wasser bitten …

Die Städte haben für alle Bedürfnisse etwas zu bieten, nur eines haben sie nicht: Arbeit für alle. Was erhoffen sich dann die Einwanderer, die täglich neu eintreffen? Eine Umfrage in Nigeria nach den Gründen für diesen Hang zur Stadt ergab, daß sie deshalb so attraktiv ist, weil sie ein Leben verspricht, das informativer ist als im Dorf (durch Bildungseinrichtungen, Bibliotheken, Rundfunk und Fernsehen, Möglichkeiten für das Erlernen von Fremdsprachen), als zivilisierter betrachtet wird, (es gibt elektrisches Licht, sauberes Wasser, gute Straßen, schöne Häuser, schnelle Autos, Taxis u. a.), kurzweiliger, amüsanter ist (man kann ins Kino gehen oder zu Tanzvergnügen, kann neue Bekanntschaften schließen).

Abwanderung in die Stadt heißt jedoch für die meisten nicht nur Suche nach neuartigen Tätigkeiten, sondern bald nach Arbeit überhaupt oder eine Form des Überlebens. Viele junge Menschen sehen in Kriminalität und Prostitution einen letzten verzweifelten Ausweg. In seinem Roman »Kill me quick« beschreibt der kenianische Schriftsteller Meja Mwangi das Schicksal eines jugendlichen Schulabgängers, der in die Stadt geht und seinen Traum vom gutbezahlten Job Stück für Stück zerfallen sieht. Dieses Schicksal steht für viele, deren Hoffnungen in der Stadt scheitern. Im Jahre 1960 resultierten 48 % des städtischen Wachstums in Afrika aus Zuwanderungen aus den Landgebieten. Die Zahlen dürften heute noch höher liegen.

Millionenstädte

Die Stadtbevölkerung Afrikas wächst, verglichen mit anderen Entwicklungsländern, am raschesten. Sie hat sich von 1950 bis 1980 vervierfacht. Jährlich kommen 10 Millionen neue Stadtbewohner hinzu. Während noch 1960 nur 18,4 % der afrikanischen Bevölkerung in den Städten lebten, waren es 1970 bereits 32 %, und Schätzungen zufolge werden es im Jahre 2000 etwa 42 % der Gesamtbevölkerung sein. Von 1960 bis 1986 hat sich die Stadtbevölkerung um 125 Millionen Menschen vergrößert. Rasant wachsen die Großstädte: 1985 gab es in Afrika bereits 26 Millionenstädte, darunter Abidjan mit 1,8 Millionen Einwohnern, Accra mit 1,5 Millionen, Addis Abeba mit 2 Millionen, Dakar mit 1,3 Millionen, Dar es Salaam mit 1,3 Millionen, Harare mit 1,1 Millionen, Kinshasa mit 3,6 Millionen, Lagos mit 5 Millionen, Luanda mit 1,2 Millionen, Maputo mit 1 Million und Nairobi mit 1,4 Millionen Einwohnern. Dieser Prozeß der Konzentration städtischen Wachstums auf wenige Städte mit außerordentlich großer Bevölkerungsdichte wird sich in den nächsten Jahrzehnten noch verstärken.

Dem enormen Bevölkerungszuwachs sind die afrikanischen Städte nicht gewachsen: Es fehlt an Arbeitsmöglichkeiten, an Infrastruktur, an Wohnraum, an städtischen Dienstleistungen. Untersuchungen von 1980 in Abidjan, Accra, Lagos, Nairobi,

Joao Paulo, Moçambique

Dakar, Kinshasa und Lusaka ergaben, daß mindestens die Hälfte der Stadtbevölkerung in Elendsquartieren lebt. Diese Situation ist zu einem Teil auf den Charakter der großen Städte Afrikas zurückzuführen, sind sie doch nicht, wie die Europas, langsam mit der Industrialisierung gewachsen, sondern haben sich vor allem aus islamischen Zentren, aus Knotenpunkten und Städten des Handels in vorkolonialer Zeit sowie aus städtischen Ansiedlungen während der Kolonialzeit gebildet, die Verwaltungszentren waren oder mit dem Export der Rohstoffe und Agrarprodukte verbunden waren, z. B. Hafenstädte und Eisenbahnknotenpunkte. Nur wenige Städte konnten schon damals mit Industrie und Bergbau aufwarten, so die Städte im Kupfergürtel Sambias. In der Siedlungs- wie auch in der Sozialstruktur der Stadtbevölkerung ist diese zu Europa unterschiedliche Stadtentwicklung erkennbar.

Traditionelle Stadtstrukturen

Viele afrikanische Klein- und Mittelstädte sind als Handelszentren entstanden und so mit der örtlichen Landwirtschaft und dem lokalen Handwerk verknüpft. Die regelmäßig durchgeführten Märkte waren wichtige Umschlagplätze für lokale und eingeführte Produkte. Typische Beispiele hierfür sind die Städte Däbaräk und Adi Arkay an der Straße Gondar – Asmara in Äthiopien. Sie entstanden als »Zwischenstationen« für Händler und Durchreisende unterschiedlicher Berufe, die Übernachtung, Verpflegung, medizinische Pflege oder Zerstreuung suchten. Bereits zu Anfang des 19. Jahrhunderts lockten sie an den Markttagen die Besucher an. Hier konnten sich die Bewohner der Umgebung mit Produkten versorgen, die nicht lokal hergestellt wurden, wie Zucker, Salz, Gewürzen, Kaffee, Rohbaumwolle u. a. In den siebziger Jahren unseres Jahrhunderts besuchten jeden Mittwoch 10 000 Käufer und Verkäufer den Markt, um Landwirtschaftsprodukte, Vieh und Haushaltswaren zu kaufen und Informationen auszutauschen. Mit der Zahl der Händler stieg die Zahl der Ausschankstuben für selbstgebrautes Bier (Tälla) und für Speisen.

Vielfach waren diese kleinen Handelsstädte zugleich Zentren des politischen und religiösen Lebens der Region: Dort befanden sich Kirchen und Moscheen, Amtsstuben der kommunalen Regierungsbeamten oder der Kolonialverwaltung sowie Polizeistationen. In diesen Städten fand sich häufig das einheimische Handwerk zusammen, hier boten die im Familienbetrieb arbeitenden Weber, Schmiede, Töpfer, Tischler und Färber ihre Waren an.

Einen ähnlich endogenen, mit der inneren Entwicklung der afrikanischen Gesellschaften verbundenen Charakter haben jene Städte, die Sitz afrikanischer Herrscher waren und zugleich ein reges kulturelles Leben besaßen. Dies trifft auf die Zentren der islamischen Reiche Westafrikas zu (Djenne, Timbuktu), der Yoruba- und Ashanti-Reiche (Ife, Benin, Kumasi) oder auf Addis Abeba, das, 1890 als Garnisonsstadt des Kaisers Menelik II. gegründet, Hauptstadt des Kaiserreiches Äthiopien wurde. Zu den traditionellen Hafenstädten kamen während der Kolonialzeit noch Mombasa, Dar es Salaam, Pointe, Noire, Maputo, Douala u. a. hinzu.

Kolonialstädte

Stark von europäischen Einflüssen geprägt sind jene Städte, die als Zentren der Kolonialadministration in ihrer Anlage für Europäer konzipiert wurden. Typisch für ein solches Stadtbild waren das Zentrum mit den Banken, Bürohäusern, Geschäftsstraßen und Verwaltungsgebäuden und das Wohnviertel der Europäer, das aus Villen, Park- und Gartenanlagen, Tennis- und Golfplätzen bestand. Die in der Stadt beschäftigten Afrikaner hingegen – Hausangestellte, Handwerker, Arbeiter im Dienstleistungsbetrieb, Händler – wohnten am Stadtrand in gesonderten Vierteln, die Mehrheit in behelfsmäßigen Unterkünften. In seinem Gedicht »Westliche Zivilisation« beschreibt Agostinho Neto das Leben in den Musseques, den Elendsvierteln von Luanda, in denen die Kolonialarbeiter angesiedelt waren:

Blechbüchsen an Latten genagelt
die in die Erde gerammt
das macht ein Haus

Die Lumpen ergänzen
das vertraute Milieu
die Sonne sticht durch die Ritzen
und weckt den Bewohner
nach den zwölf Stunden
Sklavenarbeit

Steine klopfen
Steine karren
Steine klopfen
Steine karren
in Sonnenglut
im Regenguß
Steine klopfen
Steine karren

Das Alter kommt früh
Eine Schilfmatte in finstren Nächten
genügt ihm zum Sterben
dankbar
und vor Hunger.

Diese Kolonialstädte waren für die Besiedlung durch größere afrikanische Bevölkerungsgruppen nicht vorgesehen. Ein Beispiel dafür ist die Hauptstadt Moçambiques, Maputo, während der Kolonialzeit Laurenco Marques. Die Stadt teilte sich in die schön gelegenen Wohnviertel der Europäer, die von den Afrikanern nicht betreten werden durften (ausgenommen Hausangestellte mit Genehmigung), und in die »Afrikanerstadt« mit ihren Hütten und Kleinstläden; hier gab es weder elektrisches Licht noch fließendes Wasser und Kanalisation.

Ähnlich lagen die Dinge in anderen kolonialen Verwaltungsstädten. Diese Städte aber sind es vor allem, die seit Erringung der Unabhängigkeit am stärksten wachsen, da sie – nun Hauptstädte der unabhängigen Staaten – zu Zentren des politischen und kulturellen Lebens werden. Industrie sucht man in diesen Städten meist vergebens, da bildet Maputo mit seinen umliegenden Industriebetrieben schon fast eine Ausnahme. Zuwanderer finden Arbeit höchstens im Handel, im Dienstleistungsbetrieb oder in der städtischen Verwaltung, aber diese Plätze sind natürlich nur sehr begrenzt vorhanden. Auch in den Städten, die mit Industrie und Bergbau verbunden sind, gibt es mehr Arbeitsuchende als Arbeitsplätze. Zudem wachsen mit der gesellschaftlichen Entwicklung neue Städte. Als Beispiel dafür sei Chitungwiza genannt, die drittgrößte Stadt Simbabwes, die aus der Ansiedlung der schwarzen Arbeitskräfte außerhalb der kolonialen Metropole Salisbury (jetzt Harare) entstand und heute mit staatlicher Förderung für den Bau von neuen Wohnungen, Geschäften, Kultur- und Sportstätten ausgebaut wird.

Der starke Zustrom in die Städte hat in den vergangenen Jahren zu einem Anwachsen der Slumsiedlungen an den Stadträndern geführt. Auf der Habitat-Konferenz der UNO über menschliche Siedlungen 1976 mußte festgestellt werden: Ein Drittel oder mehr der gesamten Stadtbevölkerung in den Entwicklungsländern lebt in Slums und Behelfssiedlungen; ein großer Teil der Menschen hat kein Wasser in einer Entfernung von 100 Metern von ihrer Wohnung; mehr als die Hälfte aller Menschen in den Entwicklungsländern hat keinen elektrischen Strom, nach Sonnenuntergang fehlt eine ausreichende Lichtquelle.

Infrastrukturen

Nach Erringung der Unabhängigkeit begannen die Regierungen der afrikanischen Staaten auf der Grundlage staatlicher Pläne und Investitionen, Lösungen für die sozialen Probleme in den Städten in Angriff zu nehmen. Der Aufgabenbereich ist groß. Er umfaßt Wohnungsbau, Bereitstellung von öffentlichen Verkehrsmitteln, Wasserversorgung, Abwasserbehandlung, Errichtung von Kultur- und Sportstätten sowie Erholungsmöglichkeiten. Solche Pläne und deren Realisierung sind allerdings weitgehend von der gesellschaftlichen Orientierung des jeweiligen Staates geprägt. In einer Reihe von afrikanischen Ländern mit kapitalistischem Entwicklungsweg werden vor allem privatwirtschaftliche Lösungen für den Wohnungsbau gesucht, so daß Mietwucher und Abhängigkeit von privaten Hausbesitzern die Lage der armen Stadtbevölkerung zusätzlich erschweren. Die Staaten, die den nichtkapitalistischen Entwicklungsweg gewählt haben, stehen vor ebenso großen Problemen, was die soziale Situation in ihren Städten betrifft, aber es wird versucht, die Lebensbedingungen planmäßig zu verbessern und das städtische Wachstum zu kontrollieren. In Maputo z. B. begann nach 1975 die Umsiedlung afrikanischer Familien in die vormals europäischen Stadtviertel, zugleich wurde der Neubau mehrgeschossiger Wohnhäuser vorangetrieben. Mieten werden nach Einkommen und Größe der Familien festgelegt. So konnten bereits viele Familien aus den »canissos«, den »Kanisterstädten«, in feste Häuser umquartiert werden. Damit einher ging die bessere Versorgung der Bevölkerung mit Trinkwasser. Das bisher einzige Wasserkraftwerk der Stadt konnte allerdings nur die Hälfte des Wasserbedarfs decken. Von der einen Million Einwohner der Stadt versorgen sich gegenwärtig noch etwa 600 000 aus Brunnen, nur 60 000 Familien haben Wasseranschlüsse in den Wohnungen. Der Weg zum Brunnen ist für die Frauen oft weit und beschwerlich. Durch den Bau einer neuen Entnahme- und Aufbereitungsanlage wird sich die städtische Wasserversorgung wesentlich verbessern.

Ebenso belastend ist die Verkehrssituation in den afrikanischen Städten. So wurde der öffentliche Nahverkehr in der Millionenstadt Luanda noch 1982 von 80 Bussen bestritten, die täglich bis zu 84 000 Menschen transportierten. Durch den Import neuer Busse und die staatliche Subventionierung des Fahrpreises haben sich die städtischen Lebensbedingungen für breite Schichten verbessert. Vor ähnlichen Problemen stehen auch andere Länder. Eine Untersuchung in Nigeria ergab, daß Arbeiter nur zu einem Drittel öffentliche Verkehrsmittel benutzen, weil sie zu überfüllt oder zu teuer sind.

Städtische Lebensweise

In den vergangenen Jahren haben sich vor allem die sozialen und kulturellen Gegensätze in den kapitalistischen Großstädten Afrikas sehr vergrößert. Für die Zuwanderer aus den ländlichen Gebieten sind mit den städtischen Lebensbedingungen gravierende Veränderungen in der Lebensweise verbunden. Primär ergeben sie sich aus den andersartigen Wohnbedingungen: Im Dorf hatte jede Familie (oder sogar jeder Mann und jede Frau) ihre eigene Hütte. Die Umstellung auf das Wohnen in engen, überbelegten Mietwohnungen verändert die Formen des Zusammenlebens, schafft neue soziale und psychische Probleme.

Der Übergang zur städtischen Lebensweise zieht allmählich den Wandel von der Großfamilie zur Kleinfamilie (Ehepaar mit unverheirateten Kindern) nach sich. In der Mietwohnung ist kaum genug Platz für die Kleinfamilie – man rechnet mit einer durchschnittlichen Belegung von 3,6 Personen je Raum –, so daß schon räumlich das weitere Zusammenleben in der Großfamilie unmöglich wird. In der Regel bleiben die Eltern und jüngeren Geschwister der städtischen Zuwanderer im Dorf und damit der Landarbeit verbunden. Dennoch besteht die enge Verbindung zur Großfamilie für eine längere Zeit weiter. Eine Befragung bei Industriearbeitern in Nigeria zeigte, daß mindestens ein Viertel der Lohneinnahmen zur Unterstützung der Großfamilie aufgewendet wird. Arbeiter schicken Geld für den Unterhalt oder die Ausbildung der Geschwister ins Dorf, das Bewirten von Familienangehörigen beim Aufenthalt in der Stadt ist selbstverständliche Verpflichtung. Die Einheit der Großfamilie gibt moralische Kraft selbst dann noch, wenn die Familie im Dorf keine materielle Sicherheit mehr bieten kann. Zu beobachten ist allerdings, daß sich die Normen der traditionellen Großfamilie in der Stadt aufzulösen beginnen. Die junge Generation setzt mehr und mehr ihren Anspruch durch, wichtige Entscheidungen selbst zu treffen, unabhängig von den Familienoberhäuptern.

Wie anderswo sind auch die kulturellen Angebote der jungen afrikanischen Staaten weitgehend in den Städten konzentriert: Museen, Theater, Galerien, Kinos, Fußballplätze, Sportstadien, Kulturhäuser, Buchläden und Schallplattengeschäfte, Tanzlokale, Gaststätten, Kneipen ... Ihre Nutzung hängt in starkem Maße von der sozialen Situation des einzelnen ab. Das entstehende afrikanische Bürgertum entwickelt seine eigenen Formen von Lebensweise, wobei das Vorbild der westeuropäischen und amerikanischen Bourgeoisie großen Einfluß hat. So entstehen spezifische Formen von Gesellschaften, z. B. private Klubs, private Sportvereine oder »Sun-down-Partys« nach britischem Vorbild, und kulturelle Aktivitäten, die zu einer Identifikation führen, wie Theater-, Museen-, Galerie-, Barbesuche u. a. Für die breiten Massen der Bevölkerung sind diese Angebote viel zu teuer und ungewohnt, sie unterhalten sich auf weniger exklusivem Niveau, etwa in Bierlokalen, auf Sportveranstaltungen und in Kinos, wobei das Kino den eindeutig höchsten Stellenwert besitzt.

Attraktion Kino

Kino – das heißt einerseits moderne vollklimatisierte Lichtspielhäuser, andererseits billige Vorstadtkinos ohne Komfort, mit blanken Holzbänken. Die 2450 Kinos in Afrika, zumeist in Privatbesitz, befinden sich in Groß- und Mittelstädten, daneben verfügen einige Länder über ein mobiles Filmwesen für den Einsatz auf dem Lande, wie in Kenia, Sambia oder Moçambique. In Ghana gibt es etwa hundert Kinos, in Kenia wurden 1980 32 Kinos gezählt, in Moçambique 12, davon allein 11 Kinos in der Hauptstadt Maputo, in Sambia verteilen sich die Kinos auf Lusaka und Kitwe im Kupfergürtel. Das Kino ist für die Arbeiter, kleinen Gewerbetreibenden und Händler eine außerordentlich große kulturelle Attraktion, obwohl die technischen Aufführungsbedingungen in den Vorstadtkinos meist unzureichend sind. Da die Filme von den großen imperialistischen Verleihgruppen angekauft werden müssen, besteht das Angebot in der Regel aus minderwertigen Filmen amerikanischer, französischer und indischer Produktion; eigene Filme finden den Weg in die afrikanischen Kinos nur selten. So werden die Helden aus einer anderen Welt – Supermänner, Sternenkrieger, Spione, Killer oder Traumgestalten aus dem Milieu der Reichen – zu neuen Leitbildern für Erfolg und sozialen Aufstieg. Die importierten Filme wirken vor allem über ihre Bildhaftigkeit, ihre Bildsprache, da sie selten synchronisiert, sondern mit französischen oder englischen Untertiteln versehen sind, die die Zuschauer meist nicht lesen können. Wie Kulturpolitiker und afrikanische Filmschöpfer wiederholt betonten, liegt gerade darin ihre negative Wirkung auf Modelle von Lebensweise und Verhalten, weil die Zuschauer sie weder bewerten noch einordnen können und den so vermittelten Wertvorstellungen kaum eigene – ebenfalls im Kino – entgegengestellt werden.

Die Beliebtheit des Kinos geht einher mit wachsenden Bedürfnissen nach Unterhaltung und Entspannung. Für die Jugend trifft das in besonderem Maße zu: Sie braucht Tanz und Musik und alles, was dazugehört – Tanzlokale, Musikgruppen, die in öffentlichen Veranstaltungen auftreten, und eigene Schallplattenproduktionen. Auch Musikhören über das Radio erfolgt vielfach gemeinsam. Hier wirken heute natürlich zunehmend auch internationale Angebote, allen voran die amerikanische Rock- und Popmusik, die Maßstäbe für die nationale Unterhaltungsmusik setzt.

Kulturarbeit

Um den neuen kulturellen Bedürfnissen breiter Massen und vor allem Jugendlicher mit nationalen Angeboten zu begegnen, haben sich in den vergangenen zehn Jahren neue Formen städtischer Kulturarbeit herausgebildet. So entstanden die ersten Kulturhäuser in Moçambique, Jugend-Kulturzentren in Ghana, Kulturklubs für Bergarbeiter in Simbabwe, Kulturzentren in Angola usw. Hier finden Tanzveranstaltungen statt, gibt es Zirkel für eigene schöpferische Tätigkeit, werden handwerkliche Traditionen gepflegt, Bildungsprogramme und Kulturveranstaltungen organisiert. Durchgesetzt haben sich auch Kulturformen der Massenorganisationen, wie die Tanz- und Theatergruppen der Jugendverbände in Ghana, Angola, Moçambique, die Kebele- oder (Einwohner-)Theater in Äthiopien und die Tanz- und Laientheaterbewegung in den Betrieben Moçambiques, die seit der Vorbereitung des Nationalen

Tanzfestivals 1978 Tausende erfaßt hat, vorwiegend in Gruppen hauptstädtischer Betriebe (von den Bankangestellten, den Beschäftigten der Verkehrsbetriebe bis zu Arbeitern der Glasfabrik, des Hafens und anderer Einrichtungen). Selbstverständlich reichen auch diese Organisationsformen und Einrichtungen noch nicht aus, um die neuen kulturellen Bedürfnisse der Stadtbevölkerung zu befriedigen, aber sie machen deutlich, daß sich die Regierungen und Massenorganisationen einiger Länder diesem Problem stellen.

Die Entwicklung städtischer Kulturarbeit wird durch zwei Faktoren gehemmt: die materiellen Schwierigkeiten der afrikanischen Staaten, die für aufwendige Programme zur Zeit einfach keine Mittel freisetzen können, und die Tatsache, daß der dringende Wunsch nach Freizeitangeboten historisch noch relativ jung ist. Kulturgeschichtlich entsteht Freizeit als individuell frei verfügbare Zeit für Mußetätigkeiten erst mit dem Übergang von vorkapitalistischen Gesellschaften zu Gesellschaften höherer Produktivität, mit der mathematisch berechenbaren Trennung von Arbeitszeit und Freizeit. In der traditionellen Dorfgemeinschaft erfüllten die abendlichen Palaver der Männer oder der Schwatz der Frauen beim Wasserholen und die regelmäßigen gemeinsamen Feste und Feiern der Gemeinschaft die Bedürfnisse nach Geselligkeit und Unterhaltung, meist im Kreis der Alters- und Geschlechtergruppen. Für die Arbeiter und Angestellten in den afrikanischen Städten, oft die »Arbeiter der ersten Generation«, ist Freizeit eine völlig neue Erfahrung. Die Zuwanderer aus dem Dorf – herausgerissen aus der Geborgenheit der dörflichen Gemeinschaft – fühlen sich zunächst wie in einem Vakuum, erst allmählich stellen sich neue kulturelle Gewohnheiten ein: Kartenspielen, Besuch von Fußballspielen, Tanzengehen, Teilnahme an Versammlungen und Veranstaltungen des Betriebes, der Massenorganisationen o. a. Freizeiteinrichtungen als kommerzielle, staatliche oder gesellschaftliche Unternehmen haben in den afrikanischen Staaten nur in Ausnahmefällen eine längere Tradition.

Problem Freizeit

Verändert haben sich auch die Gruppen, in denen die Freizeit verbracht wird. Ursprünglich haben sich Neuankömmlinge in der Stadt zunächst auf ihre eigene ethnische Basis orientiert, auf Menschen, die dieselbe Sprache sprechen und traditionell Bekanntes verkörpern. So entstanden Vereine und Verbände, wie die ersten Selbsthilfegruppen für Angehörige ein und derselben ethnischen Gemeinschaft, wie in den dreißiger Jahren in Westafrika und in den fünfziger Jahren die Idir in Äthiopien zur gegenseitigen Unterstützung in den Städten. Auf dieser Basis der Selbsthilfe entwickelten sich vor allem in westafrikanischen Städten, so Ghanas und Sierra Leones, noch während der Kolonialzeit auch Kulturgruppen, etwa Trommlergruppen. In diesen ersten ethnischen Sekundär- oder Ersatzgemeinschaften fand der Zuwanderer in der Stadt Menschen, die dieselbe Sprache sprachen wie er, wurde unterstützt bei Krankheit oder Unglücksfällen. Er verbrachte hier gemeinsam mit der Gruppe einen großen Teil seiner Freizeit bei Tanz und Geselligkeit. Diese ethnische Gruppenbildung hat sich in den Städten auch deswegen über lange Zeit stabil erhalten, weil in der Regel Angehörige derselben ethnischen Gemeinschaft zunächst in einem Viertel oder einer Straße wohnten. Diese Art Gruppen verlieren seit den letzten Jahren mehr und mehr an Bedeutung zugunsten anderer Gruppen: Berufskollegen, Angehörige der gemeinsamen Massenorganisation (Gewerkschaft, Frauenorganisation, Partei), Sport- und Kulturgruppen auf der Basis gleicher politischer, sozialer und kultureller Interessen.

Unter den gegenwärtigen Bedingungen des unkontrollierbaren Wachstums afrikanischer Städte mit seinen enormen sozialen Folgen können allerdings Kulturangebote nur von denen genutzt werden, die über ein festes Einkommen verfügen, Arbeit haben und oberhalb einer Armutsgrenze leben, oberhalb des Existenzminimums. »Stadtkultur« – das heißt für Slumbewohner und Arbeitslose zunächst: Wohnraum, Nahrung, Arbeit, soziale Sicherheit, ein Mindestmaß an Entfaltungsmöglichkeiten. Doch noch viel zu viele Menschen in den Großstädten Afrikas, vor allem aber den kapitalistischen, müssen mühsam ihr Dasein fristen, ihre Arbeitskraft wird nicht gebraucht, sie können sich nicht produktiv beweisen. Wenn dennoch jedes Jahr Tausende vom Dorf in die Stadt ziehen, dann muß ihnen wohl dort das Überleben immer noch sicherer erscheinen als in ihrem ausgezehrten Dorf.

Neue Waren – neue Werte?

In den Werken zahlreicher afrikanischer Künstler – ob in Romanen oder Filmen – werden der gegenwärtige Gesellschaftsprozeß und der damit einhergehende kulturelle Umbruch vor allem unter dem Aspekt des Wandels in den Einstellungen und Verhaltensweisen reflektiert. Dieser oft beschriebene »Umbruch der Werte« wird vorwiegend als negativ empfunden. Der allmähliche Verfall von Wertorientierungen, die als lange Traditionen in den vorkapitalistischen Agrargemeinschaften weitergegeben wurden, zweifellos eine Seite des Übergangs zu neuen Gesellschaften, schafft in der Lebensweise vieler Menschen Konflikte und Probleme. Wo wird dieser Umbruch besonders auffällig?

In einem Lied der Ewe in Ghana wird das Geld dafür verantwortlich gemacht, daß Menschen egoistisch, habgierig und mitleidslos werden. In Büchern, wie »Mein Mercedes ist größer als deiner« des Nigerianers Nkem Nwanko, werden Luxusgüter Motive für Betrug und Mord. Mit der Einbeziehung auch einst isolierter Gebiete in die Marktbeziehungen und die Ware-Geld-Wirtschaft sind heute alle afrikanischen Gemeinschaften von diesem Prozeß erfaßt, der die Bedürfnisse der Menschen, ja ihre Lebensziele so stark verändert hat. In den traditionellen bäuerlichen Gemeinwesen waren die persönlichen Ziele auf soziales Ansehen und angemessene Lebensbedingungen gerichtet, wurden aber weit weniger von materiellen Gütern bestimmt. Eine Erhebung bei den Bariba in Benin ergab, daß Kinder als das Wichtigste im Leben betrachtet werden, erst danach stehen Gesundheit und Geld. Das bestätigten auch Untersuchungen in nigerianischen Dörfern: An der Spitze steht das Bedürfnis nach Frauen und Kindern, bei den Nomaden nach Vieh, daneben das Bedürfnis nach Schmuck und Kleidung. Wie sich die Bedürfnisse bei Industriearbeitern verändert haben, verdeutlicht eine Befragung ebenfalls in Nigeria. Für sie ist erstrebenswert, die Verwandten im Dorf zu unterstützen (also Arbeit zu haben), die Ausbildung der Kinder zu finanzieren, sich eine bessere Wohnung zu leisten, sich Kleidung und Schuhe zu kaufen. Die Bedürfnisse beziehen *Geld* sich vor allem auf den Erwerb von Geld, um damit verschiedenartige Bedürfnisse zu befriedigen. Dies wiederum führt zu erhöhter Bereitschaft zu beruflicher Veränderung und Qualifizierung, für Bildungserwerb usw., was auch darin zum Ausdruck kommt, daß sich die Berufswünsche zu denen hin verändern, die am ehesten Geld und soziales Ansehen versprechen. In einem nigerianischen Dorf nannten ältere Bauern als Berufswünsche für ihre Kinder: Rechtsanwalt, Arzt, Angestellter, Lehrer. Bei der jüngeren Generation, auch bei den Arbeitern in der Stadt, sind Berufe favorisiert, die mit der industriellen Entwicklung verbunden sind: Ingenieur und Techniker. Die veränderten Bedürfnisse sind letzlich also weit weniger auf die Festigung oder Rückkehr zur überkommenen Lebensform gerichtet, sondern auf noch tiefergreifendere Veränderungen. Neue Bedürfnisse, zunächst nach neuen Waren – vom Transistorradio, Fahrrad, Plastegeschirr bis hin zu industriell gefertigter Kleidung –, spielen heute beim Aufbrechen traditioneller Dorfgemeinschaften und bei der Abwanderung in die Stadt eine wichtige Rolle. Eine andere Seite dieses Konsumdenkens ist, daß mit der kapitalistischen Entwicklung für bürgerliche und kleinbürgerliche Schichten bestimmte Waren zu Standards des Sozialprestiges werden, etwa teure Autos, Villen usw., häufig orientiert an Vorstellungen, die die imperialistische Werbung über ihre Agenturen in afrikanischen Medien und auf Werbeflächen erzeugt.

Umbewertung der Generationen

Ein zweiter wichtiger Aspekt in den Diskussionen um Wertveränderungen ist der Zerfall der Großfamilie und damit der Verfall jener Normen des Zusammenlebens, die seit Menschengedenken nach einem festen Verhaltenskodex abliefen. Insbesondere betrifft das die in den Agrargemeinschaften Afrikas bestehende Ältestenherrschaft, die ohne Unterordnung der Jüngeren unter die Älteren nicht funktioniert. Heute in der schnellebigen, sich verändernden Welt, die rasches Reagieren, vor allem in der Wirtschaftsführung erfordert, zählen nicht mehr Erfahrung und Alter, sondern Bildung und Wissen, also Schulbildung, und normierte Leistung. Das zieht zwangsläufig die Umbewertung der Generationen nach sich; die Jüngeren zollen den Älteren nur bedingt, nicht mehr bedingungslos, Achtung und Gehorsam. Konflikte entstehen dort, wo junge Leute, ausgerüstet mit dem Selbstbewußtsein

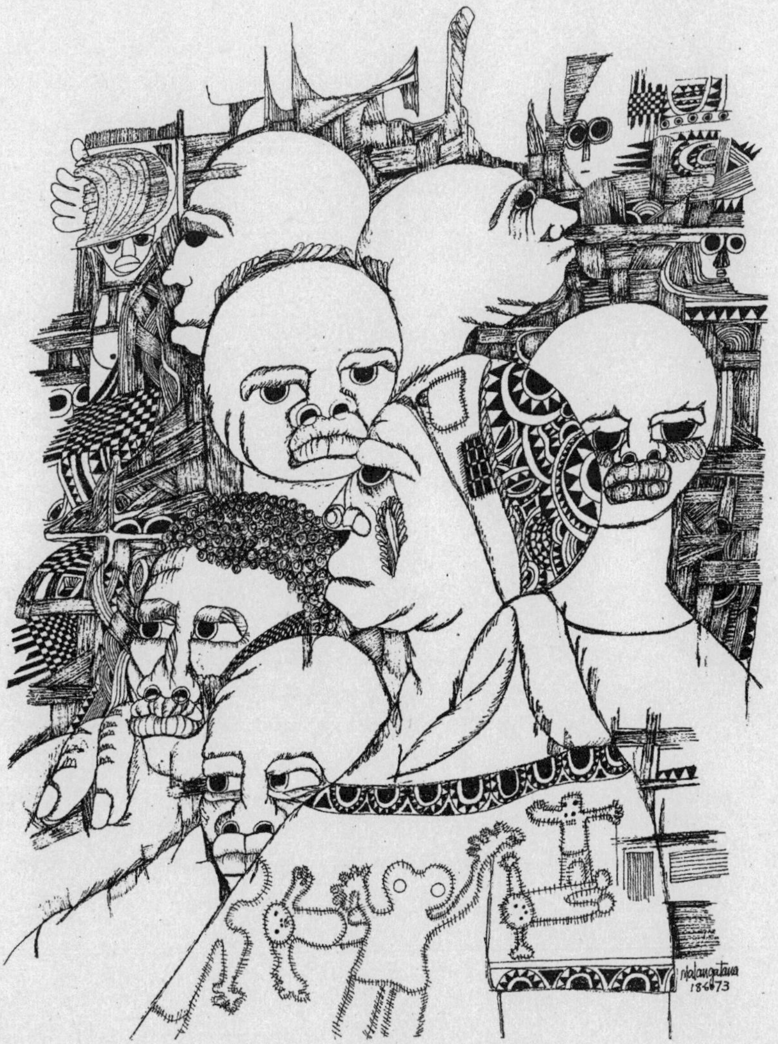

Malangatana, Moçambique

der Leistungsstärkeren und Gebildeteren, die traditionellen Hierarchien nicht mehr respektieren und sich den Entscheidungen der Ältesten über ihre Arbeit oder ihr Privatleben (Heirat) nicht mehr unterwerfen wollen.

Der Zerfall der Großfamilie wird auch unter einem anderen Gesichtspunkt beklagt: Mit ihm droht das traditionelle System der Altersversorgung zu zerbrechen, das auf der Verpflichtung der Kinder zur Versorgung der Eltern im Alter beruht. Noch sind keine umfassenden staatlichen Regelungen für Altersversorgung in Kraft, die hier eine Alternative schaffen könnten, zumal die Kinder, abgewandert in die Stadt, als Industriearbeiter – oder ohne Arbeit – oft gar nicht mehr in der Lage sind, diesen Verpflichtungen ausreichend nachzukommen, weil sie um ihre eigene Existenz kämpfen müssen. Die traditionelle Vorstellung »viele Kinder – versorgtes Alter« stimmt heute nicht mehr unbedingt. Für viele Angehörige der älteren Generation bricht damit eine Welt zusammen, geht die Zielsetzung ihres Lebens verloren. Die nigerianische Schriftstellerin Buchi Emecheta hat diesen Verlust der Werte sehr anschaulich in ihrem Roman »Die Freuden einer Mutter« beschrieben.

Neue Frauenrollen

Eine Umbewertung ihrer sozialen Rolle und ihres Ansehens haben in Afrika die Frauen erfahren. Schon durch ihre aktive, unentbehrliche Teilnahme am nationalen Befreiungskampf gewannen sie das Selbstbewußtsein, sich gegen die Unterdrükkung der Frau in den traditionellen Gemeinschaften aufzulehnen. Ihre Forderungen nach Gleichberechtigung in der Familie und nach Mitspracherecht in öffentlichen Angelegenheiten wurden immer lauter. Durch die neuen Bildungsmöglichkeiten für Mädchen und Frauen im Rahmen nationaler Bildungspolitik und durch ihr Vordringen in neue Berufe begann sich ihre ökonomische Unabhängigkeit abzuzeichnen; verständlich also, daß solche Institutionen der patriarchalischen Gesellschaften wie Polygamie und Brautpreis, die noch weit verbreitet sind, ihre immer stärkere Ablehnung herausforderten. Die nach der Unabhängigkeit entstandenen Frauenorganisationen einer Reihe von afrikanischen Staaten haben diese Forderungen nach Neubewertung der Rolle der Frau in der Gesellschaft aufgegriffen.

Künstlerisch spiegeln sich dieser Prozeß und die damit verbundenen Konflikte vielfältig wider. Das reicht von der Gestalt der Perpetue des Kameruner Schriftstellers Mongo Beti in »Perpetue oder die Gewöhnung ans Unglück«, die trotz ihres Willens nach Selbstbestätigung in beruflicher Entwicklung und individueller Partnerwahl an den gesellschaftlichen Widerständen zugrunde geht, bis zu der selbstbewußten Lehrerin und Befreiungskämpferin Ondina, der weiblichen

Hauptfigur des angolanischen Schriftstellers Pepetela in »Mayombe oder eine afrikanische Metamorphose«, die ihren Weg bereits selbst bestimmt.

Neue Ideale und Wertvorstellungen, die schon während des nationalen Befreiungskampfes in die Agrargemeinschaften eindrangen, sind jene, die durch neue Ideologien und Weltanschauungen, durch politische Programme und Orientierungen Verbreitung fanden. Durch sie entstanden neue Zielvorstellungen für das Leben, die über die ethnische Gemeinschaft hinausgingen: Orientierungen auf die Nation oder darüber hinaus eine Einbettung in größere politische Bewegungen, etwa die der »dritten Welt« oder des Sozialismus. Diese Wertorientierungen sind mit neuen Idealen und Verhaltensnormen verbunden, die sich nicht nur auf die enge Familie und Gemeinschaft beziehen, sondern auf den sozialen Fortschritt im Großen richten.

Wanderer zwischen den Kulturen

»El-Hadji Abdul-Kader Béye war sozusagen das Produkt zweier Kulturen. Eine europäische und bürgerliche Ausbildung, und dazu eine afrikanische und feudale Erziehung. Wie seine Kollegen verstand er es, sich geschickt beider Systeme zu bedienen. Die Verschmelzung war keineswegs vollständig.« In seinem Roman »Xala« beschreibt der senegalesische Schriftsteller Sembene Ousmane Aufstieg und Untergang des Geschäftsmannes El-Hadji Abdul-Kader Béye, dessen Alltag davon geprägt ist, daß er sich Wertvorstellungen und Lebensweisen der wohlhabenden Bourgeoisie angeeignet hat, sich aber nicht von den Normen der »traditionellen« Gesellschaft lösen kann. Seine Hochzeit mit der dritten Frau (nach islamischen Brauch in der Moschee als Ehekontrakt durch Bevollmächtigte in Abwesenheit des Brautpaares vollzogen) ist ein Beispiel der Mischung von bürgerlichem Konsumbedürfnis und Sozialprestige sowie den Traditionen verhaftetem Verhalten. Sembene Ousmane beschreibt dieses Nebeneinander alter und neuer Orientierung so:

»Der traditionelle Teil dieser dritten Hochzeit fand bei den Eltern der Braut statt. Hier wurden die Gebräuche eingehalten und sogar alle alten Traditionen wieder hervorgeholt. Schon früh am Morgen war das Haus voll; Zauberer und Zauberinnen walteten ihres Amtes und empfingen die Gäste, Verwandten und Freunde …

Auf einem improvisierten Tisch mitten im Haus waren die Hochzeitsgeschenke des Bräutigams ausgestellt; jeweils ein Dutzend von jeder Sorte: Unterwäsche für eine Frau, Schuhe in verschiedenen Modellen und Farben, Perücken von blond bis rabenschwarz, Taschentücher, Toilettenseifen, ein

Schminkkoffer und in der Mitte das Glanzstück von allem, die Autoschlüssel in einer roten Lederschatulle.«

Diese Figur des Geschäftsmannes Béye kann stellvertretend stehen für viele »moderne« afrikanische Bourgeois und Intellektuelle, die den kulturellen Umbruch ihrer Gesellschaft als kulturellen Bruch in sich tragen. Da sie meist die erste Generation sind, die kulturelle Wertorientierungen einer neuen (meist bürgerlichen) Gesellschaft aufgenommen hat, ist dieser Aneignungsprozeß noch nicht so vertieft, daß man sich in Krisenzeiten nicht doch altvertrauter Werte erinnert und diese wieder annimmt. Sembene Ousmane beschreibt diesen Vorgang des Rückgriffs auf altbekannte magische Praktiken, wenn der Geschäftsmann Béye einen Hellseher am Rande der Stadt aufsucht:

Der Januskopf

»Der Seet-katt, ein Mystiker und Einsiedler, war eine Berühmtheit. Seine ›seriöse Arbeit‹ wurde über die Grenzen dieses Armenviertels hinaus anerkannt. Er streckte den dürren Arm aus und forderte sie auf, auf einem Ziegenfell Platz zu nehmen. Für El-Hadji in seinem europäischen Anzug war das unbequem; er ließ sich ziemlich mühsam nieder. Der alte Babacar hockte sich im Schneidersitz hin. Der Seet-katt breitete ein leuchtend rotes Stück Stoff vor sich aus und holte Kaurimuscheln aus einem Beutel. Er begann Beschwörungsformeln zu murmeln; dann warf er die Kaurimuscheln mit einer abrupten Bewegung auf den Stoff und raffte sie blitzschnell mit einer Hand wieder auf. Er saß steif und aufrecht da und musterte seine Kunden. Plötzlich reckte er ihnen den mageren Arm entgegen, die Faust, geschlossen wie eine Anemonenblüte, öffnete sich langsam.

Der alte Babacar, tief beeindruckt, wies auf El-Hadji. ›Nimm und blase auf das, was dich hierher geführt hat‹, befahl der Hellseher und richtete damit zum ersten Mal das Wort an seine Besucher.

El-Hadji murmelte vor sich hin, die Kauri in der Hand. Dann blies er über die Muscheln und gab sie dem Seet-katt zurück. Der hielt die Augen geschlossen, bewegte lautlos die Lippen und konzentrierte sich.«

»Der Hellseher versank wieder in Kontemplation. Aus der Ferne war der Lärm der Kinder zu hören und aus der Nähe Musik: Jemand ging mit einem Transistorradio durch die Gasse.«

Dieses gleichzeitige Festhalten und Aneignen zweier unterschiedlicher kultureller Wertsysteme ist in Zeiten des kulturellen Umbruchs normal und vollzieht sich auch in anderen Gesellschaften ähnlich. Dieses Sichorientieren an zwei Kulturen verschiedener Entwicklung ist aber in den einzelnen Klassen und Schichten unterschiedlich stark ausgeprägt. Für Angehörige des afrikanischen Bürgertums (auch der jungen Intelligenz) verläuft in der Regel der kulturelle Umbruch auf der Trennungslinie zwischen Arbeitswelt und Familie: Häufig spricht man in beiden Sphären verschiedene Sprachen (Béye spricht mit seinen Geschäftspartnern Französisch, im Familienkreis Wolof); in der Arbeit läßt man sich von Rationalität und wissenschaftlichen Gesetzmäßigkeiten leiten, in der privaten Sphäre (hinsichtlich der Gesundheit und in den Geschlechterbeziehungen) unterwirft man sich traditionellen Tabus und Ritualen; die berufliche Tätigkeit erfordert den täglichen Umgang mit Angehörigen anderer Ethnien oder mit Ausländern, im Familienkreis zählt zunächst die Bindung an die Großfamilie und die »Stammesbrüder« usw., wobei es selbstverständlich auch »Mischbereiche« in beiden Sphären gibt. Kennzeichnend für diese sozialen Gruppen ist, daß ihre berufliche Tätigkeit mit der neuen Gesellschaft und deren Wertsystem verbunden ist, die Bindung an die Kultur der traditionellen vorkapitalistischen Gemeinschaften aber auf Herkunft und weiterer innerer Bezugnahme auf sie beruht.

Doppelkultur

In der gegenwärtigen Zeit des kulturellen Umbruchs in Afrika fällt auf, daß sich vielfach eine Art Doppelkultur ausprägt, ein Aufnehmen und Identifizieren mit zwei kulturellen Wertsystemen – ein Vorgang, der in den Persönlichkeiten vieler Afrikaner ohne Bruch vor sich zu gehen scheint. Zu beobachten ist ein nahtloses Überwechseln von einer Kultur in eine andere, von einer tiefverwurzelten traditionellen Kultur zu einer neuen, mit den modernen Entwicklungen verknüpften, aber auch wieder zurück. Ein Beispiel für dieses Hin- und Herwechseln von einer Kultur zur nächsten führte mir die Doppelkultur besonders deutlich vor Augen: meine Begegnung mit Dr. Ebohon, Oberpriester der Yoruba in Benin. Ich lernte ihn in seiner Funktion als Oberpriester während eines magischen Rituals kennen, das er mit seinen Priesterinnen vollführte, um einem Mann zu helfen, der sich mit seinen Problemen an ihn gewandt hatte. In einem magischen Kreis tanzten die Priesterinnen mit weißbemalten Gesichtern zum Rhythmus der an ihren Gewändern befestigten Glocken. Eine Opferzeremonie (Huhn und Ei) vor der Statue des Gottes Olokun unterstrich die magische Kulthandlung. Später besuchte ich die »Pflanzenheilklinik« des Oberpriesters, sein Labor mit den selbsthergestellten Pflanzensäften gegen die verschiedensten Krankheiten, seine Behandlungsräume. Die Kenntnisse in traditioneller Medizin waren ihm von seiner Mutter, die selbst Priesterin war, übermittelt worden, während er eine mehrstufige Ausbildung bis zur Weihe als Priester durchlief. In seiner Stadt gilt er als einer der angesehensten Vertreter der traditionellen Kultur, ist selber Sammler alter

Yoruba-Kunst. Bei anderer Gelegenheit traf ich den noch relativ jungen Oberpriester in seinem neuen, modernen Zentrum für traditionelle Medizin und Psychotherapie – einen europäisch gekleideten Geschäftsmann, der gegen gutes Honorar Heilung Suchende aus dem In- und Ausland behandelt. Er erwies sich als weltgewandter, gut informierter Gesprächspartner, berichtete von seinem Studium als Journalist in Europa, seinen Auslandserfahrungen, seinen langfristigen Plänen, sein Zentrum zu einer Stätte traditioneller Kunst und Religion, zu einem modernen »Kulturhaus« zu entwickeln. Seine Visitenkarte (in Englisch) weist ihn als Pflanzenheilkundigen und Psychotherapeuten aus. Beeindruckend war seine Sicherheit, mit der er sich in zwei völlig verschiedenen Kulturen be-

Graphik aus Angola

wegte, die er verband, ohne seine »kulturelle Identität« zu verlieren. – Eine derartige Doppelkultur findet man vor allem bei den in Europa ausgebildeten afrikanischen Intellektuellen.

Wanderarbeiter

Tief verwurzelt in der Gesamtheit der Lebensbedingungen sind der kulturelle Bruch und die Orientierung an zwei verschiedenen kulturellen Wertsystemen jedoch in der sozialen Schicht der Wanderarbeiter, einer für Afrika typischen Form des Übergangs vom Bauern zum Arbeiter. Wanderarbeit als massenhafte Erscheinung ist ein Ergebnis der kolonialen Ausbeutung. In weiten Teilen des südlichen Afrika, aber auch in Ostafrika wurden die Bauern im Zuge der Kolonisierung und der Einrichtung großer europäischer Plantagen von ihrem Land in karge, weniger ertragreiche Gebiete abgedrängt. Da die Existenzgrundlage der Familie nun nicht mehr gesichert war, ging ein Teil der Männer für eine bestimmte Zeit als Lohnarbeiter auf die europäischen Plantagen oder in die Bergwerke. Aber auch in den Gebieten Afrikas, wo die koloniale Ausbeutung über den Zwangsanbau im Rahmen der traditionellen Gemeinschaften erfolgte, war jeweils ein Teil der Männer des Dorfes gezwungen, für eine begrenzte Zeit eine Lohnarbeit aufzunehmen, um die in Geld zu entrichtende Kopf- und Hüttensteuer bezahlen zu können. Sie gingen als Saisonarbeiter in andere landwirtschaftliche Gebiete, öfter jedoch in die Städte. Nach Erringung der Unabhängigkeit vom Kolonialismus änderten sich zwar die Motivationen für die Wanderarbeit, aber sie ist bis auf den heutigen Tag eine weitverbreitete soziale Erscheinung. Das betrifft zum einen die zeitweise Aufnahme von Lohnarbeit in Südafrika, dessen ökonomisches System sich noch heute im wesentlichen auf Wanderarbeiter auch aus anderen afrikanischen Staaten – 1976 waren es 56,8 % (!) – stützt. Diese für 1976 ermittelten 224 382 Wanderarbeiter kamen vorwiegend aus Lesotho, Botswana, Swasiland, Malawi, Sambia, Simbabwe und Moçambique. In den Minen Südafrikas und in den Compounds, den Barackensiedlungen, in denen sie wohnen, sind sie harten Arbeits- und Lebensbedingungen ausgesetzt. Sie müssen sich Verhaltensnormen unterwerfen, die sich von denen in ihren dörflichen Gemeinwesen extrem unterscheiden; bei Nichteinhaltung droht ihnen die ganze Brutalität und Willkür der Aufseher und der Polizei des Apartheid-Staates. Eine kulturelle Integration in Südafrika erfolgt allerdings kaum, wenn man davon absieht, daß die Arbeiter untereinander zur Verständigung eine Art Pidgin sprechen. Die Arbeiter sind bewußt in nach Nationalität getrennten Gruppen untergebracht, um ihre Solidarisierung zu verhindern. Die fremden Normen, denen sie sich hier für die Zeit ihres Arbeitskontraktes (6 Monate bis drei Jahre) unterwerfen müssen, werden als Zwang empfunden, den man für eine gewisse Zeit eben ertragen muß. Identifikation findet untereinander eher auf nationaler Basis statt.

Größer sind die kulturellen Folgen dort, wo die Wanderarbeiter vom Dorf in die Stadt ziehen. Tausende Bauern, vorwiegend junge Männer, wandern jährlich aus ihren Dörfern in die Städte, um sich durch Lohnarbeit Geld zu beschaffen, das teilweise der Familie zu Hause die Existenz sichert, oder um den Brautpreis aufzubringen, für Steuern oder gemeinsame Anschaffungen der Familie (Hausrat, Transistorradio, Fahrrad, Kleidung) zu arbeiten. Durch die Dürrekatastrophen der letzten Jahre und die Verschlechterung der Lebensbedingungen in weiten Landstrichen Afrikas wurde diese Wanderbewegung verstärkt. Sie geht heute über die Landesgrenzen hinaus: Bauern wandern auf der Suche nach Arbeit in Nachbarländer oder gelangen sogar bis nach Europa – in der Hoffnung, eines Tages, wenn man genügend Geld gespart hat, ins Dorf zurückkehren zu können.

Abwanderung in die Städte

Untersuchungen in Äthiopien ergaben, daß die Abwanderung der Gurage-Bauern in die Städte in drei Gruppen erfolgte: als Beschäftigte mit fester Arbeit (wenn dies Männer aus polygamen Familien betrifft, bleibt eine Frau im Dorf), als Beschäftigte, die regelmäßig für sechs bis acht Monate im Jahr, meist Februar bis Oktober, mit einer Halbzeit- oder Tagesarbeit in der Stadt leben und deren Familien im Dorf bleiben, und als Gruppe junger Männer, die kurzfristig eine Arbeit in der Stadt aufnehmen. Alle »Abwanderer« kehren zu den jährlichen Festen ihrer ethnischen Gruppe ins Dorf zurück. Sie heiraten in der Regel Mädchen aus den Nachbardörfern, und die Hochzeit findet im eigenen Dorf statt. Zu den traditionellen Festen im Dorf muß jeder seinen Beitrag beisteuern, auch wenn er nicht anwesend sein kann, z.B. zum christlichen Mäsqual-Fest oder dem islamischen Mulid-Fest. Seine Bindung an Religion und soziale Gemeinschaft des Dorfes bleibt auf diese Weise erhalten. Das betrifft auch die Gurage-Frauen, die mit ihren Männern mitgegangen sind. In der Regel kehren sie noch häufiger als die Männer ins Dorf zurück – zur Geburt ihrer Kinder, zu Kulthandlungen für Fruchtbarkeit oder Beständigkeit ihrer Ehe usw. Die Gurage-Arbeiter in der Stadt leben unter zweifacher Autorität und sozialer Kontrolle: Sie sind weiterhin den Dorfältesten und religiösen Oberhäuptern und Würdenträgern ihres Dorfes unterstellt, zugleich aber der Autorität des Staates, der ihnen in der Stadt in Gestalt der Behörden und der Polizei gegenübertritt; sie leisten ihren Beitrag zur »Finanzkraft« des Dorfes, zugleich zahlen sie Steuern in der Stadt.

Diese Zugehörigkeit zu zwei verschiedenen kulturellen Wertsystemen ist für alle Wanderarbeiter charakteristisch. Sie müssen sowohl den Normen ihres Dorfes gerecht werden als auch den neuen nationalen, vom Staat geforderten Verhaltensnormen. Dabei ist es durchaus möglich, daß diese einander widersprechen und die einzelne Handlung hier durchaus üblich, dort aber unerwünscht, belächelt, kritisiert oder sogar verboten ist. Ein eher komisches Beispiel aus Westafrika mag dies verdeutlichen: Bei einigen Gemeinschaften ist es alter Brauch, daß ein junger Mann vor seiner Hochzeit als Zeichen der Tapferkeit und des Mutes einen Stier stiehlt (der natürlich später zurückgegeben oder dem Eigentümer bezahlt wird). Der junge Mann, der sich der Sitte gemäß verhält, wird nun von der staatlichen Polizei wegen Diebstahls festgenommen und bestraft! Ähnlich verhält es sich mit vielen Rechtsnormen und den Gesetzen des Staates, die Verhalten anders werten als die Gesetze des Dorfes oder der religiösen Gemeinschaft. Auch das Strafmaß für gleiche Delikte kann jeweils unterschiedlich sein.

Zweierlei Normen

Der Wanderarbeiter erlebt diese zweierlei Anforderungen an sein Verhalten durch seinen zeitlichen Wechsel zwischen Lohnarbeit in der Stadt und der landwirtschaftlichen Tätigkeit in seinem Dorf besonders kraß. Er paßt sich in der Stadt den entsprechenden Regeln und Normen des städtischen Lebens an (Geboten, Verboten, Anstandsregeln), nimmt zu Hause aber wieder sein Leben entsprechend den traditionellen Normen auf. Sein Pendeln zwischen verschiedenen Kulturen erfaßt nahezu alle Bereiche seines Lebens: Äußerlich unterschiedlich ist schon die Art und Weise, wie er wohnt, wie er sich kleidet, wann und wie er ißt – von der Familienküche zur Gemeinschaftsverpflegung, zum Kauf von Speisen, zur Beschränkung auf das aktuelle Angebot, vom selbstgebrauten Bier und Palmwein zum Flaschenbier usw. –, unterschiedlich sind die Symbole und Grußformeln, meistens auch die Sprache. In den beiden Sphären seiner Tätigkeit werden jeweils andere Fähigkeiten und Kenntnisse von ihm verlangt, verschiedene Verhaltensweisen sind bei Lohnarbeit und der Arbeit im Dorf gefragt, etwa Arbeitsdisziplin, Sparsamkeit, Leistungsbereitschaft, Mobilität, Leben nach der Uhr einerseits, Abhängigkeit der Arbeiten vom Rhythmus der Jahreszeiten, Umfang der Arbeit entsprechend dem eigenen Bedarf und damit selbständiges Festlegen des Arbeitspensums andererseits. Unterschiedlich sind sein Familienleben und die Art seiner sozialen Kontakte: Der engen Einbindung in die Großfamilie im Dorf steht vorwiegend das Leben ohne Familie während der Zeit der Lohnarbeit gegenüber; ist sein Freundes- und Bekanntenkreis im Dorf auf Angehörige seiner ethnischen Gruppe begrenzt, so kommen in der Stadt soziale Kontakte zu anderen in der gemeinsamen Arbeit oder Freizeitgestaltung hinzu. Viele Wanderarbeiter nutzen in der Stadt den Vorteil moderner kultureller Angebote, wie Radios, Kinos, Sportstätten, Bars, Kneipen, während sie sich nach ihrer Rückkehr ins Dorf wieder den traditionellen Formen von Unterhaltung und Geselligkeit verhaftet fühlen. Durch ihre Arbeit in der Industrie, im Bergbau, Verkehrswesen und Handel kommen sie mit politischen Organisationen in Berührung, ihre Mitgliedschaft ist aber meist nur zeitweilig.

Zwischen Isolation und Integration

Die Wanderarbeit führt zu einem sozialen Übergang, der jedoch nicht völlig vollzogen wird, so daß die Integration der Wanderarbeiter in die sozialen Organisationen der Arbeiterklasse nur zeitweise und bedingt erfolgt. Durch die Wanderarbeit nehmen viele Bauern, zumindest auf Zeit, eine zweite Kultur an, die die einer größeren ethnischen Gemeinschaft, aber auch die nationale Kultur sein kann, mit der sie auf diese Weise verbunden werden. Durch ihre persönliche Bekanntschaft mit anderer Lebensweise und anderen Kulturelementen als ihren eigenen sind gerade sie es, die die Auflösung der traditionellen vorkapitalistischen Strukturen im Dorf vorantreiben. Lenin wies darauf hin, daß so »die Bevölkerung aus verlassenen, rückständigen, von der Geschichte vergessenen Winkeln in den Strudel des modernen sozialen Lebens« gerissen wird. Für viele ist die Wanderarbeit ein Übergang zu einer neuen sozialen Form des Lebens, nämlich der permanenten Lohnarbeit, auch wenn dieser Lohnarbeiter noch über einen längeren Zeitraum mit Religion, Sitten und Gebräuchen, kulturellen Traditionen seiner Gemeinschaft überhaupt verbunden bleibt.

In der Erzählung »Die Heimkehr des Arbeiters« von Mufalo Liswaniso aus Sambia wird beschrieben, wie ein aus den Kupferminen heimkehrender Bergarbeiter in seinem Dorf zugrunde geht, weil die soziale Kluft zwischen ihm und seinen Verwandten bereits zu groß geworden ist. Dies gilt noch mehr für den senegalesischen Gastarbeiter, der in einer französischen Fabrik Autos montiert oder mit dem Reisigbesen die Straßen und Metrostationen von Paris sauberhält und am Wochenende in den Straßen geschnitzte traditionelle Kultmasken aus seiner Heimat verkauft.

Mit der wachsenden Migrationswelle aus afrikanischen Dörfern – national wie international – hat die Anzahl der Wanderer zwischen den Kulturen als kulturelles Massenphänomen zugenommen.

Afrikas kulturelle Identität

In den vergangenen Jahren gab es in und außerhalb Afrikas viele Debatten darüber, welchen Weg die Kulturen des Kontinents gehen werden: Wird es ihnen gelingen, ihre kulturelle Identität zu bewahren? Welche Elemente ihrer traditionellen Kulturen werden sie in ihr technisches Zeitalter hinüberretten? Werden sie in der Lage sein, die zunehmende Internationalisierung von Kultur zu begrenzen oder werden sie etwa zu standardisierten Teilen einer standardisierten Weltkultur?

Alle diese Fragen können wir heute nur spekulativ beantworten. Afrikas Suche nach kultureller Identität ist nicht abgeschlossen. In einem Spannungsfeld zwischen Traditionen vorkapitalistischer Gesellschaften und der Aufnahme internationaler Einflüsse in nahezu allen Bereichen des Lebens bilden sich neue nationale Kulturen heraus. Sie reagieren mit neuen Formen von Lebensweise, von Wertorientierungen und Leistungsfähigkeit auf die Anforderungen innerer Gesellschaftsentwicklung. Heute geht es nicht mehr um die Art von Identität, die die Bewegung der Négritude mit ihrer Orientierung auf die schwarze Rasse postulierte, sondern um nationale Interessen und Zielsetzungen, um nationale Identität. Das im antikolonialen Kampf entwickelte Konzept der Besinnung auf die Werte der »schwarzen Kultur« hat sich im jüngsten Prozeß des nationalen Aufbaus konkretisiert. Wenn die Bezugnahme auf die Kultur der negroiden Rasse auch heute noch im Sinne einer übergreifenden Orientierung auf die historische Schicksalsgemeinschaft der Menschen schwarzer Hautfarbe vertreten wird, so vor allem als Ausdruck und Nachweis kulturgeschichtlicher Leistungsfähigkeit, wie anläßlich der großen Festivals afrikanischer und negroider Kultur. In den auf die innere Entwicklung gerichteten Konzeptionen der afrikanischen Staaten meint Identität heute konkret die Kulturen der jeweils in einem Staat zusammenlebenden Völkerschaften und ihre nationale Integration. Von Bedeutung ist hier, welche kulturellen Gemeinsamkeiten schon bestehen und womit sich die Bürger eines Staates identifizieren, was sich aus der Geschichte und dem gegenwärtigen Entwicklungsprozeß erklärt. Ob sich die kulturelle Identität in den nächsten Jahren festigen oder auflösen wird, dürfte die weitere Entwicklung der Gesellschaften Afrikas wesentlich mitbestimmen.

Welche Zukunft die Kulturen Afrikas haben werden, hängt vom Schicksal der sie tragenden Gesellschaften ab, d.h., wie es die afrikanischenVölker gestalten werden. Für die Perspektive ihrer Kulturen sind zwei elementare Voraussetzungen außerordentlich wichtig. Die erste ist die Notwendigkeit, überall in Afrika sozialen Fortschritt voranzutreiben; durch den Aufbau neuer Gesellschaften die Lebensbedingungen der Menschen so grundlegend zu verbessern, daß Hungertod, Unterernährung besiegt werden. Nur wenn sich die Entwicklungsbedingungen für die Mehrheit verbessern, wächst jene Kreativität, die die Kulturen gedeihen läßt. Derartige soziale Entwicklungen setzen jedoch die Überwindung der Vorherrschaft imperialistischer Monopole in der nationalen Wirtschaft voraus. Die Forderung vieler Menschen nach der Neuen Internationalen Weltwirtschaftsordnung zielt auf diese Gleichberechtigung in den internationalen Beziehungen. Wesentlich günstiger werden sich die Rahmenbedingungen der afrikanischen Länder gestalten, wenn international durch Abrüstung Mittel für Entwicklung frei werden. Dieser enge Zusammenhang von Abrüstung und sozialen Fortschritt drückt sich in dem Konzept »Abrüstung und Entwicklung« aus, das in der UNO Ende der 70er Jahre entwickelt wurde und zunehmend in den Forderungen nach Abrüstung in Entwicklungsländern seinen Niederschlag fand. Die zweite Voraussetzung ist eng mit der ersten verknüpft: Nur mit zunehmender wirtschaftlicher Unabhängigkeit vom Imperialismus wird es möglich sein, auch die kulturelle Überfremdung, die täglich über die Medien, über Tourismus und Kulturimport imperialistische Leitbilder in afrikanische Häuser und Hütten bringt, so weit zurückzudrängen, daß die nationalen Kulturen in ihrer Identität nicht dadurch gefährdet werden.

Bei allen Überlegungen darüber, ob sich diese oder jene Kunstgattung in diese oder jene Richtung entwickeln wird, ob sich dieses oder jenes Handwerk erhalten wird oder nicht usw., wollen wir eines nicht vergessen: Kulturentwicklung in Afrika heute beginnt zunächst dort, wo sich Entwicklung erfahrbar in bessere Lebensbedingungen umsetzt, wo die Brunnen in den Dürregebieten wieder Hoffnung auf Ernte gestatten, wo neue Anbautechniken die Erträge steigern und die Hungernden nicht mehr ihr Dorf verlassen müssen, wo die Slumsiedlungen sauberen Wohnungen weichen, die den Bewohnern wieder Luft zum Atmen lassen, wo neue Produktionsstätten entstehen und die Schulabgänger mit der sicheren Aussicht auf Arbeit ihre Fähigkeiten für ihr Volk und ihre Nation einsetzen können.

Die Völker Afrikas verfügen über einen Schatz an kulturellen Traditionen, sie brachten Leistungen hervor, die die Weltkultur bereichert haben. Wünschen wir ihnen im Bunde mit der fortschrittlichen Menschheit die Kraft zur Überwindung elementarer existentieller Probleme, um auch künftig die Weltkultur schöpferisch mitgestalten zu können.

Zé Julio, Moçambique

Literaturauswahl

Africanus, Johann Leo: Beschreibung Afrikas. Leipzig 1984

African Writers on African Writing. Ed. by G. D. Killam. London 1975

Afrika im Aufbruch. Leipzig 1980

Afrikanische Goldgewichte. Hrsg. v. P. Göbel. Leipzig 1980

Afrikanische Sprichwörter. Köln 1969

Antubam, Kofi: Ghanas Heritage of Culture. Leipzig 1963

Arnold, R.: Afrikanische Literatur und nationale Befreiung. Menschenbild und Gesellschaftskonzeption im Prosawerk Shaaban Roberts. Berlin 1977

Aus Afrikas Vergangenheit. Leipzig 1974

Barth, H.: Reisen und Entdeckungen in Nord- und Centralafrika. Gotha 1857

Brauner, S.: Ochetina, N. V.: Studien zur nationalsprachlichen Situation in Afrika. Berlin 1981

Brentjes, B.: Fels- und Höhlenbilder Afrikas. Leipzig 1965

Broszinsky-Schwabe, E.: Kulturrevolution in Afrika. Berlin 1979

Büttner, T.: Geschichte Afrikas, Bd. I, Berlin 1976

Caillié, R.: Journal d'un voyage à Timbouctou. Paris 1830

Dapper, O.: Beschreibung von Afrika. Amsterdam 1670

Davidson, B.: Vom Sklavenhandel zur Kolonisierung. Hamburg 1966 The Africans. An Entry of Cultural History. Harmondsworth 1973

Ernst, K.: Afrika. Gegenwärtige soziale Prozesse und Strukturen. Berlin 1976

Fagg, W., Plass, M.: African Sculpture. London 1966

Fiebach, J.: Kunstprozesse in Afrika. Berlin 1979

Film im Aufbruch. Eine Dokumentation über Filmentwicklung in Afrika und Südamerika. Berlin, Leipzig 1966

Frobenius, L.: Die Felsbilder Fezzans. Leipzig 1937. Das unbekannte Afrika. München 1929. Erlebte Erdteile. Frankfurt/Main 1925. Und Afrika sprach. Berlin 1912

Gardi, R.: Felsbilder der Sahara. Bonn 1969. Die Wüste, in der man Fische fing. Bern 1978. Auch im Lehmhaus läßt sichs leben. Graz 1973. Unter afrikanischen Handwerkern. Graz 1974

Herder, J. G.: Ideen zur Philosophie der Geschichte der Menschheit. 1785

Himmelheber, H.: Die Dan, ein Bauernvolk im westafrikanischen Urwald. Stuttgart 1958

Hinkel, F. W.: Auszug aus Nubien. Berlin 1978

Hirschberg, W.: Die Kulturen Afrikas. Frankfurt/Main 1974

Introduction à la culture africaine. Unesco 1977

Kamerun unter deutscher Kolonialherrschaft. Hrsg. v. H. Stoecker. Berlin 1960

Keszthelyi, T.: Afrikanische Literatur. Berlin, Weimar 1981

Kleinwächter, W., Massenmedien heute. Internationale Informationsbeziehungen und ideologischer Kampf. Berlin 1983

Kubik, G.: Musikgeschichte in Bildern. Ostafrika. Leipzig 1975

Kunst der Urgesellschaft. Dresden 1973

La Guma, A.: Apartheid. Berlin 1971

Lange, H.: Kamerapirsch durch afrikanische Lebensräume. Leipzig 1981

Lhote, H.: Alla Scoperta de Tassili. Milano 1959

Little, K.: West African Urbanization. Cambridge 1965
Livingstone, D.: Erforschungsreisen im Innern Afrikas. Leipzig 1868
Loth, H.: Geschichte Afrikas, Bd. II, Berlin 1976. Das Sklavenschiff. Die Geschichte des Sklavenhandels. Berlin 1981
Maquet, J.: Afrika: Die schwarzen Zivilisationen. Essen 1975
Mbiti, J.: Afrikanische Religion und Weltanschauung. Berlin 1974
Mondlane, E.: Kampf um Moçambique. Berlin 1973
Murray, J.: Cultural Atlas of Africa. Oxford 1981
Nachtigal, G.: Sahara und Sudan. Berlin 1879
Ngugi wa Thiong'o: Barrel of a Pen. London 1983
Niane, D. T., Suret-Canale, J.: Afrikanisches Geschichtsbuch. Geschichte Westafrikas. Darmstadt 1963
Olderogge, D. A., Potechin, I. I.: Die Völker Afrikas. Ihre Vergangenheit und Gegenwart. 2. Bände. Berlin 1961
Palmer, E.: An Introduction to the African Novel. London, Ibadan, Nairobi 1972
Park, M.: Neueste und letzte Reise ins Innere von Afrika. Hamburg 1807
Peterli, R.: Die Kultur eines Bariba-Dorfes im Norden von Dahomé. Basel 1971
Parkin, D.: Town and Country in Central and Eastern Africa. London 1975
Pommier, P.: Cinéma et développement en Afrique Noire Francophone. Paris 1974
Literaturen Asiens und Afrikas. Theoretische Probleme. Berlin 1981
Rattray, R.: Ashanti. Oxford 1923
Rohlfs, G.: Land und Volk in Afrika. Bremen 1870
Rothe, F. K.: Stammeserziehung und Schulerziehung. Eine Feldstudie zum Kulturwandel in der Republik Sudan. Braunschweig 1969
Rusch, W.: Klassen und Staat in Buganda vor der Kolonialzeit. Berlin 1975
Schätze aus Alt-Nigeria (Vorwort v. W. Rusch). Berlin 1985
Schott, R.: Aus Leben und Dichtung eines westafrikanischen Bauernvolkes. Köln, Opladen 1970
Seibel, H. D.: Industriearbeit und Kulturwandel in Nigeria. Köln, Opladen 1968
Senghor, L. L.: Négritude und Humanismus. Düsseldorf, Köln 1967
Sjoegren, B.: Afrika, neuentdeckt. Leipzig 1977
Speke, J.: Journal of the discovery of the source of the Nile. London 1863
Suret-Canale, J.: Schwarzafrika. 2 Bände. Berlin 1966
Thomas, E. M.: Meine Freunde, die Buschmänner. Berlin 1962
Turnbull, C. M.: Molimo. Köln 1963
Völkerkunde für jedermann. Gotha, Leipzig 1966
Wauthier, C.: The Literature & Thought of Modern Africa. London 1966. Zwischen Mittelmeer und Tschadsee. Reisen deutscher Forscher des 19. Jh. durch Nord- und Zentralafrika. Berlin 1968

Afrikanische Belletristik, auf die im Buch Bezug genommen wird

Achebe, Chinua: Okonkwo oder das Alte stürzt. Berlin 1976

Beti, Mongo: Perpetue und die Gewöhnung ans Unglück. Berlin 1977

Boto, Eza: Die grausame Stadt. Berlin 1963

Brutus, Dennis: Poesiealbum. Berlin 1981

Dadié, Bernhard: Das Krokodil und die Königsfischer. Berlin 1977

Diop, Birago: Aus den Geschichten des Amadou Koumba. Berlin 1971

Emecheta, B.: Die Freuden einer Mutter. Berlin 1983

Erkundungen. 27 afrikanische Erzähler. Hrsg. v. B. Fortstreuter. Berlin 1978

Feuer und Rhythmus. Gedichte aus Afrika. Berlin 1965

Gedichte aus Afrika. Leipzig 1972

Gedichte. Arthur Nortje, Oswald Mbuyiseni Mtshali, Mazisi Kunene, Dennis Brutus. Hrsg. v. B. Fortstreuter. Berlin 1975

Gedichte aus Moçambique. Leipzig 1973

Der Herr vom Dornental. Berlin 1967

Mwangi, M.: Kill me quick. Nairobi 1973

Neto, A.: Gedichte. Leipzig 1977

Ngugi wa Thiong'o: Land der flammenden Blüten. Berlin 1980

Niane, Djibril Tamsir: Soundjata. Leipzig 1975

Nwanko, N.: Mein Mercedes ist größer als deiner. Berlin 1978

Okara, G.: Die Stimme. Berlin 1975

Ousmane, Sembene: Xala. Berlin 1981

Pepetela: Mayombe. Berlin 1982. Ngunga. Berlin 1981

Stücke Afrikas. Hrsg. v. J. Fiebach. Berlin 1974

Register

Bildnachweis

Fotos:

ADN/Zentralbild Berlin 1, 14, 15, 16, 21, 36, 46, 47, 50, 63, 66–71, 73, 76, 79–83, 85–87, 95
Archiv der Autorin 23–28, 34, 35, 72
Bochow, Heinz (Weimar) 9, 37, 57–62, 64, 66
Brockhaus-Verlag Leipzig 18, 31
Burmeister, Thomas (Berlin) 6, 17, 19, 20
Chesi, Gert (Schweiz) 5, 10–13, 45, 51, 56
City Councel of Lagos, Nigeria 74
Gerster, Dr. Georg (Schweiz) 32
Henkel, Thea (Berlin) 22, 77
Lange, Harald (Leipzig) 2, 3, 4, 7, 8, 30, 48, 49
Ministry of Culture, Ghana 88–90
Nationalmuseum Lagos, Nigeria 38–44
Rathmann, Hans (Berlin) 52, 54, 55, 91–93, 96–110
Rusch, Dr. Walter (Berlin) 53
Sächsische Landesbibliothek, Deutsche Fotothek Dresden 29
Schönborn, Elfriede (Berlin) 33, 75, 94
Schulz, Helmut (Berlin) 78, 84

Alte Drucke:

Deutsche Staatsbibliothek Berlin S. 47, 174, 251 oben sowie Vor- und Nachsatzkarte
Henkel, Thea (Berlin)
Museum für Völkerkunde Leipzig (Foto Karin Wieckhorst) 9, 10, 13, 36, 38

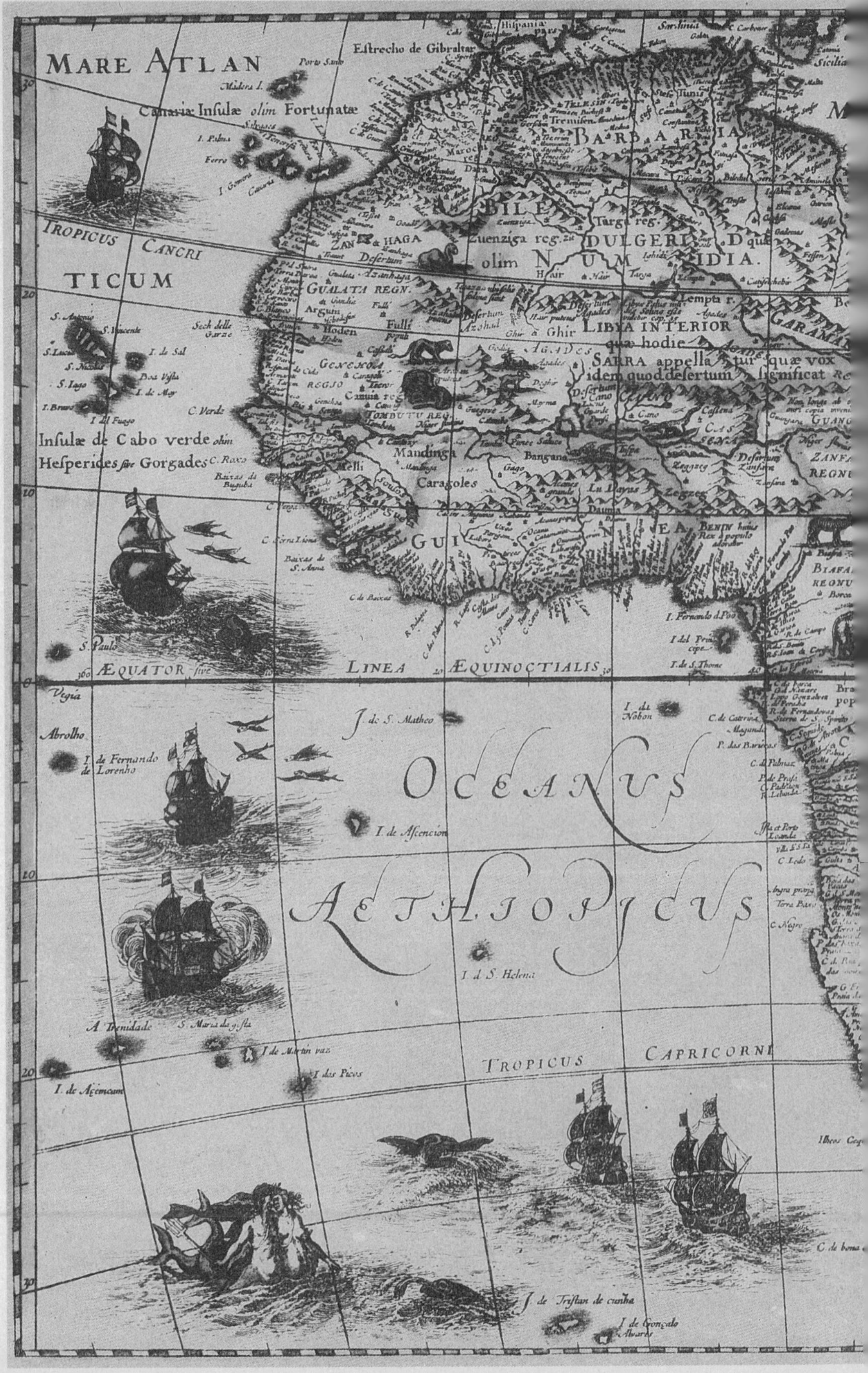
MARE ATLAN
TICUM
Estrecho de Gibraltar
Porto Santo
Madera I.
Canariæ Insulæ olim Fortunatæ
I. Palma
Ferro
I. Gomera
Canaria
TROPICUS CANCRI
BARBARIA
BILE
DULGERI
NUMIDIA
olim
Targa reg.
Zuenziga reg.
ZANHAGA
Desertum
GUALATA REGN.
Arguin
Hoden
Fullé
GENEHOA REGIO
Canuia reg.
TOMBUTU REG.
LIBYA INTERIOR
quæ hodie
SARRA appellatur quæ vox
idem quod desertum significat
AGADES
GARAMA
GUANG
ZANFA REGNU
Mandinga
Melli
Caragoles
Bangana
Gago
Zegzeg
GUINEA
BENIN
BIAFA
S. Antonio
S. Vincente
S. Lucia
S. Nicolas
I. de Sal
Boa Vista
S. Iago
I. de Mayo
I. Brava
I. del Fuego
C. Verde
Insulæ de Cabo verde olim
Hesperides sive Gorgades
C. Roxo
Baixas de Bugaba
C. Serra Liona
Baixas de S. Anna
C. de Baixas
I. Fernando d. Poo
I. del Principe
I. de S. Thome
S. Paulo
ÆQUATOR sive
LINEA ÆQUINOCTIALIS
Vegia
Abrolho
I. de Fernando de Lorenho
J. de S. Matheo
I. de Nobon
C. de Catterina
P. das Barreiras
C. de Palmas
OCEANUS
AETHIOPICUS
I. de Ascencion
C. Ledo
Terra Baixa
C. Negro
I. d. S. Helena
A Trenidade
S. Maria da gosta
I. de Martin vaz
I. dos Picos
I. de Agemcam
TROPICUS CAPRICORNI
Ilhéos Gegos
C. de bona
J. de Tristan de cunha
I. de Gonçalo Alvarez